U0920273

此书为辽宁省教育厅人文社科项目（W2013145）、中国博士后科学基金面上项目（2013M530552）资助

构建中国

跨文化视野下的现当代英国旅行文学研究

黄丽娟 著

中国社会科学出版社

图书在版编目(CIP)数据

构建中国：跨文化视野下的现当代英国旅行文学研究／黄丽娟著.—北京：中国社会科学出版社，2013.10

ISBN 978-7-5161-3563-1

Ⅰ.①构… Ⅱ.①黄… Ⅲ.①比较文学—文学研究—中国、英国—现代 Ⅳ.①I206.6②I561.065

中国版本图书馆 CIP 数据核字(2013)第 266717 号

出 版 人　赵剑英
责任编辑　史慕鸿
责任校对　周　昊
责任印制　李　建

出　　版　中国社会科学出版社
社　　址　北京鼓楼西大街甲 158 号（邮编 100720）
网　　址　http://www.csspw.cn
　　　　　中文域名:中国社科网　　010-64070619
发 行 部　010-84083685
门 市 部　010-84029450
经　　销　新华书店及其他书店

印　　刷　北京市大兴区新魏印刷厂
装　　订　廊坊市广阳区广增装订厂
版　　次　2013 年 10 月第 1 版
印　　次　2013 年 10 月第 1 次印刷

开　　本　710×1000　1/16
印　　张　19.25
插　　页　2
字　　数　323 千字
定　　价　55.00 元

凡购买中国社会科学出版社图书,如有质量问题请与本社联系调换
电话:010-64009791

序

2003年夏我评阅四川外语学院硕士论文，首次在学术上接触黄丽娟。她对学术研究浓厚的兴趣、对知识的执着追求、对师长的敬重，给我留下了深刻印象。2008年，丽娟雄心依旧，如愿考入北京外国语大学英语学院，攻读我指导的英语小说和西方批评理论方向的博士研究生，2011年圆满完成学业。2012年她继续博士后研究。入北外以来的近五年是丽娟学术和学养精进的五年，也是她不懈地披荆斩棘、克服困难、超越自我、逐渐深入国际学术研究前沿的五年，更是她学术创新和批判能力不断巩固提高的五年。经历了博士阶段在小说研读和西方批评理论上的训练，美国加州大学伯克利分校的熏陶，博士论文撰写的锤炼，博士后一年的跨学科实践，丽娟在选定的跨文化旅行文学研究领域不断深入，产出了一批高质量的研究成果，发生了脱胎换骨的变化。这本专著是她多年学术积淀的结果，也是她数年追求最实在的回报。

十年磨一剑，为天下利器。丽娟十年求学不止。这位从东北平原上走出来的女子先后问学于川外蓝仁哲先生、美国学者阿卜杜·简·穆罕默德教授、北外海外汉学中心张西平教授门下。作为她的博士生导师，我由衷地祝贺她在学术道路上的进步和收获。

文化的边界在哪里？文学的边界在哪里？学科的边界在哪里？我们身份认同的边界在哪里？这是从事比较文学研究、海外汉学研究、跨文化研究乃至西洋文学研究的学者们必须始终思考的、本体意义上的根本理论命题。在中国与欧洲的文化交流史上，这些问题困扰着一代又一代心怀梦想的欧洲探险家、旅行家、文人、传教士、考古学家，在深层决定了18世纪以来西方关于中国的知识话语的裂变。尤为重要的是，这些问题是我们反思20世纪80年代以来以政治多极化、文化多元化、价值差异化、交流数字化、知识大学科化为显著特征和前提的当代人文社科学术研究现状和发展趋势的切入点。

更进一步讲，对文化、文学、学科、身份认同边界的勘测，直接引向的是弗朗索瓦·利奥塔在《后现代状况》中审问的知识合法性问题。在资本主义现代性的魔咒下，在全球化所到之处，没有一成不变的文化，没有脱离历史语境的文学，没有一劳永逸的知识体系，更没有稳如磐石的身份认同。这决定了无论是文化物质基础还是与之对应的知识秩序都处于持续的变动过程之中。从工业时代、后工业时代到当代的电子时代，从启蒙知识秩序到20世纪的语言学转向、文化转向，都是持续变动的症候和结果。由此反观文学批评的新陈代谢，我们不仅发现这个学科是迟至20世纪初才在严格的现代批评意义上在剑桥、北大、清华这些学院体制中成长壮大，而且认识到这个学科的边界总是在不断扩展而不是缩小，更意识到当代全球化时代的文学批评已经开始从国别文学研究、比较文学研究向跨文化的文学研究转变，且愈益与哲学、历史学、地理学、人类学、社会学乃至生物学、物理学等学科渗透嫁接。

换言之，在当代的大数据、大学科时代，文学的边界扩大了，文学批评的跨学科视角和理论资源更丰富了，文学的价值重估和对社会道德现实的文学重估更重要了。因为这顺应当代世界的知识合法性吁求和人类和谐对话交往的理想。

丽娟的这本专著紧扣中英旅行文学这个选题，很好地抓住了跨文化、跨学科以及文学的跨文类这三个层次。无论是从马可·波罗到耶稣会传教士还是从毛姆、阿克顿到贾斯汀·希尔，所有这些西方旅行者对中国的或实或虚的书写，对他们最佳的透视视角是动态的、对话的、包容的跨文化视角。为了扫清旅行文学批评的理论障碍，丽娟巧妙地处理萨义德及其之后的后殖民理论与当代人类学的文学转向之间，中国语境中的比较文学、海外汉学、英国文学、西方批评理论之间的跨学科对接。难得的是，她抓住了旅行文学涉及的文类诗学和再现政治学、后殖民话语和人类学转向这几个具有重大理论分量和思想奠基作用的核心理论命题。

学理上该著的可取之处在于能有机融合批评理论的批判性重构与文学阐释的文本细读。在综合梳理既有的批评理论成果基础上建构开合有度、起伏有序的整体理论框架，提出新颖的理论观点。这些具有启发意义的理论观点包括文类、博物馆化、文化异装等诗学问题和跨文化问题。以虚实并重为标准，精选毛姆的《在中国画屏上》和《彩色的面纱》、阿克顿的

《一个唯美者的回忆录》和《牡丹与马驹》、希尔的《黄河》和《饮梦茶馆》，通过透彻的文本细读，从文本的字里行间、从作家的情感世界逐步深入到三位作家表征的历史和文化坐标系中异质并存、累计叠加、不断调整变化的以中国为对象的想象和认知的图示化结构，这些想象和认知的内在价值谱系及其隐匿的文化心理结构。在进行文本细读的同时，对独特的叙事策略和相应的跨文化认知策略的反思和梳理，也是该著值得借鉴之处。

该著选定的跨文化的旅行文学研究领域是文学研究、后殖民和跨文化研究、海外汉学研究乃至当代人类学的新领域，值得持续关注和跟踪，也值得继续在几个学科之间进行对比观照和相互修正。批评理论既是思想史层面的系统积累，又是在研究方法上破除不同学科间壁垒的捷径，更是立足大的人文社会科学背景中的学术研究和思想探索之路，需要继续融会贯通。

学和问不断引向新的知识、思想和精神世界，医而是无止境的，但同样也是令人心旷神怡的。在学和问中，在琢磨和切磋中，在默默耕耘中，一步一个脚印，有了这个阶段性的成果。我更希望该著是一个新的起点。站在这个崭新的、更高的起点上，我相信丽娟一定会在学术的道路上越走越远，成就学术人生；她人生的道路也会越走越宽广，越走越敞亮，并最终达至幸福和快乐。

陶家俊

2013 年 7 月 26 日于北外东院天一斋

目 录

绪　论

跨文化视野下旅行文学阐释的研究意义

本书关注的是20世纪英国文学中的中国叙事。英国文学作品中对中国的书写可谓久远，从1357年第一部记载东方旅行的《曼德维尔游记》到2008年《中国：一个历史》已有六个多世纪，令人寻味的是不同时期的英国作家甚至同一时期的不同作家笔下的中国形象各异，变化多端。究其原因，不仅源于英国作家对中国知识掌握的来源与多少、作家对中国文化的想象，还有中英文化关系，正如葛桂录鞭辟入里地分析道："英国文学里涉及中国题材的作品，所展现的其实是英国作家对中国的想象、认知，以及对自身欲望的体认、维护。中国题材创作背后体现的是中国形象问题。正是在这种对他者的想象与异域形象的描述中，不断体悟和更新着自我欲望。"①

在林林总总的中国叙事中，研究集中于20世纪的英国旅行书写（文学）。旅行文学的历史最早可追溯到荷马的两部史诗《伊利亚特》和《奥德赛》。英国的旅行文学又以其独特的旅行文化而见长，不同时期不同的旅行形式彰显着英国民族文化的发展脉络，如宗教朝圣、地理发现、科学探险、主权扩张、文化殖民等，因此考察英国的旅行文学发展如同沿着英国的历史文化经脉进行考古式发掘。选取旅行书写为研究对象主要源于这些英国作家是在文化接触和碰撞中书写中国，也就是说其中国知识源于直接而亲身的文化体验和感受，令人感觉真实可信，而不是道听途说。20世纪，随着交通工具的现代化，英国许多文人墨客如迪金森、罗素、毛姆、理查兹、燕卜逊、奥登、伊舍伍德、阿克顿、萧伯纳、贾斯汀·希尔

① 葛桂录：《"中国不是中国"：英国文学里的中国形象》，《福建师范大学学报》2005年第5期。

等都曾先后旅行到中国，洋洋洒洒地谱写下中国旅行叙事。他们对旅行和书写中国的期待和构想不同，呈现的面貌迥异，但是不同旅行书写的中国又有着明显的互文性。因此，本书不准备进行逐个作家的分析，而是聚焦于现当代英国作家的中国旅行和中国旅行叙事。“现代”指的是两次世界大战之间现代主义兴盛的20年代至40年代，“当代”指的是后现代主义滥觞的80年代至世纪末的20年间。两个时间段的选择主要因为这是中英两国社会转型的两个重要时期，也是中英文化碰撞下的跨文化旅行书写更具有历史性时代内涵的时期。

首先，两次世界大战之间是英国等资本主义国家对高歌猛进的启蒙现代性反省的阶段，同时也是英国文人到世界各地旅行的鼎盛期。启蒙精神感召下的西方社会历经一个多世纪的发展空前繁荣，欧洲各国纷纷向海外扩张，发展殖民地。与此同步滋生蔓延的是种族优越感和欧洲中心主义，但“一战”的爆发惊醒了进步文明观主导的西方现代之梦，二三十年代是西方社会处于精神和信仰的危机阶段。中国在“一战”前后也进入现代性的关键时刻。两次鸦片战争，欧洲列强用鸦片和坚船利炮打开一直尘封闭塞的国门，敲醒了落后保守的华夏帝国之梦。内忧外患之下，封建王朝被推翻，建立了民主共和制国家。二三十年代对于中国而言是一个渴望驱除民族劣根性、寻求现代国家出路的时期，从传统迈向现代的社会转型期。其次，八九十年代的选择主要源于此时是中英文化碰撞的再度繁荣期。中国国门在历史上第二次对外开放，迈向与全球接轨的经济发展之路，与外资商人一同涌入的还有西方文人作家，他们怀着不同使命旅行到中国，在多元文化视野下书写和介绍当代中国。而此时，遭受60年代和70年代的反文化运动冲击后，西方资本主义国家进入多元文化价值的后现代阶段。因此，现当代这两个时间段对应的是中国历史上的两次对外开放、外国文人作家得以自由旅行并根据亲身体验书写中国的阶段。旅行书写昭示着现当代形式各异的文化焦虑和对异文化再现时的各种欲望投射。研究采用跨文化的视角，不仅探索现当代不同的英国旅行书写所构建的中国异质性，还重点分析如何构建以及如此构建隐含的文化思潮和主流意识形态影响，力图勾勒出一幅20世纪英国旅行文学构建中国的动态谱系图。

研究在“现代”阶段选取两个英国作家的旅行叙事，分别是萨默塞特·毛姆（Somerset Maugham）和哈罗德·阿克顿（Harold Acton），“当代”阶段选取的是英国作家贾斯汀·希尔（Justin Hill）的中国旅行作品为研究内容。选择主要考虑旅行书写再现中国是否具有差异性和代表性。选择还要考虑旅行文学文类的性质：由于旅行文学具有真实性与虚构性兼备的特点，因此在选取时考虑每个作家要具有两部中国旅行作品，即一部为纪实性的旅行传记或回忆录，另一部为非纪实性的虚幻小说。这样以三个作家以点带面地考察中国构建的动态谱系图。毛姆、阿克顿和希尔三位作家的旅行作品分别是：毛姆的游记《在中国画屏上》（1922）和小说《彩色的面纱》（1925）、阿克顿的回忆录《一个唯美者的回忆录》（1948）和小说《牡丹与马驹》（1941），以及希尔的游记《黄河》（1997）和小说《饮梦茶馆》（2001）。本书旨在揭示跨文化旅行书写文本中纪实性的中国构建与虚幻性中国构建二者之间的特点与张力，一实和一虚交互辉映下的中国话语如何运作以及运作的机制。

一 “文类的文类”——旅行文学的跨学科含义

谈及文类就像给商品贴归类标签，需要清楚可见的固定特点。但旅行文学是关于迁移流动的故事，范畴宽泛而庞杂，很难定义其确定属性。事实上，人们通常将以事实的或想象的旅行为生产基本条件的书写划归为旅行文学，也就是旅行不仅指主题意义上的实地旅行，而且还指结构上的旅行。如：既包括16世纪地理大发现时期的探险征服叙事，还包括同时期的利用欧洲人一手旅行材料的一些地理描写。因此有学者称旅行文学为“文类中的文类”①，原因除了上面所述源于旅行含义的复杂之外，还有另外两个原因。首先，旅行文学的内容形式包罗万象，具有“令人惊奇的异质性”②，有“回忆录、新闻纪实、书信、导游指南、告白陈述，还有虚构小说”③。再有，旅行文学兼具自传性和科学性两种模式，也就是虚实兼备、主客观俱全。叙事者通常以第一人称传记形式记载遭遇的人和风景这类主观体验，同时还强调观察和报道的客观性和科学性，“这是一种

---

① Joan-Pau Rubies, “Rravel Writing as a Genre: Facts, Fictions and the Invention of a Scientific Discourse in Early Modern Europe,” *Travel Writing*, ed. Tim Youngs and Charles Forsdick, Vol. 2, London and New York: Routledge, 2012, p. 357.

② Michael Knowaleski, “Introduction: The Modern Literature of Travel,” *Temperamental Journeys: Essays on the Modern Literature of Travel*, Athens: University of Georgia Press, 1992, p. 6.

③ Ibid., p. 7.

介于科学发现和虚幻小说之间的文学形式，并将二者之间的差别模糊”①。鉴于学界对旅行书写在真实与虚构上的争论，彼得·休姆（Peter Hulme）认为需要为旅行书写的文学范畴加以定义，它主张将书写者是否到过旅行描写的地方为定义旅行文学的标准。如果作者从未到过旅行所记录的地方，那么其作品就失去信誉，文本也不能列为旅行书写。这在某种程度上为旅行文学的伦理范畴定下维度，也是本研究选取旅行文学的定位。

旅行具有边界僭越性，这多少决定了旅行文学具有跨学科的特点。旅行与跨疆界范畴相关，跨越两个地理空间，两种文明，两个文化，两种宗教，两个种族以及完全不同的意识形态和政治体制。因此，旅行文学是最具混杂话语的文类，阿曼达·吉尔罗伊（Amanda Gilroy）认为旅行文学穿越多种学科的边界界限，内容包括政治、书信写作、教育、民族志、人类学、自然史、医学、美学和经济等。② 旅行文学研究也就不可避免地具有混合交织的跨学科性质，比如，在英国旅行书写中清楚可见英国殖民大业感召下的考古学和人类学。旅行者不仅跨越国家疆界，还使用旅行话语构建自我身份，为旅行主体和旅行叙事的读者建立文化优越性。与此同时，旅行具有反叛性，打破固有的国家、种族、性别和阶级的稳定疆界后，产生地理空间混杂的边界混乱式逆反。③

鉴于旅行的僭越性和旅行文学文类的含混性，詹姆斯·邓肯（James Duncan）主张研究旅行文学要关注旅行书写“再现本身的内在性”(physicality of representation itself)，也就是产生旅行书写的多种集合点(sites)，强调再现的空间性。④“再现本身的内在性”在他看来有三重含义，即再现其他文化时旅行文学是由“多种因素综合集成的、零散碎片式的和空间性的建构”⑤。第一，“多种因素综合集成”指旅行书写是在多种因素的集合作用下产生，因此要考虑多种因素。他以 18 世纪和 19 世纪

① Charles Forsdick, "French Representations of Niagara: From Hennepin to Butor," *American Travel and Empire*, ed. Susan Castillo and David Seed, Liverpool: Liverpool University Press, 2009, p. 58.

② Amanda Gilroy, ed. *Romantic Geographies: Discourses of Travel 1775 – 1844*, Manchester and New York, Manchester UP, 2000, p. 1.

③ Ibid.

④ James Duncan and Derek Gregory, ed. *Writes of Passage: Reading Travel Writing*, London: Routledge, 1999, p. 2.

⑤ Ibid.

的旅行书写为例，说明通常情况下旅行书写中的客观真实是“去中心的，因为现场收集的直接观察要么经过重新整理，要么直接整合为官方纪实，以便大众阅读”[①]。第二，“零散碎片性”指旅行档案的特点。旅行书写中的再现形式纷繁复杂，不仅有文字文本，还有地图、照片、绘画、书写等。邓肯认为人们思维方式通常流于俗套，会认为杂志、书信和出版物是为从事文学的学者和历史学家而准备，素描、水彩画和绘画为艺术史家准备，照片和明信片则为摄影家准备。其实不然，旅行书写的再现具有零散碎片性质，因此“要注意采用多种策略观照再现的不同手法，需要解读多种不同的媒介”[②]。

第三个特点是再现的“空间性”，旅行书写是一种转换行为，会不断产生一种“介乎中间的空间感”（in-between space）[③]。在解释转换时，邓肯认为“转换的意思是从一个地点旅行到另一个地点，暗含着介于认识差异和恢复差异的辩证关系”[④]。个人记忆尤其是集体记忆或社会记忆在经过跨界旅行、面临差异时也通常要进行转换。这意味着旅行的纪实作者在再现其他民族和其他文化时，“将一个空间转换成另一个空间，通过语言游戏在自身文化指涉到异域文化含义之间来回转换”[⑤]。从一种文化到目的文化的转换就像从一种语言到另一种语言的文学转换一样极其接近。这种发生在两种文化相遇的中间空间的转换，定义或拒绝、理解或责备、结合或者冲突、兼并或者斥责、包含或者排除、比较或者归化彼此，为“介乎中间的空间”。也就是说这个转换空间并不是中立清白的，而是充斥着权力关系和欲望。[⑥] 转化过程中要么采用“驯化方式，一种将异域文本服从于目的语文化价值的民族志方式转换，作者返祖归宗。要么采用异化方法，另一种将价值压力归为异域文本在语言和文化上差异的民族志方式，作者引领读者出国”[⑦]。旅行书写就是这样以知识权力游戏的形式驯化未知和危险，因此在想象还是事实上占有“介乎中间的空间”，也就是

---

① James Duncan and Derek Gregory, ed. *Writes of Passage: Reading Travel Writing*, p. 2.

② Ibid.

③ Ibid.

④ Ibid.

⑤ Ibid.

⑥ Ibid.

⑦ Lawrence Venuti, “Translation as Cultural Politics: Regimes of Domestication in English,” *Textual Practice*, Vol. 7, No. 2, 1993, p. 210.

普拉特（Mary Louis Pratt）所称的文化转换，旅行书写还具有摇摆不定和杂糅性，质疑着客观与权威。①

尽管旅行书写的文类混杂，研究具有跨学科性和跨文化转换特征，其最基本特点却显而易见，即为了给在国内与自己拥有同样语言的读者阅读，叙述者自己立足异域他者空间，通过实际的交往和接触直接或间接地再现其他民族。这在某种程度上将旅行文学和民族志联系一处。旅行者即是再现者、代言者，又是报道者和判断者，但在书写他者的同时不可避免地再现自身。可以说旅行文学最能体现再现的基本特征，叙事再现的世界即是美学认知活动又是政治活动。旅行书写通过属性归类的形式表达或再现其他民族，不可避免地与政治目的和意识形态紧密相连。如果说一种体制或文化的自身存在需要通过一个外界与之对立的因素来映衬而定义，那么旅行书写在很大程度上彰显了文化身份的形成史。这一点还受到后殖民思想家的关注，尤其体现在旅行书写的再现政治上。

二　“再现的政治”——旅行文学批评理论的确立与展开

20 世纪的英国文学研究中，旅行文学并不受学界重视而处于边缘地位。一方面，书店中琳琅满目的旅行指南和游记纪实畅销市场，读者趋之若鹜；另一方面，评论界却对旅行文学反应平平，就连一些书写旅行的作家也不愿被称为旅行作家。但是到了 70 年代末，旅行文学跃然成为文学领域的研究热点，到了 80 年代旅行研究的著述不断出版，主要围绕旅行书写历史、旅行书写理论，旅行书写涉及的伦理和身份等关键命题。旅行文学批评主要受西方学界掀起的文学研究的文化政治转向和文化研究的文学范式革新两个方面影响。前者主要受萨义德等后殖民理论家的引领，后者则是发生在人类学民族志领域的方法论危机使然。

后殖民思潮借助旅行书写的文化和身份建构，对之进行果断的革新式阅读，将旅行问题紧密地与权力和欲望结合在一起，使之成为研究欧洲和非欧洲民族文化碰撞的有力记录和素材。受后结构“去中心”或“去逻各斯”思想影响，东方学者、巴勒斯坦裔美国后殖民理论家萨义德以其独特的“他性”文化体验，将批判西方现代性的矛头从西方文化内部引

① Duncan, James and Derek Gregory, ed. *Writes of Passage: Reading Travel Writing*, pp. 3 -4.

向外部的东、西文化碰撞机制上。借助福柯的话语理论和葛兰西的霸权理论，萨义德对东方主义的阐释拓展了西方学界对主流意识形态的批判维度，同时也将文学批评的视野引领到更为广阔的社会政治语境。《东方学》揭示自18世纪末以降西方关于东方的书写充斥着隐性的和显性的东方主义，隐含着再现政治。东方主义是"欧洲—大西洋权力占有东方的符号，而不是关于东方的真实话语"[①]。欧洲文化自后启蒙时期以来为了获取力量和身份，不断地在社会、政治、军事、意识形态等各个领域生产东方，将东方视为与欧洲对立或附属的"他者"。文学与文化在历史上并不单纯清净，体现的是话语暴力，推动了撒播"种族主义、文化原型、政治帝国主义和非人性意识的大网"[②]。萨义德揭示东方主义的结构不过是"充满谎言或神话的结构"[③]，正如《东方学》扉页所引用的马克思在《路易·波拿巴的雾月十八日》中的一句话"他们不能再现自己，他们必须被再现"一样，东方主义昭示的是欧洲文化霸权。《东方学》将文学和文本研究推向更为广阔的社会文化政治语境，很大程度上为旅行文学文化书写的再现政治提供了批评范式。

20世纪70年代，人类学在研究范式上陷入困境，在理论和实证方法先后受到60年代马克思主义和新左派，以及之后的后结构主义、后现代文学理论、后殖民和文化研究的批判，这些思想领域的批判带动了学科内部的变革。人类学在理论上是一门研究人的科学，人们一直认为人类学不属于人文领域，而属于社会科学领域，是以科学的方法获取和积累关于人类的知识。人类学对人的概括研究通常建立在民族志方法所获取的关于其他文化的一手材料基础上，因此民族志是人类学的一种特定研究方法，将经验转换成文本形式，科学地书写其他文化。然而这种科学性不断受到质疑，人们指出科学的面具下隐藏的是权力和欲望。对此，荷兰文化人类学教授约翰尼斯·费边（Johannes Fabian）在《时间和他者》中谈到人类学的权力及其与压制力量的联袂时，说道："人类学对时间的使用最清晰地体现在它在努力形成它自身的对象：野蛮、原始、他者。诊断人类学的时间话语可以重新发现最为显著的事情，即所有他者的知识同时都是关于时

① Edward W. Said, *Orientalism*, New York: Vintage Books, 1979, p. 6.

② Ibid., p. 27.

③ Ibid., p. 6.

间的、历史的、政治的行为。”①

20 世纪初直至 60 年代，民族志一直沿用的是马林诺夫斯基在《西太平洋的航海者》（1922）开篇中所介绍的一种严谨集中的田野式研究理念——参与式观察（participant observation）。参与式观察将个人体验和科学解释融合一起，一度成为欧美人类学的专业训练标准，获取异族研究的权威和核准数据的来源。但是受福柯、德里达等后结构思想家对语言、真理、科学、主体、知识等启蒙现代性以来宏大叙事进行解构的影响，民族志的这种田野式权威的实践方法不断受到挑战。如果说民族志通过紧密集中的体验而进行文化阐释，那么凌乱的经验怎么转化为权威的书写纪实？充斥着权力关系和个人目的跨文化遭遇如何能定义他者世界？文化书写的过程错综复杂，民族志者受到何种主观因素和政治意识的控制和影响？社会科学领域的知识变革影响着民族志学科，话语是具有隐喻功能的文学修辞，“客观”和“真实”地书写异族文化不过是客观声称或者部分真实。人们在不断叩问民族志田野考察方法的合理性，民族志披上的“科学”外衣不断被掀开，由此掀起一场研究范式的文学转向。

因此本书借鉴后殖民理论对文学研究的文化转向和民族志对文化研究的文学转向为旅行文学研究的理论参考。萨义德的《东方学》揭示了东、西方文化接触的西方霸权本质和西方对东方文化再现的殖民特征，为旅行文学研究提供了殖民话语分析的范式。但本书并不局限于萨义德在《东方学》中开创的批评方法，而主要集中在萨义德之后对殖民话语分析的推陈出新上。虽然萨义德在十五年后出版的《文化和帝国主义》修正了《东方学》方法上的不足，但殖民话语分析范式更在普拉特、丽莎·罗以及霍米·巴巴后殖民理论家处得到拓展，主张东西方文化接触和遭遇中主客体双方力量并不是稳固、优越的西方自我和低下、邪恶的东方他者之间的二元对立，而是相互依存和交织互动的关系。西方书写者/旅行者的阶级、性态、种族、宗教、思想、经济不同，而呈现的东方主义样态不同，因此东方主义不是单质同一的，而是多元、异质和动态的，殖民主义话语具有模棱两可特性。这是旅行文学批评和本研究的理论基点。

另外，异族文化书写的民族志在方法论上的文学转向也为旅行文学研

① Johannes Fabian, *Time and the Other: How Anthropology Makes Its Object*, Columbia University Press, 1983, p. 1.

究提供了理论支撑。与民族志一样，旅行文学作为异域文化书写的文学文类亦不像其声称的那样客观真实，而是充满知识/权力所隐含的话语暴力。旅行者仿佛民族志家一样深入异族文化进行田野式考察，为异族文化作注解和阐释，然而在其书写中与其说客观真实地书写他者，其书写不如说是在进行文学阐释，体现着书写者的自身欲望和文化构想。这在方法论上不仅为殖民话语分析提供了理论合理性，还与殖民话语分析一道为旅行文学阐释的批评方法拓展了维度。

英国旅行文学中建构的东方中国不像萨义德所指出的同质静止的“他者”，而是动态多元的中国。不同时期的构建中国的文本中彰显着不同历史语境下运作的权力和欲望。在旅行文学中，西方对东方的书写因为不同历史时期和不同文化语境下旅行者/书写者不同，构建的东方中国也呈现流动变化的异质特点。仔细剖析异质性构建的历史语境和文化根源，能帮助我们理解构建背后隐藏的再现政治和话语暴力原因，以及西方现代性的发展脉络。

三　中国“他者”——跨文化研究现状与本研究价值

英国旅行文学中的中国构建触及跨文化视野中的中国形象问题。国内对于中国形象的跨文化研究主要集中两个领域，一个是比较文学，另一个是海外汉学。比较文学领域对中国形象的研究发轫于20世纪的90年代，较早的有1998年黄兴涛、杨念群两位先生主编“西方视野里的中国形象”丛书，向国内译介外国传教士的中国著述，不断引起国内学界对这个领域的研究兴趣。2002年南京大学、北京大学与中国文化书院跨文化研究院合作项目出版了《外国作家与中国文化》（共八卷），对中外文学关系双向阐释的研究是个飞跃，很多中国学者在各自擅长的语言文学领域介绍外国文学中的中国，如英国卷就由学者葛桂录负责撰写。2004年学苑出版社出版了周宁先生的“中国形象：西方的学说与传说”丛书，共八卷，从形象学视角和历史纵轴的时间跨度上揭示中西跨文化交流中西方的他者中国。周宁先生在此领域著述不断，如《天朝遥远》上、下卷以及与此同时主编“文本与文化/跨语际研究”丛书。另外，西方的中国形象很大程度上与传教士的中国典籍译介和中国著述密不可分，因此国内的海外汉学领域在跨文化对比上填补了研究空白。1995 年，介绍世界各地汉学研究的学术期刊《国际汉学》在著名学者任继愈先生倡导下在国内创刊，开启了国内学术界与海外汉学家的研究和对话渠道。国内张西平教授很早就从事海外汉学研究，著有《欧洲早期汉学史：中西文化交流与西方汉学的兴起》、《欧美汉学研究的历史与现状》、《他乡有夫子：汉学研究导论》（上、下）、《中国与欧洲早期宗教与哲学交流史》等，对传教士的中国知识域外传播研究奠定了基础。每年比较文学和海外汉学的博士论文都在拓展跨文化研究的外延。

如果说近 20 年以来比较文学和海外汉学均在中西跨文化接触和碰撞的研究上填补了国内在知识领域的空白，那么从旅行的视角切入跨文化书写文本并对文本产生的中英社会文化渊源加以探讨，系统地剖析其中再现中国文化的深层结构和话语运作机制，在国内还未有先例，而且实为外国文学研究的必要。首先，旅行作家具有双重的文化身份、独具的跨文化背景和独特的社会经历。以“真实”和“客观”标识的旅行书写折射着不同时期旅行者/作家以自身文化为主体的欲望，因此有必要揭示 20 世纪英国文人作家旅行中国的叙事，考察英国社会文化和主流意识形态影响下的中国构想和文化利用机制。通过英国旅行者/作家对中国的构建，反思其跨文化书写的民族文化心理。

其次，立足西方批评理论对旅行文学的阐释研究分析英国文学中的中国构建，将充实国内比较文学和海外汉学对中国形象研究的不足，与国外学界对话。萨义德在旅行文学研究具有里程碑式的著作《东方学》中揭露的是英美法西方国家对阿拉伯为主的东方国家在体制性上的建构，却未加提及英国旅行书写对中国的建构。作者以本土中国评论者的立场对位解读英国旅行叙事中的中国建构及其隐含的再现政治，可以说拓展了《东方学》的维度和视野。不仅如此，中、西两种文明由于文明类型和历史文化的不同而采取的现代性方式与进行的程度不同，从 20 世纪英国旅行文学的中国构建和利用的中国文化精神还可以双向地考察和反思中、西方现代性。从跨文化视角反诘两种现代性的异同将文学研究推广到更为广阔的社会文化空间，使人文研究具有强烈的现实性。

考察英国旅行文学中的中国构建不仅体现在学术价值上，还具有现实关怀和意义。了解外国文学和文化中的中国构建，尤其是旅行文学中构建中国所透露的意识形态和政治因素，有助于增强民族自信心和文化自信感，在国际舞台上以文明平等的心态对话，有的放矢地将中华文化鲜活地呈现给世界，推动世界文化的大繁荣。另外，弄清外国旅行作家在接受中国文化过程中，怎样因其不同的文化背景、文化观念及个性特点等错综复杂因素构建中国，也有助于我们反观自身，自省自审，有利于我们民族文化人格的建构，促进和完善我国文化的现代转型。

将学术研究应用到现实世界，以中国本土声音与国外学界对话一直是国内学术界呼吁和倡导的思想。随着中国经济在世界的腾飞，中国在世界格局中的地位日益重要，如何在文化知识领域与国外对话、如何发出中国声音是我们应该思考的问题。正如王宁教授所言："既然我们本身就是研究西方文化的东方学者，因此我们理应更为关注西方学术界对东方和东方文化的建构和阐释，以便我们能够以积极心态介入这一国际性的理论话题的研究。"① 本着这种思想，本书借鉴西方学界的旅行文学研究阐释方法，即后殖民理论和民族志方法，聚焦 20 世纪英国现当代文人作家的中国旅行和旅行叙事，考察不同时期跨越民族—国家疆界的英国作家所构建的中国样态的异质性。由于作家个人的种族、性向、阶级、政治和经济视野不同，其构建中国隐含着个人的思想情感欲望和深层的民族文化心理。

① 王宁：《"东方主义"的反思》，《外国文学》1996 年第 5 期，第 75 页。

上　编
“东方的启蒙”——西方与东方[①]，旅行与书写

在世界的版图上，中国幅员辽阔，屹立于欧亚大陆的东部边缘，一直以其古老而独特的文明吸引着西方旅行者。自有文字记载以来，东方已经不再是单纯的地理空间概念，而紧密地与有关东方的神话和幻想相连。如：在西方文化中，东方的耶路撒冷是基督教世界神往的朝圣之地。据《圣经·创世纪》记载，神为亚当和夏娃在东方建造了伊甸园。耶稣诞生时三个圣人亦来自东方。基督教圣典赋予了东方神秘与圣洁的色彩，成为西方人精神朝圣和欢度来生的梦想之所。与此同时，东方还是野蛮与贪婪的异教徒栖息地，令西方感到危机四伏。西方基督教世界始终将地理位置上毗邻的伊斯兰教东方视为威胁，曾在中世纪发动八次十字军东征，就是以“圣战”（Holy War）为由试图征服和统治东方的范例。

这两种西方对东方的态度看似矛盾，却隐藏着长久以来典型的东方主义观念。东方成为西方恣意想象和刻意渲染的地方。东方主义见证着千百年来西方对东方复杂多变的思想体系，正如 J. J. 克拉克在《东方的启蒙》一书指出：“一方面东方是古老智慧的源头，（西方）灵感的源泉，文化上丰富绚烂的文明极其优越，映衬着（欧洲）自身文化的不足；另一方面东方是险象丛生和谜团密布的异域地区，长期封闭于停滞的过去，在等

---

① “西方”这一概念很难定义。这里的“西方”主要根据中西文化交流史在不同阶段包括不同的国家。在 19 世纪以前主要指涉西欧一些较早进入中国的国家，如：意大利、葡萄牙、西班牙、英国、比利时、法国等。而在 19 世纪以后或者 18 世纪下半叶开始，“西方”这一概念还包括美国，美国开始加入中西文化交流的队伍中来，大量的传教士、外交使节、旅行者和商人不断涌入中国。

待西方现代性这一洪水猛兽将之撞醒。"① 萨义德在《东方学》中借用福柯的权力/知识说阐释西方的这一观点，指出西方不同时期有关东方的著述中所呈现的东方，并不是历史上客观的东方之真实再现，而是西方人"一系列欲望、压抑、情感投注和预设"② 的文化构想物，是西方为了确证自我的文化认同而建构起来的他者。

上编共分两章，在纵向历史维度为旅行文学研究铺陈西方现代话语中的中国之谱系，进而立足于英国旅行文学嬗变，剖析旅行扩张与殖民现代性的紧密关系，切入旅行文学研究的理论架构。

---

① John James Clarke, *Oriental Enlightenment*: *The Encounter between Asian and Western Thought*, London and New York: Routledge, 1997, p. 3.

② Edward Said, *Orientalism*, p. 8.

第一章

西方现代思潮中的镜像中国

千百年来欧洲各个时期的探险家、传教士、商人、外交家和旅行者负笈跋涉，战胜疾病、气候、交通等诸多不便，历尽艰辛地到达遥远的东方文明古国——中国，体验、书写和想象中国文化。更有一些哲人思想家足不出户地潜心阅读有关中国的游记和报告，借阐释中国以针砭时政，寄托个人理想和现代情怀。据范存忠先生在《中国文化在启蒙时期的英国》中分析，欧洲人大约从 10 世纪初起已开始记载中国，当时采用各种不同的称呼[①]，如“契丹”（Cathay）或“契丹人”（Cathayan，Catalian）；塞利卡那（Sericana）[②]；西那（Sena，Sin，Thin，Chin，Chin）[③]。但是真正具有划时代意义的重要作品是《马可·波罗游记》（*Il Milione*）。[④] 这是西方第一部将东西文化接触以文学形式记载下来的经典作品，不仅成为地理大发现时期殖民旅行叙事的典范和母文本，还开创了西方对东方的文化想象和神奇憧憬之先河。到了地理大发现时代，随着欧洲航海技术的发展和新航线的开发，以利玛窦（Mathew Ricci，1552—1610）为首的大量耶稣会等传教士源源不断地朝圣般涌向东方中国，他们不仅带来先进的欧洲科学知识，还持续不断地向欧洲传递中国知识。某种程度上，可以说开辟了中西文化、政治、宗教思想交融和碰撞的新航线。

马可·波罗（Marco Polo）和欧洲传教士所描绘的中国后来成为欧洲在前启蒙时期和启蒙精神确立时期的现代知识话语，成为欧洲思想界在寻求现代性和确立现代性过程中不断提及、参照、比较和演化的结构性知识。自 17 世纪欧洲社会迈向现代性以来，中国始终出现在欧洲现代话语

① 范存忠：《中国文化在启蒙时期的英国》，上海外语教育出版社 1991 年版，第 2—6 页。

② 意为丝绸之国。

③ 这种称呼借用秦朝名称。

④ 又称《东方见闻录》或《马可·波罗行纪》。

中，凸显和见证着欧洲现代性在自我构建和自我批判过程中的渐进演变。在西方现代话语中，中国文化如万花筒般变化多样，在欧洲中心主义主导思想下呈现出动态、异质多元的他者形象。如："世俗富庶的乐园"中国、"哲人治国的儒教"中国、"停滞封闭的帝制"中国、"种族劣等"的中国、"未进化的黄祸"中国、"神秘的宗教"中国、"秩序文明"的中国等等。

如果我们跨越线性历史时间的纵轴局限，在地理空间的横轴上来审视西方现代社会的发展进程，不难发现西方总是在与他者文化、与非西方社会文化的接触与比较中，在借鉴与对照历史文化等发展模式上与之完全不同的社会中趋步前行。如斯图亚特·霍尔（Stuart Hall）所言，"与西方完全不同的社会和文化是西方衡量自身成就的对比标准，正是在这些关系背景下，'西方'思想逐渐成型，具有意义"①。同时，巴巴拉·柯特（Barbara Korte）也指出："所有他者概念是自我的投射，非常靠不住、易受外界影响而且与外界相关，书写者在自身认同和自身熟知的情境下建构国家的他者性。"② 也就是说，西方现代思想在演变的过程中不断参照和对比的中国虽然来自一些传教士和旅行家在中国的亲身体验，但其中国书写具有选择性，并掺杂着个人想象和文化情感的投射，因此并不是完全真实的中国，而只是"镜像中国"③，这一镜像完全依赖于欧洲主体的集体想象与文化认同。

本章旨在历时性地梳理西方现代话语中的异质中国，描绘各个时期的中国知识在西方现代文化思潮的演变，以及对西方的参照、映衬和影响。由于启蒙精神是西方现代文化思潮的里程碑，在政治、经济、宗教和文化各方面确立了现代的坐标，因此本章将以启蒙精神确立之前和启蒙精神确立之后的两个时间段为立足点，考察欧洲社会如何在政治、经济、宗教和文化等方面的思想演变中认同或排斥中国，如何借鉴和批判中国。从启蒙

---

① Stuart Hall, "The West and the Rest: Discourse and Power," *Formations of Modernity*, ed. Stuart Hall and Bram Gieben, Cambridge: The Open University, 1992, p. 276.

② 对他者性（Otherness）问题曾有很多学者参与讨论并发表相似见解。如：Said（1978），Todorov（1984），Hartog（1988），Kristeva（1991），Clifford（1992）等。

③ 拉康的镜像理论揭示婴儿将镜中完整的人（other）想象为破碎身体的婴儿自身（self），其实自我一开始就是一个幻想或影像，借助于他人而诞生，它永远是想象关系不可或缺的一方，他者（镜中影像）产生于想象和自我与镜中影像的认同过程。详见拙文《从拉康"镜像说"解读"他者"的含义》，《沈阳师范大学学报》2008 年第 6 期。

精神确立之前和之后欧洲书写的中国“他者”形象变异中，可以洞见欧洲现代思潮在不同历史时期的演变脉络以及变化走向。西方现代话语中的中国只是欧洲现代化语境下，顺应时代政治、经济、思想和文化变革需要的文化他者，因此有必要从欧洲现代思潮的中国话语与欧洲自身历史、文化变革的互动、多变关系中看中国如何只是欧洲的一面镜子，补其不足，去其糟粕。

第一节　启蒙精神确立之前的镜像中国

——文艺复兴、宗教改革和17世纪、18世纪上叶的异质中国

13世纪，欧洲大多数国家处于封建社会衰落期。政治上，封建的神性君权逐渐摆脱教会向官僚君权过渡。经济上，工商业规模逐渐扩大，改变了欧洲传统的农业经济模式，刺激和加速了货币循环，具有专业技能的手工业者逐渐增多，城镇不断得到发展。思想上，人们越来越想摆脱基督教禁欲保守世界观的束缚，以新观念审视世界，现代的世俗人文视野逐渐形成。与此同时，12世纪和13世纪的十字军东征促进了东西方文化间的了解，也刺激了欧洲对丝绸和香料等东方奢侈品的贸易需求。随着商人数目逐渐增多，以商业盈利为目的的东西方贸易往来不断加强。城市的出现与商业的繁荣挑战着以基督教文化为主的封建农业社会的传统秩序，向往富裕享乐的世俗精神呼之欲出，瓦解着中世纪教会政教一统化的权威地位，欧洲孕育着现代思想和现代精神的萌芽。

发现欧洲以外的世界为欧洲发现自我提供了可供参考的新视野。一些早期具有冒险和开拓精神的商人、旅行家、传教士等徒步跋涉，横跨欧亚大陆，克服气候和疾病的困扰，穿过伊斯兰教亚洲国家，到达并游历远东中国，成为东西文化碰撞的承载者和见证人。具有标识性的人物分别是13世纪旅行家马可·波罗和16世纪以利玛窦为首的耶稣会士，他们分别以独特的经历和精湛的书写向欧洲展示了一幅令人眼花缭乱、憧憬向往的中国画卷。他们笔下的中国又因旅行中国的时间以及旅行目的的不同而呈现异质性。无论如何，两者在与东方跨文化接触所传递的中国奠定了欧洲现代话语中的中国知识基础，成为欧洲走向现代民族—国家政体和寻求现代文化精神的参照系。

13世纪和16世纪的中国构建来自于中西文化接触和碰撞，同时也见

证了欧洲主体对中国他者文化的欲望投射。如今，马可·波罗和以利玛窦为首的耶稣会士已经成为早期促进中西文化交流的英雄式人物，被世人传诵。然而，审视两者耐人寻味的中国知识，我们则可以清楚地透视欧洲社会不同时期在思想领域的冲突和社会诉求。某种程度上，两者传递的中国知识极大地刺激了欧洲人对世俗中国的憧憬之情，促进了对神秘、童话般东方的朝圣之旅，同时还为催生欧洲资产阶级以人文主义为代表的前启蒙文化精神奠定了可参考的知识话语。进而，见证了欧洲社会面临新时代变革时宗教神权与封建王权的冲突和危机，向现代性迈进的苦痛挣扎与思想革新，以及在东方的异域中国所寄托的欧洲理想与变革希望。

一　马可·波罗的“大汗”世俗中国

中世纪欧洲受宗教蒙昧思想的束缚，对世界了解甚少，人们一直认为东方是“一条腿、长着狗头般人的居住地，遍布独角兽和狮鹫、长羽翼的蝎子、掘金的蚂蚁，是《创世纪》记载的乐园……”① 从13世纪初期到14世纪中叶的一百年间，意大利威尼斯和地中海沿岸城市与东方贸易往来频繁，不少欧洲商人和探险家向东进发。13世纪，骁勇善战的蒙古王成吉思汗征服了东自中国、西抵多瑙河畔的大片土地，为东西交通打开方便之门。但蒙古势力的西进也引起教皇和欧洲各国国王的震惊和好奇。一方面，他们害怕蒙古铁骑入侵自己领土；另一方面，他们又为蒙古人消灭穆斯林国家而庆幸。于是教皇派遣传教士为使臣到东方，劝说蒙古人皈依基督教。虽然他们这种一厢情愿的计划最终落空，但传教士写书的报告却为了解东方文化提供了详实记载，如意大利的方济各会教士布拉诺·加比尼（Plano Carpini）②和法国人方济各会教士威廉·卢布鲁克（William Rubrock）③ 都对蒙古文化有详细的描述。

真正对中国中原一带④有详细书面记载的是意大利商人旅行家马可·

① Philip C. Almond, “The Mediaeval West and Buddhism,” *The Eastern Buddhist*, Vol. 19, No. 2, 1986, p. 85.

② 意大利旅行家，还称为 Giovanni da Pian del Carpine; John of Plano Carpini; John of Pian de Carpine（约1182—1252），一译柏郎嘉宾，著《蒙古史》。

③ 又写作 Guillaume de Rubruquis, Willem van Ruysbroeck, Guillaume de Rubrouck, Willielmus de Rubruquis，约1210或1215或1220—1270或1290或1293，芬兰方济各会修士（约1215—1270），著《东游记》。

④ 又称中央王国，现今的中华文明发起地黄河流域地区。

波罗的《游记》[1]，折射着中世纪欧洲商人对东方中国世俗富庶生活的艳羡和向往。马可·波罗出自威尼斯商人家族，很小母亲就故去。父亲（Niccolò Polo）和叔父（Matteo Polo）在1260年就怀着宗教使命和商业获利目的，满载货物向东进发，到达君士坦丁堡、黑海沿岸，渡过底格里斯河，穿越波斯向东北和北方，直至蒙元都城京都[2]，得到大汗忽必烈的接见，受到赏识被派为向罗马教皇递信的特使。二人回到西方，觐见并将大汗书信提交给罗马教皇格利高里十世（Gregory X）。1271年夏季，波罗兄弟再次向东启程，这次带着年仅十七岁的少年马可，开始又一轮的东西贸易往来。他们一行穿越道道陡峭的大山，克服重重困难，历经近四年的时间，在1275年夏季到达蒙元首府。据马可·波罗自述，他们受到大汗忽必烈和群臣的热烈款待。由于自己聪明能干，学会了蒙古、突厥、波斯等几种文字，能够顺利地读书和写作，备受忽必烈大汉的信任和宠爱。曾受命出使中国内地云南、江苏等处，并出色地完成任务。《游记》记录了马可在中国的17年见闻，他回到威尼斯后在一场战役中被俘，在监狱里向室友鲁斯蒂谦口述其旅行经历，由他整理而成。虽然马可·波罗到底曾否来过中国，曾引发起重大的争议，但《游记》的贡献和影响却不可忽略。可以说，马可·波罗见闻向世人栩栩如生地描述了一个中世纪的人间乐园式遥远国度——一个经济富庶、人民安定、君王贤明的繁荣国度，开启了西方的乌托邦中国范式。[3]

不同于战事频繁的欧洲，马可到来时期的蒙元中国安定统一。其实在波罗之前的旅行家威廉·卢布鲁克就这样描述安定一统的中国礼仪之邦，“（这是）跟从前设想完全不同的一个环境，在社会交往中人们举止优雅、彬彬有礼、谦逊友好，在欧洲常见的争吵、打斗和流血，在这里甚至在极度醉酒下也根本看不到。到处可见诚实可靠的人。车辆和财产不用上锁和看管，都安全无恙。若有牲畜走失，采取措施后就会迅速失而复得。尽管食物经常匮乏，人们都慷慨大方，分给那些比自己更需

① 本部分主要探讨《马可·波罗游记》，因此为方便起见，以下均称为《游记》。

② 现今的北京，蒙语称为“汗八里”。

③ 有关乌托邦范式，厦门大学周宁教授在他主编的“文本与文化/跨语际研究”系列丛书以及专著《天朝遥远》中进行了详尽的分析和阐述。

要的人"[1]。同样，马可·波罗也热情赞颂在中国体味到的社会宽容平和，如犹太人和基督徒可以彼此共处，信仰自由，不受政府干涉。《游记》中还记载着大汗在西方重要的复活节和圣诞节期间邀请基督教徒带着福音书，与他一道庆贺。不仅如此，大汗还尊重犹太人的节日。

马可·波罗是中西交流史上较早描写北京的西方旅行者。北京是元朝的首都，当时称为京都，即蒙语的汗八里。《游记》中大量记载规模令人叹为观止的汗八里和坐落在汗八里宏伟壮观的大汗宫殿。他笔下的汗八里由两个巨大的方形广场组成，广场四周由厚厚宫墙和深沟环绕。里面分布着大汗忽必烈的皇宫和嫔妃佳丽的后宫。汗八里的人口数目和房屋数量以及周边村庄都多得令人难以想象。商品齐全得"世界上最稀奇、最珍贵的物件在这里都能找到……从契丹省，或者国家的其他省份，但凡有价值的都带到这里……商品买卖的数量远远超出任何地方的交易，每天载满生丝的马车不低于上千，金饰和各种各样丝绸大量地生产"[2]。在这样一个"辽阔宽广得前所未闻"[3] 的宫殿，忽必烈会见群臣，接受各国使者进拜和举办宴会。

《游记》细致入微地描述皇宫的奢华壮观，艳羡之情跃然而出。"宫殿四角每个都有一大段大理石楼梯，通往宫殿，四周由一圈大理石筑成的矮墙环绕，平台外侧有美丽的栏杆和墩柱……高墙外表和大殿装饰着雕刻和镀金的龙，还有各种鸟兽、士兵图形和战争画面。屋顶里面装裱得金碧辉煌、琳琅满目。"[4] "大殿极长而宽，能举办相当多人的宴会。宫殿有许多隔开的房间，都非常漂亮夺目，似乎不需要任何修整布置。屋顶外侧装饰成红、绿、蓝、紫等各种颜色。外皮坚固得能持续多年。玻璃如水晶般透明，闪亮精美。宫殿外面有众多大建筑，里面有许多房间，摆放着皇室私有财产或者金砖银条，宝石，珠宝，金器和银盘。"[5] 宫殿不仅富丽堂皇，而且安全方便。有数以千计的禁卫军把守，附近还有众多妃子的寝宫，是皇帝工作之余休息闲适之处。宫殿不远处有假

---

① Quoted in Marco Polo, *The Travels of Marco Polo 1271 – 1295*, trans. William Marsden, New York: the Limited Editions Club, 1934, p. xix.

② Ibid., p. 206.

③ Ibid., p. 173.

④ Ibid., pp. 173 – 174.

⑤ Ibid., p. 174.

山，上面种满珍奇罕见的绿色植物，山下有河流流淌和小桥座座。山顶还有华丽的凉亭，“从上面放眼望去，假山、绿树、凉亭形成一个优美而壮丽的宜人景色”①。

《游记》除了渲染整齐宽阔的汗八里城以及奢华壮观的皇宫，还用大量笔触描述元朝城市商业的繁荣、人们生活的富庶和各地物产的丰富。他极尽能事地描绘中国城市数量之多、规模之大和辉煌程度。“沿途一直会遇到无数工商业发达的大型富裕城镇和乡村。这里的人都是大汗的臣民，使用纸币……”②“……拥有许许多多的船只，其数量甚至比我在前文提到的那些城市还要多。这些船只运送着不计其数的昂贵商品。”③ 全国上下以米、粟为主食，产量丰富，人民食物毫不匮乏，衣食无忧。“河流中有金子，小粒和大块形状。山上有黄金矿脉……”④ 大汗的酒樽、餐勺等器皿都有镀金。另外，令商人马可羡慕的是中国商业的兴旺。在他笔下，中国全国各地市镇大多经营工商业，从事制造业，生产生丝、姜，自然资源如野兽、禽类和盐都极其丰富。

马可还对有“人间天堂”之称的苏杭大为感慨，苏州城是“壮丽”的大城，方圆二十英里，居民多得令人惊叹，这里盛产绸缎。杭州城“庄严秀丽”，世界任何城市无法比拟。大运河途经苏州、杭州，除了路上交通还有水上通道，运河上的大小桥梁，为城市增添不少生机。不仅如此，杭州城内的集市更加具有生机，“集市上聚集四万或五万人，为市场提供你所能想到的各种商品和供给”⑤。一年四季市场上有各种各样的香料和果子。店铺的商品更是琳琅满目，“有香料、药材、小装饰品和珍珠”。杭州城的红灯区令人流连忘返，城市居民是偶像崇拜者，富人穿着绫罗绸缎，“当地居民性情平和……养成恬静闲适的民风”⑥。秦淮河上的画舫更是携眷唤友和共同泛舟行乐的好去处。

此外，游记大肆褒扬蒙元统治者忽必烈的君王形象。“号称大汗或众王之王的忽必烈中等身材，不高不矮，四肢匀称，看上去整体协调。他面

① Marco Polo, *The Travels of Marco Polo 1271 – 1295*, trans. William Marsden, p. 175.

② Ibid., p. 291.

③ Ibid., p. 292.

④ Ibid., p. 152.

⑤ Ibid., p. 315.

⑥ Ibid., p. 320.

貌清秀，有时红光满面，色如玫瑰……他的眼睛黑亮俊秀，鼻子端正高挺。”[①] 大汗是会统治国家和享受生活的皇帝。每年六个月在汗八里，三个月在沿海地带打猎，三个月避暑。不仅骁勇善战，赏罚分明，而且尊重基督教的威望和全能的上帝。鞑靼人忽必烈大汗不仅统治的疆土广阔，而且治理国家秩序井然，受到人民爱戴。“大汗严禁各种形式的赌博和欺骗……他从不滥用职权。各层人们在皇帝面前表现的礼貌和谦恭更不容忽视……”忽必烈贤明豁达，对人民福祉非常关心，如“派特使和钦差”[②]，体恤民情，查看各地收成，“如果发现有灾情，就免当地那年的贡禄，还向其发放谷种和粮食”[③]。马可·波罗称此为“皇恩浩荡的举动”[④]。虽然马可·波罗是否如游记记载那样受到大汗忽必烈的亲宠，而且尽管《游记》受到那个时代的嘲讽和怀疑，但是他所描述的传奇般皇宫所展示的财富和宏伟壮丽，传奇般的大汗打猎时的可观队伍和随从数目等，展示了一个令欧洲人艳羡不已的专制君主统治下极度繁荣的非基督教国家的盛世画面。《游记》创造的“契丹”（中国）神话激励着许多欧洲冒险家和商人远足东方。

《游记》流露出对中国的世俗生活、政治和道德的倾慕赞美之情，中国被描绘成古老文明之邦、富庶强大的理想国，这个国家与马可·波罗时代的欧洲国家具有巨大反差。工业革命以前，尤其中世纪时期的欧洲，大多数国家笼罩在教会统治下，思想压抑禁锢。天主教会内部腐败沉沦，派系之争愈演愈烈。“经院哲学意味浓厚的政府经文和哥特式大教堂提供对任何地方和任何事件的绝对解释。”[⑤] 贯穿中世纪的是“无休止地对许多深奥问题的思想叩问，也就是说，人们被迫反思他们信仰的基础”[⑥]。到了13世纪，手工业者为代表的新兴资产阶级向往美好和享乐，渴求解放思想和享受现世生活，试图摆脱教会的思想禁锢而争取自由。与此同时，

① Marco Polo, *The Travels of Marco Polo 1271 – 1295*, trans. William Marsden, p. 166.

② Henry Yule and Henri Cordier, *Cathay and the Way Thither, Being a Collection of Medieval Notices of China*, Vol. I, London: The Hakluyt Society, 1913 – 1916, p. 197.

③ Ibid.

④ Ibid.

⑤ Erik Ringmar, *The Mechanics of Modernity in Europe and East Asia: The Institutional Origins of Social Change and Stagnation*, New York: Routledge, 2005, p. 27.

⑥ Arthur O. Lovejoy, *The Great Chain of Being: A Study of the History of an Idea*, Harvard University Press, 1936, pp. 67 – 98.

欧洲各国的王权政治也试图摆脱罗马教会的宗教统治。宗教的束缚已经跟不上时代的脉动，以人和现世享乐为核心的文艺复兴运动撼动了以神和今生苦行为核心的教会一统化地位。在这时，中国元朝是世界上最富庶的国家之一，疆域辽阔，商业极度繁荣，正如魏源在《元史新编》说："元有天下，其疆域之袤，海漕之富，兵力物力之雄廓，过于汉唐。"《游记》一方面折射了中国蒙元时期的社会面貌，另一方面则映照了中世纪欧洲商人的世俗理想和憧憬。

继马可·波罗之后对东方国度——中国在财富和繁荣上详细记载的是另一个意大利人奥多里克（Odoric of Friuli，1285—1331），与马可·波罗一样，他把杭州描述为"全世界最伟大的城市"，敬畏于汗八里（北京）的规模和大汗宫廷的雄伟。奥多里克与马可·波罗一样拥戴中国朝廷和各种习俗，热诚地赞美中国经历和见闻，甚至比马可·波罗有过之而无不及。无独有偶，14 世纪英国第一部游记《曼德维尔游记》（*The Travels of Sir John Mandeville*，1357）也基本上延续《马可·波罗游记》的叙事风格和主题，如关于蒙古和大汗的知识，中国城市福州和杭州的富饶物产、园林山水、奇闻异事等。马可·波罗艳羡的大汗宫殿，被曼德维尔更加浓墨重彩地渲染为："宫殿的厅堂十分雄伟壮丽，最上头摆着皇帝的宝座……那餐桌以黄金为边，饰以满满的钻石和珍珠。大汗走过的通道全镶有金边，且铺满各式各样的钻石御道。"① 不难想象在中世纪欧洲，人们在基督教主宰下精神受到原罪和赎罪思想的禁锢，过着阴冷简朴的日常生活，艳羡和憧憬奢华享乐的世俗生活的浪漫情怀。

无疑，《游记》中描述中国的国泰民安和世俗享乐为欧洲人，尤其是资本主义上升时期的富有阶层提供了一个乌托邦的生活方式。《游记》影响广泛而持久，在 15 世纪的地理学、民族学和宇宙观随处可见。② 不仅为欧洲想象中国和建构中国奠定素材，还为欧洲文艺复兴与宗教改革时期挑战传统宗教思想束缚提供乌托邦他者文化的理想原型。体现在英国文学中，这种乌托邦中国延续至 17 世纪罗伯特·伯顿（Robert Burton）的

① John Mandeville, *The Travels of Sir John Mandeville*, London: William Collins Sons & Co. Ltd., 1973, p. 57.

② Gabriele Schwab, "Traveling Literature, Traveling Theory: Literature and Cultural Contact between East and West," *Studies in the Humanities*, June 2002, p. 2.

《忧郁的解剖》（*The Anatomy of Melancholy*，1621），托马斯·布朗（Thomas Brown）的《瓮葬》（*Hydriotaphia，or Urne-Buriall*，1658）。伯顿在《忧郁的解剖》中给欧洲政治、宗教、社会和个人内心的种种忧郁病患开了一剂灵药——东方繁荣富庶、哲人治国、政治开明的中国文明。伯顿的中国知识来源于马可·波罗《游记》和《利玛窦中国札记》[①]（*About Christian Expeditions to China Undertaken by the Society of Jesus*，1615）。接下来，我们探讨以利玛窦为首的耶稣会士所传递的儒教中国。

二　可皈依基督的"儒教"中国

马可·波罗之后，由于陆上交通的阻塞，欧洲人与东方的交往终止了近一个半世纪。这期间，欧洲被疾病和战争困扰，如蔓延各国的黑死病（1315—1350）和英法百年战争（1337—1435）等，人们挣扎在苦痛和死亡线上。频繁的战争不断撼动中世纪教会的权威，世俗人文精神如雨后春笋般涌出，文艺复兴的春风迅速地吹遍欧洲大地。与此同时，意大利文人重译古希腊、罗马的典籍，人们开始重视人的能动力，呼吁建立世俗的王权统治的国家，这是摆脱神威、孕育现代欧洲的开端，是在与天主教作斗争的宗教改革运动和确立君主政治的挣扎中展开。

15世纪全球探索的海上航道开发后，欧洲在经济利益驱使下重新燃起对东方的兴趣。此时，欧洲的东方扩张主要源于三个动机：一是文艺复兴影响下，人们思想的开放，好奇并渴望了解欧洲以外的地域；二是扩展市场的需要；三是从侧面包抄伊斯兰国家，寻求向东的商路。商业获利是关键的驱动力，与其并驾齐驱的是光鲜耀眼的基督教传教任务，即皈依和教化东方。这种开发东方人头脑和意识的传教任务在中国则主要由耶稣会士展开。他们通过海上航道从好望角到达印度洋，登陆印度，到中国和日本。耶稣会士成为两三个世纪中西文化接触和交流的主力军。在这些耶稣会士中，最早详细地将中国思想文化和传统习俗传到欧洲，并成为近代欧洲了解中国知识的传声筒式人物的是意大利耶稣会士利玛窦。从16世纪开始，天主教耶稣会中国传教士的撰文报道成为讲述中国的强音，其中不仅是对中国社会和政体的关注，而且更深入地阐释和介绍中国哲学和文化

---

① 利玛窦的这一作品有三种译法，分别为《利玛窦行旅中国纪》、《利玛窦中国札记》和《中国布教记》。

典籍。

利玛窦1552年出生于意大利的中部马塞拉塔城（Macerata），从小在耶稣会学校学习，十六岁时到罗马学习法律。1571年在罗马加入了耶稣会（Society of Jesus），并在那里学习哲学和神学，还师从著名数学家克里斯托夫·克拉维斯（Christopher Clavius）学习天算。在利玛窦之前，受罗马教皇授权传教亚洲的先驱有沙勿略（Franciscus Xaverius，1506—1552）、范礼安（Alexandex Velignano，1538—1606）、罗明坚（Michele Ruggieri，1543—1607）等耶稣会士。沙勿略是耶稣会创始人之一，也是最早成功地到亚洲的马六甲和日本传教的耶稣会士。范礼安则是继沙勿略之后在中国传教有影响的耶稣会士，他的突出贡献在于主张采取传教士中国化的传教策略，这是成功地敲开中国大门的开门砖。罗明坚则秉承范礼安宣扬的中国传教的文化适应策略，学习汉语，了解中国风俗习惯，得以到澳门、广州、肇庆等地传教。利玛窦延续这些先驱们奠基性的努力和尝试，于1582年开始在中国传教和生活。由于他所到之处范围之广和影响之大，后人将他列为西方汉学之父。

在中国传教交友的二十七年中，利玛窦曾到过中国的澳门、肇庆、韶州、南昌和南京、北京等地，以其博学的科学文化知识，如数学、水利和天文学、地理学等，结交中国士儒如李贽、徐光启等人。他还用多棱镜、自鸣钟和世界地图三件法宝得到万历皇帝的恩准留在京城，享受宫廷俸禄。利玛窦在中国主要以中文书写，生前已发表的有《天主实意》、《交友论》等近二十篇译述作品，深得中国士大夫的热情赞扬。1610年利玛窦病逝于北京，经明朝万历皇帝御准葬于北京阜成门外二里沟坟地（今北京行政学院内）。利玛窦去世后，由比利时人金尼阁（Nicolas Trigault，1577—1629）将其日记和书信整理出版，名为《利玛窦的中国札记》。

《利玛窦的中国札记》本着“提供事实真相”，让欧洲同会教友了解中国，给未来撰写教会编年史的作家提供资料为创作原则，但其影响超出想象，拨开了欧洲人自马可·波罗所传递的神秘中国的迷雾。“利玛窦的记述是为欧洲人使用的……他所写的东西只不过是对他所做过的事情的叙述而已。”① 那么，利玛窦都介绍了中国什么呢？他的中国见闻与马可·

① ［意］利玛窦、金尼阁：《利玛窦中国札记》，何高济等译，中华书局1983年版，第45页。

波罗世俗乐园式中国有何异同呢？与两个世纪前的马可相似，利玛窦亦很大程度上感叹中国地大物博和丰富的自然资源。在书中有专门一章《中华帝国的富饶及其物产》介绍幅员辽阔的中国在物产上世界任何国家都无可匹敌，“凡是人们为了维持生存和幸福所需的东西，无论是衣食甚至是奇巧与奢侈，在这个王国的境内都有丰富的出产，无需由外国进口”①。“所有已知的金属毫无例外都可以在中国找到。”② “这个国家的船只之多可以等于世界上其余的全部加在一起。”③ 利玛窦还对中国精美的陶器大加赞赏。书中还介绍中国的茶、漆、印刷、文字、科举制、政府机构、习俗，以及耶稣会士在中国传教活动等。如果说马可·波罗等中世纪的旅行家只是看到中国经济富庶的外表，那么利玛窦则开始尝试理解中国内在的伦理道德和政治精神。

当时从欧洲大陆宗教和政治漩涡中抽身的耶稣会士抵达有着两千多年历史和文化的大一统中国，面临最大的问题是如何融入中国文化，进而达到传教目的。首先，利玛窦等耶稣会士发现中国是与欧洲类似，甚至比欧洲还有着更古老文明的国家，有世代相传的语言和文学，有跟基督教一样复杂而精深的独特信仰体系。于是怀着对中国文化的敬畏之心，传教士相信通过了解并找出中国道德哲学和基督教的相识之处，就能证实中国人可以受到启发并接受基督教信息，皈依天主教④。带着这样的宗教传播使命，他们笔下传达的中国人“在道德和政治上是深思熟虑的民族”⑤。耶稣会士以实现传教合理性为目的向欧洲进行文化再现和传播的中国是建立在基督教文化体系上构建的一教儒家中国，见证的是天主教反宗教改革志士在异域中国文化中投射的宗教文化想象。

明清时期的中国为儒、道、佛三教一体信仰体系，泾渭并不分明。利玛窦等耶稣会士深入地对晚明的三教一体进行逐一分类剖析。虽然佛教似乎与基督教更为相似，都强调慈善、宽容、苦修、来世等，但他们发现佛教有着与天主教背道而驰的偶像崇拜，于是否定佛教，将其视为异端。相

---

① ［意］利玛窦、金尼阁：《利玛窦中国札记》，第 10 页。

② 同上书，第 12 页。

③ 同上书，第 13 页。

④ David Mungello, *Leibniz and Confucianism*: *The Search for Accord*, Honolulu: University of Press of Hawaii, 1977, chapter 7.

⑤ John James Clarke, *Oriental Enlightenment*: *The Encounter between Asian and Western Thought*, p. 40.

反，耶稣会士在儒家学说中找到的是与基督教类似的理性光辉和道德光芒，于是推崇儒家思想为中国的传统真理和道德源泉。另外，他们秉承耶稣会开创人罗耀拉的传教思想，认识到“最重要的工作是主宰那些决定其统治下的大众精神生活性质的为数不多的君王的思想意识”，因为“君王的势力越大，赢得他的信任就越发重要”[①]。当时中国上至皇帝下至士绅阶层皆推崇和遵守儒家思想。基于上面两个原因，耶稣会士先着僧服，后改穿儒服，起中国名字，并以此自豪地感觉从外表看来自己已经融入中国社会，“如果你们皇上能看着我现在这样子该多好，我感觉自己已经成为中国人”[②]。他们潜心学习汉语，阅读中国典籍，了解和熟悉中国古典的修辞传统以便为结交权力阶层的士儒大夫。

在利玛窦等耶稣会士带领下，传教士努力冲破语言文化的樊篱，在中国精心研读儒家哲学和经典文献，本着“文化适应”的天主教传教目的阐释和翻译儒学经典。利玛窦翻译了四书五经，认为儒家五经是“过正当生活的伦理原则，指导政治行为的教诫、习俗、古人的榜样、他们的礼仪和祭祀以及甚至他们诗歌的样品和其它这类的题材”[③]，《论语》“主要着眼于个人、家庭及整个国家的道德行为，而在人类理性光芒的照耀下对正当的道德活动加以指导”[④]。在利玛窦等带动下，1687 年比利时耶稣会士柏应理（Philippe Couplet，1623—1693）主编的《中国哲学家孔夫子》（*Confucius*，*Sinarum Philosophus*，*sive Scientia Sinensis*）首次在法国出版发行，书中全面地阐释《四书》和《五经》之于儒家思想的经典意义，还加入了大量的历史注释，特别是关于尧、舜、桀、纣、文王、周公等重要人物。此外，还用一些注释来介绍中国的风俗习惯，如在器皿内外铭刻格言。这本书开始了中西文化间深层次的对话和交流，其后纷至沓来的耶稣会士成为引起欧洲对东方中国兴趣和信念的始作俑者，除了利玛窦、比利时人金尼阁（Nicolas Trigault[⑤]，1577—1628）、德国人汤若望（Johann

---

① ［英］雷蒙·道森：《中国变色龙——对于欧洲中国文明观的分析》，常绍民、明毅译，中华书局 2006 年版，第 49 页。

② Matteo Ricci, *Fonti ricciane: documenti originali concernenti Matteo Ricci e la storia delle prime relazioni tra l'Europe e la Cina.* ed. Pasquale M. D' Elia, Vol. 2, Rome : Libreria dello Stato, 1942 - 1949, p. 72.

③ ［意大利］利玛窦、金尼阁：《利玛窦中国札记》，第 87 页。

④ 同上。

⑤ 拉丁文名字形式为：Trigautius or Trigaultius。

Adam Schall von Bell，1591—1666），还有葡萄牙人鲁德照（Alvarez de Semedo，1585—1658）、比利时人南怀仁（Ferdinand Verbiest[①]，1623—1688）等。耶稣会士著书立说，介绍、翻译、出版关于中国的书籍，向欧洲广泛地介绍儒家为主导思想的中国。这些有影响的著述还有杜赫德（Jean-Baptiste Du Halde）[②] 的四卷英译本《中华帝国全志》（*The General History of China*，1736）、鲁德照的《中华帝国史》（*Histoire Universelle du Grand Royaume de la Chine*，1655）等。

耶稣会向欧洲传递的单一教儒家中国知识在欧洲天主教内部掀起激烈的“礼仪之争”（rites of ritual），主要围绕儒家中国对死者的祭祀是否为偶像崇拜。在论争中耶稣会士出版了大量有关中国的书籍，为自己辩护，如：李明（Louis le Comte，1655—1728）的《中国近事报道》（*Nouveaux memoires sur l'etat present de la politique, et physique de l'Empire de la Chine*，1735）等。作品极力说明中国的仪式是世俗实践行为，为年轻人敬重老人的方式[③]。然而，在以詹森派（Jasenism）为主的天主教其他团体大肆攻击下，1700 年索邦的巴黎神学院组织 160 名成员对李明和其他耶稣会士的中国书籍普查，结果大部分人投票反对这些书籍，称其“虚假、轻率、造谣、谬误，严重地侵害神圣基督宗教”[④]。1714 年法国政府通过了解散耶稣会的决议。

尽管满怀宗教虔诚和人文情怀的耶稣会士在中国传教最终以失败告终，但是不要忘记欧洲与东方的接触是在航道开发所带来的经济势力和政治权力扩张的大背景下，而且不要忽视“无论多么隐含的长期贸易或政治冲动，都是通过皈依亚洲非基督信徒为目的，因为（人们）确信要展开一场开发和探索东方头脑的事业”[⑤]。然而耶稣会士出版的书籍却向欧洲介绍了各种各样的中国知识，从儒教思想宗旨，中国历史，帝国的政治、经济体制到中国丝绸织造过程的描述，形成现代欧洲独特的“儒教”中国话语。可以说，他们是最早向西方传递儒家哲学和中国世界观的东方

① 另有拉丁名字形式为：Ferdinandus Verbiest。

② 杜赫德（Jean - Baptiste Du Halde，1674—1743）是法国神父，著名汉学家。

③ David Mungelllo, *Curious Land: Jesuit Accommodation and the Origins of Sinology*, Hawaii: The University of Hawaii Press, 1985, p. 88.

④ Ibid. , p. 334.

⑤ John James Clarke, *Oriental Enlightenment: The Encounter between Asian and Western Thought*, p. 40.

学者，从文化意义上开辟了中西交流的新航道。仔细审视欧洲这一时期的中国叙事，虽然耶稣会士为天主教反宗教改革派系，但他们书写中国极尽能事地赞扬君王政治、选贤纳士、儒家理性道德等，后来成为启蒙哲学家在为欧洲寻找现代出路，即寻求现代欧洲主体意识过程中可以借鉴的文化他者。

三　前启蒙时期“哲人治理”的中国

尽管皈依中国民众的传教之梦破灭，利玛窦及其后人所传达的儒家道德哲学和理性修身等思想体系却吸引了前启蒙时期的哲学家，为欧洲现代思想和启蒙精神的确立提供了蓝图和样本。17 世纪的欧洲处于新旧思想交融和新旧势力抗衡的动荡的文化转型时期，欧洲史学家将 17 世纪视为欧洲迈向现代国家体制的转折点，革命精神充斥社会各个领域，因而社会动乱。[①] 宗教改革引发的宗教狂热和流血纷争不断，基督教权威日渐式微，人们将希望寄托于王权政治，期待以稳定、秩序和理性取代战乱、动荡和狂热。思想领域，理性感召的科学实验精神日益占优，质疑政治、经济、地理、宗教等各个领域的传统僵化观念，欧洲社会处于现代性之初的阵痛中。17 世纪和 18 世纪上半叶，受耶稣会士传递的中国知识影响，出现席卷欧洲的“中国热”（sinophilism）现象，启蒙思想家如法国的伏尔泰（Voltaire，1694—1778）、德国的莱布尼茨（Gottfried Wilhelm Leibniz，1646—1716）、英国的戈德史密斯（Oliver Goldsmith，1730—1774）、法国的魁奈（Francois Quesnay，1694—1774）等纷纷极力拥护和推崇东方中国文化。他们赞叹由贤明君主和文人学者构成的中国社会，视若柏拉图《理想国》中所描绘的哲人治国的理想现代社会原型。另外，一些自然神论者和无神论者也在耶稣会士描绘的中国找到知识支撑，认为非基督教的中国有理性、道德而且秩序井然。世俗的儒家中国令前启蒙时期思想家眼前一亮，成为他们摆脱宗教神学束缚、为现代欧洲发展扫除传统障碍的有力批判武器。世俗儒家哲学的理性、中国政治的科举制选贤纳士、中国社会的世俗安定和繁荣富庶，这一切成为欧洲反宗教传统、建立君主专制下合理的现代秩序的知识话语。前启蒙思想家因自身在宗教、哲学、文学和政治经济的立场不同，

① Jackson Joseph Spielvogel, *Western Civilization*, 6th ed, Belmont: Thomson Wadsworth, 2009, p. 443.

其描绘的镜像中国亦呈现缤纷多彩的异质性。

在法国，思想界首先掀起一场以东方中国和中国哲学为武器，批判宗教争端的热潮，成为欧洲启蒙现代性自我探寻的传声筒。最有力的声音来自伏尔泰，但在伏尔泰之前就已经有先例。法国随笔作家蒙太奇（Michel de Montaigne，1533—1592）与法国哲学家马勒伯朗士（Nicolas Malebranche，1638—1715）汲取耶稣会士传递的东方知识和信息，作为辩论武器阐发观点，指出世界是无限变化的，欧洲知识具有不确定性，道德训诫具有普适性等。[①] 他倡导在处理欧洲事务时要具有更加开阔和世界性的视野，这为启蒙思想家推举儒家思想奠定了基础。皮埃尔·贝尔（Pierre Bayle，1646—1706）大力推崇儒家道德思想，将中国作为向传统的《圣经》记事挑战的有力武器，利用中国哲学的开明和宽容攻击宗教派系之间的褊狭与迫害。与耶稣会士不同，他认为中国人是无神论者，基督教的有神论并不是缔造安定、有序的道德社会的唯一条件。

在法国，热衷中国的是自然神论倡导者、法国著名作家伏尔泰，他反对贵族世袭制，致力于推翻天主教政教一统的旧秩序，抨击专制、顽固与褊狭。在《风俗论》（*Essay on the Manners of Nations*，1756）他详细阐释了对儒家哲学的理解，认为中国道德哲学和政治体制是建立在理智的原则上，具有内在优越性，于是以中国为矛攻击当时法国社会的政治和宗教制度。伏尔泰阅读耶稣会士杜赫德等的儒家中国著述，认为中国人将道德实践臻于完善，是所有科学中的佼佼者。儒家崇信理性的自然之光，“相信在中央王国发现了既没有教义也没有牧师的开明容忍的宗教之花，即完全的自然神教”[②]。相形之下，基督教神学信仰迷信、沉迷浮华仪式、体制腐败，已羸弱不堪。伏尔泰的思想影响并加强了同时代《百科全书》（*L'Encyclopédie*，1750—1765）的编撰者狄德罗（Denis Diderot，1713—1784）和著名哲学家艾尔维修（Claude-Adrien Helvétius，1715—1771）等启蒙思想家打破旧有秩序、建立新秩序的决心。无疑，法国无神论和自然神论的启蒙思想家将中国儒家思想理想化并加以利用，“东方哲学成为为欧洲达到一定目的服务的有力武器，成为我们见到在许多背景下目前仍在使用

---

① David Lach, *Asia in the Making of Europe*, Chicago: University of Chicago Press, 1977, p. 297.

② Basil Guy, *The French Image of China before and after Voltaire*, Geneva: Institut Musée Voltaire, 1963, p. 255.

的策略”[①]。

在英国，深受耶稣会士杜赫德和法国思想家伏尔泰中国知识影响的是著名的讽刺作家奥利弗·戈德史密斯。在1762年出版的作品《世界公民》（*The Citizen of the World*，1760）中他效仿孟德斯鸠《波斯人信札》的书信往来形式，借一个旅居英国令人尊重的中国河南人李安济·阿尔汤基（Lien Chi Altangi）之口，讽刺英国社会在政治、举止和道德上的虚伪和狭隘。对于英国浮夸易变的艺术品味，李安济评论道：“这个国家的优雅艺术品味是随着社会法律和政治的变动而变动。不仅喜好的物品和衣物服饰，甚至精美程度和鉴赏眼光都要受制于反复无常的风尚影响。”[②] 而相比之下，他在中国的联系人冯煌（Fum Hoam）如此赞赏中国和中国人：“当我将中国历史与欧洲历史加以比较，我为是中央王国的公民而欢喜……在这里我看到一个古老广阔的帝国，一切建立在律法基础之上，占主导地位的是自然和理性。孩子对父母的义务自然而然地植入每个胸膛，由此形成的政府非常稳固，能够从史前延续至今。孝道在这个国家是首要准则……因此，国家可以说就像一个大家庭，皇帝就是保护者，父亲和朋友。”[③] 不难看出戈德史密斯借鉴的是耶稣会士所传递的儒家中国图景，即原初、自然、理性、宽容和平稳、秩序的大一统中国。中国儒家传统的封建专制为欧洲的君主专制提供了蓝图，即“王位传承者将自己视为人民之父，这个哲学家般种族冒着牺牲个人幸福和名气威望的危险，坚毅地与偶像崇拜、偏见和暴行作战”[④]。

在德国，伟大的哲学家莱布尼茨大力推崇儒家的理性精神。他仔细研读耶稣会士的中国著述，出版了耶稣会士书信和报道的《中国近事》（*Novissima Sinica*，1697）和讨论中国哲学的《中国自然神论》（*Discourse on the Natural Theology of China*，1713），认为中国人已经形成了建立在理性，而不是神启基础上的信仰自然的宗教。[⑤] 作为哲学家，莱布尼茨致力

---

① See David Mungello, “Malebrache and Chinese Philosophy,” *Journal of the History of Ideas*, Vol. 41, No. 4, 2003.

② Oliver Goldsmith, “The Citizen of the World,” *The Collected Works of Oliver Goldsmith*, Vol. 2, Oxford: Claredon Press, 1966, pp. 176 – 177.

③ Ibid., p. 177.

④ Ibib.

⑤ 详见莱布尼茨1994有关中国的思想。Gottfried Wilhelm Leibniz, *Writings on China*, Introduction and translation by D. J. Cook and H. Rosemont (eds), La Salle, Ill.: Open Court, 1994, p. 76.

寻求和谐的律法以解决一直以来困扰欧洲的宗教和政治纷争，建议团结中国“作为盟友，一同抗争，打破人与人分离的道德和精神的障碍”[①]。莱布尼茨挑战宗教神学观点，首先，他认为中国语言而不是希伯来语是人类的始祖语，即前巴别塔语（pre-Babel）；其次，他认为中国《易经》复杂的二元符号为道德和实践的指导，是宇宙科学的基础，是谋求容忍和谐的语言，不仅会解决欧洲无休止的宗教纷争，而且会解决亚洲和欧洲国家的分歧。[②]

莱布尼茨从《圣经》中语言的起源上挑战基督教权威，得到欧洲同时期许多进步哲学家的呼应，如弗兰西斯·培根（Francis Bacon，1600—1663），罗伯特·波义耳（Robert Boyle，1627—1691），哈特列布[③]（Samuel Hartlib，1600—1662）和沙夫茨伯里伯爵[④]（Lord Shaftesbury，1671—1713），极大地刺激了知识的进步，超越了宗派和国家之间的差异，为科学脱离宗教禁锢作出贡献。受莱布尼茨影响的还有他的学生，著名的哲学家，德国理性思想倡导者和殉道士伍尔夫[⑤]（Christian Wolff，1679—1754），他为儒家乃自然道德的思想而辩护，宣扬儒家道德教义可与基督教的道德教义相媲美，闪现着理性光辉。他的言论受到正统新教徒的强烈反对。

如果说耶稣会士传递的中国知识，尤其是以儒家思想为代表的中国知识，使中国成为文艺复兴以降的思想家倡导个人解放、批判宗教神学对人性束缚所借鉴的理想国度，成为前启蒙时期进步思想家竖起一面道德和理性大旗，在政治和文学中可参考的典范，那么，针对当时法国重商主义下窘困的社会状况，18 世纪末中国还成为法国著名经济学家魁奈和以他为首的重农主义（physiocrcy）阐发思想的参照来源，为国家提供经济出路的参照。与重商主义不同，重农主义崇尚自然法则，遵从在自然法则运作下让人们得到最大的福祉。魁奈通过 16、17 世纪欧洲传教士有关中国的文献以及弟子的考察报告了解中国，熟悉儒学。同

① Basil Guy, *The French Image of China before and after Voltaire*, p. 87.

② David E. Mungello, *Leibniz and Confucianism: The Search for Accord*, pp. 58 – 60.

③ 哈特列布是倡导科技教育的先驱。

④ 英国贵族、政治家、哲学家。

⑤ See Donald Frederick Lach, “The Sinophilism of Christian Wolff,” *Journal of the History of Ideas*, Vol 14, No. 4, 1953.

时，魁奈长期生活在受伏尔泰影响的热衷中国文化的巴黎，耳濡目染中潜心研究中国历史、政治和经济制度，并以中国为鉴形成了系统的政治经济学说。他在1758年发表的《经济表》（*Econcmic Table*）中指出，国家的财富最终来于土地和农业，财富的开发和利用取决于政府给予生产者的自由，使其免受束缚与干预，让市场的自然规律自由运作。他的这种主张与当时法国的重商主义相悖。他将中国树立为欧洲重农典范和理想社会。在讨论中国专制主义时，他说道："我从有关中国的报道中得出，中国体制建立在明智和稳固不变的规律基础上，虽然帝王发号施令，但是他行为检点。"[①]在《中华帝国的专制制度》（*Le Despotisme de la China*，1767）中，他推崇古代中国的统治方式，认为中国的专制不是建立在武断的奇思妙想上，而是遵照规律法则，专制者的关注核心是人们的福祉与社会和谐。魁奈由此被他的弟子尊称为"欧洲的孔子"。在他的倡导下，法王路易十五还曾效仿中国古代帝王举行籍田礼仪。十余年后，他又劝导法国的路易十六按照中国皇帝亲耕的形象出现在1768年举行的一次宫廷典礼上，亲手拿着丝带装饰的耕犁模型在众人面前炫示，塑造一个顺从自然、贤明爱民的君王统治者形象。

前民主时代的启蒙思想家眼中的中国是"一个强大统一、自给自足、由仁慈君主统治的国家，君主按照儒家经典所规定的道德和政治规范行事，而且任命那些通过了科举考试、熟谙治国之道的行政人员组成的机构进行治理"[②]。他们在儒家思想主导的中国政府仁政和德治中找到君主权力实施的榜样，倡导君主与政见者以此为鉴，不以君权神授而要以道德义务为准绳，以民生为主，"启蒙的政治观体现在务农派魁奈将中国视为欧洲的务农主义典范"[③]。启蒙早期的这种中国观为理性地理解道德伦理实践，进而摆脱宗教原教旨主义提供了方法。在宗教原教旨主义主义影响下，迷信、褊狭和痴狂困扰了欧洲和平长达两个世纪之久。中国知识还为理性的政治科学提供参考轮廓，为政治秩序和理性原

① Orville Schurmann and Franz Schell, ed. *Imperial China: The Eighteenth and Nineteenth Centuries*, London: Penguin, 1967, p. 113.

② ［英］雷蒙·道森：《中国变色龙——对于欧洲中国文明观的分析》，第45页。

③ David Martin Jones, *The Image of China in Western Social and Political Thought*, New York: Palgrave, 2001, p. 35.

则的实施奠定基础。[①]

这种“中国热”不仅表现在思想领域，如高深玄妙的哲学和严肃深沉的政治，而且还体现在社会物质生活的各个方面，如轻松愉快的艺术与娱乐。中国文化在欧洲的传播大大影响了欧洲洛可可时期从装饰、建筑到绘画的艺术风格。流风所及，中国的陶瓷、丝绸、家具、绘画等器物风靡欧洲，受到市井百姓和王公贵族的欢迎。人们纷纷大量收藏甚至定制中国艺术品。这一时期，欧洲的皇家园林也经常出现明显的中国园林风格影响的痕迹。可以说，孔子的道德哲学，汉语的普适意义，中国的瓷器、丝织品、茶叶、漆器，中国工艺的装饰风格，园林艺术，诗与戏剧，纷纷进入英国人乃至欧洲体面人士的日常生活，成为他们谈论的话题、模仿的对象与创造的灵感。中国形象为他们展示了梦寐以求的幸福生活的前景。[②]

综上所述，在现代历史的关键时刻，即16—18世纪的欧洲文艺复兴和宗教改革时期，也就是现代性之初，中华古老文明担当着世界“启蒙者”的镜像角色。从马可·波罗、利玛窦等耶稣会士、到17世纪和18世纪上半叶的前启蒙思想家，中国处于蒙元、晚明和清朝初期的封建专制帝制一统下。如果说马可·波罗描摹的富庶“大汗”中国开启了欧洲商人对现代世俗国家和生活向往，16世纪和17世纪耶稣会士以传教合理性为目的细致描绘提供了可皈依基督教的儒家中国，那么17世纪和18世纪上半叶前启蒙时期的思想家则将儒家中国视作样本，成为批判受神学一统的混沌欧洲和为君主专制寻找出路的现代母版。在欧洲思想家、学者对中华文明的深刻洞察，有选择而创造性的诠释与利用下，中华古老文明蕴含的理性和宽厚包容的文化精神，成为攻击欧洲中世纪神学和旧政治经济秩序的一把利器，从而与古希腊罗马文化一起，启动了分别以文艺复兴和启蒙运动为文化标志的近代历史伟大进程。因此，“对18世纪的许多欧洲人来说，中国是他们梦想中的国度……中国不是一种现实，而是一种模式，或者说是一种乌托邦；在受压迫和贫穷的欧洲人的想象中，她是一个神的国度”[③]。

---

① David Martin Jones, *The Image of China in Western Social and Political Thought*, p. 35.

② 周宁：《西方的中国形象史：问题与领域》，《东南学术》2005年第1期，第102页。

③ ［英］雷蒙·道森：《中国变色龙——对于欧洲中国文明观的分析》，第72页。

第二节　启蒙精神确立之后的镜像中国
——18 世纪下半叶到 20 世纪的异质中国

18 世纪末欧美一些西方国家经过工业革命、资产阶级革命和科学革命等一系列与封建的传统束缚彻底决裂的变革后，终于以崭新面貌迎来人类历史发展的新时代，步入以科学技术为主的资本主义现代化正轨。启蒙初期的绝对君主专制政体也随之落入历史的尘埃，欧美等西方国家纷纷确立了三权分立政体和资本主义民主制。在思想领域，历经文艺复兴、宗教改革、启蒙运动等血雨腥风的洗礼，资产阶级价值体系逐渐确立。理性地位已经稳固，取代对神的宗教迷信和痴狂，“新时代跳动的脉搏是个人主义、自由民主和科学进步”①。西方国家开始形成世界经济体系，进入迅速的贸易扩张阶段，与经济增长相伴的是不断的技术革新，更加刺激和加速了欧洲向世界的经济和政治扩张。相反，这个时期的中国仍然处于清朝封建帝制，政府依然“故步自封、不思变革”②，在日新月异的新时代和新世界环境下已经显得沉重缓慢。

前启蒙时期席卷欧洲近一个半世纪的“中国热”达到鼎盛阶段后，从 18 世纪下半叶和 19 世纪开始，随着启蒙精神的确立，欧洲的中国话语骤然转变为中国贬斥。事实上，这种转变早在 17 世纪下半叶就已初见端倪，质疑之声指向耶稣会士和前启蒙时期阐释的中国语言、政府和道德等方面。如：1668 年英国皇家协会（the Royal Academy）的语言学家约翰·威尔金斯（John Wilkins）认为中国语言复杂难懂，意义模糊，是不完善的哲学语言。③ 天主教其他团体以及新教教徒将儒家的自然理性与无神论视若等同，指出儒家思想“不过是由一些从历史提炼出来的简单句子和事例组成，没有经过人类行动和情感目的的检验”④。因此儒家与斯宾诺莎一样，在欧洲知识界受到离经叛道的谴责。

① John James Clarke, *Oriental Enlightenment: The Encounter between Asian and Western Thought*, p. 35.

② Adam Smith, *Wealth of Nations*, Vol. 2, New York: Modern Library, 2000, p. 217.

③ John Wilkins, *An Essay towards a Real Character and Philosophieal Language*, London: Scholar Press, 1968, p. 450.

④ Virgile Pinot, *La Chine et la Formation de l'Esprit Philosophique en France 1640 – 1740*, Paris: Paul Geuthner, 1932, p. 406.

启蒙精神确立后，欧洲进入现代化高歌猛进的长足发展阶段，开始以科学的“进步”观衡量国家历史的优劣，以自由程度衡量文明程度的高低。在18世纪末，人们对待时间的意识大逆转，由原来的尚古排今转为尚今排古，古典的东方所代表的逝去的黄金岁月让位于现代的欧洲，变革成为自然法则，欧洲成为进步的大陆。1793年发生的一个中英外交事件加速了欧洲“中国热”的降温。英王乔治三世派特使乔治·马嘎尔尼公爵（George Macartney，1733—1806）一行以为乾隆皇帝祝寿为由，携带大批礼物访华，其真实目的是试图与中国人建立起更令人满意的商贸和外交联系，开放广州等贸易口岸，为英国提供方便的市场。乾隆皇帝接受觐见，但双方在外交礼仪以及文明规范的问题上意见分歧，未达成派遣特使的直接目标。但是，使团一行八十二人却在北京、天津、东南沿海做了大量调查，外交接触中清朝官员的傲慢态度以及政府拒绝与英国贸易加重了使团人员的敌视中国态度。使团人员书写了与耶稣会士截然不同的中国报道，出版了大量书籍、杂志和评论记载有关中国政府和法律条文等。使团人员带回的游记、报道将中国归为一个亚洲的劣等民族，成为缓解英国贸易压力和发动鸦片战争合理性的铺垫。这之后，英国以坚船利炮发动了两次鸦片战争，打开了中国国门，各国使团成员、商人、欧美旅行家等纷至沓来，执笔书写中国见闻趣事。在包罗万象的中国叙事中，批评性地报道中国政府和中国社会跃居主流，贬低中国政体和儒家传统之势已蔚然成风。

如果说马可·波罗和耶稣会士笔下的镜像中国为新兴资产阶级所倡导的世俗精神摆脱封建的宗教思想禁锢、为欧洲各国君主政治脱离罗马天主教束缚提供了乐园般构想模式的话，启蒙精神确立后的镜像中国可以说是为巩固资产阶级确立的思想价值提供了参照和比较。我们若用前行的马车形容西方现代性，那么它就如车轮滚滚一往无前。但在这部马车的前进道路上，并不完全是康庄大道，而是充满凹凸不平的颠簸之路。在启蒙现代思想确立以后，纵观西方现代文化思潮的发展，无不是在与他者文化的借鉴和比照中亦步亦趋地前行。在西方现代话语中，镜像中国呈现异质多元的特点，见证着自启蒙现代性以来欧美等西方国家在政治、经济、文化等各个领域中的前进轨迹。

一 启蒙理性视野下的“封闭停滞”中国

耶稣会士在中国传教长达近两个世纪，最终因为天主教内部詹森派的攻击而受审，于1773年接到罗马教廷宣布解散的命令。虽然耶稣会士与天主教其他派系之争乃神学界内部的政治之争，但与耶稣会士一同退场的是欧洲对中国文明的褒奖话语，即早期有关中国思想、政治、经济、道德哲学和宗教的美好描绘，“某种程度上更为吹捧中国，而非真实事实”①。马嘎尔尼使团成员约翰·巴罗（John Barrow，1764—1848）在《中国游记》（*Travels in China*，1804）中描绘中国人是实行专政帝制的半野蛮种族，遵循愚蠢的礼节客套。② 书中大量记述从中国广州到北京等地一路的旅行见闻，如行为举止、风俗习惯、情感道德，以及语言、文学、艺术、政府和宗教等，充满排斥和贬低性的描述，为后启蒙时期尤其19世纪的英国政治和政治经济学对天朝帝国的态度定下了基调。

政治上，这个时期的启蒙思想家开始质疑中央帝国专制的集权，批判中华帝制以针砭本国时事弊端。例如，法国启蒙时期著名的思想家孟德斯鸠（Baron de Montesquieu，1689—1755）对路易十四的绝对君主权力不满，认为在效仿东方的专制制度。③ 他倡导权力分割，即由民众、贵族和国王组成的多元平衡政体，提倡“三权分立”，强调法律的作用，是欧洲最早系统地研究东方法律文化的思想家。他一改早期对儒家道德和政府遵从儒家理性原则的褒扬态度，批判中国的专制政体滋生腐败。如果前启蒙时期的中国帝王以仁慈的父亲和朋友般的保护者形象出现的话，在孟德斯鸠1748年出版的《法的精神》（*The Spirit of the Laws*）中，他借马嘎尔尼使团的中国见闻，视中国帝制为强权下独裁和腐朽的父系制象征。他认为中国长达二十二个王朝，每个都以德行和谨慎开始，“但三或四个王位继承人掌权换位后，则开始腐败、奢侈、懒惰、享乐。他们身居宫殿，丧失

---

① Virgile Pinot, *La Chine et la Formation de l' Esprit Philosophique en France 1640 - 1740*, p. 41.

② Alain Peyrefitte, *The Collision of Two Civilizations: The British Expedition to China 1792 - 1794*, London: Harvill, 1993, p. 189.

③ Brendon O'Leary, *The Asiatic Mode of Production: Oriental Despotism, Historical Materialism, and Indian History*, Oxford, UK: Blackwell, 1989, pp. 61 - 62; Dale K. Van Kley, *The Jansenists and the Expulsion of the Jesuits from France, 1757 - 1765*, New Haven, CT: Yale University Press, 1975, p. 36.

理解力，寿命减短，家庭衰落，大臣掌势，宦官得宠，孩童继位……宫殿一群慵懒的人在破坏勤劳的国家，皇帝要么被篡权者杀死，要么被毁掉……"① 无独有偶，法国19世纪政治家托克维尔（Alexis de Tocqueville）亦感慨"难以理解18世纪重农主义者曾经那么崇拜中国"②。在经历了欧洲政教分离的社会变革后，中国的仁慈君王从可资借鉴的封建君王榜样一落千丈，成为批判专制统治的暴君形象，是建立资产阶级自由民主政治的对立面。与之平行的叙事中国也在经历一场洗礼，中国封建政体成为资产阶级批判欧洲封建专制的替罪羊。

孟德斯鸠毕业于法国奥拉托利会学院（the Oratorian College），奥拉托利会是詹森派的盟友，不难理解他成为第一个反对中国热的哲学家。无独有偶，哲学家狄德罗毕业于索邦大学，索邦大学也以同情詹森派，反耶稣会主张而著称。法国在经受1789年的资产阶级大革命后，无神论者和崇信自然主义者层出不穷，他们坚信社会变革和进步的作用。狄德罗最初对中国持褒扬态度，在撰写《百科全书》（1751—1789）中把中国人看作与欧洲人在文化和文明程度上相等的民族。可后来也转而认为褒奖中国道德和宗教的报道是偏见，有失科学性，讥讽中国人是"文明的野蛮人"（noble savage）。1781年在他极具影响的文章《诽谤者眼中的中国》（état de la Chine selon ses détracteurs）中系统地攻击"中国热"论调，抨击他们与进步的自然法则相悖。③ 法国大革命重要理论家孔多塞（Marquis de Condorcet，1743—1794）在《人类精神进步史表纲要》（*Sketch for a Historical picture of the Progress of the Human Mind, 1795*）中认为中国的王位继承和等级制阻碍了社会进步，中国社会始终处在低级进化阶断，"……一个民族尽管深知枪炮知识，却无法抵挡蛮族入侵，一个国家科学知识极其普及，科学乃唯一进步之门，却将科学知识置于荒谬的受歧视地位，沦为平庸……"④

① Charles Secondat Baron de Montesquieu, *The Spirit of the Laws*, New York: Hafner, 1949, p. 123.

② Martin Bernal, *Black Athena: The Afroasiatic Roots of Classical Civilization*, Vol. 1, London: Vintage, 1987, p. 238.

③ Hugguette Cohen, "Diderot and the Image of China in Eighteenth-Century France," *Studies on Voltaire and the Eighteenth Century*, Oxford: Voltaire Foundation, 1976, p. 228.

④ Marquis de Condorcet, *Sketch for a Historical Picture of the Progress of the Human Mind*, London: Weidenfeld and Nicolson, 1955, p. 38.

孟德斯鸠、孔多塞、狄德罗等启蒙哲学家和思想家对奉行儒家道德的中华帝制重新阐释，引起了欧洲对中国兴趣的减退和消失。中国沦为欧洲人眼中腐败和退化的文明，沦为西方种族主义轻蔑的屈辱对象，受到18世纪晚期哲学家的纷纷抨击。康德（Immanuel Kant，1724—1804）写道："在整个东方根本找不到哲学……美德与道德的理念从来没有进入过中国人的头脑。"[①] 黑格尔（Georg Wilhelm Friedrich Hegel，1770—1831）也贬斥儒家学说，将中国划归为"没有历史的民族"，"崇拜与礼节方面毫无品味"[②]。詹巴蒂斯塔·维科（Giambattista Vico，1668—1744）在《新科学》（*New Science*，1725）中声称中国"与其他国家没有交往已达几个世纪之久"[③]，儒家哲学"粗鄙、难懂……是低俗的道德"[④]。

在经济学上，英国现代经济学家亚当·斯密（Adam Smith，1723—1790）提倡自由贸易，主张不受控制的商业会产生最大财富，即'无形的手'调节经济。与魁奈的务农主义思想相抵牾，亚当·斯密这一观念很大程度上影响和改变了英国乃至欧洲的贸易态度。在《国富论》（*Wealth of Nations*，1776）中，斯密利用传教士和旅行家的中国见闻，剖析中国的停滞封闭不仅不利于商业繁荣，还会带来贫困。1793年英王特使马嘎尔尼访华提出的建立商业联系请求全部被拒绝。这一事实在极力主张清除关税壁垒，实行贸易自由的亚当·斯密看来是中国法律与制度落后造成的，进而他认为那些中国产业优越的观点只是羸弱游走的旅行者和愚蠢欺骗的传教士的可疑报告。在《论分工受市场范围的限制》一章中他严肃地指出包括中国在内的亚洲国家的封闭，"……中国东部的几个省，似乎在极早的时候就已有农业和制造业上的更新改良……中国东部各省也有若干大江大河，分成许许多多支流和水道，相互交通，扩大了内地航行的范围……但令人奇怪的是，古代埃及人、印度人和中国人，都不奖励外国贸易。他们的财富似乎全然得自内陆的航行"[⑤]。亚当·斯密认为"中国历

---

① Quoted in Julia Ching, *Chinese Ethics and Kant*: *Philosophy East and West*, Vol. 28, No. 2, 1978, p. 169.

② Quoted in Y. K. Kim, "Hegel's Criticism of Chinese Philosophy," *Philosophy East and West*, Vol. 28, 1978, pp. 173 – 180.

③ Quoted in Zhang Longxi, "The Myth of the Other: China in the Eyes of the West," *Critical Inquiry*, 15, 1988, p. 116.

④ Ibid.

⑤ Adam Smith, *Wealth of Nations*, p. 26.

史上是一个最富有的国家，就是说世界上土地最富饶、最辛勤耕作、最勤俭节约、人口最多的国家。但是看起来一直处于停滞状态。"[①] 经过几个世纪，中国与马可·波罗出游时代没什么不同，与"马可·波罗 500 年前描述的生产、工业和人口众多相比，现今的旅行家所说的几乎与其一模一样"[②]。因此，缺乏国外贸易就会造成劳动力收入减少，人民生活在贫困线上，"在中国，下层人民的贫穷远远超过欧洲最困乏国家的人民"[③]。

这一时期的欧洲传教士、商人和外交家受亚当·斯密政治经济发展观的影响，提倡贸易获利和经济实用，以及法律保护个人的财产权。与亚当·斯密的经济绝对主义思想接近而记载中国的有：德庇时的《中国人》（J. F. Davis, *The Chinese*, 1836），休·穆里的《中国历史及其描述》（Hugh Murray, *An Historical Descriptive Account of China*, 1843）以及密迪乐的《中国人及其革命》（Thomas Taylor Meadows, *The Chinese and Their Rebellions*, 1856）。正如科林·马克拉斯（Colin Makerras）感叹道："不久之前他们的前辈还在仰视帝国的光荣之巅，新工业主义、雄心勃勃的西方现在用他们完全不同的眼光观察一个衰败的中国。"[④]

在 18 世纪末，随着资本主义的迅速发展，资产阶级从与王权的联手蜕变为渴望脱离王权统治，从而获得完全的国家权力和自由。如果说赞扬中国体现着早期资产阶级倡导的世俗利益和绝对政体的一种呼声，那么贬低中国则昭示着资产阶级为确立世界贸易和资本主义共和制地位而呼吁和代言。

二 实证主义视野下的"种族劣等"中国

18 世纪末直至 19 世纪中叶，当科学、理性、进步成为现代资产阶级的价值观后，欧洲的语文学领域展开了一场围绕语言与人类历史和民族性格关系的科学考证。这一轮对东方语言的溯源亦重新定位和阐释东方的中华文明，颠覆了启蒙前期莱布尼茨、培根等思想家推崇中国语言为人类始祖语的这一说法。具有领军意义的人物是英国语言学家和东方学者威廉·琼斯（William Jones, 1746—1794），他推断出印欧语系有着共同的母

---

① Adam Smith, *Wealth of Nations*, Vol. 2, p. 80.

② Ibid., p. 81.

③ Ibid.

④ Colin Makerras, *Western Images of China*, Oxford: Oxford University Press, 1999, p. 39.

语——原始印欧语，而且梵语与印欧语系具有亲缘关系，提出梵语与欧洲古代希腊语、拉丁语始于同一宗亲的假设。他的思想令欧洲学者方兴未艾的东方兴趣骤然由中国移至印度，印度转而成为语言和文明的摇篮。根据科学方法的语言学，中国语言与“鲜活”的欧洲语言对比而言，是“死去的语言”①。

更甚的是，琼斯认为原始印欧语为人类的始祖语，这在很大程度上呼应了《圣经》教义而受到广泛接受。1789 年在亚洲协会“八周年演说”上，他提出“我们已经证实亚洲居民以及整个地球起源于一个根系的三个分支”②，其地理中心位于伊朗，在史前以三个分支向世界各地散布迁移，即诺亚儿子的三个部落：加菲特（Japhet）、闪（Shem），汉姆（Ham）在大洪水后散落地球各处。琼斯的思想取代汉语为人类始祖语的说法。不仅如此，他认为汉字是派生语，中国思想和宗教结构近似印度世界，儒家思想来自于《摩奴法典》，中国人是婆罗门一个名为“支那斯”（Chinas）的部落与鞑靼人杂交的后代。③ 在琼斯的影响下欧洲展开语言本质的广泛讨论，人们考究“汉语跟研究阿拉伯或梵语一样，考察思想……人与自然的实证知识”④。

以科学和实证的方法了解语言与文明的关系，这一讨论引起欧洲语言学者的广泛关注。继琼斯之后，著名的德国学者洪堡特（Wilhelm von Humboldt，1767—1836）对汉语与印欧语言比较后，认为汉语缺乏统一的语法规则，“汉语不使用自反动词，因此注定不能够产生精准思想”⑤。进而他得出结论，作为象形词形式的汉语，更为低下劣等，是语言发展的原初阶段。⑥ 与洪堡特语言理论接近，施莱格尔（Friedrich von Schlegel，1772—1829）在其《语言的哲学》（*The Philosophy of Lifeand Philosophy of*

---

① Arnold Horrex Rowbotham, *Missionary and Mandarin: The Jesuits at the Court of China*, New York: Russell and Russell, 1942, p. 288.

② Garland Cannon, *Oriental Jones*, London: Asia Publishing House, 1964, p. 168.

③ William Jones, "On the Chinese," *The Works*, Vol. 1, London: C. G. and J. Robinson, 1799, p. 95.

④ Jean-Pierre Abel-Résusat, *Lettre sur l'etat et le progress de la Literature Chinoise en Europe*, Paris: Dondey Dupre, 1822a, p. 15.

⑤ Wilhelm von Humboldt, *Lettre a M. Able Rémusat sur la natures des formes grammaticales en general et sur le genie de la Chinoise en particulier*, Paris: Dondey Dupre, 1827, p. 16.

⑥ Ibid., p. 71.

Language in a Course of Lectures, 1847）中认为汉语的书面语艰涩难懂，而口头语却停留在若非孩提般，便是极其简单阶段，缺乏语法规范。[①] 因此，中国语言从莱布尼兹所推崇的始祖语一落千丈，而落后、未发展、孩提般、派生而来等类表述均将中国的古老文明定义为停顿和滞后的形象，成为进步、进化的对立面。中国为历史学家和哲学家提供“令人欣喜而具有教育意义的景观，一个不与欧洲和西亚接触发展自身的民族，按照自身的发展规律，我们复杂的文明几乎无法理解”[②]，这在东方学家欧内斯特·瑞南（Ernest Renan，1823—1892）看来，其发展注定是“史上没有范例的衰败状态”[③]。

秉持启蒙运动所感召的科学和理性原则掀起对东方印度语言历史和宗教的实证研究，一方面导致欧洲的中国热降温和中国文明地位的下降；另一方面受文明与血统和土壤关系研究的影响，欧洲种族主义思想逐渐跃然而出。正如克拉克评价西方的东方学研究，“对许多人而言不仅代表反对基督教和某些霸权理性势力，不容置疑的是它与种族主义同卵共生”[④]。因此，我们应将现代性与种族主义、东方他者话语并置思考。

在以“进步”为现代社会衡量标尺的欧洲思想体系确立后，以法国贵族戈宾诺（Arthur de Gobineau，1816—1882）为首的知识界整合大量人类学和科学知识文献，提出种族对文化的决定论观点，戈氏因此成为第一个种族主义理论家。1848 年在法国爆发了资产阶级又一轮民主革命“二月革命”，暴乱彻底粉碎了戈氏对启蒙运动所持的厚望，他开始鄙弃民主、自由主义以及革命。颇为耐人寻味的是，尽管戈氏持反现代性和反启蒙的思想，对启蒙现代性主宰的西方文明持悲观态度，但他所描绘的中国图景却与启蒙哲学家不约而同，即颓败的“劣等”中国。究其缘由，戈氏作为法国贵族阶级的代表，其悲观思想不过是为西方现代性打的一剂预防针，其文化对比研究所得出的西方种族主义思想不过是对当时退化无序的欧洲现状开出的救赎良方。

---

① Freidrich Schlegel, *Philosophy of Life and Philosophy of Language in a Course of Lectures*, London: H. Bhohn, 1847, p. 395.

② Ernest Renan, “M. De Sacy et L'École Liberale,” *Oeuvres Completes*, ed. H. Psichari, Vol. 2, Paris: Calmann-Levy, 1859, p. 49.

③ Ibid.

④ John James Clarke, *Oriental Enlightenment: The Encounter between Asian and Western Thought*, p. 193.

首先，戈氏在人类起源上系统地提出了种族主义的等级观。在1855年出版的四卷本著作《论人类种族的不平等》（*The Inequality of Human Races*）中，他超越琼斯、施莱格尔等东方学家的东西方文明同源说，认为人类祖先虽然同为亚当后裔，但同一祖先下共有黑种人、黄种人和白种人三个种族，各具不同特质。黑人体格健壮，欲望强烈，充满想象，却缺乏思考能力。黄种人与黑人相反，身体羸弱，情感冷漠，缺乏想象，对物质欲望的简单满足有实际需要。戈氏认为白种人天生智力卓越，勇气超群，身体强壮，毅力坚强，注重实用，渴望秩序和自由，“白种人本身拥有美、才智与力量”[①]。“不同种族内在的体力、美、语言能力、智力上的差别决定人类的白种人更具禀赋，更具有价值。”[②]白种人最早在欧洲，其中的雅利安人为最纯洁高贵的血统。黑种人最早寄居非洲，黄种人最早在北美洲。人类历史上种群之间不断迁移和混交。他担心欧洲在黑种人和黄种人迁移混交下，白人尤其是雅利安人血统会渐渐流失和稀释。

其次，戈氏认为人类历史演变中种族混交不仅于人类进化无益，而且他忧虑随着现代化进程，白人文明会渐行退化乃至消亡。在他白色人种优越论框架下所有人类文明乃是与白人混交后的演变，白人血统和特质愈多，文明程度愈高，因为只有白种人有能力积极地创造文明，现今各种文明都是好战骁勇的白人征服各地后，与当地人混交，根据被征服各地的特点而形成的新政治秩序。在谈及人类文明同样有等级时，他说道：“（那么是否）所有文明都是等同地位的，我认为并不如此。”[③] 文明是“相对稳定的状态，所有民众心平气和地投身于满足自身需求，从而决定智力与道德”[④]。他将人类文明划分为十种形式，其中中华民族乃是雅利安人与黄种人、马来人混交的民族。他继而以种族性格解释中国政治、中国父系制政府统治，在雅利安人征服这块土地后，建立了绝对统治，但是这块土地上生长的民族（马来人的后代）不喜欢白人骨子里的傲慢和变革，白人统治者进行调整，极权之势逐渐缩小。当地种族有忍耐和服从个性，帝王可以随心所愿地行事，但如果实施远大抱负，计划却会遇到困难，民众会极度反对，“帝王的绝对权威地位受到公众意见以及（国家）行为方式的

① Arthur de Gobineau, *Oeuvres*, ed. J. Gaulmier et al. p. 344.

② Ibid. , p. 340.

③ Ibid. , p. 225.

④ Ibid. , pp. 224 – 225.

限制，因此专制总在中国偶尔出现，一旦出现就受到憎恶和压制，无法持久，因为受统治种族的自然特质无法容忍”[①]。因此中国是温和的父系制统治社会。戈氏认为在中国，尤其秦始皇以后，统治者中的白种人血统就开始消失殆尽。

进而，他以黄种人性格中对物质满足的偏好来解释中国政治形式、宗教容忍和礼节。种族特征中需要有稳定的政治以确保物质满足，因此政府管理就显得极为重要。他认为通常西方人寻求战争和外交手段解决问题，中国人则以政治平稳解决，确保工业和农业持续运行，为的是满足人的衣、食、住、行，“稳定而持久的安定成为达到目的的最高手段”[②]。在谈及中国政府对宗教和思想的容忍，他也解释为物质倾向所导致。对中国人而言，丰衣足食就是幸福，那么对政府而言，毫无影响的教义和思想就不会对社会造成影响。在务实作用下，中国人的哲学与宗教派系不会构成破坏性的政治威胁。对于传教士所表达的中国人爱好和平、忍辱负重等，他认为“除了最为基本的实际应求外，是（中国人）缺乏情感”[③] 的表现。中国的“宗教采用实践原则，格言戒律教导（人们）……节俭、谦和、谨慎、获利、不受伤害等计谋”[④]。他认为中国礼节也与黄色人种的物质欲望满足相关，假以辞令，却不见真情。礼貌不过“只是社会责任，始自浓厚的自大傲慢，表现为与同辈争权夺利，对地位高的卑躬屈膝，对地位低的傲慢贬低，地位越低的人越傲气十足”[⑤]。礼节是让每个人安定的形式，而不是像西方人那样源于内心的渴望。在这种思想影响下，中国文学也很滞顿，充满幼稚的藻饰。由于黄种人的观察力细腻，最好的中国文学形式为自然描写与小说。中国哲学模糊幼稚，充满枯燥说教的格言。中国科学书籍缺乏批判思维，“黄色人种思想不深邃，没有洞见力，无法像白色人种获得这种（科学精湛）能力”[⑥]。

戈氏晚年将当时的法国第三帝国比作中国历史上的帝国，而大加批判帝国政治。首先，他将矛头指向法国 1789 年的革命，警告欧洲“共和”

① Arthur de Gobineau, *Oeuvres*, ed. J. Gaulmier et al., Vol. I, Paris: Gallimard, 1983 – 1987, p. 582.

② Ibid., p. 583.

③ Ibid., p. 590.

④ Ibid., p. 585.

⑤ Ibid., p. 585.

⑥ Ibid., p. 588.

旗帜下的政治斗争将导致中国式的独裁与民主的丧失。[①] 中国在政治与文化上停滞不变，源自帝国时代，即秦始皇统一中国之后，“封建体制从雅利安人入侵一直维持到秦始皇统治为止，耶稣诞生246年前，这期间白种人具有足够力量维持统治能力。然而，一旦与马来人和黄种人混交后，不足一半的白种人存留……封建体制、等级统治、大量小领地、自由独立的人不再有理由存在，帝国控制就揭开帷幕。恰值此时，中国成为现今状况，而且一直没变”[②]。作为法国没落贵族代表，戈氏认为法国政治革命声称让每个人通过自己的能力参与政权，通过全面竞争参与政治体制，事实上只会产生像中国那样的官僚阶层和独裁，“共和”只是平等之梦。其次，戈氏持有欧洲文明的退化观也与中国会入侵欧洲、破坏白人文明不可分。晚年的戈氏坚持认为中国军队会有朝一日在俄国或者德国带领下席卷欧洲，吞噬白人文明。不仅如此，他的这个中国威胁论调后来围绕中国海外移民潮展开，“黄色”大潮会大规模侵袭欧洲，造成欧洲比罗马帝国陷落更为严重的种族衰败。在他看来，以自我利益和商业获利为重的中国人涌入意味着雅利安文明的最后遗迹将在欧洲彻底消亡。[③]

戈氏的种族主义理论在他去世后二十年间在欧洲广泛传播，尤其受到德国人的认可。德国的路德维希·舍曼（Ludwig Schemann，1852—1938）和张伯伦（Houston Stewart Chamberlain，1855—1927）受其影响很大。戈氏虽然不赞成现代欧洲国家种族混交现象，但他认为现代德国人、英国人或瑞典人为当今雅利安人血统，这一观点得到舍曼和张伯伦认同；而与戈氏不同的是，二人相信雅利安人纯净的血统可以通过实行严格的优生措施得以保持和恢复。尽管戈氏反对殖民扩张下的种族混交，认为这将给世界历史带来严重恶果，但事与愿违的是雅利安主义思想对德国皇帝威廉二世和希特勒的帝国政治提供了精神滋养和思想源泉，有力地支撑了19世纪末20世纪初德国在中国乃至欧洲的帝国殖民意识。1900年中国爆发义和团运动后，外国传教士在中国被杀的消息传到欧洲，更加令戈氏的“黄色”种族恐怖思想得以传播。戈氏虽然怀念旧的贵族秩序，但其中国知识还是呼应了19世纪的“丑恶”中国论调，他的种族主义理论和意识以

① Arthur de Gobineau, *Selected Political Writings*, ed. M. Biddiss, London: J. Cape, 1970, pp. 211 -213.

② Ibid., p. 594.

③ Arthur de Gobineau, *Amadis*, ed. Edwin Biddiss, Paris: Plon, 1971, p. 246.

不同方式在19世纪末，尤其在达尔文的进化论运用到社会领域后，得到进一步阐发，成为欧洲中心主义的奠基石。

三 欧洲浪漫思潮的"反理性宗教"中国

虽然18世纪末在启蒙思想引导下的法国大革命以摧枯拉朽之势颠覆了封建王朝的统治，资产阶级也以胜利者的姿态步入历史舞台。但是启蒙的激进革命思想在知识界受到质疑。一场以反启蒙精神而著称的浪漫主义运动首先在德国展开。康德、费希特（Johan Gottlieb Fichte，1762—1814）、谢林（Friedrich W. J. Schelling，1775—1854）、黑格尔等思想家开始针对启蒙思想进行哲学批判，强调"精神"而非理性。这场思潮对引起法国大革命的启蒙思想不满，认为大革命并没有真正实现自由、博爱和平等。这种幻灭感引起社会上对前现代、前资产阶级社会的怀旧之风，是对实用理性主导的启蒙精神的批判，也就是说浪漫主义是对启蒙现代性的批判。这是一场启蒙变革派与浪漫派之间的思想之争，而后演变为科学派与人文派之争。在这场争辩中，浪漫派将思想借鉴的触角延伸到东方，而中国的儒教、道教和佛教成为欧洲这一时期反理性思想的支撑话语。

浪漫派在自然观、历史观和宗教观上与启蒙派持不同意见。对浪漫派而言，自然是由世间万物组成的有机体，人与自然是活生生的相互共融之和谐关系。在历史观上，浪漫派尚古贬今，推崇情感，相信人类原初为一体，欧洲文化与古印度乃同根同源。宗教上，浪漫派谴责启蒙哲学将宗教教义置于理性检验之下，对宗教肆意攻击，认为宗教是人的本性在情感上的表现。也就是说，与启蒙派相反，浪漫派热衷于情感、神秘、梦幻、人性如孩童般天真和纯洁，不仅崇尚中世纪，还将目光锁定异域东方文化。

在欧洲，随着全球殖民扩张，需要一批训练有素的外交官和殖民官，涌现出一批皓首穷经地研究东方语言和文化如谢林、缪勒（Friedrich Max Müller，1823—1900）等东方学者。他们大多在浪漫主义思潮熏陶和感染下，对东、西方宗教情有独钟，怀有理想主义的唯心诉求和对精神的热衷，认为所有非西方宗教与基督教一样是世界宗教的多种形式，既古老又纯洁。由此东方研究以专业学科形式步入大学。虽然印度教和佛教为这一时期欧洲学者的主流研究对象，但与此同时，研究也敲开了东方的中国宗教思想之门。与启蒙前期到中国传教的耶稣会士相比，这时期来中国的传教士不仅到远东传教，还大多承担着殖民管理任务，宗教使命与国家责任以及个人体悟融为一身。标志性人物是英国汉学家理雅各（James Legge，1815—1897）与荷兰汉学家高延（J. J. M. de Groot，1854—1921）。

19 世纪早期的汉学家开始研习儒家和道家经典。与 17 世纪将儒家思想树为中国文化经典、视道家为旁门左道的耶稣会士相比，19 世纪的汉学家开始发现并介绍道家经典，究其缘由，道家思想吻合了欧洲浪漫派所秉持的人与自然对立和谐的诉求。最早从事这项任务的是执教法国大学中国语言和文学系的雷慕莎（Jean-Pierre Abel-Rémusat，1788—1832），他相信道家学说是崇高哲学，在《道德经》中焕发着温和与善良气息。[①] 而真正将道家学说经典化的是苏格兰加文教徒、东方学者理雅各。虽然传教事业乃理雅各来中国的主要原因，翻译和介绍中国宗教典籍却成为他扬名欧洲汉学界的安身立命之本。1843 年至 1876 年期间，他在香港、澳门、广东居住。1876 年牛津大学建立中国语言系，而此时理雅各著述等身，受缪勒推荐成为执教牛津的第一位汉学教授。事实上理雅各与缪勒相识于 1875 年，但是缪勒的理论思想对理雅各的中国宗教翻译可谓影响至远。

在《中国宗教：儒家、道家与基督教的比较》（*The Religions of China: Confucianism and Taoism Described and Compared with Christianity*，1880）中，理雅各认为中国宗教与基督教都是一神教，虽然具体内容不同，“在基督教、儒家、道家中都有超自然因素，都宣称净化，都信上帝”[②]。因此，理应将基督教文化与中国文化一视同仁，“基督教神圣标签并不意味着将其他宗教刻上虚假的标识，旧约、新约圣典与希腊、罗马和中国典籍对我们一样，曾经经历过腐败和争吵、累加和删减。这些典籍都可同样接受批评……在我与中国人相处的漫长时间中，我学会比我大部分同胞更尊重他们；更加尊重出于他们的真实能力，看重他们的智力水平”[③]。基于这种思想，理雅各在此书中表达了对中国的同情，抨击欧洲殖民主义乃是商业自私与贪婪的反应，映照着基督教国家的野心勃勃和私欲膨胀，而中

---

① Norman J. Girardot, “The Course of Sinological Discourse: James Legge (1815 – 1897) and the Nineteenth-Century Invention of Taoism,” *Contacts between Cultures*, ed. Bernard Hung Kay Luk, New York: Edwin Mellen Press, 1992, p. 189.

② James Legge, *The Religions of China: Confusionism and Daoism Described and Compared with Christianity*, London: Hodder and Stoughton, 1880, p. 248.

③ Ibid., pp. 286 – 288, 308.

国的道德优越地位则在英国发动不道德的鸦片战争中表露无遗。[①] 他向欧洲传递翻译中国儒家思想，尤其在传播道家思想上成绩突出，作出不朽贡献。他将“四书”“五经”翻译成英文，收录在《中国经典》中，之后还陆续翻译出版了中国的《论语》、《大学》、《中庸》、《孟子》、《春秋》、《礼记》、《书经》、《孝经》、《易经》、《诗经》、《道德经》、《庄子》等典籍。

鸦片战争的坚船利炮打开中国大门后，各国传教士不仅传教，还了解和评论中国社会，成为像理雅各一样的汉学家和东方学者。他们中有倾慕中国，为中国的悠久文明、中国人的友善、勤劳能力大加赞赏的，如美国汉学家卢公明（Justus Doolittle，1824—1880）、明恩溥（Arthur H. Smith，1845—1942），英国汉学家苏慧廉（William Soothill，1861—1935），荷兰汉学家高延等。与理雅各一样钟情于中国道教、对道家的否定辩证思想感兴趣的还有法国汉学家马伯乐（Henri Maspero，1882—1945）以及著名心理学家荣格（C. G. Jung，1875—1961）。法国汉学家茹理安（Stanislas Julien，1797—1873）于 1842 出版了法译本《道德经》，传教士倉约翰（John Chalmers）也在 1868 年出版了《道德经》英译本，翟理斯（Herbert Giles，1845—1936）翻译了《庄子》（1889），并与威妥玛（Thomas Francis Wade，1818—1895）合作开发了威妥玛—翟理斯汉语罗马字拼音法。近几十年来道教已走出阴霾，“道”一词已经用来描述和证实其他观点和思想可行性，从著名的物理学之道，到计算机技术之道。也就是说，道教在挑战“（欧洲）文化推崇的个人主义、权力、二元思维和拜物主义”[②]中成为给人们提供哲学思考的参照。

与理雅各一样描绘宗教中国的东方学者是荷兰汉学家高延，他以社会学的研究方法对中国的宗教进行解读。[③] 他毕业于莱顿大学，是施莱格尔的学生。毕业后参加荷兰殖民服务机构，19 世纪七八十年代生活工作在厦门，在此期间做了大量宗教活动的人类学调查。1881 年他出版了《中国厦门人的年节和风俗》，1890 年回到尼德兰转向学术生涯，执教于莱顿

① James Legge, *The Religions of China: Confusionism and Daoism Described and Compared with Christianity*, p. 310.

② Martin Palmer, *The Elements of Daoism*, Shaftesbury: Element, 1991, pp. 127 - 128.

③ Maurice Freedman, *The Study of Chinese Society: Essays by Maurice Freedman*, Stanford, CA: Stanford University Press, 1979, p. 355.

大学，后于1912年柏林大学任中国语言系教授。出版了六卷本的《中国宗教体系》（1892—900）（*The Religious System of China*，1892—1900）以及两卷本《中国的教派宗教与宗教骚乱》（*Sectarianism and Religious persecution in China：A Page in the History of Religions*，1903—1904）、《中国的宗教：天道观——研究道教和儒教的关键》（*Religion in China：Universism，A Key to the Study of Taoism and Confucianism*，1912年英文版）、《一元论——中国宗教伦理、国务及各种学科的基础》（*Universismus：Die Grundlage der Religion and Ethik，des Staatswesens und der Wissenschaften Chinas*，1918年德文版）。1908年在第三届国际宗教史学会上发表了《论道教教会的起源》的论文。他早期对中国赞赏有加，《中国厦门人的年节和风俗》一书中认为中国是另一种文明，与欧洲同根同源，在许多方面可以甚至与欧洲相媲美，还被认为"反基督，尤为反天主教的情结，强调中国的宗教容忍"①。

然而，理雅各和高延在19世纪末极为相似地由同情中国的人文主义者转为厌恶中国的种族主义者。高延对儒教大肆批评，在《中国的教派宗教与宗教骚乱》中，高延声称："中国的国家政策、制度和法律一直以来系统地建立在最古老的、可追溯的书面数据中。"② 他还对中国三种宗教并存的容忍提出质疑，"我们头脑应去除幻想……腾出空间让我们相信更接近真相的事实，中国政体最不具容忍，是现存最令人发指的政府。它建立在政治哲学体系中某些古老的说教原则上，这样的国家对孔子时期以来中国出现的每个宗教团体和组织之间只能不断地煽风点火"③。无独有偶，理雅各和高延的宗教中国与文化丑恶论调分别发生在1883—1891年和1881—1892年，并不是偶然与巧合，而是与达尔文进化论思想在社会学、人类学上的应用分不开的。

四　达尔文进化论影响下的"黄祸"中国

1859年自《物种的起源》问世以来，达尔文自然选择的进化论思想日益成为关注热点，以生物学正牌军姿态考查各种文化和种族进化。到了

① Maurice Freedman, *The Study of Chinese Society：Essays by Maurice Freedman*, p. 357.

② Jan Jacob Maria De Groot, *Sectarianism and Religious Persecution in China*, Vol. 1, Shannon：Irish University Press, 1973, p. 7.

③ Ibid., p. 4.

19 世纪 80 年代，达尔文进化论的学术话语已攻占各个学科堡垒，如生物学的优生学、环境决定论的地理学和文化进化论的人类学等社会科学领域，在东方学研究上印上科学的标签，种族主义的论调恣意遍布。德国著名哲学家缪勒放弃早期普遍人文主义立场，转向种族主义学术话语。在他任第九届东方学国际会议（The Ninth International Congress of Orientalism，1892）主席的讲话稿中，达尔文的名字频繁出现，讲话建立在白人与黑人、雅利安人与闪米特人之间存有显著差异这一前提上，认为历史时期中曾有东方和西方的完全分裂，是人类进步的光辉一页。东西方差异观在进化论催发下成为顽固的本质主义理念。以科学为武装后盾的种族主义强音很大程度上超越了 18 世纪末启蒙理性思想家对中国的排斥贬低，其影响广泛也超越戈宾诺所主张的种族主义历史观。虽然达尔文本人并未或不屑将进化论思想延展到人类社会以及不同文明国家间，但其进化论大大地呼应了后启蒙的进步观，在社会科学领域得以传播和应用，为西方理解现代自我和构建现代文化主体意识推波助澜。

如果说戈氏的人种等级论表达了对人类文明未来将衰败的悲观态度，而且与宗教末世论还有关联的话，达尔文进化论的科学实证方法影响了法国实证主义哲学家孔德（Auguste Comte，1798—857）、英国社会心理学家斯宾塞（Herbert Spencer，1820—1903）、人体测量学家高顿（Francis Galton，1822—1911）等的种族主义观。孔德提出著名的人类发展三阶段：迷信的神学阶段、抽象的玄学阶段以及科学的实证阶段。放眼东方，孔德认为亚洲仍处在神学国家阶段，只有实证社会科学能终结神学的毒害，人类社会才能持续前进。孔德认为中国仍是神学政治，而且随着时间推移，已经转变为腐儒政治（pedantocracy），士绅阶层若采取实证主义才能够复兴中国。①

斯宾塞，社会达尔文主义之父，将达尔文进化论思想应用到社会学领域，解读东西方社会文化差异。他认为进步与发展源于不同类型人的大脑进化，即大脑容积和结构的差异。不同人种在不同生活方式下需要特定的身体构造，而人种混交就会导致构造缺陷，不再适合特定的环境。与戈宾诺相似，他认为现代欧洲人是雅利安人与其他人种混交的后代，并认为任

① August Comte, *System of Positive Polity*, Paris: Carilian - Goeury and Vor Dalmont, 1851 - 1854，参见 1852 Vol. 2, p. 376 和 Vol. 4, pp. 448 - 449。

何不同人种混交都会阻止现代民主的进步。在《中国人大脑的观察》（Observations on a Chinese Brain）一文中，他列出白人—中国人—大猩猩的种族类型等级，认为亚洲的东方专制原因是没有逃脱民俗之网的束缚，西方工业主义在前进中削弱了民俗影响，而在亚洲“东方的半文明国家，过去、现在都在民俗严格控制下”①。因此他支持美国限制中国移民，避免混交的落后种类。

达尔文的堂弟、人体测量学家高顿则以实验的方法研究遗传，将达尔文的物种选择和进化论思想用于创建人类优生学，使人种适应进化。优生学研究的目的是找出“高级人种，令其繁殖，使子孙后代数目增加，代替旧人种”②，现代工业民主进步需要“有能力的市民，因此必须自我保护免于杂交带来的退步”③。他认为英国北部和南部人种混交会促进人种优化，因为差异不悬殊，而且教育和语言相近。而谈到亚洲，面临工业发展，优生思想会像落入完全陌生环境难以适应，与斯宾塞一样，他赞成禁止中国人大量移民加州。

另外，到了19世纪末期，达尔文的进化观让位于“适者生存”观。黄色亚洲移民对环境的适应，体力劳动的耐力令欧洲优生学家对现代化带来的民族融合感到不安。查尔斯·皮尔逊（Charles Pearson，1793—1862）认为“我们会看到西方文明种族在很大程度上被世界上黄色人种超过，这样的日子也许不再久远”④，并质疑自然选择下的自由市场原则，廉价劳动力的涌入会使本属于雅利安民族和西方文明的世界未来成为过眼云烟。美国威斯康辛大学社会学教授罗斯（Edward Alsworth Ross，1866—1951）在书写《变化中的中国人》（*The Changing Chinese*，1911）中以优生学观点解释道：“中国人强悍……归因于特殊人种所具活力，在漫长而严酷的淘汰不适过程中，比我们北欧祖先经历的更多……选择原则令他们虽然没有太强大的身体力量……但是身体恢复力强，得以抵抗感染以及忍

① Herbert Spence, "The Comparative Psychology of Man," *Essays Scientific, Political and Speculative*, Vol. 3, London: Williams and Norgate, 1968, p. 428.

② Francis Galton, *Inquiries into the Human Faculty and its Development*, London: Macmillan, 1883, p. 307.

③ Francis Galton, *Memories of my life*, London: Methuen, 1908, p. 311.

④ Charles Pearson, quoted in Benjamin Kidd, *Principles of Western Civilization*, London: Macmillan, 1902, p. 28.

受不健康的生存环境。”[1] 但是，生存竞争能力强并没有促进亚洲各国的经济进步。他认为中国人缺乏进步思维，停滞明显地成为集体意识，造成这种恶果的是父系家长制下的价值观和昏庸无能的腐儒士绅管理腐败。中国人体力适应环境能力强，中国劳动力大量廉价地海外输出，令“工厂主大流口水”[2]。但是“黄祸”蜂拥而至会破坏白人社会的自由市场平衡，应限制资本流入中国劳动力口袋，不然西方会经历“由原来的高工资收入、良好生活环境、白人数目增长被替代为低收入、恶劣生存环境和黄色人种大量增加”[3]。对此，罗斯相信基督教和良好教育会令状况好转，中国不会被历史抛弃，“他们的命运掌握在白色人种之手，也就是说与白人一道分享星际文化的进步，并为之作出贡献”[4]。

综上所述，此时期欧洲知识界与殖民帝国主义大业相辅相成。如果19世纪初期的民族—国家与大学进步知识分子以理性名义同仇敌忾地抗击教会与贵族，并取得了效果的话，到了19世纪末国家机器开始控制大学研究和教学机构，使其与国家的民族事业步调一致。[5]受此影响，知识分子成为帝国大业的意识形态传声筒。另外，欧洲的海外殖民意识已经深入人心。霍布斯鲍姆（E. J. Hobsbawm，1917—2012）将1878年柏林会议（the Berlin Congress）开始到1914年“一战”期间划为欧洲历史上大规模殖民扩张时期的“帝国时代”（Age of Empire），非西方文明国家沦为殖民地。与此同时，大英帝国世界秩序逐渐瓦解，欧洲国家在世界体系之间竞争加剧。国家意识与达尔文的生存竞争意识孕育着种族国家主义的胚芽。由此，欧洲民众滋生出白人至上意识，被奴役国家人民智力上是劣等、不能文明驯化的，黑人最终将在生存抗争中绝种，黄色人种受奴役，而成为人类进步大潮中白人文明的奠基石。帝国剥削不需要道德说服，而欧洲白人文明将成为历史进步的终极目标。约翰·查纳曼（John Chinaman）形象在萨克斯·罗默（Sax Rohmer）的系列傅满洲小说中被妖魔化成危险、阴险、狡诈、迷信、野蛮的原型，“黄祸”的化身，带给白人世

---

① Edward Alsworth Ross, *The Changing Chinese: The Conflict of Oriental and Western Cultures in China*, London: T. Fisher Unwin, 1911, pp. 42—45.

② Ibid., p. 117.

③ Ibid., p. 48.

④ Ibid., p. 258.

⑤ Charles E. McClelland, *State, Society, and University in Germany, 1700 - 1914*, Cambridge, UK: Cambridge University Press, 1980, p. 289.

界恐怖与威胁的梦魇。直到 20 世纪末，林潘（Lynn Pan）的《黄色帝国的子孙》（1991）仍重复着神秘莫测、邪恶黄种人的印象。正如道森评论道："耶稣基督教的精神构成了欧洲优越感各种表现形式的思想基础……基督教的优越感……让位给了世俗的欧洲中心主义。"① 直白的种族主义、种族歧视的中国原型在伦敦 1858 年 4 月 10 日和 1860 年 12 月 22 日《笨拙》（*Punch*）杂志刊载的两套卡通和诗节中展示得淋漓尽致：

> 约翰·查纳曼天生是流氓，
> 他把真理、法律统统抛九霄；
> 约翰·查纳曼简直是混蛋，
> 他要把世界来拖累。
> 唱呀，"嗨——"我那残酷的约翰·查纳曼，
> 唱呀，"唷——"我那顽固的约翰·查纳曼，
> 为了人类，把枷锁套住约翰·查纳曼，
> 即便科不登亲自来，也难为他解开。②

在这种贬斥中国的主流思想影响下，浪漫诗人雪莱把中国称为蛮族，狄更斯则借笔下人物之口，中国怎么可能有哲学呢？从拜伦的诗歌，托马斯·德·昆西（Thomas De Quincy）的《一个英国鸦片吸食者的自白》，到 19 世纪末广为流传的萨克斯·罗默的 13 个傅满洲系列小说，等等，无不是彰显着种族主义色彩。

五　19 世纪 90 年代至 20 世纪 30 年代传教士诊断的"病夫"中国

19 世纪下半叶，在欧洲帝国主义强大势力带动下，传教士、殖民官、旅行家等源源不断地涌入中国。这些人受欧洲知识界的主流种族决定论或进化论的熏陶，但亲力亲为游走中国各地后，他们形成与欧洲种族主义论调不同而又互补之势的中国观。如果说欧洲知识界是站在文化主体地位上想象或臆想中国"他者"，那么传教士、殖民官、旅行家的中国想象或臆想更贴近中国的现状，他们以人文情怀或同情，或展望，或批判中国政治

---

① ［英］雷蒙·道森：《中国变色龙——对于欧洲中国文明观的分析》，第 195 页。

② 此诗翻译摘自雷蒙·道森《中国变色龙》第 168 和第 169 页。

经济和文化现状。面对千疮百孔的清政府统治和帝国列强的割地分款，这些人文主义者既有焦虑同时又夹杂着负罪感，既给予同情又怒其不争，以文化救治者的姿态诊断处于水深火热中的“病夫”中国病症。有：戴维斯[①]（J. F. Davis，1795—1890）、翟理斯、理雅各、密迪乐[②]（Thomas Meadows，1815—1868）、法国汉学家古伯察（Evariste-Regis Huc）、英国殖民官柯乐洪[③]（A. R. Colquhuon）等。

这时，几乎所有传教士认识到不能以欧洲标准衡量中华文明，中国具有独特的哲学、地理、科学和文化。英国学者罗伯特·道格拉斯（Robert K. Douglas）在《中国历史》（*The History of China*，1911）、法国学者考狄[④]（Henri Cordier，1849—1925）在《中国全史》（*Historie Generale de la Chine*，1920）、美国学者赖德烈（Kenneth Scott Latourette，1884—1968）在《中国人：他们的历史和文化》（*The Chinese：Their History and Culture*，1941）中表达了对中国三千年之绵长浩博历史的叹服。他们认为历史“由诸多独立事件组成，不仅组合、协调起来会是一部普遍历史，而且形成一个巨大整体，形成人类历史的轮廓”[⑤]。因此，一直以来以西方立场审视世界历史是汉学家和传教士没能走出的误区，停滞与不变的中国文明便是这种思想的后果，“没有国家的政府形式经历过那么多的变革和动乱，在政治上尝试过各种可能的制度……具有各种哲学学说，道德、习俗随着时间变化那么巨大”[⑥]。一些殖民官员如戴维斯、密迪乐等认为从前的传教士传递了非常不友好的中国人奴性德行和中国停止落后印象。

在认同中国文明独特性的话语中，不乏为中国政治毒瘤诊病切脉的声音。一方面，一些殖民官、汉学家、记者如翟理斯、明恩溥等钦佩赞扬中国文明的长久、中国人的友善亲和、吃苦耐劳；另一方面他们大多认为以儒家道德哲学为核心的中国政治已经难以适应内忧外患。如果说启蒙时期哲学家全盘否定中国儒家政治，批判其集权独断，那么他们则以人文情怀深入地理解中国儒家官僚体制的利与弊。这些人充分认识到儒家思想在中

---

① 又译为“德庇时”。

② 又译“米都斯”。

③ 又译“柯奎翁”。

④ 又译“高第”。

⑤ Henri Cordier, *Historie Generale de la Chine*, Vol. 1, Paris: Paul Guethner, 1920, p. 39.

⑥ Ibid., p. 40.

国已经成为国民宗教，儒家重视人和人的自由。中华民族历经两千多年的变迁，中华文明的传承主要依靠的是注重道德正直、尽职尽责的儒家思想的维系。虽然某种程度上儒家是家长制形式的实用民主，但儒家教导的家庭观和孝道仍在不失实效地维护地方管理秩序。但是，儒家政治同样带来弊处。中国政府像一块中心腐烂的椽木毒害深重，长期的儒家官僚思想下其宣扬的理论严重地与实践背离。官僚体制严重腐败、丧失可信度，经济和法律贿赂现象时有发生，“中国官员的日常生活和政府文件就像卢梭的自白书一样充满至理表述，而其行为却丑恶肮脏”[①]。在理雅各看来中国儒家典籍宣扬的三纲五常、等级尊卑忽略了事实真相的重要性，不利于政府行为，也不利于国民性格。孔子并没有直视真理，不同情弱者，而是同情权力治理，忽略权威阶层的邪恶和压制。理雅各认为中国在受这些思想熏陶的士大夫引领下不会进步。[②]

一些更具批判性的传教士如明恩溥等则将批判的矛头指向儒家思想对中国民俗和民族性格的影响。在《中国人的性格》一书，明恩溥分析了中国经济和工业、中国人思想的混乱、耐力和毅力、孝道、知足与愉悦、缺乏诚信等，表达了对中国“最务实民族”的同情和中国未来的十足信心，“我相信总体而言适者生存，20 世纪生存抗争中谁最适应？是神经的欧洲人还是任劳任怨、遍布各地、冷静镇定的中国人?”[③] 他认为中国社会的弊端是习俗垄断、思想混乱和敌视外国人，而根源在于儒家经典在中国像航海地图一般的导向作用，推动着社会传统和民族性格的发展，因此中国人有耐力、重实际、有思想，但缺乏良知和个性。还有一些传教士如柯乐洪等游走中国，撰写大量对天朝帝国的地理、工业、政府和外交的详实报道。他们一方面感叹所到之处丰富的自然资源和工业潜力，以及相比之下的贫穷现状、交通不便、饥荒不断等；另一方面哀叹政府的无能和受外凌辱。他们都不约而同地对中国人力资源大肆渲染，如中国人口数量和吃苦耐劳能力，“中国劳动力是最高程度、最理想的人类智能机器”[④]。

但是我们不要忘了受西方思想文化熏陶的文人对中国儒家政治的人文

---

① Arthur Smith, *Chinese Characteristics*, London: Fleming H. Revell, 1894, p. 296.

② James R. Legge, *The Ch'un Ts'eu*, *The Chinese Classics*, Vol. V, London: Trubner, 1872, p. 50.

③ Arthur Smith, *Chinese Characteristics*, p. 97.

④ Ibid., p. 58.

忧患是带着居高临下的外来者态度，自然而然地会走上与殖民主义联袂的西方救赎之路。“中国人民缺乏创造力，但是外国资本会适机地利用中国劳动力廉价产品充斥世界市场。”[①] 他们一方面呼唤以基督教取代儒教的救赎作用，“我们的上帝并没有摧毁西方哲学，而是将之纯洁而神圣，他更不会摧毁东方哲学，而会将其完善，将国民生活和性格中虚伪的奉承转化为坚实的财富”[②]。另一方面与基督教神启同道而行的西方科学技术，也就是“蒸汽机和电带来的诸多奇迹”[③] 对中国的救赎。这番表述明显地显露出传教士、殖民官在为新世纪的传教使命和西方殖民主义开脱。因此，密迪乐等传教士虽然批判启蒙主流思想家、传教士持有的中国停滞落后、人民奴性等褊狭思想，仍有意无意地借助和延续启蒙主流的革命观，“在西方最根本的救治方法，也是东方的相近药方”[④]，提出只有像欧洲那样的民众起义才能彻底拯救中国。

进入 20 世纪，一些汉学家、评论家和传教士研究中国独特历史进而诊断中国时下症候，认为中国病夫正在沉睡中苏醒。法国汉学家考狄以中华帝国两千年中改朝换代来驳斥中国停滞不变的论调，中国经历过思想、道德和习俗的更新，中国发现了“有利于自身发展和保持自身独特才能的思想源泉”[⑤]，所以保持了中华文明的传承和延续。但是，自 19 世纪开始，中华帝国忽略了西方世界会对中国的影响、忽略了贸易和交往，更忽略了满洲统治阶层的腐化。他认为 20 世纪 20 年代后中国处于无政府状态，南北分裂、朝野动荡、学生异化，“布尔什维克像毒菌侵蚀人民大众，管理腐败，官员叛国……这里的人民淳朴，但是官员之间嫉妒、人际间争斗……无与伦比的腐败、根深蒂固的愚昧无知……缺乏理想，爱国声音大于行动：这就是新中国”[⑥]。另一位美国历史学家赖德烈研究中国历史的演变，认为清朝以前，中国文化总体上以进步性的革新姿态发展，但是从 14 世纪起就已习俗僵化逐渐代替创新和变革。他认为“人们对宋朝

---

① Archibald Colquhuon, *China in Transformation*, London: Harper, 1898, p. 58.

② William Soothill, trans. *The Analects of Confucius*, New York: Paragon, 1910, pp. iv – v.

③ Arthur Smith, *Chinese Characteristics*, p. 327.

④ Archibald Colquhuon, *China in Transformation*, p. 289.

⑤ Henri Cordier, *Historie Generale de la Chine*, Vol. 1, p. 8.

⑥ Ibid., p. 318.

新儒学日益遵从和与外国文化的隔绝"[①] 造成中国内忧外患的现状。中国独特的文化传统被西方入侵唤醒，但能否适应现代化步伐，在他们看来中国苏醒需要一个过程。

六　20 世纪社会学领域反种族决定论的"秩序文明"中国

19 世纪末，社会学家斯宾塞将达尔文生物进化论运用到社会科学领域，阐释人类历史和文明的发展进程，强调弱肉强食和适者生存，这无疑成为欧洲帝国主义国家向外殖民扩张合理性的有力支撑。到了 20 世纪，英、法、美、德等帝国主义国家在亚、非等世界各地大肆割地索款，疯狂瓜分势力范围。与此同时，西方知识界的社会学家如霍布森（John Atkinson Hobson，1858—1940）、罗素（Bertrand Russell，1872—1970）、杜威（John Dewey，1859—1952）等开始反思帝国主义扩张给西方宗主国和殖民地国家以及人类文明带来的影响和后果。马克斯·韦伯（Max Weber，1864—1920）、杜克海姆（Emile Durkheim，1858—1917）[②] 等思想家也在思考资本主义发展与宗教和民族特征之间的关系。与 19 世纪将物种进化思想作为考察社会发展的简单范式不同，他们试图将各民族文化放置在其自身社会历史发展背景中考察现状与发展未来，从社会文化的内部剖析历史与文明的发展。社会科学领域的中国知识体现着全球化进程中与欧洲中心主义对应的文化平等观。

霍布森认为达尔文进化论的自然选择或自然限制只作用于动物界，而与人类价值毫无关联。他摒弃生物社会学片面地将文明的起落归咎于自然选择在国际市场人种方面的粗浅运用，认为这只会导致专制帝国主义。在著名的《帝国主义研究》（*Imperialism: An Introduction*，1902）一书中，他指出 1884 年以后欧美国家的领土扩张竞争并没有收获财富。在剖析 19 世纪末新帝国主义意识时，他指出："帝国主义侵略对产业家或贸易家并无实质价值，但对市民有害，令赋税者负担沉重，却只对一小撮发展军事的财团投资人和伙伴有利。"[③] 其实质是以自我保护为由而对国际秩序的破坏，对以商品和服务为主的自由市场的破坏。霍布森继承 19 世纪晚期

---

① Kenneth Scott Latourette, *The Chinese: Their History and Culture*, Vol. 2, New York: Macmillan, 1941, p. 341.

② 又译作"涂尔干"。

③ John Atkinson Hobson, *Imprialism: A Study*, London: George Allen and Unwin, 1902, p. 55.

柯乐洪等汉学家所持的儒家中国观，认为中国实际上是一座座自由的小村庄组成的大巢穴，自治共和体以家庭为单位，家庭中以道德准绳维持秩序，中国建立了一个目前为止世界上最特别的文明。他认为中国很难从百年沉睡中醒来，西方帝国主义国家对中国的剥削压迫不会促进中国发展，而会导致文明古国的瓦解。尽管中国文明中不重视个人主义和科技发展，传统根深蒂固，但是却重视劳动、文学和教育，因此霍布森认为东、西对话很重要，应该本着民主合作精神，而不是强制的剥削压迫。西方需要东方启迪，而东方需融入西方活力。霍布森认为中国文明经过历史的考验，能够生存下来，值得成长中的西方文明对此深思，“欧洲以武力获利为目的统治亚洲，假称在以文明拯救亚洲……将受到历史校正，乃是帝国主义的最大错误和过失”①。

德国著名社会学家马克斯·韦伯在完成了《新教伦理与资本主义精神》之后，开始将宗教与社会发展之间紧密关系运用到解释中国独特的历史和文明，他根据高延（de Groot）六卷本《中国宗教体系》（1892—1900），在撰写的《中国的宗教：儒教和道教》（1916）一书中因袭到华新教传教士对中国宗教道德的怀疑，表达了他对中国的行为规范、经济和社会之间关系的理解，得出社会结构和伦理实践是阻碍中国资本主义精神发展的结论。首先，与霍布森相似，韦伯注意到中国社会亲缘组成的家族自治中儒家伦理维系社会各层关系的重要性，指出儒家理性是维护秩序的理性，与西方资本主义伦理去个性化的理性和客观法律原则大相径庭。因此，中国不会产生资本主义发展不可或缺和从理性原则出发的科学、艺术、神学、法学、医学、自然科学和科技。在谈及儒家思想熏染下士大夫的管理，韦伯感叹“神启和人类权威都无法与官僚体制抗衡”②。在他看来中国缺乏像中世纪欧洲都市的“团体政治自治”和“决定性的法律机构”③。其次，沿着黑格尔、孟德斯鸠、理雅各等视儒教和道教有不足、有缺失的路线，韦伯深入地剖析儒教和道教妨碍资本主义发展的内在原因。他认为儒教维护人与世界的合理秩序，将二者之间的矛盾张力降至最低，因此难以产生像新教加文主义的虔诚，而正是这种虔诚与外部世界的

① John Atkinson Hobson, *Imprialism: A Study*, p. 327.

② Max Weber, *Religion of China: Confucianism and Taoism*, Glencoe: The Free Press, 1951, p. 151.

③ Ibid., p. 101.

矛盾张力引发欧洲的商业伦理精神。儒家伦理完全缺乏“自然和神力之间、伦理需求和人性弱点之间、罪恶意识和拯救需求之间的张力”[①]。儒教和道教都没能产生资本主义精神所主张的新教伦理的现世苦行思想，于是中国社会文化特点无疑“特别缺乏现代欧洲意义的精神、缺乏无限耐心、缺乏克制礼节，严守习惯、墨守成规……对刺激反应慢……中国人性上性情冷漠，对同胞形式上友好”[②]。韦伯的跨文化比较是以新教为参照，不免偏颇，然而所传达的中国未能发展资本主义的缘由却影响深远。

如果说马克斯·韦伯还在以西方社会学理论为标尺，判断、衡量以儒家文化代表的中国思想和宗教道德的话，法国汉学家、人类学家葛兰言（Marcel Granet，1884—1940）承继法国汉学开创者沙畹（ Edouard Chavannes，1865—1918）及社会学派开创者杜克海姆和马赛尔·莫斯（Marcel Mauss，1872—1950）的衣钵，围绕着中国古代文化这一主题，采用结构主义方法深入探究中国思想、传统和中国社会的关系，也就是说将中国思想、传统放置在中国本土背景下考察，而不是根据某种普遍的思想进步模式衡量。葛兰言的出发点是中国具有进化完全的文明，而不是社会进化论思想所持的半进化或不成熟文明，他写道“中国文明似乎已经达到成熟”[③]。受社会学家杜克海姆和莫斯的思想熏陶，他从中国的宗教仪式出发阐释中国复杂的社会体制，解读中国人心理思想。葛兰言认为社会生活是人的行为、情感、思想、心理的巨大创造性源泉。他在《古代中国的节庆与歌谣》一书中从《诗经》构筑的世界中考察先秦时代的节庆习俗、进而考察社会结构，指出最初的社会与自然规则之间具有统一性，得出结论，即中国人具有独特的与欧洲完全不同的心理，就是对完整、有效秩序的崇尚。他认为“对应”、“对称”的观念是中国人宇宙观发展的关键。如在最早的歌谣《国风》中的歌谣基于男女二重对唱，“为了表现他们的感情，面对面的演员……发展出两两对称的布局。……在整体布局的两边，其韵律和乐章都是对应的……布局的对称要素在意义上也是对应的”[④]。不仅儒家思想贯穿着秩序原则，中国道教的阴、阳对应和谐也表

① Max Weber, *Religion of China: Confucianism and Taoism*, p. 76.

② Ibid. , p. 237.

③ Marcel Granet, *La Pensee Chinois*, Paris: La Renaissance du Livre, 1934, p. 584.

④ ［法］葛兰言：《古代中国的节庆与歌谣》，赵丙祥、张玥宏译，广西师范大学出版社2005年版，第38页。

明了自然世界和人类社会的和谐统一，秩序、统一逐渐被树立为权威，人们的行为和意识自然地加以接受。反过来说，秩序、统一也拥有了道德价值，并且成为社会生活规则的象征。因此，葛兰言大胆地声称“中国人从没将人与社会分开，也从没将社会与自然分开”[①]。虽然葛兰言本人反对欧洲中心的社会进化论将中国文化视为低等、未进化完全的思想，他整合杜克海姆、莫斯等在社会学领域倡导的社会意识向个体意识转化的方法，对中国社会和中国人的意识进行探究，最终他的结论还是走进东西不同的本质主义窠臼。

社会学家反对以种族视角解读文化差异过程，逐渐将文化与文明的关系厘清，文化并不决定文明，相反乃是文明的产物，文化是“社会学术语，是人先天没有，而后天学来的，并不像黄蜂的行为由基因决定那样……而是必须由每个新生代从年长者那里学来的”[②]。英国学者汤因比（Arnold Joseph Toynbee，1919—1955）的《历史研究》（*A Study of History*，1948—1967）和德国学者斯宾格勒（Oswald Spengler，1880—1936）的《西方的没落》（*The Decline of the West*，1922—1923）是20世纪两次世界大战中间的两部具有划时代意义、阐释人类历史和世界文明的书籍，均采用与欧洲中心思想相悖的文化相对主义方法，以文化和文明而不是民族国家为历史研究单位，以世界文化多元、平行、等价、共时而不是历史研究的“一线发展论”为立论，崇信文化有机论、不同文明有不同而特别的民族精神。斯宾格勒认为每一种文化都有其自身的“生命规律”，有形成、前文化时期、成熟时期和衰落时期，文化的最终归宿就是文明，文明是文化衰竭和僵化的产物，是文化的终结。在这种悲观主义文化宿命论调下，他将文明的形式分为八种，中华文明代表一种独特的僵化形式，并预言西方文明将于2200年后瓦解，所有文明都毫无例外地终亡。与斯宾格勒不同，汤因比采取英国经验主义方法将文明分为十几乃至三十几种，文化间不是孤立、互不渗透的，而是有共同和关联的关系。文明虽然有生有灭，但可以用理智的、及时的措施弥补，并把希望寄托于东亚和中国人。汤因比用其著名的退隐与复出说（withdrawal and response）、挑战与回应说（challenge and respense）解释各种文明的起伏循环。中国自19世纪以

① Marcel Granet, *La Pensee Chinois*, p. 415.

② Ruth Benedict, *Race and Racism*, London: Routledge, 1942, p. 13.

来受到西方科技的挑战而不得不放弃孤立原则，作出回应和改变，但没有像日本那样应对科技挑战有效自如，根由在于地理政治，即“中国是过于庞大、无序延展的帝国，而日本是团结紧密的孤岛共和体”①。

如果说斯宾格勒和汤因比在社会学领域对文化的多元性和平等性拓展了全球性空间和人文视角的话，到了20世纪30年代一位英国著名科学家、汉学家李约瑟（Joseph Needham，1900—1994）不仅传承社会学领域的文化间有机差别观，还以其扎实的自然科学知识深入研究中国科学与文明，及其对西方自18世纪以来政治、伦理和科学方面的贡献。李约瑟以科学史是整个文明史组成部分，是人类文化发展的基本组成部分为出发点，反诘现代科学技术是在欧洲文艺复兴母体形成，以及亚洲人一直在抄袭欧洲的智识和技术这一欧洲中心论调，认为“（万史上）没有任何单个民族曾在科学发展的贡献上占垄断地位，所有的成就都应予以重视和承认……如果走向人类大同世界的话”②。在内容庞大的七卷本科学史巨著《中国的科学与文明》（1948—1958）中，他试图表明中国人对人类理解自然过程作出了巨大贡献，尤其在18世纪以前欧洲国家都曾陆续地从中国引进大量的科学技术和发明创造，如纺织机、脚蹬、抛石机、磁罗盘、船尾舵、火药、弧形拱桥、独木舟、踞织机、制陶工艺等。李约瑟这一著述影响和改变了西方人所一直秉持的中国科技弱势观。汉学家杜凡达克（Jan Julius Lodwijk Duyvandak）、诗人汉学家阿瑟·韦利（Arthur Waley）、瓦雷里（Paul Valery）、谢阁兰（Victor Segalen）等认为“西方世界不是一个整体，却充满内部斗争。当放眼东方，人们就会发现文化的多样性”③。

七 “二战”后全球政治经济领域的“现代化”崛起中国

两次世界大战令欧洲学者认识到种族优越论的危害，人们逐渐深入地探究中国文化对现代人类文明的贡献和益处。早在20世纪，受社会学领

① Arnold Joseph Toynbee, *A Study of History*, Vol. 2, London: Cxford University Press, 1946 - 1957, p. 385.

② Joseph Needham, *The Shorter Science and Civilization in China*, abridged C. A. Ronan, Cambridge: Cambridge University Press, 1978, p. 4.

③ Jan Julius Lodwijk Duyvandak, “Chinese Influence on European Thought,” *Eastern and Western World*, ed. S. Hefsha, W. van Houve: The Hague and Bandung, 1953, p. 137.

域韦伯、杜克海姆、马克思、汤因比、斯宾格勒等思想的共同影响，文化与文明的多元有机观开始取代欧洲中心观。非西方国家不再被视为传统的过去，人们认识到各种文明应放置在发展，即现代化进程的框架下。中国也由原来的停滞中国，随之成为实行现代化和向前发展的中国。也就是说，战后思想界这种文明多元视角的转变某种程度上也改变了对中国历史的研究态度。人们不仅对中国过去的模式感兴趣，还将中国与东亚的发展进行联系和比较，勘察中国文化的内在和外在矛盾，及其对东亚改革的相关影响。

一些政治经济学家试图套用西方的现代化理论剖析现代化的中国。"二战"后一些新生国家状况落后，人们不禁对这些不发达国家的政治稳定性、经济发展条件、经济与政治关系以及文化作用备加关注。著名瑞典经济学家纲纳·缪达尔（Gunnar Myrdal，1898—1987）研究了第一世界和第三世界国家的经济差异，认为亚洲经济发展的障碍在于"现有体制和态度缺乏效率，僵化和不平等"①，南亚和东南亚国家内部羸弱，阻碍发展，需要强化国家。他怀疑民主政治这一理想在促进现代化理想上会起多大作用，认为在亚洲各国的国民性格和价值观中，人们大都强调统一共识，宗教意识淡薄，法律体制松垮，难以进入世界市场，这一切阻碍了亚洲经济的腾飞。与缪达尔持相似观点的美国政治和经济学家沃尔特·惠特曼·罗斯托（Walter Whitman Rostow，1916—2003）在研究了英国 18 世纪末经济腾飞的因素后，认为当时英国是在外部威胁下形成国民身份和体制，促成了现代的腾飞。相比之下，中国历史文化和社会结构没能产生一个现代化的动力，"甚至到 1949 年以前，中国的现代命运中都没有产生外部压力和内在斗争，使得政府自由地集中精力于现代化这一任务上"②。中国共产党即使摆脱国内斗争，也无法找到可行的发展政策，最终导致毛泽东时代在 50 年代末和 60 年代的腾飞陷入动荡难解的危机。③ 更有亨廷顿总结经验，认为中国需要革命，需要在人们生活方式上的彻底改变。他甚至指出"这个过程复杂、结构化、长期而且会发生在全球语境下，这

---

① Gunnar Myrdal, *Asian Drama: An Inquiry into the Poverty of Nation*, London: Penguin, 1972, p. 20.

② Walter Whitman Rostow, *The Stages of Economic Growth: A Non-Communist Manifesto*, Cambridge: Cambridge University Press, 1971, p. 91.

③ Walter Whitman Rostow, *The Stages of Economic Growth: A Non-Communist Manifesto*, p. 133.

样构成的社会协同地分阶段走向独立，不可逆转而且最终是进步的"[①]。

立足西方的现代化经验衡量亚洲的政治经济发展，这显然不适合亚洲，更难以解读和适应中国发展。越来越多的学者研究1949年以后的中国政治文化，发现不能用西方现代化理论话语解读其中的独特性，中国现代化问题应该在中国历史背景下考察。由中国区域研究专家组成的哈佛东亚研究中心（Harvard East Asian Research）注重中国独特的历史和文化传统，关注中国发展道路，他们将重点放在儒家传统和中国在西方冲击下作出的反应。美国著名政治学家兼汉学家白鲁恂（Lucien Pye，1921—2008）出版了《中国政治精神》（*The Spirit of Chinese Politics*，1968）、《官员干部》（*The Mandarin and the Cadre*，1988）、《亚洲权力和政治：权威的文化维度》（*Asian Power and Politics*：*The Cultural Dimensions of Authority*，1985）等一系列中国政治经济研究的丛书。他采用心理分析视角解析中国人的自我理解方式及其对中国历史变化和战后发展的影响。他认为中国与其他发展中国家不同之处在于没有经过身份危机，中国人了解自己。在文化心理上，中国陷入的是权威危机，这反应在不断地对领导者的不满和对抗上，中国发展需要的是一种权威形式，期待的是一个真正具有高效和决断力的权威，将历史自信心和建设现代化的有序社会二者有机地协调起来。[②] 白鲁恂深入地研究中国的毛泽东思想和邓小平理论，认为二者显示了以无产阶级"文化大革命"为分界线的两套中国政治文化观，分别是意识形态的和实用主义的。他认为这是政治特性的分裂症，体现的是两种中国社会主义形式的文化，显示了马克思主义中国化的两极性。白鲁恂进而认为二元对立是中国传统的核心问题。因此，中国文化没有独特的自我观念，除非与他者，也就是集体进行比较。[③]

同样，美国汉学家孟旦（Donald Munro）发现在中国社会和政府行之有效地带动着人民定义自我，儒家思想和毛泽东思想尤为擅长此道："一个人可能被视为属于兄弟群体，而弟弟其实是相对于兄长而定义。这两个定义每个都部分地含有对彼此的义务或者期待……当代中国的个人是按照

---

① Samuel Huntington, "The Change to Change," *Comparative Politics*, Vol. 3, No. 2, April 1971, pp. 289 – 290.

② Lucien Pye, *Asian Power and Politics*: *The Cultural Dimensions of Authority*, Cambridge, Mass: The Belknap Press of Harvard University, 1985, pp. 5 – 6.

③ Ibid., p. 71.

阶级或者阶级分支定义，比如低中层农民是以与其他群体相比而为之。”[1]在中国，人们的自我感是与社会和权威关联、相互依存的自我，“在社会化进程中政治所起的影响是将情感与行动分离，对注重实用而物质的中国人起到的是信仰作用，即政治应该高度道德性的，而不是社会性的”[2]。因此他认为，在中国党的干部是儒生的变种，马克思列宁主义替代儒家思想而成为道德和意识导向的正规源泉。民族心理中认可家长等级制，这一点注定赋予有德行的领导以无限的权威。中国革命并没有消除家长制，反而在寻找一个更强势更好的父亲。对所有中国人而言，革命观念就是产生一个真正的主宰权威。[3]

新中国成立后的现代化建设受到西方普遍关注，持马克思或西方马克思主义立场观点的左派人士高度赞扬中国革命和毛泽东思想。西方1968年以降的后结构思想家受反帝国主义的革命思想影响，对中国模式的“文化大革命”欣喜若狂。仿佛启蒙哲学家前辈在耶稣会报道中找到知音一样，迷惘的西方激进派又找到政治、经济和道德上的东方启发。热衷于毛泽东思想的有法国影响颇大的杂志《如此》[4]（*tel quel*），他们声称毛泽东思想所解释的是对文化进行革命实验的必要性。[5]菲利普·索莱尔（Philippe Sollers）指出阿尔都塞（Louis Authusser）经济基础产业决定意识形态上层建筑这一问题早在毛的1937年《矛盾论》（On Contradiction）一文中就已预测到。[6]皮埃尔·维克多（Pierre Victor）在1971年与福柯对话中，主张要采取毛泽东路线实现革命和人民平等公正，这适用于高卢革命。[7] 1971—1974年索莱尔到中国进行了一趟社会主义乌托邦式的旅行后，坚信中国提供了另一种政治空间，成功地将现存的千年文化与革命理论实践公正而激荡地结合在一起。[8]与此同时，法国女性心理分析家朱丽

---

① Donald Munro, *The Concept of Man in Contemporary China*, Ann Arbour: University of Michigan Press, 1979, p. 17.

② Lucien Pye, *Asian Power and Politics: The Cultural Dimensions of Authority*, p. 204.

③ Ibid., pp. 188—189.

④ 又译为《原样》、《泰勒尔》。

⑤ Philippe Sollers, “Sur La Contradctioin,” *Tel Quel*, Vol. 45, 1971, p. 4.

⑥ Ibid., p. 11.

⑦ Didier Eribon, *Foucault*, London: Faber and Faber, 1993, p. 246.

⑧ Philippe Sollers, “Quelques These-La Chine sans Confucius, Mao contre Confusius,” *Tel Quel*, Vol. 59, automne 1974, p. 19.

叶·克里斯蒂娃（Julia Kristeva）认为中国的“文化大革命”启示人们，当令人极度压抑的全球文化日益显现的时候，要废除社会不平等现象，同时还要解放妇女。[①]

步入20世纪80年代，亚太地区经济迅速腾飞，日本、韩国、新加坡、泰国、马来西亚和中国台湾、香港等国家和地区开放市场，极大地带动了经济的发展。是开放的市场还是管制的市场，自由的文化还是不自由的文化，西方的还是非西方国家的公民社会，这些一度成为评价1978年中国社会市场经济的热点问题。人们认为邓小平推动了中国的第二次革命，如何看待中国的发展状态以理解中国，进而考察中国民主状态，这令全世界拭目以待。发展与民主这对孪生兄弟一时成为热烈的议题。大多数人认为经济发展塑造文化，而不是文化塑造经济发展。在这种论调下亚太地区的经济成长意味着亚洲已经开始了民主化进程。区域研究专家认为传统的亚洲文化中儒家思想调整，使之适应了发展，成为强有力的发展合体。[②] 正如白鲁恂总结等级制的父系权威传统产生和推动了与西方了解完全不同的现代化社会方式。[③] 儒家的顺从和官僚法律的亚洲价值观中“社群主义”是抵制撒切尔和里根的盎格鲁-撒克逊市场自由主义和政治新保守主义带来极端个人主义和社会崩溃的预防针。因此亚洲在传统价值带动下有计划地发展并协调了发展模式，这种亚洲模式比颓废的西方模式更优越，被称为“亚洲的文艺复兴”，历史高潮定将转向亚洲。[④] 亨廷顿认为全球各种文明之间的冲突在于重置世界秩序。在20世纪90年代出现的全球政治上，主要文明的核心国家正在超过两个冷战超级大国，成为吸引和排斥其他国家的主要极点。中国文明成功地对西方的挑战作出回应，19世纪40年代开始的西方入侵的

---

① Julia Kristeva, “La Femme ce nest jamias ca: les Chinoises a ‘contre courant’”, *Tel Quel*, Vol. 59, Automne 1974, p. 22.

② Roderick Macfarquhar, *The Origins of the Cultural Revolution*, London: Oxford University Press, 1974 - 1997, p. 56.

③ Lucien Pye and Mary Pye, *Asian Power and Politics*: *The Cultural Dimension*, Cambridge, Mass: The Belkna Press of Harvard University, 1985, p. 341.

④ Mahathir Mohamed and Shintaro Ishihara, *The Voice of Asia*, Tokyo: Kodansha International, 1995, p. 95.

时代已经结束，中国正在承担起地区霸主的位置，东方开始自主。[①]

18 世纪中叶到 20 世纪末，中国在西方现代话语中变幻莫测、褒贬不一，如同汉学家雷蒙·道森所著一部关于中国的书名乃“中国变色龙”。西方对中国政治、文化、宗教、经济和历史的阐释无不彰显着现代性和现代性批判的思想起伏变动。但是细心的读者不难发现，西方描述中国的现代话语也是与中国社会文化的发展状况紧密相连。随着改革开放步伐的不断加速，中国经济在全世界的迅速崛起，中国开始以其文化和文明的独特性和国力日益增强的强劲势头令西方乃至全球瞩目。西方的民主进步价值观并不足以解释和套用所有国家的发展模式。也就是在这种语境下，世界各民族独特的文化和文明才能为现代人的生活方式提供更多的可能性指引。

① Samuel Huntington, *The Clash of Civilizations and he Remaking of the World Order*, New York: Simon and Schuster, 1996, p. 155.

第二章

旅行文学的诗学与政治

追溯了西方自文艺复兴以来现代思潮中异彩纷呈的镜像中国，我们了解到中国很大程度上是西方现代性或现代精神在自我探寻、自我确立和自我批判过程中的他者。那么何谓现代性？现代性与殖民旅行有何关系？如果说西方现代思潮所借鉴和利用的中国知识基本来自商人、传教士、殖民官和旅行者的旅行书写，那么如何看待旅行书写？旅行文学中再现的异域文化知识真实客观而可靠吗？这些问题其实涉及的是旅行和与旅行相关的殖民现代性和旅行文学研究问题。本章将以英国旅行历史和旅行书写为起点，讨论作为跨文化书写的旅行文学研究范式。立足于英国的旅行文学，缘于英国旅行文学见证了殖民现代性历程。岛国独特的地理位置赋予岛民冒险的民族个性，英国在历史和文学上与航海、探险、海外扩张和殖民等旅行内容紧密相连。无论英国人还是英国作家，都对旅行持有特殊情感。著名美国文化学家和历史学家保罗·福塞尔（Paul Fussell）指出，旅行是英国人独特的“野餐”[①]。地理环境与独特的语言令英国旅行者/作家在跨文化旅行中持复杂而独特的态度，在异域旅行书写中表现出即吸引又反感的情感结构。这不仅与岛国独特地理特点相关，还与18世纪末和19世纪初帝国伟业滋生的傲慢自负国民性格密不可分。[②] 英国是欧洲较早地具有全球化视野而进入资本主义帝国主义阶段的国家，也是最早进入殖民现代性的欧洲国家。英国旅行文学表征和渗透着人类历史上具有代表性的以殖民现代性为主的帝国文化。旅行书写与政治军事上的殖民占有和统治形成互补之势，在意识形态上

---

① Paul Fussell, *Abroad: British Literary Traveling Between the Wars*, New York: Oxford University Press, 1980, p. 74.

② Ibid.

成为帝国主义大业增添合理性的帮凶。

首先，有必要厘清什么是旅行。从古至今，旅行以其独特魅力吸引着人们。旅行通常指从此地到彼地历经一段时间的远足和游走。除了指时空意义上的跨越，旅行还可以用来比喻人生旅程上的实践活动，“将生活称作从生到死的历程，或将教育比作通往知识之路。大脑运行可以比喻成旅行，让幻想驰骋，给想象插上旅行的翅膀”①，海伦·西苏（Helen Cixous）认为旅程可指“潜意识中的旅行”②。人类历史和文学史上有出于不同原因而流放或旅行的作家，如希腊吟游诗人荷马、意大利诗人但丁和维吉尔、英国浪漫派诗人雪莱和拜伦以及现代作家D. H. 劳伦斯等。文学宝库中具有探索精神的旅行者也俯拾即是：弥尔顿笔下俯视地球的亚当、丁尼生笔下永不退缩的尤利西斯、莎士比亚笔下拥有神奇魔力的普罗斯帕罗、H. G. 威尔斯的时间旅行家、儒勒·凡尔纳笔下梦幻世界的科学冒险者等等。人们对旅行的酷爱在拉尔夫·克劳韶（Ralph Crawshaw）看来是因为“旅行有开拓头脑的特点……能真实地体验他人如何在以完全不同方式做着我们所认为正确而唯一的事情”③。因此，旅行涉及自我与他者、中心与边缘、相同与差异、移动与被动、西方与东方等的僭越与协同、差异与对抗等。也就是说，旅行触及边界范畴，界限模糊难以限定。跨国旅行不仅指跨越地理疆界，还指跨越不同的文明和文化、宗教和种族、意识形态、政治制度等人文疆界。

旅行文学来自旅行和旅行书写，旅行和旅行书写犹如一对孪生兄弟相伴共生。旅行者进入新的文化和地理空间，与新的文化形态遭遇、对话、融合。旅行者将对世界和他者的体认转化成文本，留下旅行报告、旅行书籍、旅行日记、文件、回忆录等记载旅行体验的各类书写形式。旅行书写在再现个人体验和文化历史的过程中融合了形形色色的再现形式，如叙事中掺杂描写、说明和指示，穿插着散文、地图、书信、报道、素描、轶事、诗歌和论述。毋庸置疑，旅行书写“以‘混杂’或者‘杂交’的文

---

① Susan L. Robertson, ed. *Defining Travel*, *Diverse Visions*, University Press of Mississipi, 2001, p. xi.

② Helen Cixous, *Three Steps on the Ladder of Writing*, trans. Sarah Cornell and Susan Sellers, New York: Columbia University Press, 1993, p. 70.

③ 摘自 http://www.hillmanwonders.com/travel_quotes/nov_quote_crawshaw_do_dif.htm。

学形式而著称"①。阅读旅行书写，读者直接"参与到跨文化认知和文化建构行为中，也就参与到理解和误解中"②。旅行研究触及形象学、历史、文学、地理学、制图学、文化人类学、社会学、符号学、政治科学、文化与后殖民研究等广泛的学科领域，而旅行研究的主题往往覆盖旅行历史、权力与知识的关系、历史和人类学的关系、文化认同话语、流放诗学、跨文化空间、国际交流或冲突。阿曼达·吉尔罗伊（Amanda Gilroy）在研究启蒙和浪漫主义时期欧洲人的旅行和旅行书写时感慨道："'最包罗万象的文化手提袋'，混杂着不同话语形式，跨越不同的学科边界……"③也就是说，"旅行书写研究涉及跨学科的方法"④，旅行叙事"成为跨学科实验室，许多领域、诸多话语都在此交汇融合"⑤。

从20世纪70年代起，跨文化的旅行书写越来越成为西方学界的研究热点，研究主要集中于旅行书写的历史、理论批评、种族和身份问题。从前对旅行文学主要有两种研究形式：一种是高度评价旅行者/书写者的勇敢或科学家式开拓献身精神，另一种是考察和关注旅行记录中纪实性的异域风土人情等相关信息。而这两种无疑都承继启蒙理性感召下的宏大叙事话语。另外，还有从美学与文学脉络上研究著名旅行作家作品中的艺术与思想维度。随着文化研究方法逐渐深入文学研究领域，旅行书写因含有特定文化思维的投射，涉及对"他者"的再现和异域想象而越来越受到学术界的重视和关注。⑥围绕旅行文学的文化研究有两股趋势，一股沿着雷蒙·威廉姆斯等西方马克思主义文化研究路线，将旅行及其文化实践放置在更大的形成体系中，审视铭写中所昭示的特权和权力。人们关注准科学形式的旅行如何参与到民族主义意识的构建中，比如：旅行如何通过提高

---

① Stephen Kohl, "Travel Literature and the Art of Self-Invention," *Anglistentag 1989: Proceedings*, ed. Rudiger Ahrens, Tubingen: Niemeyer, 1990, pp. 174 – 183.

② Ian Baucom, "Globalit, Inc.: or, The Cultural Logic of Global Literary Studies," *PMLA*, Vol. 116, 2001, p. 170.

③ Amanda Gilroy, ed. *Romantic Geographies: Discourses of Travel 1775 – 1844*, p. 1.

④ Barbara Korte, *English Travel Writing from Pilgrimages to Postcolonial Explorations*, Trans. Catherine Matthias, London: MacMillan Press LTD, 2000, p. 3.

⑤ Michel de Certeau, "Travel Narratives of the French to Brazil: Sixteenth to Eighteenth Centuries," *Representations*, Vol. 33, Winter 1991, p. 115.

⑥ Barbara Korte, *English Travel Writing from Pilgrimages to Postcolonial Explorations*, p. 2.

“风景品位”，进而增强了中产阶级文化。[①] 再如：对殖民地进行田野式科学探险和将获取的知识在宗主国和殖民地中心推广，这二者在自然历史上的辩证关系。[②] 另外一股在理论上借鉴后结构和后殖民方法，将旅行书写视为文本实践的阵地，揭露殖民和帝国意识。[③] 几乎所有的旅行书写都在铭写和挪用，这个过程就是在为殖民权力做嫁衣。因此，将旅行书写放置在话语构建中发掘其如何游戏在幻想和欲望之间，以及是否可能僭越二者。[④] 这种研究还关注旅行、性别和性态，旅行书写不仅局限于传统历史上的男性探险，还要发掘男女两性旅行者和旅行书写，进而考虑旅行主体的性别构成。[⑤]

本章首先梳理英国旅行文学的发展，把握英国在不同历史时期旅行的特点和旅行书写的演变，历时性地呈现英国历史文化发展与旅行书写发展交织一处的脉络，考察融客观与主观、宗教与教育、民族抱负与文明失落为主题的旅行文学之嬗变。其次，由于英国的跨文化旅行和旅行书写是与西方殖民现代性并步齐驱，因此有必要探讨以扩张为主题的旅行文化与殖

---

① See: Malcolm Andrews, *The Search for the Picturesque: Landscape Aesthetics and Tourism in Britain, 1760 – 1800*, Stanford: Stanford University Press, 1989; James Buzard, *The Beaten Track: European Tourism, Literature and the Ways to "Culture" 1800 – 1918*, Oxford: The Clarendon Press, 1993; Ian Ousby, *The Englishman's England: Travel, Taste and the Rise of Tourism*, Cambridge: Cambridge University Press, 1990; John Pemble, *The Mediterranean Passion: Victorians and Edwardians in the South*, Oxford: Oxford University Press, 1987.

② See: Nicholas Jardine, James A. Secord and Emma C. Spary, *Cultures of Natural History*, Cambridge: Cambridge University Press, 1996; David Miller and Peter Reill, *Visions of Empire: Voyages, Botany and Representations of Nature*, Cambridge: Cambridge University Press, 1996.

③ See: Edward Said, *Orientalism*; Mary Louis Pratt, *Imperial Eyes: Travel Writing and Transculturation*, London and New York: Routledge, 1992; David Spurr, *The Rhetoric of Empire: Colonial Discourse in Journalism, Travel Writing and Imperial Administration*, Durham, NC: Duke University Press, 1993.

④ See: Robert Aldrich, The *Seduction of the Mediterranean: Writing, Art and Homosexual Fantasy*, London: Routledge, 1993; John Barrell, "Death on the Nile: Fantasy and the Iiterature of Tourism, 1850 – 60," *Essays in Criticism*, Vol. 41, 1991, pp. 97 – 127; Dennis Porter, *Haunted Journeys: Desire and Transgression in European Travel Writing*, Princeton: Princeton University Press, 1991.

⑤ See: Alison Blunt, *Travel, Gender and Imperialism: Mary Kingsley and West Africa*, New York: Guilford Press, 1995; M. Fawley, *A Wider Range: Travel Writing by Women in Victorian England*, Oxford: Oxford Unviersity Press, 1994; Karen Lawrence, *Penelope Voyages: Women and Travel in the British Literary Tradition*, Ithaca: Cornell Univesity Press, 1994; Billie Melman, *Women's Orients: English Women and the Middle East, 1718 – 1918*, London: Macmillan, 1992; Sara Mills, *Discourses of Difference: An Analysis of Women's Travel Writing and Colonialism*, London and New York: Routledge, 1991.

民现代性之间的并蒂关系。从研究上追本溯源，阐释与旅行相关的殖民现代性相关议题，如现代性、现代主义和现代化，现代性与殖民主义。最后，将搭建旅行文学研究框架。受后结构和后殖民影响，旅行文学研究主要以殖民话语分析为主。如果说《东方学》开辟了西方对东方书写的知识/权力研究范式，那么萨义德的殖民话语分析对旅行文学研究的奠基和启示作用是不可忽略的，可以说开创了旅行文学殖民话语分析范式。在萨义德之后，后殖民理论家，如玛丽·路易斯·普拉特（Mary Louis Pratt）、丽莎·罗（Lisa Lowe）、霍米·巴巴（Homi Bhabba）都不同程度地拓展了旅行文学殖民话语分析的研究维度。由此，旅行文学研究的跨文化视角维度不断地得以充实。另外，与旅行文学具有亲缘关系的民族志也以书写异族文化而著称，20 世纪 80 年代受社会科学领域研究范式转变的影响，也经历了一场研究范式的文学转向。这个转变可以说对旅行文学研究也是一种呼应和启发，旅行文学所谓的真实和客观与民族志一样不过是“部分的真实”，其中渗透着再现政治。

第一节　英国的旅行文学与文学旅行

旅行文学作为文类具有杂糅性和边界模糊性，很难对其加以界定。但随着历史发展，人们越来越了解旅行文学的基本特征，将之理解为描述旅行中发生的事件，进而构成的叙事文本。在这个基本定义框架下，我们可以将旅行文学放在旅行这个形式下考察各种各样旅行经历的表述。旅行的原因有多种，丹尼斯·波特（Dennis Porter）认为自文艺复兴以来几个世纪中，欧洲人跨越大陆和大洋，这个旅行目的随着社会历史和政治诉求而变化，如“从探险、征服、殖民、外交、移民、放逐、贸易交往到宗教朝拜、政治朝拜、美学教育、人类学探寻……”① 因此，无论战争时期还是和平年代，旅行已经与人类文明进展的态势并步齐驱。从旅行的视角审视英国文学，可以清晰地洞见英国文化的发展脉络。

英国中世纪的旅行和旅行书写具有强烈的宗教色彩，旅行者来自社会各个阶层，流浪汉、王宫贵族、商人、牧师、学者等。以基督教为特征的

① Dennis Porter, *Haunted Journeys: Desire and Transgression in European Travel Writing*, 1991, p. 10.

中世纪文化上，旅行带有强烈的宗教色彩，比如传教旅行、十字军东征以及圣地朝拜等。这时期，欧洲的罗马和东方的耶路撒冷是英国教民域外朝拜的圣地，而英国疆域内朝圣也成为风尚，如到坎特伯雷大教堂朝拜托马斯·贝克特（Thomas à Becket）。这在乔叟的《坎特伯雷故事集》里就记录着中世纪各行各业人物的朝圣之路和心路历程。

朝圣者的游记为圣地朝拜者提供客观信息和可行建议，因此朝圣之旅的叙事重点主要围绕圣地地貌和圣地轶事。另外，对远东充满神奇色彩的描述为16世纪地理大发现时期进发远东打下了史料基础，如有关远东的商业和自然资源，长相和举止奇异的异域东方人等的描述，这都传递了一个信息，即可以接触和相处乃至征服的远东。英国中世纪值得一提的东方旅行书写是《曼德维尔游记》，主要描写约翰·曼德维尔到巴勒斯坦圣地的朝圣旅程。游记作者以第一人称的口吻讲述他在土耳其、亚美尼亚、鞑靼、波斯、叙利亚、阿拉伯、埃及、利比亚、埃塞俄比亚、印度及中国的经历。诚然，游记的真实性一直是几个世纪来人们质疑争论的话题。但无论如何，它给后来的旅行书写奠定了书写模式，即尽可能地提供百科全书式的信息、全景式视角和各种实用可靠、可供参考的建议。

16世纪下半叶，随着新航线的开辟和伊丽莎白女王统治时期英国国力的增强，英国逐渐取代西班牙和葡萄牙而成为欧洲殖民探索和征服的新锐。迈入现代性之初，文艺复兴感召的人文精神既召唤着时代的宠儿去勇敢探索科学的新领域，发掘人类无穷的才智，又激励着浮士德式的冒险家去征服海外无垠广袤的土地，攫取数不尽的财富。旅行文本中记录着探险家第一人称的旅行自传和各种新世界之旅，通过现场观察实证地再现新世界他者，可以说打着科学旗号的旅行往往与欧洲民族—国家的商业和政治利益紧密相连。在17世纪初弗朗西斯·培根《知识的进步》（*The Proficience and Advancement of Learning*，1605）中清楚可见英国在科学和地理空间上向外探索旅行的欲望。小说《乌托邦》（*Utopia*，1516）虚构了航海家拉斐尔·海斯罗蒂（Raphael Hytholoday）前往奇乡异国“乌托邦”之旅，为旅行书写奠定了人们向往异域的基础。里恩·威弗（Lion Wafer）在《新旅行以及美洲峡谷地带的描述》（*New Voyage and Description of the Isthmus of America*，1699）也记录了他在美洲掠夺私船的经历。书的部分章节即清楚可见科学探索的主题，如“威弗先生对美洲峡谷地带的描述”、“美洲峡谷地带的树、水果等”、“动物篇：早期的野生动物和爬行动物”、“鸟类和飞行昆虫”、“印第安居住人篇：举止、习俗等”。威廉·丹皮尔（William Dampier，1615—1715）的《环绕世界的新旅行》（*A New Voyage round the World*，1697）同样记载了他作为海上掠夺者和科学家观察、探索的经历。这个时期对异域的描述不仅局限于其“不同”之处，而且还关注被观察者本土的自然和文化，体现着更强烈的目的性，即如何为殖民贸易和开发服务，诸如描绘地表地貌，发掘商机，探讨财富潜力，描述海盗冒险，等等。经验式的观察，自传式报道真实的旅行经验，这是文艺复兴时期殖民旅行文学的主要特点。旅行者把自己定位为探险者和殖民者，普遍关注的是旅行对象，因此个人的主体体验也就不是文本的核心。“……18世纪末，科学旅行文本开始揭示探险者和科学家以主体形式应对外部世界这一倾向。”[①] 查尔斯·达尔文认为探险不仅有助于科学发现，还会影响旅行者本人，在《小猎犬号航海记》（*Voyage of the Beagle*，1839）的结尾，他认为旅行有助于旅行者的自我发展，“从道德角度而言，（旅行的）结果应该教会他虚心忍耐、不存私欲、养成自我行动的习惯、博取众长，换言之，获取一种满足感”[②]。

如果说英国步入现代，以殖民扩张和科学探险为目的的旅行书写客观地记录对象，那么与此平行的另外一种旅行书写则开始关注旅行者的亲身感受。16—18世纪，以人文教育为目的的游学旅行（Grand Tour）蔚然成风。上层阶级通常以个人教育和个性发展为目的，为拓展年轻人视野，出资让子女到意大利、瑞士、法国等古老文明的欧洲内陆国家旅行，结交各国上层社会人士，了解欧洲文明国家的政治、文化和语言，为回国从事政治和法律等职业打下基础。劳伦斯·斯特恩（Lawrence Sterne，1713—1768）在《挥霍之子》（The Prodigal Son）一文指出游学对个人获取经验上收效颇丰，他写道：“……主要目的是学习语言、法律、习俗，了解其他国家的政府和利益，令举止文雅而自信，头脑充实富于辞令……通过接触新事物或新环境的旧事物革新我们的判断力。经过不断体会鉴赏多样的自然世界，了解什么是好的；经过观察人的谈吐和技巧，知道什么是真

① Barbara Korte, *English Travel Writing from Pilgrimages to Postcolonial Explorations*, p. 61.

② Charles Darwin, *Voyage of the Beagle*, Harmondsworth: Penguin, 1989, p. 377.

诚；通过感知诸多幽默与礼仪的差异，看见自身，塑造自身。”① 到了18世纪尤其启蒙运动时期，游学已经普遍流传，成为将个人建树为文化精英的一种形式，文人游学屡见不鲜，英国著名作家如：菲利普·西德尼（Sir Philip Sydney）、约翰·弥尔顿（John Milton）、塞缪尔·约翰逊（Samuel Johnson）、詹姆斯·包斯威尔（James Boswell）、亨利·菲尔丁（Henry Fielding）、阿瑟·扬（Arthur Young）、贺拉斯·瓦尔普尔（Horace Walpole）、托马斯·格雷（Thomas Gray）、罗伯特·骚塞（Robert Southey）、威廉·华兹华斯（William Wordsworth）、拜伦爵士（Lord Byrón）等都曾海外游学。

游学的目的是经受欧风洗礼提升个人的审美感和道德价值，最终回国尽责，游学者通常为贵族阶层的男性，且怀着民族主义热忱和责任感。除此以外，游学者持有强烈的好奇心，百科全书般详细记录下所到之处，以及旅行者的个人主体经验，也就是说游学的旅行文本展示出旅行主体浓厚的个性化特征，如性情与感情、道德判断与个人思想等。这包括詹姆斯·包斯威尔记录他在意大利、科西嘉和法国的旅行（1764—1766），斯特恩的《穿越法国和意大利的感伤旅行》（*Sentimental Journey through France and Italy*，1768）、约瑟夫·艾迪生（Joseph Addison）《意大利部分地区之行感想》（*Remarks on Several Parts of Italy*，1705）、阿瑟·扬的《法国和意大利之旅》（*Travels in France and Italy*，1792）、托拜厄斯·斯摩莱特（Tobias Smollett）《穿越法国与意大利的旅行》（*Travels through France and Italy*，1766）等。这些旅行书写倾向于描写旅行主体对所到之处的感伤、不满、失望、想象等经验感受。旅行文学这一主体性色彩为旅行书写形式上的突破，对异域风光的景色描写往往寄托着旅行者的主体情怀，浪漫主义时期尤以即景抒情为风尚。总之，17世纪末到18世纪上半叶的现代初期，旅行书写中文人的爱国主义表达主要体现出对异域国家的失望和不满上，是英国主体性建构的文学再现。

到了19世纪尤其维多利亚女王的时代，英国在欧洲迅速崛起和强大，海外殖民地遍布全球，成为“日不落”帝国。国内中产阶级数量急剧上升，民族主义优越感和自大感日益膨胀。很大程度上，旅行和旅行文学充

① Lawrence Sterne, “The Prodigal Son,” *The Works of Laurence Stern*, London: Routledge, 2010, p. 446.

满浓厚的帝国主义和殖民主义色彩。与之前几个世纪的旅行不同，由于现代动力机械如蒸汽机的发明和现代交通工具铁路的发展，去遥远的国家不再需长时间跋涉，旅途也并不危险劳顿。到19世纪末，帝国版图扩展东至亚洲的印度、中国的香港，南延到澳大利亚，深入非洲腹地，英伦三岛上的绅士淑女竞相把到殖民地的旅行奉为时尚。维多利亚时期，旅行者呈现多样化趋势，除了商人、探险者、传教士之外，到美洲、非洲、澳大利亚、阿拉伯国家等各地四处观光游览的游客（tourist）数目激增，从前的读者开始有机会旅行观光并尝试书写旅行经历。维多利亚时期的旅行书写开始占据畅销书市场，不仅是这个时期帝国话语作用的结果以及人们受对异域好奇心的驱使，还缘于读者大众感兴趣与小说中的冒险经历和观光娱乐。

维多利亚时期的旅行书写主要有以下三个特点。首先，与中世纪以来的旅行书写相同，维多利亚时期的探险旅行书写充斥着大量客观的人类学式观察记录和对自然知识的细致描述和准确解析。“在有关流浪汉冒险的旅行书籍中，描述成为这种旅行书写的主导再现模式。”① 探险旅行者关注本土民族的民俗、外表、饮食习惯、社会仪式，并带着明确的目的向本土人灌输欧洲文化价值观和生活习惯。因此旅行书写中的主人公带有明显冒险小说赋予的英雄色彩，以旅行英雄姿态向读者介绍冒险体验的刺激。其次，与16、17世纪受商业利益和殖民抱负驱使的旅行书写一样，维多利亚时期的旅行书写到处可见帝国主义话语。甚至像查尔斯·达尔文《小猎犬号航海记》这样以科学研究为主的书写也会清楚可见帝国精神与文明使命：“见到眼前状况，不难预料和期待整个（南海）地区在未来会发生翻天覆地的进步。随着进步的步伐，基督教将在南海散播，这会在历史上画上浓重的一笔……目前为止这些变化是在英国慈爱精神的作用下发生的。”② 另外，这个时期殖民旅行文学反映出现代旅行主体对工业文明的焦虑，旅行者从新的角度反观英国社会的价值和道德标准，试图“把旅行作为一种挣脱家庭束缚的方式”。如在《来自东方》（*Eothen*，1844）中，亚历山大·金莱克（Alexander Kinglake）这样描写道：“你会神往游学旅行，期待到东方旅游。英格兰低地和旷野不再吸引你，于是大踏步地

---

① Barbara Korte, *English Travel Writing from Pilgrimages to Postcolonial Explorations*, p. 95.

② Charles Darwin, *Voyage of the Beagle*, p. 376.

开始从这些自由的领地出发，蜿蜒地穿越欧洲人群，最后到达约旦河床。你会兴奋地知道自己已经到了地带边缘，从此可以告别习惯的繁文缛节。”① 对金莱克而言，旅行的价值体现在暂时告别单调的“文明”和传统。这部书在殖民旅行文学中开启了对西方文明公开批评的先河。与此类似，迪恩·马克康纳尔（Dean MacCannell）也强调旅行作为逃离熟悉的“文明的羽毛床榻”的重要性：“对我而言，旅行不是去哪里，而在于出走。为旅行而旅行。重要的是要动；更深入地体会生活的需要和艰难；走下文明的羽毛床榻，踩踩脚下的全球花岗石，用燧石生火。”② 虽然对异国土地的向往，远离熟悉的欧洲文明，并不是全新的旅行目的，但是从 19 世纪末开始，这些已经成为公开和众所周知的母题。在 20 世纪上半叶的旅行书写中，远离欧洲文明，对它进行批判已经成为一种模式。③

20 世纪，旅行的现代性将现代旅行置于尴尬的两难困境，一方面科技飞速发展推动交通工具更新，如机动车、飞机、轮船等现代交通方式的发明超越乘坐火车的旅行，使旅行更加快捷而轻松；而另一方面，在快捷的交通工具作用下，旅行者对旅行之地的感知和情感体验却大大不如从前艰苦的旅行那么深刻而多彩。旅行与旅游之间的界限明显缩小。由此，伊夫林·沃（Evelyn Waugh）大胆地宣布真正的旅行书籍已经消亡，在《出游佳期》（*When the Going Was Good*，1946）中他哀叹道：“我的旅行时光结束了，我不再期待未来会读到许多（真正的）旅行书籍……在一个到处充满游移人群的世界，游客拥挤，我想我们永远不会再持有介绍信和护照抵达异国土壤而感到世界在我们面前铺展开来。”④ 与此同时，保罗·福塞尔也称两次世界大战之间的岁月为“旅行的最后时光”。⑤

20 世纪真正意义的个性化旅行者试图与大众旅游（mass tourism）划清界限，“游客被认为缺乏主动性和识别力，没有冒险精神、想象力而且毫无生气。对他们而言，旅行经历如浮光掠影，他们机械地消费导游提供

---

① Alexander William Kinglake, *Eothen: Traces of Travel Brought Home from the East*, Northeastern University Press, 1997, pp. 119 – 120.

② Dean MacCannell, *The Tourist: A New Theory of the Leisure Class*, New York: Schocken Books, 1976, p. 10.

③ Barbara Korte, *English Travel Writing from Pilgrimages to Postcolonial Explorations*, p. 105.

④ Evelyn Waugh, *When the Going Was Good*, London: Duckworth, 1946, p. 11.

⑤ Paul Fussell, *Abroad: British Literary Traveling between the Wars*, p. vii.

的指导……而旅行者则具有识别力、令人尊重、品味高雅。”[①] 许多20世纪旅行者采取与现代性背道而驰的古老而又不寻常的旅行方式，如帕特里克·雷·费尔默（Patrick Leigh Fermor）徒步从荷兰跋涉到黑海，他把自己比作像从前朝圣一般的旅行者，“我讨厌搭载现代交通工具，愿意坚守自己的原则：直到徒步完全令人无法忍受，只要一天的行走即可抵达，我坚决杜绝乘坐任何工具”[②]。在“二战”以后的飞机旅行时代，许多的游记作者如布鲁斯·查特温（Bruce Chatwin）、保罗·瑟若克斯（Paul Theroux）、菲利普·格雷兹布鲁克（Philip Glazebrook）、埃里克·努比（Eric Newby）等在书写中明显地表露对铁路旅行的怀旧感。著名的爱尔兰旅行作家杜维亚·莫菲（Dervia Murphy）甚至骑着自行车到异国旅行。

由于第一次世界大战及其产生的断裂感，在英国西方文明价值受到前所未有的质疑和挑战，英国的旅行文学呈现出盛况空前的批判和远离西方文明之风。迈入20世纪后，西方世界的工业化程度日益加深，文化模式也越来越机械化，受工业化和机械化浸染的人们精神世界空虚，文化失重，价值沦陷，文人学者纷纷公开地批判西方现代性带来的恶果。D. H. 劳伦斯在他早期的旅行书籍《意大利曙光》（*Twilight in Italy*, 1916）中对工业化的英国这样揭露：“伦敦和工业城镇像黑点般恐怖地以最终摧毁一切的（野心）散布世界各地……英国在以她的机器和她可怕的摧毁自然生活的方式征服世界。”[③] “一战”后席卷资本主义国家的经济大萧条更加加剧了国内人们的失望和压抑情绪，到了30年代，一些作家如W. H. 奥登、克里斯托弗·伊舍伍德、伊夫林·沃、格雷厄姆·格林（Graham Greene）等纷纷旅行世界各地，远离西方文明的枷锁，“30年代的旅行通常被人们称为具有象征意义的旅行……（人们）自我有意识地跨越可知和未知的边界，寻求国内无法实现的某种事实”[④]。由此，也产生了大批优秀的旅行作品和旅行作家，如彼得·弗莱明（Peter Fleming）、罗伯特·拜伦（Robert Byron）等。旅行作家逃避国内的沉闷与压抑，到国外

① Chris Rojek, *Ways of Escape: Modern Transformations in Leisure and Travel*, London: Macmillan, 1993, p. 175.

② Patrick Leigh Fermor, *A Time of Gifts: On Foot to Constantinople, From the Hook of Holland to the Middle Danube*, Harmondsworth: Penguin, 1977, p. 89.

③ David Herbert Lawrence, *Twilight in Italy*, Harmondsworth: Penguin, 1960, p. 61.

④ Samuel Hynes, *The Auden Generation: Literature and Politics in England in the 1930*, London: Bodley Head, 1976, p. 288.

寻求出路，如格雷厄姆·格林在《没有地图的旅行》（*Journey Without Maps*, 1936）中描述到地图上未被勾勒的利比里亚遥远地区之旅，他认为这是到未受欧洲帝国主义和西方文明侵蚀的地方之旅，也是寻求自身和人类文化远古、未受腐蚀的状态之旅，因此《没有地图的旅行》强调的是现代人的迷惘和茫然这一母题。

20世纪的旅行书写基本上承继了19世纪旅行书写的传统，以报道形式、地形学与人类学式描写为主，如旅行作家帕特里克·雷·费尔默和劳伦斯·德雷尔（Lawrence Durrell）的作品基本遵循这一传统的再现形式。但是值得一提的是现代旅行作家罗伯特·拜伦，他在游记的形式上加以改进和革新，其《前进阿姆河之乡》（*The Road to Oxiana*）被誉为现代旅行书籍的《荒原》，呈现出一幅糅合了各种素材的现代形式拼贴图：如新闻剪切、公众标语和告示、书信、管理档案、日记段落、学术论文、政治杂文等等。[①] 这种异质形式的再现和表达方式成为20世纪游记的特点，即叙事的片段性，将叙事与描述、素描、对话、场景、反思、散文、诗歌等融为一体。这种松散的结构形式受到布鲁斯·查特温（Bruce Chatwin）的效仿，W. H. 奥登和路易斯·麦克内斯（Louis MacNeice）合著的《冰岛来信》（*Letters from Iceland*, 1937）中也可清楚所见其影响。

旅行书写的文类形式从传统到更新的过渡昭示了旅行文学的后现代主义影响和转向。事实上，旅行文学的“旅行”主题便是探讨主体与外部世界的关系，涉及事实与虚幻二者之间的张力，单个旅行文本里会出现各种形式的书写。因此，这些因素说明旅行书写文类的独特性吻合以游牧、迁移、错置、去领土化为特点的后现代状况，旅行也因牵涉边界、放逐、迁移而成为后现代批评话语的隐喻。后现代的旅行书写记录的是旅行主体与外部世界之间、旅行与文本化旅行之间、旅行主体与前旅行文本阅读之间的调整和谋和。也就是说旅行者所到的世界已经不再重要，只是旅行者个人关注的陪衬，而起到场景作用，这个所到之处完全取决于旅行者的主观喜好和旅行喜好。旅行经验的意义对后现代旅行者而言仅仅存在于旅行书写本身。比如，在布鲁斯·查特温著名的《在巴塔哥尼亚》（*In Pentagonia*, 1977）一书中不仅记录他的旅行之地，更主要的是描述所到之处如何唤起他的往事记忆，书写他的失根性，即他迷失的存在状态。对后现代

---

① Paul Fussell, *Abroad: British Literary Traveling Between the Wars*, p. 108.

旅行者而言，只有将旅行与书写结合，只有将旅行文本化，旅行对旅行者才具有意义，正如米歇尔·布托（Michel Butor）说道："旅行就某种方式而言就是书写，而书写就是旅行。"[①] 查尔斯·格罗夫（Charles Grivel）也这样呼应道，"我的旅行就是笔的旅行，旅行难道不就是我所创作的故事吗？……旅行意味着将身体处于书写的状态中"[②]。旅行者在体验外部世界时不仅唤回过去的个人记忆，还有从前的阅读经历，也就是说旅行文本具有与前文本之间的互文性，福塞尔由此把旅行还称为文学的旅行。文学性与互文性成为后现代旅行书写的显著特征，二者将旅行的意义通过文本完整地结合起来。

总之，旅行书写不仅描写地形地貌，客观地讲述地方特色、民族精神、风土人情和道德风尚，而且还有主观性的回忆录和自传游记。到了20世纪后殖民理论介入文学研究，批评家不再将文学视为民族—国家的审美产物，而越来越将其视为全球现代性语境下的话语实践，在文化影响和文化互动过程中交织着权力。在后现代语境下，人们越来越重视流动性，如迁移、旅行和流放。与此同时，人们担心"全球化改变了以往对地点和住处犹可发生的可能性的理解，会成为人们认知图景上焦虑实验的场所"[③]。那么，如何理解旅行与现代性的关系？

第二节　旅行与殖民现代性

"旅行"了英国旅行文学作为文类在历史上的嬗变后，有必要将之放置在广阔的跨文化历史语境下考察其实质。旅行形式具有多样性，美国著名文学史学家保罗·福塞尔将旅行、探索（exploration）和旅游（tourism）之间的微妙差异加以区分。他指出虽然三者均谈及远足跋涉，但"探索者（explorer）寻求的是未被发现的事物，旅行者（traveler）寻找着历史上人们已经发现的地方，而游客（tourist）则前往经商业开发、提供大众娱乐服务的处所。真正的旅行者过去乃至现在介乎探索者和游客

① Michel Butor, "Travel and Writing," *Mosaic*, Vol. 8, No. 1, 1974, p. 8.

② Charles Grivel, "Travel Writing," *Materialities of Communication*, eds. Hans Ulrich Gumbrechet and K. Ludwig Pfeiffer, Stanford, CA: Stanford University Press, 1988, p. 245.

③ Robert Eric Livingston, "Glocal Knowledges: Agency and Place in Literary Studies," *PMLA*, Vol. 116, No. 1, 2001, p. 148.

两者之间”[①]。也就是说旅行者既欢欣于未知性探索，还享受可知性愉悦。鉴于此种特点，人们称文艺复兴时期的旅行为探索，中产阶级上升时期的旅行为真正的旅行，而现今的旅行乃是大众化的旅游。三者并不仅在时间上前后承继，还在各个时期彼此并置存在。

有人曾将欧洲近三个多世纪的旅行历史归纳为朝圣、商旅、探险以及文人学者的游走，殊不知紧随其间的还有殖民军队和打着科学旗帜的考古学家和人类学家。也就是说西方的旅行是与以对海外的军事和文化掠夺为标志的殖民现代化进程亦庄亦谐地并步齐驱，如美国学者普拉特早在1978年在斯坦福大学开授的课程“旅行书写和欧洲扩张”所命名的那样，欧洲的旅行、书写与扩张一脉相承。陶家俊教授亦在《思想认同的焦虑》(2008)一书中指出欧洲资本主义现代性与殖民紧密相连：“殖民主义特指欧洲现代资本主义诞生后的400年中欧洲列强在海外的文化、政治、经济和军事强力……是以疆土占领、资源掠夺、文化濡化、政治统治和军事征服为主要内容。”[②]那么，如何理解以殖民扩张为旅行形式的现代性？首先，我们需厘清现代性、现代主义和现代化这几个概念，以及它们之间的辩证关系。

一　现代性、现代主义与现代化

“现代”这个词光灿夺目。曾几何时，文艺复兴时期的欧洲人称自己生活在现代，并为之自豪。如果说文艺复兴时期的人们为告别漫长的以宗教为主导思想的中世纪迈入现代而欢呼，那么“现代”是个光环，它标志着新兴的资产阶级对人性解放和世俗生活的向往。到了维多利亚时期，英国人更是以“现代人”姿态自居，而这时的现代则蕴含着一种大英帝国的自我优越感，和以科学民主为衡量进步标准的资产阶级价值观。伴随着近五个世纪的长足发展，人们的现代生活历经多重洗礼，如：自然科学的发现扭转了人们的宇宙观，令人们重新认定自我；生产工业化将科学知识转化为技术，打破了旧的生产方式，创造了新的人类环境，加速了生活节奏，阶级分化日渐显露；都市如雨后春笋般迅速发展，成千上万的人不

---

① Paul Fussell, *Abroad: British Literary Traveling Between the Wars*, p. 38.

② 陶家俊：《思想认同的焦虑——旅行后殖民理论的对话与超越精神》，中国社会科学出版社2008年版，第442页。

断背井离乡地涌向城市；大众媒介将不同的人和社会动态地联系一起；民族国家越来越官僚机构化，扩展势力，相互竞争；人或民族为试图改变政治经济命运而进行迁移，等等。[①] 经过几个世纪的现代化工程，秉持科学理性和革新进步的西方社会以横扫一切的姿态，告别封建传统和愚昧无知。这种翻天覆地的变化意义深远，在外延上构建起全球性质的社会与社会之间如网络般穿插交织、相互连接的形式，在内延上彻底地改变了人们在日常生活中最密切和最个人的生存特点。

那么如何定位现代性呢？周宪先生认为现代这个概念，从语义上说，是一个历史范畴，特指一个长时段，通常指中世纪结束、文艺复兴以来的西方历史。从文化上看，文艺复兴代表了新兴资产阶级的文化。但现代性作为一个历史概念，则更多地是指 17—18 世纪启蒙运动以来成熟的资产阶级政治和文化。[②] 依据美国社会学家马歇尔·伯曼（Marshal Berman）的看法，现代性可以分为三个阶段。第一阶段是 16—18 世纪，这时人们刚刚开始体验到现代生活，处于摸索的状态，对现代生活会有什么磨难或什么益处却知之甚少。第二阶段始于 18 世纪 90 年代，受法国大革命影响，人们感觉生活在革命的年代。个人、社会和政治经历着剧烈的变动和革新，在物质和精神上与传统割裂，人们感到好像生活在两个分裂的世界中，开始寻求如何现代地生活。也就是说处于现代化中的人们走上现代主义的探寻之路。第三阶段是 20 世纪，现代化的全球化进程促进了世界文化现代主义的发展，在艺术和思想方面取得了长足发展。与此同时，现代性的根基逐渐瓦解，现代公众数目的扩大带来大量的碎片凌乱而不是齐整秩序。现代性思想丧失鲜活性、感召力和深度，不再能组织人们的生活、赋予生活以意义。人们发现自己处于一个与现代性根源失去联系的现代世界中。[③]

正如伯曼所言，现代性是人们体验成为现代的状态和过程，“是全球跨越地理和种族、阶级和国家、宗教与意识边界的全人类共有的体验模式”。[④]既然是体验，那么就是过程中的体验，或者体验成为现代的过程，这其中难免会遇到阻碍和冲突，需要现代人作出调适。那么现代人体验到

① Marshal Berman, *All that is Solid Melts into Air*, New York: Fenguin Books, 1982, p. 16.

② 周宪：《现代性的张力——现代主义的一种解读》，《文学评论》1999 年第 1 期。

③ Marshal Berman, *All that is Solid Melts into Air*, p. 15.

④ Ibid., p. 15.

什么呢？体验到的是“时间与空间、自我与他者、生命的可能性和危险性”①。我们看到伯曼将几组对立的概念，如：时间/空间，自我/他者，可能性/危险性等并置来阐释人们体验复杂的现代性，表现为对立的统一或者不和谐的和谐。伯曼进一步解释处于现代性中，人们会感觉不断地置于“瓦解与修复、抗争与矛盾、徘徊与痛苦的漩涡”②。现代人发现自己身处一个充满希望、可将自我和世界转化的环境，充满着冒险、权力、欢乐、成长；与此同时，这个环境还具有摧毁性，会毁掉人们所拥有的、所知道的一切，甚至人们自身。英国著名的社会学家安东尼·吉登斯（Anthony Giddens）将现代性的这种特征称为不连续性，认为现代性是个双刃剑。③ 在他看来，现代的社会体制得以发展，并向世界延展，人类创造了史无前例的机遇，享受着前现代体制所没有的安全舒适的生存方式。现代体验中的男男女女成了改变世界的主体，但与此同时，改变了的世界也在牵制和制约着人们的生活，将人转变为被动的客体。现代性带来阴暗面，如污染和战争等，在当今世纪显露无遗。在这里我们完全可以用普罗米修斯的磨难精神指涉现代性漩涡中人的体验。

那么现代性、现代化与现代主义之间有什么关系呢？伯曼认为如果说现代性是一个历史体验过程的话，它可以分为现代化与现代主义这么两个隔间，即经济与政治上的现代化和在艺术文化与思想情感上的现代主义，二者之间是即对立又统一的辩证关系。世界历史发展的现代化进程中，人们为适应和批判现代化所带来的变化和影响，逐渐形成多种视野和奇妙思想，“现代男女努力作出各种调试，目的是成为这个现代化进程的主体与客体，掌控现代世界，令其成为家园”④。这些视野和价值可以归为现代主义。某种程度上，现代主义是对现代性的反思。现代性（即成为现代）带给人们种种不适，也就是说现代性相伴而来的平庸、困窘和危险，令人们始料不及。现代主义试图为现代生活寻找出路，从理想化的过去或乌托邦式的未来中寻找动力和营养。作为文化思想的一方宝剑，现代主义者像一个医生剖析解读现代生活，展示生活样态以及如何改变环境与自我。各

---

① Marshal Berman, *All that is Solid Melts into Air*, p. 15.

② Ibid.

③ Antony Giddens, *The Consequences of Modernity*, Stanford, CA.: Stanford University Press, 1990, p. 7.

④ Ibid., p. 5.

个时期的现代主义者从未间断过剖析现代性，现代主义者“在其洪流中上下求索，在其热浪和气流中寻找现实的形式、美、自由、公正”①。

我们看出，如果说现代性体验是充满矛盾统一的生存状态的话，现代化则指工业化进程推动下资本主义社会在政治和经济上的前进和发展，而现代主义则为现代化的反作用力，是现代化进程中有能动力的现代主义者的主动干预，是“广泛而开放地理解文化的方式”②，对现代化中人们的生存具有益处。现代主义“将各种艺术、思想、宗教和政治活动视为一个辩证过程的部分，并发展它们之间创造性的交互作用。创造过去、现在乃至未来的对话条件，穿越文化和社会空间……穿越种族和国家的边界、阶级和宗族的边界。现代主义扩大我们的经验视野，向我们展示了比我们想象更多的生活方式，赋予我们的生活一种新的呼应与深度”③。

正如英国社会学家安东尼·吉登斯在《现代性的后果》（*The Consequences of Modernity*，1996）一书的结尾部分标题为“现代性是一个西方工程吗?”所设问的那样，现代性的源头为西方，也就是说现代性的主体是西方资产阶级，这也就是为什么人们通常将现代性与资本主义或者工业主义联想一处的缘由。对此现代主义者们如杜克海姆、马克思、韦伯都曾经著述揭露二者之间的渊源关系。首先，我们看看在政治经济上的现代化，即社会现代性或现代化进程。现代之初的文艺复兴时期，在推翻封建王权统治后，资产阶级开始迅速发展，对原材料市场的不断需求与航海业的迅速发展令其将视野放置欧洲以外的新世界市场。与此同时，资产阶级在意识形态上宣扬世俗人文主义，强调市场和个人主义，坚持科学的世界观，重视技术和工具理性。到了19世纪初，随着海外贸易和投资的不断扩大，银行和保险体系长足发展，农业和工业上取得了巨大变化。迅速的发展导致19世纪末垄断资本主义的出现，批量生产呈现机械化和标准化。从1870年到1920年的第二次工业革命期间，新技术如电子、交通和通讯长足发展，伴随着批量生产的是产品的标准化和专门化，在大规模体制面前个人已显无力。现代民族—国家的官僚机制得以平行发展，社会内部产生文化监督和专业机构，如法律、医疗、教育和职业等。从前稳固的共同

① Antony Giddens, *The Consequences of Modernity*, Stanford, p. 5.

② Ibid., p. 5.

③ Ibid., pp. 5 – 6.

体被瓦解，稳定的阶级关系受到破坏，与此伴随的是地理上的移动和大众文化。伯曼用马克思的话形象地描述现代化过程为“所有稳固凝结的关系以及与其共生的古老的令人崇敬的偏见和见解都随风散去，而所有新形成的事物在稳固之前就变得陈旧。一切坚固的东西都烟消云散，一切神圣的东西成为亵渎。人们最后只能清醒地面对生活的真实状况和与其他人之间的关系”[①]。也就是说，现代化具有摧枯拉朽之势。我们可以用建房子来形容现代化进程，现代化关注的是勇往直前地建造，而不是建成了什么。

然而，如果说社会的现代性带来资产阶级政治和经济上现代化进展的话，那么在文化和社会科学领域对现代性的批判却从未停止过，现代主义可以说是对现代性批判的文化表现。事实上，启蒙时期对封建守旧过去的批判，就已经形成反思现代性之风，黑格尔、马克思、尼采、韦伯、杜克海姆、弗洛伊德、西奥多·阿多诺、福柯等现代主义者和思想家均从不同角度对现代性加以批判和剖析。他们主要围绕现代性解放的承诺与现实持续不断的危机之间的冲突，即现代性宣扬赋予人以自由，而人们随着现代生活方式日新月异的进步，却体验到异化、标准化和缺乏个人自主能力。现代主义者振臂疾呼，反对工具理性与市场文化的统治，“极力在不断同质的资产阶级世界为保护或者创造个性、创造性和审美价值提供一个空间”[②]。

尽管资本主义社会的现代化进程在科学技术的推动下势如破竹般勇往直前，虽然欧美国家不乏一些现代主义者颂扬和高举理性、科技和速度的价值观，但更多的现代主义者则试图为现代人寻找救治良方和选择余地。一部分现代主义者追溯过去，缅怀从前的文化、宗教、艺术的余韵，在民间文化和上层贵族文化中挖掘活力，如艾略特坚持保守的英国国教主义和对17世纪的缅怀；劳伦斯则痛恨理性主义和工业社会，赞扬神话的魅力，对希腊海伦主义大加推崇，形成与前进的现代性相悖的反作用力，呼吁人性返归自然和本真，以救治现代化进程中人面临的病痛。另一部分现代主义者则在艺术形式上创造逆现代性前进大潮的意识形态空间，如在现代主义文本中的分裂与晦涩，以卡夫卡（Franz Kafka，1883—1924）的《审

---

① Antony Giddens, *The Consequences of Modernity*, p. 21.

② Ibid.

判》(*The Trial*, 1925) 或艾略特 (T. S. Eliot, 1888—1965) 的《荒原》(*The Waste Land*, 1922) 为例，宣布与文学中正统的清楚意义和再现传统的割裂，表达一种艺术审美上的自由。

二　现代性与殖民主义

西方现代性不仅建立在对自身过去不断反思和否定之上，还建立在以殖民主义形式对非西方他者的征服上。正如霍米·巴巴在接受《今日马克思主义》(*Today Maxism*) 的一次采访中所指出的一样，现代性开始创建的时刻同时也是殖民主义形成的时刻，“殖民时刻是西方的历史”[①]。巴巴认为在现代性到来时的18世纪或19世纪，是西方启蒙批判理性的建构时期，西方的一些主要文化观念和身份诸如国家、公民、文化价值、艺术、科学和小说等这类宏大叙事逐渐形成。那么与西方现代文化形成平行发展的则是西方的另外一个历史，即在海外的殖民占有和殖民关系史。德国法兰克福学派思想家阿多诺 (Theodor W. Adorno, 1903—1969) 也认为，“现代”这一概念之中包含着一种必然性，即辨别和归类、毁坏和兼并各种各样的他者——从犹太人、土著人到疯癫人。[②] 可以说西方自文艺复兴以来的殖民扩张始终与这些“他者”纠缠不清，始终为确定和巩固欧洲现代性而苦心经营。

根据《牛津英语词典》，在词源上“殖民主义”一词源自古罗马时期的拉丁语“colonia”，其意思是“农舍”或“定居”，专指在其他土地上定居、仍保留罗马国籍的人。“一群人在新的国家或地点定居下来，仍从属于或仍与母国保持着联系。这样形成的共同体包括原初开拓者和其后代和继承人。”实际上，这个定义避开了殖民主义的民族间接触的特征，即一个民族以武力征服和文化统治另一个民族的内涵。现代意义上的殖民主义则指15、16世纪西欧资本主义萌芽国家如葡萄牙、西班牙、英国、法国等依靠越来越发达的航海事业，为了开发国外市场，探寻资源和财富，开辟工业化所需要更广大的劳动力和物质市场，对海外乃至全球的扩张和侵略。殖民主义者特指居住在已开拓的殖民地空间的西欧强势民族/种族群体，如旅行者、商人、殖民官、学者、科学家和士兵等。由此，现代

---

① Homi Bhabha, “Discussion with Bhikhu Parekh”, *Maxism Today*, June 1989.

② Quoted in Tim Armstrong, *Modernism: A Cultural History*, London: Polity, 2005, p. 135.

性、殖民主义与异域“他者”必不可分。事实上，现代性和殖民主义是西方资本主义社会得以长足发展的两把利剑。

欧洲的殖民主义为现代性工程开辟了广大的原材料市场和劳动力资源。虽然16世纪欧洲向亚洲、非洲和美洲的扩张并不是历史上的殖民主义首例，但其遍布世界各地，影响之大波及之广，组成庞大的殖民体系，以其新颖和独特的殖民实践令全球瞩目。欧洲殖民主义以获利为目的向殖民地国家索取财物和资源，如香料、橡胶、棉花、糖、金、银、奴隶等，还影响和征服殖民地国家的经济，将殖民地国家带入与自身有关的复杂关系。这种关系伴随着不同种族和肤色人种之间的经济文化冲突和融合，导致种族主义和殖民主义蛊惑下的征服和压迫，带来人类历史上最复杂的种族关系和苦难经历。虽然欧洲殖民主义使用科学技术与文化灌输等多种统治形式，与一些社会交往，但这些都足以产生双方在经济上的失衡，而这也正是欧洲资本主义工业发展所需要的。因此，我们可以说“殖民主义是为资本主义的诞生建功立业的接生婆，或者说没有殖民扩张的话，资本主义的过渡就不会在欧洲发生”①。

为了加快现代性脚步，殖民主义呈全球性趋势肆意蔓延，并发展为帝国主义。不断地需要扩充市场以获取商品，这种目的蛊惑下资产阶级遍布全球各地。② 正如美国社会学家伊曼纽尔·沃勒斯坦（Immanuel Wallerstein，1930—　）指出，“资本主义从最初就是世界经济，而不是民族—国家经济……资本从来不准许自己的渴望受国家界限束缚”③。到了20世纪30年代，世界上几乎鲜有地方没有被践踏，殖民主义以风卷残云之势占据84.6%的全球陆地面积。就像列宁所著《帝国主义，资本主义的最高阶段》（1947）书名所提示一样，资本主义发展到最高阶段形成全球体系后，步入帝国主义阶段或新殖民主义。如果说殖民主义是对殖民地国家领土主权的占有和统治，那么帝国主义则可以以经济依赖关系而主宰和统治，而无需动用军事武力。帝国主义大都以宗主国为中心，新殖民地是帝国主义控制和主宰的地方。帝国主义即使没有殖民地也可以行事（如现今的美帝

① Ania Loomba, *Colonialism/Postcolonialism*, London and New York: Routledge, 1998, p. 4.

② Marx and Engels, “Manifesto of the Communist Party,” *Political Writings: The Revolutions of 1848*, ed. David Fernbach, Vol. 1, Harmondsworth: Penguin, 1973, p. 71.

③ Immanuel Wallerstein, *The Capitalist Economy*, Cambridge: Cambridge University Press, 1979, p. 19.

国主义）。而殖民主义却不可同日而语，它必须依附强大的帝国中心与殖民地所在地。殖民主义与帝国主义的共同之处就在于以文化拯救或文明救赎的姿态掩盖经济、军事上的侵略和意识形态上霸权的宗旨。

虽然殖民主义以强权压倒一切的姿态在世界各地巧取豪夺，但殖民所到之地和整个过程都充满了殖民地国家的抵抗。到了20世纪五六十年代，即资本主义晚期现代性阶段，全球掀起了殖民地国家的民族解放浪潮，纷纷独立，人们开始生活在去殖民化的后殖民独特的历史时期。于是人们使用“后殖民”这个字眼，目的用于指涉殖民主义终止后的时期。那么，我们不禁要问：殖民主义真的消亡了吗？为什么使用后殖民这一术语？艾拉·肖哈特（Ella Shohat）指出，拉美、澳大利亚或南非部分地区，一些由白人建立的独立国家与土著人推翻欧洲霸主建立的国家在意义上有所不同。例如，在拉美的西班牙殖民地人种混杂的等级社会中，有那里出生的白种克里奥尔人、混血人和土生劳动者。即使摆脱西班牙的殖民而独立，但白人仍然具有种族特权。因此，后殖民“这个词不足以定义曾被殖民国家的现状，用以指涉特定的历史时期不免笼统晦涩，还会掩盖许多社会内部的社会和种族差异”①。可以说，殖民主义在表面上随着欧洲殖民的帝国时代的逝去而消失，而实际上则以各种形式和多种面貌具有弹性地“以殖民占有和殖民主义余波”② 的形式残留，也就是以无形的濡染形式而存在。正如彼得·查尔兹和帕特里克·威廉姆斯（Peter Childs and R. J. Patrick Williams）所言：“去殖民后的时期，（尤其对新独立国家而言）有个明显的事实，那就是尽管殖民军队和机构已经撤去，而西方霸主仍努力通过政治外交、文化审视和经济渠道保持最大限度地对从前殖民地间接地统治，这种现象称为新殖民主义。”③ 如果说我们现今处于后殖民时代的话，“我们使用后殖民一词，以覆盖从殖民进程开始到现今的所有被帝国过程影响的文化。这是因为贯穿整个有欧洲帝国侵略开始的历史进程的是持续的（殖民主义）关注”④。正如斯皮瓦克（Gayatri Spivak）

① Ania Loomba, *Colonialism/Postcolonialism*, p. 8.

② Peter Childs and R. J. Patrick Williams, *An Introduction to Post-Colonial Theory*, London: Prentice Hall/Harvester Wheatsheaf, 1997, p. 12.

③ Ibid., p. 7.

④ Bill Ashcroft, Greth Griffiths and Helen Tiffin, eds., *The Empire Writes Back: Theory and Practice in Post-Colonial Literatures*, London: Routledge, 1982, p. 2.

所言，“我们生活在后殖民的新型被殖民的世界”①。

因此殖民主义是一个异质的存在，跨越历史在世界各地永远存在，也永在消失。“每个人都迟早或者在某个时间会占据优势，成为殖民者、被殖民者、处于后殖民阶段。”② 我们可以说在 21 世纪的今天，在世界各地尤其中东以色列、叙利亚、利比亚等地，以扩张和旅行为手段的殖民主义仍然以显形或隐形的形式存在，正如萨义德在《文化与帝国主义》中所阐述一样，帝国主义在文化领域中仍在拓殖。只要西方现代性的历史在进行，殖民主义如滚滚洪流涌入世界各个角落，恰如学者陶家俊所言，西方殖民化与欧洲中心论、西方现代性是同源同质关系。③ 殖民和后殖民时期的旅行书写见证了西方殖民现代性的进程。

第三节　旅行文学研究范式的嬗变

在霍米·巴巴看来，使用殖民权力进行豪强劫掠的历史在西方主流历史中并没有与民主一道被充分地书写，也就是说西方的殖民主义历史被宏大叙事的主流话语所淹没。他认为殖民主义历史不仅是西方的另外一个历史，而且是反历史，是对西方合理的、传统历史的反写。那么，这个反历史书写的任务主要由在宗主国的“后殖民人民”完成。巴巴使用的“后殖民人民”指的是“殖民文化经验的接受者”，这些人“换置或取代以进步、法律和秩序为标志的宗主国的宏大叙事，质疑这类叙事的权威与真实”④。这个反写西方历史的重大任务承担者就落在成长并受教育于西方国家、后来成为逆启蒙理性主流文化的一批以萨义德等为首的后殖民理论家身上。而旅行文学也成为他们反写西方历史的一个有力媒介和载体。

将旅行文学研究真正意义地推向学术领域重镇的是著名的巴勒斯坦裔美国后殖民理论家爱德华·萨义德。在 1979 年，他出版了一部震惊西方知识界之作——《东方学》。在这部书中，萨义德梳理了 18 世纪中叶至

① Gayatri Spivak, ed, *The Post-Colonial Critic: Interviews, Strategies, Dialogues*, Harasym, London: Routledge, 1990, p. 166.

② Aijaz Ahmad, "The Politics of Literary Postcoloniality," *Race and Class*, Vol. 36, No. 3, 1995, p. 2.

③ 陶家俊：《思想认同的焦虑——旅行后殖民理论的对话与超越精神》，第 440 页。

④ Jonathan Rutherford, "The Third Space. Interview with Homi Bhabha," *Identity: Community, Culture, Difference*, ed. Jonathan Rutherford, London: Lawrence and Wishart, 1990, p. 281.

20 世纪欧洲旅行主体对东方的各类铭写（包括纪实性的和文学性的书写文本），开创了以殖民话语批判为主的帝国旅行文学研究范式，搭建了旅行文学研究的再现政治传统。正如瓦雷里·肯尼迪（Valerie Kennedy）所言："《东方学》激励了两种殖民话语分析形式：一种是帝国文学研究，另一种是旅行书写的理论。"① 旅行叙事在后殖民语境下成为文化碰撞和文化争论的阵地。

同时，萨义德构建的东方/西方二元对立的文化接触再现观受到一些当代后殖民理论家如玛丽·路易斯·普拉特、丽萨·罗、霍米·巴巴的批判和解构。这场围绕旅行文学研究的话语理论之争其实涉及的是文学研究的文化转向，即将文学研究放置到更大的文化政治领域。而受话语理论的影响，以书写异族文化为主业的人类学也掀起了研究范式的转向，即文化研究的文学转向。民族志书写的客观真实性受到质疑，所谓的真实乃是蕴含文学修辞的"部分真实"，体现着知识/权力。人类学的这个转向更加将"客观真实"声称的旅行文学推到西方后殖民文学研究的前沿，成为后学研究的热门领域。既然话语理论推动了旅行文学研究，乃至人类学研究的范式转变，有必要厘清什么是"话语"，以及"话语理论"的主要思想和理论来源。

一　"话语"旅行和旅行话语

殖民话语研究主要集中话语，那么如何理解话语成为关键。话语成为当今批评理论的研究热门，尤其在《东方学》中经萨义德的使用之后，话语分析方法已广为流传。"话语"在词源上来自于拉丁语 cursus，指的是来来去去。它包含几重意思，如：时间、事件、行动的向前进行、过程或者连续；推理或论证的功能；通过言语或对话的思想交流；叙事、故事或者报道；对一个题目的口头或书写进行详细的处理和揭露。② 将话语作为一个术语进行学术研究，首先出现在语言学领域中。到了 20 世纪，话语逐渐跨出语言学领域，受到其他领域的青睐，如社会学、文化人类学、文学批评等。这些领域中的话语概念往往借用了语言学中的语言运用意

① Valerie Kennedy, *Edward Said: A Critical Introduction*, Cambridge, UK: Polity Press, 2000, p. 111.

② Ania Loomba, *Colonialism/Postcolonialism*, p. 38.

义，但却充实和扩展了对语言研究的社会和历史维度。据评论家所言，正是在阿尔都塞的马克思主义、拉康的精神分析和索绪尔语言学这三个流派的共同阐释和影响下产生了话语分析的方法。[①]经过这三股批评思想对语言、主体、社会之间关系的叩问，福柯则进一步将话语阐发为知识/权力表达的形式。下面我们先解释话语概念在三个流派之中的发展。

西方马克思主义代表人物路易·皮埃尔·阿尔都塞（Louis Pierre Althussier，1918—1990）有关意识形态的思考虽然没有直接探讨话语理论，但却为话语理论提供了理论框架和关键线索。在《意识形态与意识形态国家机器》（Ideology and Ideological State Apparatus）一文中，他探讨的重要命题是意识形态如何将其主导思想内化为人们"自身"思想，令人们自发地表达由社会决定的观点。阿尔都塞认为"意识形态总是在召唤或质询人成为主体"[②]。人如何被外在所"质询"（interpellated）后成为主体的呢？"质询"即叫唤某人，询问"你是谁？是某某吗？"……使他得以确认自我。而一旦此人确立主体意识，承认自己的名目及其社会给定的位置和职能，他就会自发地接受此种意识形态提供的整体图像，从而认同于某类人，获得与之一致的安慰感，并据此认识（或误解）社会。[③] 主体性就是通过质询在意识形态中形成。意识形态表达着社会群体的利益，但却通过或者在个人"主体"实施。阿尔都塞进而借用拉康精神分析中主体如何通过语言得以构成之说，深入阐释意识形态的运作机制。拉康的镜像说认为人的自我观念是误认，即将镜子中的形象错误地想象为真实自我，也就是说自我产生在想象性的误认过程。这种误认结构在阿尔都塞看来同样适用于理解意识形态。意识形态国家机器有学校、教会、家庭、媒体和政治体制等物质形式。这些国家机器促进主导体制的再生产，通过创造被意识形态上界定了的主体而接受体制的价值。阿尔都塞对意识形态、语言和主体性的阐释开启了解释体制和思想的新渠道，说明主体是由语言和思想运作下产生的。

瑞士语言学家索绪尔（Ferdinand de Saussure，1857—1913）对符号

① G. Elliot, "Ideology," *A Dictionary of Cultural and Critical Theory*, ed. M. Payne, Oxford and Cambridge, MA: Blackwell, 1996, p. 254.

② Louis Althusser, *Lenin and Philosophy and Other Essays*, trans. B. Brewster, New York: Monthly Review Press, 2001, p. 117.

③ Ibid., pp. 115 - 120.

的解析将语言推到与社会意识形态紧密相关的领域。他指出词语的意义不是来自真实世界中对实体任何自然而然的指涉，而是来自于大脑的联想。联想依靠排除原则，能指与所指之间是随意的关系。任何符号具有不同的意义是因为符号与其他符号之间具有差异性。因此，语言不是命名过程，语言不是命名已经存在事物的方式，而是由一系列相关联的符号组成。社会群体生产符号，因为特定的社会需要使用符号所赋予的意义。也就是说，符号或词语需要享有共同法则的团体赋予其意义，相反，社会团体需要符号以确认自身的团体性。由此，我们可以说语言是意识形态性质的，而不是客观性的。然而，索绪尔对符号阐释的能指/所指二元对立说受到德里达的质疑。德里达认为没有符号与其指涉是完全一致的，二者之间总有空隙。符号（词语）与意义之间的滑动在每个发声和再现中都显而易见。因此，没有发声或文本能够完善地传达自身意义。所有文本如果仔细地加以解释或解构，都会显露自身的不稳定和矛盾性。[①] 换言之，意义并不在符号或文本中自我存在，而是这种空隙、滑动的结果，德里达称之为“延异”。

这些思考都围绕一个人文主义命题：人是否为意义和行为的唯一源泉。语言并不是言说主体的创造物，而主体之所以成为主体源于其言语受制于社会制定的语言体系。语言先于主体性这一点在拉康的精神分析中又受到确证。拉康认为婴儿在形成与他者认同的自我后，进入“象征界”发展为具有文化特质的人。而“象征界”具有匮乏的结构原则，具有他者的结构。每个人为避免自我与“他者”的分裂境地而争相达到“中心”。这个“中心”在拉康理论中有许多种解释，是“他者”，是“阳具”，是“父亲的法则”，是语言结构，是无意识的寄居所。具有绝对的权威，就像父系制的特征，制衡着体系中每个分子，使整个体系有稳固感。在拉康看来，“能指”在无意识中不断地滑动漂浮，“中心”限定“能指链条”的游戏，使能指产生稳固的意义和语言的象征秩序。例如词语“I”指涉我。由此，拉康结合弗洛伊德的精神分析和索绪尔的结构语言学，一反笛卡尔的“我思，故我在”，而认为“我思处我不在，我不在处我思”。这里的思就是语言，无意识产生语言，无意识是他者的话语。

---

① Jacques Derrida, “Structure, Sign and Play in the Discourse of the Human Sciences,” *Contexts for Criticism*, *Mountain View*, ed. D. Keesev, CA: Mayfield, 1994, pp. 347 – 358.

可以说拉康将笛卡尔感召的主体性进行了彻底推翻，宣布语言建构主体。没有任何人类发声是清白无瑕的。任何词语分析揭示的不是个人意识，而是社会历史的意识。

受这三股思潮影响，米歇尔·福柯将话语理论发挥到极致。他是阿尔都塞的学生，在他一生的著述中不断地对话语理论进行修正和补充。在福柯那里，话语有几重含义。首先，话语是发声的或者产生文本的所有语言和规则体系；其次，抛开想象还是真实之说，话语是由规则产生的所有文本和发声；最后，话语是文本或者发声的组合。福柯认为人类的思想由存在条件决定。沿着马克思、恩格斯和阿尔都塞的足迹，他努力理解人类主体并不是自主自由的实体。人类所有思想和所有知识是由“某种知识模式的规律”[1] 建构和决定的。因此没有任何主体是自由的，没有任何发声不是被预先决定的秩序或模式所决定的。在这个意义上而言，福柯宣布作者的死亡，因为没有一个个体是发声的唯一源泉。他的研究发现使他拒绝思想和物质存在有区别这一事实，由此他放弃意识形态之说。所有思想都是通过物质媒介实现的。[2] 福柯这一认识与语言学的革新交织一处，很大程度上在质疑人类发声上的传统思考方式。

福柯认为话语仅是一个语言以特别的方式使用的场域或者领域。场域根深蒂固地形成于人类实践、机构和行为。话语实践（discursive practices）使人们很难跳出场域外思考，话语实践就是权力和控制的具体实现。权力不是从某个中央或等级结构中放射出来，而是像毛细血管一样贯穿整个社会。权力到处可见，不只因为权力体现在每件事物，而是因为权力来自四处。[3] 福柯认为自 19 世纪开始，西方社会的主导结构不断地生产和作用于个人主体尤其是身体，人们将压迫体制不断内化和再生，屈从进而接受一些正常或变异的思想。有关疯癫、犯罪、性属的思想就是通过疯人院、监狱和意识形态机关而制定。

那么有关事实的话语都是真实的吗？什么是事实呢？对此福柯阐述道：“我们不能想象世界以一张可读的面孔对着我们，我们所做的就是去解读。世界与我们的知识之间没有共谋，并没有前话语启示我们（去定

---

① Michel Foucault, *The Order of Things: An Archeology of the Human Sciences*, trans. A. Sheridan-Smith, New York: Pantheon Books, 1970, p. ix.

② Ibid., p. 100.

③ Michel Foucault, *The History of Sexuality*, tans. R. Hurley, New York: Vintage, 1990, p. 93.

义）世界。”① 这段话告诉我们世界并没有提供秩序，让我们据此得以在书写中加以转化，因此世界与了解和书写世界完全是两回事。我们阅读世界所了解到的特征乃是社会通过再现（话语）所构建和灌输给我们的，而不是来自于世界的本身结构。海登·怀特（Hayden White，1928—　）在另外一个语境定义话语，他认为话语“勾勒了一个平台，在它上面决定的是什么可以作为事实加以考虑，进而决定哪种思考方式最适合理解由此建构的各种事实”②，因而，历史学家和评论家都是话语秩序的分子，而不是局外人。他们所说和能说的也是被环境决定和塑造的。每个发声都揭示关于我们所处的世界，同样的，人们也是通过话语再现了解身处的世界。

阿尔都塞借用马克思主义思想家马克思、恩格斯、卢卡奇、葛兰西有关意识形态和个人主体关系的解释，以及拉康镜像说中对主体自我误认的阐释，将社会中的个人主体定义为经受意识形态国家机器洗礼浸染、将主导体制再生产进而内化为“他们自身”的“虚假”的主体。索绪尔在符号学中解读了符号（词语）的生成并不是人为事物命名的简单过程，而是由声音的能指与心理图像的所指之间遵循任意原则而受团体使用的约定俗成。拉康则从精神分析学角度彻底颠覆自笛卡尔以来所秉持的人类主体性，宣告无意识产生于语言，无意识是他者的话语，反映的是社会历史的意识。几经风雨沧桑，自西方现代性以来确立的人的主体性反复遭到诘难，各个领域的思想家纷纷质疑启蒙现代性所秉持的科学的稳固性和知识的合理性。福柯更将研究的触角延展到主体与话语二者之间的消解关系。主体性的沦陷可以用《词与物》结尾一个形象的比喻来形容，“我们可以作推测，人将被抹去，如同大海边沙地上的一张脸”③。

话语理论在语言与主体关系上观念的更新变革在文学批评上的具体影响体现在对待历史态度上的转变。历史不再为文本研究提供可靠的背景参照，相反，历史成为文本再现的一种形式。文本与再现是创造历史和文化的关键，客观和真实的历史写作跟其他叙事一样同样受制于规则和策略。

① Michael Foucault, “The Order of Discourse,” *Untying the Text: A Post-Structuralist Reader*, ed. R. Young, London: Routledge Kegan & Paul, 1981, p. 67.

② Haiden White, *Tropics of Discourse: Essays in Cultural Criticism*, Baltimore and London: Johns Hopkins University Press, 1987, p. 3.

③ Michel Foucault, *The Order of Things: An Archaeology of the Human Science*, p. 387.

事实与虚构之间的界限变得模糊，开始经受严格的审视和叩问。这种转向对英美文学研究起到脱胎换骨的作用，尤其在20世纪70年代受到女性主义和民族解放运动的推崇和拥戴。他们要挑战历史上将他们边缘化的主流思想、文化和再现，挑战历史真实性、文学文本政治附庸性和西方男性父权价值观。这类主体的中心地位开始消解，语言和再现成为对文化进行社会性解读的集合点，权力与主体性成为女性主义和殖民主义研究中心。对此，萨义德坦言："人们倾注精力对批评理论、小说研究和新历史主义、结构主义、马克思主义这样理论实践进行研究，但他们都绕开了主要的、甚至决定性的现代西方文化中的政治视野，它就是帝国主义。"① 由此，他将对启蒙现代性的批判矛头指向东西方文化交流中的文本书写，指出词语和印象是殖民主义分析历史进程中的关键。在早期的著述《东方学》中，萨义德使用一种新方法对西方的殖民思想进行批判，成为新领域批判的奠基性作品，这个方法就是殖民话语分析。

二　萨义德——殖民话语分析批评范式的创立

萨义德在1979年出版的《东方学》中开创了学术探讨的新领域，这个领域就是殖民话语，还称为殖民话语理论或者殖民话语分析。② 可以说《东方学》不仅颠覆了当时英美学院体制中以新批评为主导的文学研究范式，将文学批评的后殖民研究视角推向更为广阔的历史文化和政治领域，还构建了旅行文学的殖民话语分析方法。他根据福柯的话语思想，使用话语来指所有书写东方的文学和非文学文本中的东方主义，"我的目的是如果不将东方主义视为话语的话，我们就不能充分理解这门系统的学科。这门学科在欧洲文化后启蒙时期的政治、社会学、军事、意识形态、科学以及想象等方面显示了西方如何对待东方或者生产东方"③。正如艾贾兹·阿哈默德（Aijaz Ahmad）在《东方学及其之后》（Orientalism and After）一文评论道："至少在萨义德影响下，一个重要的文学理论方法得到了发展，即'殖民话语分析'。'殖民痕迹的清单'从其他类型的账单和其他

---

① Edward Said, "Secular Interpretation: The Geographical Element, and the Medthodology of Imperialsim," *After Colonialism*, ed. G. Prakash, Princeton, NY: Princeton University Press, 1995, p. 37.

② Patrick Williams and Laura Chrisman, eds. *Colonial Discourse and Postcolonial Theory: A Reader*, Hemel Hempstead: Harvester Wheatsheaf, 1993, p. 5.

③ Edward Said, *Orientalism*, p. 3.

类型的痕迹中分离出来。”[①]《东方学》同时也开启了旅行文学的殖民话语批评范式。

作为受西方教育洗礼的东方人，萨义德从自身的文化体验追根溯源，在《东方学》中清算西方文化强势话语“遗留在我（东方人）身上的痕迹。”[②] 借助米歇尔·福柯的权力/知识话语理论和安东尼·葛兰西的霸权理论，他在《东方学》深刻剖析了东方——原始、野蛮、神秘的东方——是如何被西方在人类学、文学、文字学、字典编撰、地理学等学科知识领域建构和重构的整个过程和复杂的话语机制。他仔细分析有关东方的官方文件、官员演说、旅游札记、个人回忆录、田野调查手记、诗歌和小说等不同类型的书写文本，认为东方主义是一个被建构和传承的理念，传达着帝国中心和欧洲中心意识。为确立欧洲文化力量和身份，东方主义把东方“视为一种附属，甚至隐秘的自我”[③]，是“统治东方、再构东方、控制东方的西方风格”[④]。东方主义“从本体论和认识论层面上建立了东西方截然不同的思维方式”[⑤]。它所表达和再现的东方“在文化和意识形态上是欧洲文明、文化不可或缺的一部分，是一种话语方式，有着自身的支持体制、词汇、学者、印象、教义，甚至殖民机构和殖民方式”[⑥]。

在《想象的地理与再现》一章，萨义德追溯了作为一门专业学科领域的东方学与欧洲地理野心之间的紧密关系。他以东方学发展的三个历史时期，即18世纪中叶以前、19世纪以及20世纪为基点，剖析东方学者如何东方化东方的过程，得出地理意义上的东方是经过想象的、被文本化的东方，是神秘的东方神话，是欧洲人构建出来的集体白日梦。在谈及空间与想象二者之间的本体关系时，萨义德指出没有实证意义上的空间，因为人们的意识会用想象填补甚至决定空间，“空间需要情感的补充，甚至需要通过某种诗学过程的理性填充，由此空洞的、无名的距离被我们赋予了意义”[⑦]。这里的诗学过程事实上指的是语言造成的想象和隐喻。因此

---

① Aijaz Ahmad, “Orientalism and After: Ambivalence and Metropolitan Location in the Work of Edward Said,” *In Theory: Classes, Nations, Literatures*, London & New York: Verso, 1994, p. 172.

② Edward Said, *Orientalism*, p. 25.

③ ibid, p. 3.

④ Ibid.

⑤ ibid., p. 2.

⑥ Ibid.

⑦ Ibid., p. 55.

没有真正的东方，东方这个地理概念只是经过西方虚构和想象的东方，西方关于东方“他者”的知识并不是对东方的自然真实刻画，而是西方构建东西方之间“权力关系、占有关系，以及不同形式的霸权关系”① 的基石。“我们不需要裁定这种想象的知识是否结合了历史与地理，或者是否践踏了历史与地理。而只能说随着时间的推移，想象的知识以其方式存在着，它并不是实证知识。”② 究其缘由，“这种不受约束的东方神话的东方，不仅来自当代人的态度和偏见，还来自维科所称的国家的和学者的自负”③。因此，随着东方学学科的不断深化，实质上是将其逐步发展为东方化东方的封闭领域。那么，旅行文学中西方对东方的书写可以理解为语言（或话语）作为诗学媒介加强和巩固西方主体地位的东方主义书写，“毫无疑问，想象的地理和历史帮助头脑戏剧化远近之间的距离和差异，从而加深自我感”④。可以说萨义德“拓展了关于东方的话语研究的社会政治视角，揭示了东方主义话语隐藏的意图及其影响，表明文学与文化在历史层面不是毫不相干，而是渗透了种族主义、文化原型、帝国政治及非人性的意识形态”⑤。

萨义德《东方学》中揭露的东/西方二元对立和区别很关键，它暗含了西方观察者与东方被观察者之间不平等的权力/知识关系。“东方人被认为一成不变，平和稳定，需要接受调查研究，甚至需要了解关于他们自身的知识。不需要也不允许辩证地去看待他们，有的只是（东方的）信息和（东方学家的）知识，简而言之，是作家和呆滞的研究对象。”⑥《东方学》清晰地揭示了东方主义思想与帝国主义意识之间共生纠缠的连理，指出东方主义加强了某种知识理念或者进一步被某种知识理念所加强，那就是西方或者欧洲事实上有权征服地球上绝大多数领土。在萨义德研究视野中，来自欧洲所谓文明的旅行者与东方文化及东

① Edward Said, *Orientalism*, p. 21.

② Ibid., p. 55.

③ Ibid., p. 53.

④ Ibid., p. 55.

⑤ Susan Bassnet, “The Empire, Travel Writing, and British Studies,” *Travel Writing and the Empire*, ed. Sachidananda Mohanty, New Delhi: Katha, 2003, p. 27.

⑥ Edward Said, *Orientalism*, p. 308.

方不文明的本土人构成文化认同上的排他和否定关系。[①] 东方文化和东方人成为西方旅行主体的消费对象。阿里·巴戴德（Ali Behdad）指出："萨义德承担起艰巨的任务，系统地描画东方学的连贯结构、再现的本质方式、体制构成的内在连续性。所有这些，他（萨义德——引者注）指出源于人类愿意将现实进行二元分化的倾向，即我们/他们，白/黑，西方/东方。"[②] 因此，东方学家"书写事物"，相比之下东方人却被书写，成为研究对象，处于被动角色。萨义德在《东方学》里开创了殖民主义研究新思路，揭露西方关于东方的知识是确保权力实施的一部分，解开了跨文化书写知识隐藏的谜团，消解了其中的意识形态和客观声称之间的差异。因此，我们在阅读旅行书写时，不能将之视为作家的真实生活表达，而应将其视为作家与话语结构之间商榷的产物。殖民话语通常指向事实，是讲述关于其他国家真相的话语，而其实在殖民时期和后殖民时期，作家根据所知和所见付诸的书写完全是话语构建，所谓的真实不过是真实声称。从积极意义上讲，殖民话语分析"激励着一些人培养其国家绝对主义的学术思维，以及对殖民主义和帝国主义历史文本的研究态度，还促进了无数年轻的、通过其他路径政治化的学者获得新的探求方式和领域，尤其在文学领域"[③]。

但是有学者认为，萨义德试图颠覆西方建构的西方/东方二元对立范式，却实质上事与愿违地在巩固它。他客观上将东西方两种不同文化之间复杂动态多元的文化接触本质化，将事实上充满了差异和分歧的东方建构成以阿拉伯世界为范例的东方。这无疑是一种殖民批判理性名义下充满了认知话语暴力的后殖民理性同质化现象。阿哈默德的批评可谓一针见血："《东方学》的重要特征是它梳理了西方关于非西方的文本历史，却脱离了这些文本如何受到殖民地文人接受、改变、质疑、推翻或者再生产的事实。这些文人不是作为毫无差异的群体，而是作为社会团体有着自身的冲突和矛盾，具有独特的社会和政治地位，有其阶级、性别、地区、宗教归

① Susan Bassnet, "The Empire, Travel Writing, and British Studies," *Travel Writing and the Empire*, p. 9.

② Ali Behdad, *Belated Travelers: Orientalism in the Age of Colonial Dissolution*, Durham and London: Duke UP, 1994, p. 10.

③ Ibid., p. 173.

属等等。"[①] 如果我们把《东方学》比作一座大楼，那么大楼的裂口就是缺乏殖民地国家的反抗声音。萨义德试图举证西方经典文本是如何令东方失声。阿哈默德则进一步反问："谁在让谁失声？谁在拒绝让所谓的'东方学者'的声音和许多被'东方学'压制的声音之间产生历史性的接触？这是我们阅读此书很难决断的问题，我们仿佛被谴责声音的力量惊呆了。"[②] 巴戴德也持类似的批评观点："具有讽刺意味的是，萨义德在指责本质主义和东方主义的一概而论倾向时，自己却重蹈旧辙。"[③] 无疑，萨义德提出的殖民话语再现观——即西方在权力主导和支配下对东方他者的再现形式是同质、单维和缺乏变化的。

对此，萨义德后来亦有所意识。他在十五年后出版的《文化与帝国主义》（*Culture and Imperialism*，1993）前言中写道："我在《东方学》中遗漏的是对西方压制的反应，这在第三世界国家的去殖民化伟大运动中达到顶峰。"[④] 也就是说萨义德注意到"他者"的文化抵制和政治反抗。他提出新的修正和补充观点："修正的（后殖民理论）学术观点形式各异，即使没有突破将中东和印度地理空间视为同质，视为完全了解的场域。受民族主义和帝国主义大业推崇的二元对立观已然成为过去。我们应该意识到旧权威并不是简单地被新权威取代，而是开始迅速出现各类僭越边界、类型、民族基础的新排列组合。这唤醒甚至挑战帝国主义时代固有的文化思想核心，即身份观。"[⑤] 萨义德表面上批判帝国主义奉行的本质主义，实际上却表明了"所有文化彼此交融，没有哪个文化是单一洁净的，所有文化都充满了杂糅、异质和差异而不是坚如磐石"[⑥] 这种观点。萨义德之后的批评家如玛丽·路易斯·普拉特、丽莎·罗、霍米·巴巴等对殖民话语分析的异质性不断修正、丰富和拓展。

三 萨义德之后——殖民话语分析批评范式的嬗变

萨义德的《东方学》对旅行文学文本类型的选定、旅行文学涉及的

---

① Aijaz Ahmad, "Orientalism and After: Ambivalence and Metropolitan Location in the Work of Edward Said," *In Theory: Classes, Nations, Literatures*, p. 172.

② Ibid., p. 173.

③ Ali Behdad, *Belated Travelers: Orientalism in the Age of Colonial Dissolution*, p. 11.

④ Edward Said, *Culture and Imperialism*, New York: Random House, 1993, p. xii.

⑤ Ibid., p. xxiv.

⑥ Ibid., p. xxv.

再现政治和文化主体性以及相关的东方主义知识/权力话语分析等方面为旅行文学的理论建构提供了坚实的基础。无疑，在方法论和批判视角意义上，萨义德著述中的同质化和本质主义倾向受到玛丽·路易斯·普拉特、丽萨·罗以及霍米·巴巴不同程度的批评和拓展，这对旅行文学的殖民话语研究范式具有可供参考的理论价值。

萨义德之后，旅行文学的后殖民批评研究开拓人是美国学者普拉特。早在1978年斯坦福大学任教时，她就开设了一门殖民话语分析的课程，称为“旅行书写和欧洲扩张”，课程名称清楚地显示了旅行书写与欧洲帝国主义的殖民扩张历史之间的紧密关系。在《帝国的眼睛：旅行书写与跨文化转化》（*Imperial Eyes*：*Travel Writing and Transculturation*，1992）一书介绍中，普拉特阐述她创作目的是为解读欧洲旅行文学的修辞提供分析方法。如果说修辞研究在传统意义上以秉承传统的文类分析方法为宗旨的话，普拉特的旅行文学修辞研究是“分解同时整合人们所说的旅行书写的修辞。我不是为了限定旅行书写的文类范畴，而是指出它的异质性以及它与其他表达方式的互动性”[①]。《帝国的眼睛》是一部广受关注的跨学科著作，很快成为旅行文学研究和后殖民批评的重要之作，拓展了对欧洲早期殖民探险和征服之旅中产生的旅行书写文本的后殖民研究风气。[②] 普拉特强调欧洲旅行书写的再现传统，在方法论上提出三种东西文化接触视角。

一个方法论是“接触空间”（Contact Zone）理论。普拉特关注欧洲殖民者与异族本土文化遭遇形成的中间过渡空间，称之为接触空间。接触空间强调两种文化碰撞时动态的运作机制，及旅行文学的文化书写表征。她在书中揭露，西方与东方、西方现代文明与本土传统文明之间不平等的对比关系似乎决定了对他者的描写一成不变，有关征服与统治的历史纪实也通常是从白人殖民者的视角来讲述，即欧洲有文化教养的男性主体注视、想象、诠释、书写被殖民他者。但这种受殖民权力和征服欲望支配的知识话语往往忽略和压制了双方之间互动和共时的空间维度。[③] 她指出：“地理和历史上相隔遥远的不同民族在殖民空间中遭遇。

① Mary Louis Pratt, *Imperial Eyes*: *Travel Writing and Transculturation*, p. 11.

② Susan Bassnet, “The Empire, Travel Writing, and British Studies,” *Travel Writing and the Empire*, p. 2.

③ Mary Louis Pratt, *Imperial Eyes*: *Travel Writing and Transculturation*, p. 8.

相互接触、彼此关联的过程通常孕育着压制、不平等和无法驾驭的冲突。它是在不对称的权力关系运作下共同依存、相互交织作用下的实践和互动。"[①] 因此她认为"'接触'强调的是主体如何在双方交往中进行建构，如何被互相交往所建构"[②]。她使用"接触空间"，目的在于在时间和空间上强调来自不同地理位置和历史背景的主体的"共存性"，着重研究殖民者与被殖民者、白人旅行者与本土调查对象（native informant）之间连接共生，密不可分的关系。也就是说，殖民遭遇实际上是在接触空间中双方"共同存在、互相作用、相互交织的理解和实践，通常孕育在不对称的权力关系中"[③]。

另外两个方法论是反征服（anti-conquest）和民族志自我书写（auto-ethnography）。普拉特用反征服这一术语指涉的是再现策略，即欧洲中产阶级主体在确保欧洲霸权地位的同时，还在寻求清白无辜的开脱。在普拉特看来，"在旅行和探索书写中清白无辜策略是和从前的帝国征服修辞一同并存"[④] 的，而主要使用清白无辜策略的通常是"观看之人"（seeing-man），那些欧洲中产阶级白人男性主体，拥有一双"帝国的眼睛，在被动地观看和占有"[⑤]。最后一种策略称为民族志自我书写，这是普拉特从方法论层面剖析接触空间中跨文化转化的方式。如果说民族志书写是指欧洲帝国主体再现他者，那么民族志自我书写是本土人用被再现的方式来描述自身，再现"被定义的他者回应文本或与其对话……他们很大程度上使用帝国中心主义的习语或征服者的语言，并对之进行选择性的呼应与利用……与本土习语混合渗透，进而产生自我再现，干预帝国中心的理解方式"[⑥]。民族志自我书写不仅面向帝国中心的读者，而且面向本土共同体的读者。因此这对立的双方对民族志自我书写的接受是完全难以确定和异质的。这种文本书写使边缘群体进入主流印刷文化，"民族志的自我再现通常包含民族之间的交流，就像在受教育的前奴隶和废奴运动的知识分子

① Mary Louis Pratt, *Imperial Eyes*: *Travel Writing and Transculturation*, p. 9.

② Ibid., p. 8.

③ Ibid.

④ Ibid.

⑤ Ibid., p. 7.

⑥ Mary Louis Pratt, "Arts of the Contact Zone," *Ways of Reading*, ed. David Bartholomae and Anthony Petroksky, pp. 3–4.

之间交流一样”[①]。可以说，普拉特在批判地扬弃萨义德的东方学殖民话语分析范式，并在此基础上进一步关注殖民地本土民族的抵制和反抗声音，以及反抗策略，同时强调东西方文化接触状态中欧洲宗主国文化与本土边缘文化相互依存的动态关系。

与普拉特的理论探索相呼应，美国后殖民女性学者丽萨·罗直接挑战萨义德的殖民话语理论，即东方主义一成不变的把东方建构为西方他者这种知识话语的合法性。在《批评的场域：法国和英国的东方主义》（*Critical Terrains*：*French and British Orientalisms*，1981）中，她进一步阐发英法文学中欧洲东方主义话语的异质性特征，在方法论使用的根源上批判萨义德在引用福柯的话语理论和葛兰西的霸权概念时表现出的认识局限，提出“异位空间”（heterotopicality）理论。

首先，在丽莎·罗看来，福柯的话语思想其实是“充满异议、抵抗、适应和变化的特定且具体的场所”[②]。福柯关于疯癫、监狱和性史的论述隐含着对排斥和禁令（权力）话语的抵制。但是包括萨义德在内的许多学者却忽略了人作为主体的能动性，误认为话语机器无处不在，社会场的规则稳固不变，人们无法抵抗或反对，或者抵抗或反对在主流话语中无法出现。在批判萨义德僵硬地使用福柯的话语理论时，丽萨·罗认为，福柯所指的话语机器可变、可毁坏，社会场亦可转化：“话语是一系列不断变化的条件，是规划任何事件可能的发声领域；而每次发声，条件就变化和调整。这些条件的转变不仅包含规则方式的变动，而且还有再现方式和再现关系的改变，频率和发声方式的变动，地点和语域的变动，最后‘（产生）部分或完全意义上的新阐述……’”[③] 也就是说主流话语在控制、排斥和利用的同时，不可避免地伴随着反抗和抵制的发声。其次，丽萨·罗还指出“葛兰西的霸权概念在讨论力量关系层面时，一个团体对一些附属团体的霸权并不是稳固或静态的”[④]。一个特定的统治并不是静态的，而是一个过程。通过这个过程，处于霸权地位的团体公然或秘密地获得其

---

① Mary Louis Pratt, “Arts of the Contact Zone,” *Ways of Reading*, ed. David Bartholomae and Anthony Petroksky, p. 4.

② Lisa Lowe, *Critical Terrains*: *French and British Orientalisms*, Ithaca and London: Cornell University Press, 1991, p. 11.

③ Ibid., p. 14.

④ Ibid., p. 17.

他团体的认可，决定社会的政治和意识状态。虽然代表了统治团体的利益，但是“总是在与属下团体的抵抗或妥协语境中”[①]。

基于对福柯话语理论和葛兰西霸权理论的重新阐释，丽萨·罗得出以下结论：“东方主义成形于一个团体统治另一个团体的过程中，但从来都不是静止的统治；作为殖民主义的表现形式，总是存在着来自属下或新兴空间（emergent spaces）在话语领域的抵抗。”[②] 她对英法旅行文学及其表征的东方主义异质多元性进行了梳理和剖析，视东方主义为由不齐整的东方主义情境组成，交织着各式历史文化的集合点（sites）。性别、种族、国家、阶级的差异与东方主义叙事交织，并对之进行干预。“东方主义并不是单向发展的传统，而是变化多端的异质并存……包含复杂的指涉……通常产生于特定时间的社会环境和文学环境。”[③] 在分析英美文学如何再现东方时，她拒绝套用东方主义的权威形式和绝对化的框架，即所有反抗形式都服从于简单的决定论这一传统。相反，她视东方主义为异质，为复数的东方主义，含有对峙力量，也就是说每种东方主义内部复杂不定。

丽莎·罗整合福柯的“异托邦空间”（heterotopia）和话语理论以及葛兰西文化霸权和属下理论，提出“异位空间”（heterotopic spaces）概念，用以审视英美东方主义情境下不同话语的交叉、撼动或对抗东方主义权力，批判东方主义。她认为话语乃是开放动态、穿插交织的场域。在这个场域上，社会生活组织或者文化霸权得以实施和保持，同时也受到挑战，最终被转变。[④] 丽莎·罗提出的异位空间首先用以指话语场域的空间性。它由不同既定的和想象的集合点组成，强调空间中的差异并存。其次，话语场域具有多元性。具有多种集合点，比如在话语形成的东方主义场域中，许多位置和集合点发声、再发声，其他比如涉及阶级、种族、国家、性别和性态等的再现关系也会发声。一些发声会干预和反对东方主义形成，而一些则呼应附和东方主义。每种发声占据着场域不同的集合点，改变着词汇和条件。因此丽莎·罗使用异位空间指涉持续而不齐整的话语

① Lisa Lowe, *Critical Terrains: French and British Orientalisms*, p. 17.

② Ibid., p. 18.

③ Ibid., p. xi.

④ Ibid., p. 11.

在交合、交叉和碰撞中发声，强调的是多元和交叉干预。[①] 总之，丽莎·罗在《批评的场域》中描绘了一幅文化生产图，在图中话语代表着复杂而不齐整的领域，有多种形式的实践介入，如文本、社会和文化。丽萨·罗对东方主义的异质性重构之目的在于："考证知识形成的不齐整性，也就是英法文化中不同形式的东方主义的不等同性、特定的东方主义的不可通约性……目的在于指出非等同、不可通约和多元在殖民占有的争论中为有效的批判视野。"[②]

与普拉特和丽萨·罗类似，霍米·巴巴认为萨义德在使用福柯的权力话语概念有所偏差。福柯的知识/权力是动态活跃而非静止，在认识论上排斥像本质/表面，意识形态/科学这类二元对立观，而萨义德则过于强调殖民权力施行的强势和稳固，忽略了被殖民者的抵抗和自我再现，因此无形之中过于注重殖民者，推行了殖民关系上"殖民权力和殖民话语完全被殖民者所占有"的静止模式。巴巴认为殖民者和被殖民者的关系复杂细微，他寻求殖民关系不稳定的心理范畴。借用弗洛伊德和拉康的心理分析，辅之以福柯的后结构原理，巴巴诠释了殖民关系的复杂性，在殖民话语的结构和机制上增补主体间性复杂的动态共存，这主要体现在他对殖民话语的模棱两可、原型（stereotype）和模拟的机制阐释上。

与萨义德不同，巴巴从认识论上揭露殖民主义话语的不稳定和模棱两可（ambivalence）。他使用模棱两可作为关键词，以理解殖民权力和殖民话语并非坚如磐石，而是分裂的。殖民者和被殖民者之间的关系摇摆不定，表达关系的话语也模糊不定。在巴巴看来，主体性是一个形成的过程，权力/知识将主体的形成过程置于权力和认同的关系中，但不再是自我/他者、主人/奴隶的对称关系，而有可能被扭转而颠倒过来。"主体的形成总是通过将多种权力关系去中心化，以不相称力量的对峙或受制形式，起到支持、攻击或对立的多种角色作用。"[③] 因此，巴巴认为如果不将统治者策略地放置在东方主义或殖民话语内部则很难确立被统治者属下。

模棱两可经常出现在巴巴的批评词汇中。殖民话语可由模棱两可来标

---

① Lisa Lowe, *Critical Terrains: French and British Orientalisms*, p. 15.

② Ibid., p. 5.

③ Homi K. Bhabha, "The Other Question: Stereotype, Discrimination and The Discourse of Colonialism," *The Location of Culture*, London and New York: Routledge, 1994, p. 103.

记，因为它有时谴责，有时期许，体现着认同和否决的过程。在《他者问题：原型、差异和殖民主义话语》一文（The Other Questions：Stereotype，Discrimination and the Discourse of Colonialism）中，巴巴首先指出殖民话语的重要特征在于意识形态在建构他性（otherness）上依赖定向性（fixity）。在解释定向性这一概念特点时，巴巴说它是殖民主义话语区分文化/历史/种族差异的符号，即种族或性别他者总是固定为刻板不变、完全可知，但是原型在建构他者时还具有模棱两可的模式，如他者不只一成不变，可能还混乱不定、退化重复。① 与萨义德东方主义所指出的西方将东方东方化这一本质主义再现观不同，原型的再现形式是模棱两可。进而，巴巴借用弗洛伊德恋物说，将原型看作认同领域内的一种恋物形式。就像恋物体替代母亲的男根，减轻儿童的阉割惧怕一样，原型替代的是殖民者害怕失去种族纯净或文化优越。这种替代令殖民者心理愉悦，产生认同。就像恋物，原型这种替代赋予了殖民者以控制感。与此同时，恋物者经历承认母亲无男根这一过程，于是集中于一个替代物而妥协让步，在心理上体会到否决（母亲无男根）。因此，原型是复杂的，既认同差异，又否认差异。如果说萨义德从政治和意识形态——知识/权力为主旨的殖民主义——为立足点剖析东方主义这一再现形式的话，巴巴则进一步从弗洛伊德心理学的欲望机制剖析再现种族/性别/文化他性的原型运作机制，追溯殖民话语中主体在与他者作用中的形成过程。

恋物作为原型的形式还交织着另外一种形式——想象。巴巴认为在拉康心理分析的想象界镜像阶段，主体的认同过程有两种性质：自恋性（镜中的自我视为完整）和攻击性（感到镜中的自我与真实自我不同）。这两种认同方式同样适用于殖民权力通过原型实施的主要策略，就像镜像过程先是原型的完整性，然后受到匮乏威胁而恐惧。就像恋物这种复杂的心理过程，殖民原型的话语建构修辞上表现为隐喻（与殖民主体相似的替代物）和替代（与殖民主体相似的许多假定特点）。就像想象界认同过程，原型过程首先体验的是完整统一，即自恋印象，但是与殖民主体经验的差异又产生侵略性，这就是自恋和侵略两种认同形式过程。巴巴指出殖民原型的流通依靠模棱两可，它的成功指涉需要不断而重复的其他原型链

① Homi K. Bhabha, "The Other Question: Stereotype, Discrimination and the Discourse of Colonialism," *The Location of Culture*, p. 110.

条。原型是种自相矛盾的复杂再现模式，模棱两可作为主要话语策略总是摇摆于“在位”已知和焦急的重复之间，是一种知识形式和认同方式，建构了殖民话语理论。① 隐喻的伪装过程（自恋）建立在难以启齿的匮乏（侵略）基础上，令原型具有定向的特点又有幻觉般特征。如古老不变的动物般黑人故事、匪夷莫测的苦力故事、愚蠢的爱尔兰人故事，总是在重复和更新。在殖民话语中隐喻/自恋、换喻/攻击同时存在，话语对象就在权力机器内被构建，制约着他者的知识，即恋物知识贯穿殖民话语，限定他性形式，也就是原型。② 这种手段就像弗洛伊德恋物理论所揭示的，原型的存在是为掩盖恐惧，“为了调和权威的危机，稳定难以驾驭和有威胁的本土人，确保自己的统治占有”③。

巴巴解读了主体化过程的恋物运作机制后，受法侬《黑皮肤，白面具》中白人文化对肤色差异否认的启发，认为原型话语产生的政治结果就是种族差异。如果说恋物认同需要隐藏遮羞的话，那么肤色在外表上完全可见，种族认同过程不需任何隐藏。巴巴将原型比作“缝合”（stereotype-as-suture），是权威和认同秩序在认识上的模棱两可。恋物认同在构建差异知识中的作用是在发声和主体化时提供一个分裂过程（splitting）和认识多元存在（multiple belief）的过程。分裂的过程就是法侬描述在听到原型话语构建殖民对象后产生的结果——自我分裂：“实体框架崩塌了，取而代之的是种族肤色框架……我不再被看作一个整体，而是身处两个、三个地方。”④ 正是分裂和认识多元存在这种心理机制，将（从前的权威的）知识和（变化的个体的）幻想结合一道，融合了权力（power）和快乐（pleasure），散布在殖民话语中。种族/殖民他者外表的可见性即是话语确立身份的起点（“看，一个黑人”），同时又在话语内部试图封闭话语而出现问题。因此，巴巴说：“简而言之，认识和否认‘差异’总是受‘差异’再次出现或者建构这一问题所困扰。”⑤

因此，产生意义和权力的殖民主义官方知识总是伴随着单纯无差异的

---

① Homi K. Bhabha, "The Other Question: Stereotype, Discrimination and the Discourse of Colonialism," *The Location of Culture*, p. 111.

② Ibid.

③ Peter Childs and R. J. Williams, *An Introduction to Post-Colonial Theory*, p. 129.

④ Frantz Fanon, *Black Skins, White Masks*, London Pluto Press, 1991, p. 112.

⑤ Homi K. Bhabha, "Of Mimicry and Man: The Ambivalence of Colonial Discourse," *The Location of Culture*, p. 116.

原初幻想。“原型化不是创立虚假形象，成为差异实践的替罪羊，而是更加模棱两可的文本，游荡在投射与内化、比喻与换喻、换置、罪恶、攻击之间。伪装、分裂官方知识和幻想知识，建构种族话语的协同地位和对抗地位。”① 殖民者广泛的幻想，原型化他者，是为确保主导地位而进行的幻想。但是，殖民话语这种原型化他者所具颠覆性分裂在社会和文化控制策略下时是可复原的。原型象征链既混杂又分裂，多形而反常。最明显的例证就是黑人既是野蛮人，同时也是最顺从有威望的仆人；既是恣意蔓延的性欲的象征，同时也天真无邪如孩童。殖民幻想不是掩盖区分，而在模棱两可间徘徊。一方面，提供一种目的，在一定殖民统治情况下，认同差异，认为本土人可进化可改变；另一方面，差异的可见性容许殖民者否认被殖民者的自治和独立能力，西方的文明模式能够实施拯救，这样赋予官方以权威和殖民权力以使命。②

另外，巴巴阐释殖民话语的模棱两可不仅是理解原型这一关键词，还涉及模拟（mimicry）问题。在《模拟和人》（Of Mimicry and Man：The Ambivalence of Colonial Discourse）一文中，巴巴认为模拟是后启蒙时期英国殖民主义权力和知识难以捉摸却有实际效果的话语策略。模拟这种殖民话语具有不确定性：首先模拟作为差异再现，是个否决过程。因此模拟是一个双重发声符号：是一个复杂的策略，含有将“他者”视权力挪用的需要而改变、约束、规训；同时又是一个非挪用符号，是结合殖民权力主导策略、加强监管、对合法知识和管理权力造成威胁的差异或反抗。他使用视觉权力解释“模拟”这一术语，指涉在原型化过程中殖民“他者”被建构的动态特点：“一个差异对象，几乎一致但不完全”③，即一个与殖民者相同，但又不一样的殖民对象。他认为“模拟”这种权威方式的殖民话语受到不确定性的威胁和摧毁，“模拟作为差异形式再现，而差异本身就是个否认过程”④。巴巴将受过英式教育的印度人比作模拟英国人，但是模拟英国人“不仅相像而且具有危险”⑤。他并不完全像白人殖民者，

---

① Homi K. Bhabha, “Of Mimicry and Man: The Ambivalence of Colonial Discourse,” *The Location of Culture*, p. 117.

② Ibid., p. 118.

③ Ibid., p. 122.

④ Ibid.

⑤ Ibid., p. 123.

而只是他的部分此在（partial presence）。殖民者惊奇地看到自己的图像位移，转移和转化，模仿改变甚至颠倒了被再现者身份和从前的权力关系，"这一过程中，受规训者的凝视位移，具有了监视者表情。观察者成为受观察者，'部分'再现重新发出关于身份概念的声音，远离本质"①。监视的眼睛突然直视到"他者"的凝视，发现权力受毁。殖民模拟表达的是被改变和可辨认的他者，作为几乎相同但不完全相同的差异对象。模拟人物在吉卜林、福斯特、奈保尔的作品中受过英式教育的本土人中可见。巴巴称这些人物是"经过授权的他者版本，具有威胁，威胁来自双重视野"。在这些模拟人身上，模拟重复的是殖民权威的存在，但缺是部分此在，不完全而且肉眼可见，模拟干预权力，打乱权威得以建立的差异秩序。

模拟涉及能动性（Agency），即"后殖民主体在挑战或抵制帝国权力时采取行动的能力"②。而模拟的过程比较有趣的是能动性从一个固定点开始，进行了一个循环过程，也就是说殖民者为了占有权力以便让被殖民者一直成为知识对象，使用一定的策略，但是这个过程总是伴随着摇摆不定，权力关系也变得更加模糊不清。模拟赋予殖民者（凝视的）权力，同时也令其丧失能动性（被凝视），也就是说既稳固又撼动殖民者的地位。如果说模糊摇摆描述的是认同和否认的过程，那么模拟意味着殖民者很大程度上丧失控制权，是发生在模拟控制时不可避免的一个反控制过程，结果是殖民者和被殖民者的身份变得开始滑动，"促使主导话语在权力中心开始分裂，难以再现，难以主导"③，"模拟不是如德里达或伊利格瑞那样一种抵抗形式，而是在权力建构过程中的描述更像拉康的无意识，甚至可以描述为詹姆逊的殖民无意识"④。难怪模拟是"殖民权力和殖民知识最难以琢磨却最行之有效的策略之一"⑤。

---

① Homi K. Bhabha, "Of Mimicry and Man: The Ambivalence of Colonial Discourse," *The Location of Culture*, p. 129.

② 陶家俊：《思想认同的焦虑：旅行后殖民理论的对话与超越精神》，第 440 页。

③ Homi Bhabha, "Signs Taken for Wonders: Questions of Ambivalence and Authority under a Tree Outside Delhi, May 1817," *Location of Culture*, p. 162.

④ Robert J. C. Young, *White Mythologies: Writing History and the West*, London and New York: Routledge, 2004, p. 188.

⑤ Homi Bhabha, "Of Mimicry and Man: The Ambivalence of Colonial Discourse," *Location of Culture*, p. 126.

四　跨文化书写的民族志困境与转向

在后殖民批评家萨义德反复叩问和质疑书写异域文化的知识合理性和殖民话语的运作机制之际，20世纪80年代在社会学科领域，打着真实和科学旗帜对“他者”文化进行考察和书写的民族志（ethnography）也同样处于政治和认识论上的危机和历史困境。民族志主要运用田野工作进行实地考察，书写和描述异族“他者”文化。人类学作为术语出现最早可以追溯到亚里士多德，希腊词源是anthropos（人）+logic（研究），即人的研究之意。民族志常常被看作人类学的同义词，作为一个学科的名词最早由1830年法国著名科学家让－雅克·昂配勒（Jean-Jacques Ampère）提出，他指出应将民族志作为人文科学的一门学科。1839年，法国博物学家爱德华（M. Edwards）将这个词用作巴黎民族学会的称号，该学会是世界上最早成立的民族学会，当时的主要任务是研究欧洲历史上各个民族的起源与关系。到19世纪中期以后，民族学进一步明确了自己的研究范围，“只对人类文化和作为社会动物的人类进行比较研究”①。

民族志作为人类学的学科分支，在研究内容和方法上与社会学、文学、历史、哲学等交叉，是一个融文化和书写于一体的跨学科领域。它与旅行文学有着亲缘关系，都是以旅行的形式亲自体验并书写异族文化，而且书写中不可避免地掺杂着主客观因素，“民族志与旅行和探险纪实相似，叙事母题都是关于作者将不为人知的人和地方所做的浪漫发现传递给读者”②。书写者均以旅行方式跨越遥远的地理空间和民族—国家疆界，秉持后启蒙时期的科学和客观精神，以“非西方”为研究对象；两种书写均涉及文明、文化、阶级、种族、性别等的边界问题，跨越文类和学科界限，都是混杂的文本活动。虽然民族志的科学目的更为显著，而且试图与旅行纪实和业余民族志区分开来，但是民族志确实与旅行书写一样具有这种浪漫和发现的特点，只不过民族志更冠以科学目的以及文明使命，正如乔治·马尔库斯（George Marcus）所言：“作为科学门类的民族志，其主要母题是挽救文化多样性，因为许多文化正在受到全球西化的威胁，尤

① ［英］A. C. 哈登：《人类学史》，廖泗友译，山东人民出版社1988年版，第90页，

② George E. Marcus, *Anthropology as Culture Critique: An Experimental Moment in the Human Sciences*, 2nd ed., Chicago: University Of Chicago Press, 1999, p. 23.

其在殖民时代。民族志学者在写作中捕捉文化变化的本真性，以便这些文化能够进入伟大的比较人类学工程史册，支持西方社会和政治进步。将拯救母题作为科学目的，这一使命直到如今都很有力有效。”①

但是民族志与旅行文学之间的差异主要有两点。首先，人类学是一门规范的学科，属社会科学领域，侧重研究各民族之间的文化差异，以探索人类文化的起源和演变规律为目的，更加具有科学性和历史意识。而旅行文学隶属文学文类，以传递异域旅行经验和感受为主，融真实与想象为一体，兼有客观性和诗学性。某种意义上，人类学可以称为旅行文学的正规军。其次，在时间上，人类学派生于旅行文学。人类学成为专门的学科体系是在 19 世纪末 20 世纪初，更加侧重客观真实地描写异域民族和文化，对异域文化的描写更加侧重描写，辅以叙述。而旅行文学隶属文学体类，从时间与空间维度上具有久远的历史和流变。虽然也试图客观而细致地介绍异域文化和风情，其目的是增加旅行经验的可信度或吸引读者大众的兴趣，书写以叙述为主，辅以描写，因而人们往往将它视为文学形式，而着迷于其诗性语言带给读者的想象力。

尽管人类学和旅行文学彼此相近又相疏，随着“二战”后遍布世界各地的去殖民化解放运动和西方知识界对欧洲中心主义的质疑，民族志研究亦受到各个学科领域变革思潮的影响。这包括：新历史研究中马克思主义和福柯对霸权模式的挪用；以符号学、读者反应、后结构为代表的文本研究对“真实”的挑战，即在历史、社会科学和艺术领域的“真实”不过是社会规则和传统的管制和表现；从威廉·狄尔泰（Wilhelm Dilthey）、保罗·利科（Paul Ricoeur）到海德格尔的阐释哲学对文化记述的表述，即最简单的文化记述都是有目的的创造，是通过他者建构自我。② 由此，民族志研究中掀起了一股对从前坚定不移地秉信的历史、知识、意义、科学等概念合理性的质疑之风。20 世纪 80 年代，受全球化价值体系中多元文化论的冲击，民族志因涉及跨文化书写，与西方如火如荼的文化研究中文本解读和话语分析相呼应，进行了文化的“文学性”研究转向，关注民族志书写的诗学和政治。这一转向与旅行文学的殖民话语结/解构之风

① George E. Marcus, *Anthropology as Culture Critique: An Experimental Moment in the Human Sciences*, 2nd ed., p. 23.

② James Clifford and George E. Marcus, eds., *Writing Culture: The Poetics and Politics of Ethnography*, Berkeley and Los Angeles, California: University of California Press, Ltd., 1986, p. 10.

交相呼应，唇齿交合，如普拉特所言，（民族志）以（学科）合理性自称，虽然贬低其他书写形式（如旅行书籍、个人传记、旅行报道、传教士或殖民管手稿等），却被一个事实所蒙蔽，即其话语实践来自其他文类，而且现今也仍与其共存相近。[①]

美国著名人类学家詹姆斯·克利福德（James Clifford）在与乔治·马尔库斯合编的《书写文化——民族志诗学和政治》（*Writing Culture*: *The Poetics and Politics of Ethnography*, 1986）一书中整合了1984年在新墨西哥州圣菲（Santa Fe, New Mexico）美洲研究院召开的会内容，筛选出涉及文化人类学方法革新和理论走向的十篇具有代表性文章。克利福德在“介绍”一章回顾了人类学的“书写文化”研究范式如何由早期权威性参与式调查（participant-observation）过渡到多元文化阐释。克利福德首先对民族志在文化再现方法和策略上的欧洲中心主义提出质疑，“人们不再能平稳地立足于封闭的（欧洲）文化世界，走出去然后阐释其他文化。人类生活方式越来越相互影响、统治、模拟、转化甚至彼此颠覆。文化解释总是陷入全球差异和权力的运动中”[②]。克利福德在这里所指的全球有关差异和权力的运动不禁令人想起法国著名思想家雅克·德里达的解构主义和以意大利葛兰西为首的马克思主义主旨思想。德里达所倡导的“去中心”和“延异”这两个概念均反诘西方自柏拉图以来的“逻各斯中心主义”（logocentrism）。而葛兰西、阿尔都塞等所阐述的文化霸权观则成为文化批评的导向针。在对非西方文化再现中，西方文化中心思想和西方文化普适观已经不再适应新时代脉搏，人类学在文化批判方法上做出了与时代相呼应的转向，倾向于将民族志的跨文化书写与文学的跨文化书写等类同观。在学术思潮和文学理论共同影响下，民族志研究方法成为问题式的讨论交点，打破了原来固有的居高临下的书写模式。

首先，现代人类学对一贯标榜的“科学性”和“客观性”进行了反思和批判。20世纪80年代西方国家处于晚期现代性，后启蒙时期所秉持的“科学”观受到诘难，科学不再享有高高在上的地位，而是历史和语言的产物。著名的法国思想家福柯在《知识考古学》中质疑广为流传的

---

① Mary Louise Pratt, “Fieldwork in Common Places,” in *Writing Culture*: *The Poetics and Politics of Ethnography*, p. 27.

② James Clifford and George E. Marcus, eds., *Writing Culture*: *The Poetics and Politics of Ethnography*, p. 22.

历史连续性观点和方法，提出应使用诸如不连续性、断裂、临界、界限、系列、转变的概念分析历史研究的过程问题以及理论问题。福柯批判文化总体性对原始的追求，以及与历史分析相关的“思想”或者“知识”理念，更有甚的是，质疑人类学以安全和神圣所标榜的用历史恢复人类几百年已经逝去之史的合理性，呼吁从文献内部发掘文献。福柯分析这种总体性或连贯性的历史知识形成，原因在于这种方法“会为意识主权提供一个权威的保护”①，这种主体主权意识是人类学和人文性这对双胞兄弟的核心。“一门科学、或小说、政治言论、作家的作品、一本书形成时，人会面临材料——中性的原材料，总体而言话语空间中众多事件，于是进行话语事件的纯粹描写，实际不过是在寻找与其形式一致的统一性。”② 福柯认为事件的话语场是组建的过程，“总是在某个时刻以有限的、经过界定的”③ 语言形成。由话语勾勒的知识是主观的、有目的的构建产物。这自然涉及文化再现的话语实践，也就是不仅注重文化文本的解读，而且关注话语的生产关系，即谁在言说和书写，在哪里和什么时间，和谁说或向谁说，受制于什么体制和历史局限。

其次，紧扣福柯对人文科学对“科学”和“知识”在认知上的革新，人类学的民族志书写重新思考跨文化书写的合理性问题，在方法论上转向再现文化的诗性和文学性。人类学家如克利福德·格尔茨（Clifford Geertz），维克多·特纳（Victor Turner）、玛丽·道格拉斯（Mary Douglas）、克劳德·列维－斯特劳斯（Claude Lève-Strauss）、埃德蒙·里奇（Edmund Leach）等均显示对文学理论和实践的兴趣。④ 在诗性和文学性影响下，人们认为西方现代人类学话语充满了不确定性和不真实性：“权威的无所不能受到挑战。（民族志）不再是文化再现，而是文化制造和发明。”⑤ 人类学的文化记述是被建构的，具有人为性质，因此克利福德等人类学家指出应关注文本的生成与修辞，“文学过程渗透每个文化再现作品……即人类学的文学性，尤其是民族志书写

---

① Michael Foucault, *The Archaeology of Knowledge and the Discourse on Language*, trans. A. M. Sheridan Smith, New York: Panteon Books, 1972, p. 12.

② Ibid., p. 27.

③ Ibid.

④ Ibid., p. 23.

⑤ Ibid., p. 6.

的文学性……"[1] 人类学或民族志的文学性不再用以指优秀独特的书写风格，而是书写的文学特色，如比喻、建构、叙述（如何）影响文化现象的形成方式。[2] 他这里所说的文学性，专指文化书写过程中所采用的修辞方法，对现实的刻画不过是引申的隐喻、联想……的意义。[3] 克利福德认为民族志书写在内容和形式上富含"寓意"（allegory），并不是所宣称的历史"真实"，而具有虚构性，不过是历史和文化的"部分真实"（partial truth）。他将民族志喻为一场"演出，到处点缀着力量角逐的故事"[4]，贯穿从观察、书写到阅读的整个动态过程。民族志书写与文学作品一样，具有虚构、主观、寓言性等基本特征。"即使最好的民族志文本——严肃、真实的虚构——也只是以事实为素材，充斥着权力和历史，而这是作者无法驾驭和控制的。"[5] 真实只是相对的，没有完全的真实。"民族志书写位居于且不断卷入持久、变化的不平等世界之中，表现着权力关系。"[6] 但是，正如克利福德所言，民族志研究在这些关系中的功能作用是复杂模糊的，具有潜在的反霸权倾向。

不仅如此，民族志研究在方法上试图摆脱对文化他者书写中蕴含的霸权政治。现代民族志书写从马林诺夫斯基（Marlinowski）开始介入了参与式观察的方法，如果说这种方法为声称客观的民族志增添了主观性因素，平衡了民族志书写的主观性和客观性的话，那么，这种作者的主观性也非常有限，作者的个人声音不过点缀文风而已，与文本的客观陈述之间界限分明。与古典的民族志书写的单一、权威、客观的叙述声音不同，现代民族志具有两种声音，即本土调查者和作者，但是"以参与式观察、数据收集、文化描写为主的形式表征了身在其外的立足点，即观看、客体化或仔细'阅读'现成事实"[7]。因此，为人类学服务的民族志清晰明了地调查文化他者，将其定义为原始的、部落的、非西方的、识字前的、非历史的他者。现在这个罗列突然变得不再连贯，民族志开始遭遇与己相关的他

① James Clifford and George E. Marcus, eds. *Writing Culture: The Poetics and Politics of Ethnography*, p. 4.

② Ibid.

③ Ibid., p. 100.

④ Ibid., p. 98.

⑤ Ibid., p. 7.

⑥ Ibid., p. 9.

⑦ Ibid., p. 11.

者，开始将自身看作他者，每个可以发现的“他者”都是自我建构，民族志文本的生成可以说一直在进行“自我重塑”。于是，借鉴巴赫金的对话理论，民族志文本中穿插多种声音，共鸣齐放。从前在传统民族志书写多种声音即使出现，也服务于一个权威声音，是其他声音的消息来源。而今这种对话模式不再具有自传性，而是多种声音共同表达意义。由此，民族志书写者不再像从前那样救世主般地将即将消亡的文化转化为可读性文本形式，相反，在这类书写中，多种声音的出现仿佛每个声音都可能成为作者。话语的等级权威将随着时间的推移变得模糊不清。

综上所述，英国旅行文学为考察殖民现代性提供了窗口。以地理大发现时代为肇端，英国海外扩张和殖民触角逐渐波及世界各地，英国的现代性与殖民主义是并蒂连理和并驾齐驱的。旅行文学百科全书式的“客观”、“真实”并不是不带有意识形态痕迹和影响，相反，随着 20 世纪 70 年代社会科学领域中知识范式的变革，启蒙现代性以来的宏大叙事不断受到质疑，以萨义德为首的后殖民理论家以旅行文学为研究对象，使用殖民话语分析不断反思和叩问文化再现的政治与暴力，是我们宏观把握旅行文学理论和建构自己研究视野的支点。

因此，本书采用萨义德在《东方学》中构建的殖民话语分析范式，同时亦拓展《东方学》的研究空间和研究方法。首先，《东方学》中的本质主义倾向严重，将东方同质为以印度和埃及为主的东方，而作为远东的中国早在 1840 年开始便受到西方各国不同程度的武力和文化殖民。因此，研究集中于两个中英文化交流的频繁期，审视英国旅行文学中的再现政治。其次，在研究方法上将沿用但不局限于萨义德的殖民话语分析范式。综合普拉特的接触空间说、丽莎·罗的“异位空间”说和巴巴对殖民话语“模棱两可”性的心理层面阐释，本书认为 20 世纪英国的旅行文学中再现的中国并不是单质同一的文化他者，而是随着历史事件的文化语境不同、旅行者自身的阶级身份、文化地位和理想欲望的不同而呈现出异质多元性。因此研究借用普拉特的文化接触空间说，将中英双方力量视为相互依存的动态关系。不仅如此，正如丽莎·罗的“异位空间”所指，旅行书写中的中英接触是具有多重集合点，阶级、种族、国家、性别和性态等关系均会影响再现的性质。在勘察殖民话语分析所隐含的再现政治时，注重东西方力量的不平等、动态接触，并参考巴巴分析殖民主义话语的模棱两可说，认为从主体间性即殖民者和被殖民者在主体形成的过程中入手，主体性并不是稳定不变，而是充斥着恐惧和不确定的反殖民话语。在考察殖民主义话语中殖民关系的不稳定时，旅行文学中的种族话语、阶级话语、性别话语、性向态话语等不同程度地介入和干预。因此，旅行文学为我们提供了人类学意义上的跨文化书写的机制、策略及深层的文化认同心理。

下　　编
“再现的政治”
——现当代英国旅行文学的中国构建

在对西方现代思潮中的镜像中国进行历史性梳理后，我们从学理层面剖析了受20世纪60年代末以后学思潮影响下的旅行文学批评范式嬗变，尤以后殖民理论家萨义德开创的殖民话语分析和民族志书写的文学转向为旅行文学研究的基点，对旅行文学的诗学和政治进行了阐释。下编将聚焦英国20世纪的旅行文学，特别是以旅行到中国的作家文人的旅行书写为研究对象。由于篇幅字数所限，研究难以对过去一百多年间的旅行书写进行系统详实的梳理，因此采取一种深入集中式方法，集中于现当代两个时间段，选取这两个时间段的中国旅行书写，考察这两个时间段的旅行书写中再现的中国异质性及其变化。研究不仅要将旅行作家放置在英国相关的历史文化语境下审视其个性焦虑和文化诉求，还将观照其旅行书写中建构中国的话语机制。尽管不同章节独立成章，但是不难发现不同历史时期构建中国的旅行文本中所具有的互文性，书写中国时的一些关注点和问题相互交织。

诚然，在19世纪下中国经历两次鸦片战争后进入半殖民地半封建的社会，尘封的国门被迫打开，西方列强在中国大地肆意划分殖民领地。虽然20世纪尤其20世纪上半叶，中国最大的殖民国是日本，但是大英帝国及其民众的殖民意识根植在其文化无意识里，体现在中英跨文化接触的旅行书写中。下编三章，分别从20世纪现当代英国旅行文人作家的旅行叙事入手，分析构建中国的样态异质性，从而剖析构建隐含的个人思想情感和历史文化缘由，挖掘不同时期的中国构建所隐匿的再现政治。每位作家选取两部中国旅行作品，即一部为纪实性的旅行传记或回忆录，一部为非纪实性的虚幻小说，这样以三个作家以点带面地考察现当代中国构建的动态谱系图。

第三章

“原始”中国——毛姆旅行书写的中国构建

在群星璀璨的 20 世纪文学场中，威廉·萨默塞特·毛姆（William Somerset Maugham，1874—1965）虽然不像托马斯·哈代、弗吉尼亚·伍尔夫、D. H. 劳伦斯、T. S. 艾略特、詹姆斯·乔伊斯、乔治·萧伯纳（George Bernard Shaw）等作家位居经典之席，却以简约的笔触淋漓尽致地刻画人性而见长，在英国文坛上享有盛誉。在漫长的八十一年生涯中，他创作了四部长篇小说，一百五十多部短篇小说，三十多个剧本，拥有从维多利亚晚期直到 21 世纪广泛而忠实的读者群。评论界对毛姆的评价褒贬不一。美国著名评论家埃德蒙·威尔逊（Edmund Wilson）认为毛姆短篇小说粗俗浅薄，“毛姆先生玩弄……严肃主题，作品充满矫饰造作……他是半垃圾小说家，写作很糟，却受一些非严肃读者的追崇喜爱”[①]。劳伦斯阅读毛姆的间谍系列小说《埃申登》（*Ashendon*）后，认为毛姆虽是具有“洞见力的观察者”[②]，能够“恰如其分地展示人物和地点”[③]，但缺乏对人类普遍的兄弟姐妹情做出透彻剖析和理解。“每当经过仔细观察的人物需要动作，毛姆先生就幽默地推动他们一两下。他们只不过是木偶，作者的宠物工具，作者对宠物的损害是故作‘幽默’，很难找到比这更失败的幽默小说，更酸腐变味的幽默小说。”[④] 毛姆小说还被批评为流于表面，缺乏深度和人性洞察。评论家莫顿·扎贝尔（Morton D. Zabel）讽刺

---

① Anthony Curtis & John Whitehead, eds. *Somerset Maugham: A Critical Heritage*, London: Routledge, 1987, p. 364.

② D. H. Lawrence, “Four Contemporary Books,” *Vogue*, July 20, 1928.

③ Ibid.

④ Ibid.

毛姆的创作大多为逢迎市场，认为它们“除了赚钱，是毫无意义的文学作品”①。还有一些反对意见指向毛姆的种族主义，诸如“东方人”（Oriental）和“犹太人”（Jewish）等种族歧视用语。更有批评者指责他是性别歧视者，甚至怀疑他有“厌女症”。

尽管如此，毛姆的文学艺术价值不可磨灭，其文学地位不可忽略。英国小说家伊夫林·沃一向以对其他作家不友善而著称，却赞扬毛姆为“唯一现存的工作室大师，其作品值得研究，令人获益”②。乔纳斯（Klaus W. Jonas）认为埃德蒙·威尔逊等的贬损之评不过是出自嫉妒的“傲慢的书评”。安格斯·威尔逊（Angus Wilson）赞叹道：“没有任何作家能像他那样聪明地把自身缺点化为财富，他虽然过着传统刻板的生活（因此浪漫余温只会偶然闪现），但是他技巧精湛，将有限的材料赋予充满活力的形式，成为掌握高超技巧的大师。他的故事展示普通日常的混杂生活，却带有平和质朴的流畅酣漓。”③ 著名文学评论家西瑞尔·康诺利（Cyril Connolly）在《超众敌人》（*Enemies of Promise*，1938）中称他为最后一位伟大的职业作家。1950 年在维特·博内特（Whit Burnett）编审的世界最佳作家名单上毛姆排名第十二名（获四百二十七票），萧伯纳排名第一（获五百三十九票），另外一个超出毛姆的英国作家是赫胥黎（Aldous Huxley）。这个结果足以显示当时毛姆在英语文学场中的地位。

国内外对毛姆的专题性学术研究基本围绕故事情节进行文本分析。有些研究深入地讨论主题与意象，也有一些评论试图把毛姆的创作提高到英国经典文学乃至世界经典文学的地位。④ 以现代短篇小说、书写与帝国、书写与性别为主题的研究论文基本以吉卜林、康拉德、福斯特等作家为主。极具讽刺意味的是，毛姆作品集中以反映种族、阶级、性别等文化他者和边缘存在为题材，而他本人在学术研究中却成了受冷遇的他者。对毛姆旅行书写的评论主要集中在他的亚洲旅行及书写，如戈尔·韦戴尔（Gore Vidal）所言：“萨默塞特·毛姆是一位悲观厌世的周游世界旅行

① Morton Dauwen Zabel, “A Cool Hand,” *The Nation*, CLII, May 1941, p. 534.

② Evelyn Waugh, “The Books You Read,” *Graphic*, CXXVII, October 1930, p. 426.

③ William Somerset Maugham, *Cakes and Ale and Twelve Stories*, New York: Doubleday, 1967, p. ix.

④ 1915 年德莱塞为《人性的枷锁》写书评，给予赞扬，开启评论界褒扬毛姆之端。

者，他的第一人称叙事很出色，读起来是世界上最不枯燥的（旅行叙事）。”① 约翰·怀特黑德（John Whitehead）认为毛姆的“远东”旅行为他最好的作品提供了灵感。② 相反，雷蒙德·莫迪莫（Raymond Mortimer）则“厌烦了（作品中的）纱笼、曼谷巴东、马来甘磅，这只是地方色彩”③，因此他对毛姆的马来故事只进行人物性格分析解读。即使详细研究毛姆东方作品的专著，如拉玛那（M. A. Ramana）的《毛姆与东方》（*Maugham and the East*, 2001）也并未走出情节分析和性格描写的分析套路。莱斯利·马尚德（Leslie Marchand）这样总结道：“异国情调并没有点亮毛姆的思想或改变他的方法，而只是一个有用的媒介，它从未减弱也未磨炼他。他作品的调子始终如一。”④ 阿奇·罗斯（Archie Loss）认为流放是毛姆的马来小说主题。⑤ 罗伯特·吉什（Robert Gish）认为毛姆的文本只是英国文学从吉卜林到格林的异国情调短篇故事传统的延续。安东尼·柯蒂斯（Anthony Curtis）在《毛姆的模式》（*The Pattern of Maugham: A Critical Portrait*, 1974）一书中从有关流放的其他层面入手，探讨毛姆对殖民状况的描写。柯蒂斯和安东尼·伯言斯（Antony Burgess）都提到毛姆东方小说中亚洲本土人物的缺乏。但伯吉斯说：“我们不能怪罪毛姆小说以欧洲人为中心，因为欧洲人是他真正了解的人。”⑥ 柯蒂斯指出毛姆“专注种族间的性”⑦，在亚洲的欧洲人的生活是“堕落的过程或完全的腐朽”⑧。

所有这些评论都基本围绕情节和文本解读展开，几乎没有解释毛姆的旅行及其书写涉及的种族或想象地理。帝国话语、自我与他者之关系研究

---

① Gore Vidal, "Maugham's Half and Half," Rev. of *Willie* by Robert Calder, *New York Review of Books*, Vol. 37, No. 1, Feb. 1990, p. 40.

② John Whitehead, *Maugham: A Reappraisal*, London: Vision, 1987, p. 17.

③ Raymond Mortimer, "Re-reading Mr. Maugham," Rev. of *Altogether* by W. Somerset Maugham, *New Statesman and Nation*, Vol. 8, No. 183, August 1934, p. 244.

④ Leslie A. Marchand, "The Exoticism of Somerset Maugham," *The Maugham Enigma*, ed. Klaus W. Jonas, London: Owen, 1954, p. 71.

⑤ Archie K. V. Loss, *Somerset Maugham*, New York: Ungar, 1987, pp. 72 – 73.

⑥ Anthony Burgess, "Introduction," *Maugham's Malaysian Stories*, Hong Kong: Heinemann Asia, 1969, p. xvi.

⑦ Anthony Curtis, *The Pattern of Maugham: A Critical Portrait*, London: Hamiilton, 1974, p. 158.

⑧ Ibid., p. 175.

大都集中在福斯特或康拉德这些名头更响亮的作家身上，原因可能是毛姆的书写不是或从来都没有成为英国文学或英语的经典。尽管如此，也有新的视角和颇具启发的观点。如从地理政治批评角度研究毛姆《月亮与六便士》（*The Moon and Sixpence*，1919）的有苏卜拉曼（Subraman）的《神秘的探索：南海的文学反馈》。[①] 简·欧哈洛伦（Jane O'Halloran）《在他们火光的边缘》一文把毛姆的女性气质建构与种族怪人联系一起。[②] 德布拉·斯托纳（Debra Stoner）的《W. 萨默塞特·毛姆异国情调小说的讽刺性》则探讨了毛姆异国情调短篇小说的反讽。[③]

国内的毛姆研究和批评基本围绕他的这两部小说《人性的枷锁》（*Of Human Bondage*，1915）和《月亮与六便士》和其短篇小说。据1980—2008年国内毛姆研究统计，研究毛姆小说的论文有一百六十九篇，占毛姆论文研究的70.1%，其中三十六篇是对小说的人物形象和思想主题的研究，多集中在《人性的枷锁》、《月亮与六便士》、《刀锋》（*The Razer's Edge*，1944）。而《彩色的面纱》（*The Painted Veil*，1925）只有十三篇，占5.4%；《在中国画屏上》（*On a Chinese Screen*，1922）十一篇，占4.6%。1992年胡亚瑜的《故事大王的东方万花筒——评毛姆的东方题材小说游记》开创了毛姆中国形象研究先河，近几年来不少高校研究生从比较文学形象学角度研究毛姆。[④] 另外一些"中国形象"研究的中文专著中也经常把毛姆收录其中，如葛桂录《雾外的远音》、姜智芹《文化想象与文化利用》，填补了毛姆国内研究的空白。研究毛姆的博士论文只有一篇，即2009年暨南大学许晴的《从毛姆的小说创作看画家高更对其影响》。该文结合心理分析、文化人类学、叙事理论角度，分析了毛姆作品的主题、人物、艺术审美观和叙事技巧，填补了国内毛姆专题研究的空白。

毛姆是20世纪最早书写中国的旅行作家之一，比分别在1929年和

---

① Subraman, "The Mythical Quest: Literary Responses to the South Seas," *Literary Half-Yearly*, Vol. 18, No. 1, Jan. 1977, p. 176.

② Jane O' Halloran, "'At the Far Edge of their Firelight': Primitivism and Progress in the Colonial Fiction of W. Somerset Maugham," *SPAN*, Vol. 26, April 1988, p. 100.

③ Debra Kay Stoner, "Ironic Designs in the Exotic Short Fiction of W. Somerset Maugham," Diss., Ball State U, 1989, p. 78.

④ 高国涛：《国内毛姆研究30年综述——基于1980—2008年研究论文的统计与分析》，《保定师范学院学报》2010年第5期。

1931年到中国的理查兹（I. A. Richards）和彼得·昆内尔（Peter Quennell）和20年代末期到中国教书的燕卜逊（William Empson）早到中国，还比奥登（Wystan Hugh Auden）和伊舍伍德、奥斯伯特·西特韦尔（Osbert Sitwell）、哈罗德·阿克顿更早地书写中国。他分别于1919年和1922年两次巡游中国，而当时的中国正展开现代性的步伐。两次鸦片战争和紧随其后帝国列强在华租界对中国的肆意瓜分，将两千年封建帝制的中国引领进残酷的受外强凌辱之境。大批爱国青年和受过西方思想洗礼的仁人志士纷纷为中国社会寻找文化痼疾和现代出路。1911年，中国爆发了资产阶级民主革命，结束了清封建王朝的统治，民主共和的思想深入人心。在中国知识界，掀起了一场以胡适为首的白话文运动，倡导向西方学习科学技术和民主思想。1919年，中国在巴黎和会外交上失败，5月4日北京爱国学生举行示威游行，抗议北洋政府卖国求荣。在这种内忧外患中中国进入现代性的阵痛中。

毛姆正在此时巡游中国。事实上，毛姆是在大批传教士、商人和外交派驻人员中的一个中国旅行者。在西方，随着19世纪中产阶级队伍的迅速壮大，越来越多的人开始在交通工具还不发达的情况下出国旅行。到中国旅行的欧洲人不在少数，如法国水手莱恩（Jules Leon Dutreuil de Rhains，1846—1894）曾到过西藏边远地区。澳大利亚人莫里森（George Ernest Morrison，1862—1920）曾在1894年游历长江、西川、云南。女性旅行家毕晓普（Isabella Lucy Bishop，1831—1904）在19世纪90年代到过长江、四川和西藏。他们在游记中除了记录旅行的快乐，还涉及各种话题，如中国的法律、女性、杀婴等，与西方文明社会比照，“我们，生活在西方文明下的我们，很难认识到在中国人们生活的困难”。[①] 他们在描写中国人的特点时通常进行归纳总结，如中国人的撒谎、欺骗、道德沦丧、卑鄙无耻等。一个法国传教士曾言：“如果你听说中国不是小偷和骗子的话，不要相信，一定不要相信。他们每个人是小偷和骗子。”[②] 可以说这种论调具有时代症候性，影响和渗透在旅行者和游记对中国国家、民族、体制既敌视又同情的态度中。

① George Ernest Morrison, *An Australia in China, Being the Narrative of a Quiet Journey across China to Burma*, London: Horace Cox, 1895, p. 90.

② Ibid., p. 105.

本章围绕毛姆的中国旅行和两部中国旅行书写《在中国画屏上》和《彩色的面纱》，考察20世纪现代主义时期大英帝国作家毛姆对东方中国的旅行和旅行书写中所透露的地理想象和再现政治，即对中国他者文化的东方主义建构。在接触空间中，毛姆以一个英国白人中产阶级男性作家身份，寻找在东方中国的怪异欧洲现代人。他不仅以一个英国社会的局外者、一个与维多利亚时期主流婚姻观不同的“他者”身份，探求在华流散的欧洲人的怪异人性，而且他笔下的欧洲人更是处于欧洲主流文化之外的“他者”，在异域他者文化中的他者性表露得淋漓尽致。毛姆俨然以一个自然主义者剖析在华欧洲“他者”的他者性，在他看来，正是中国的“原始”为这些现代欧洲人提供发挥人性的背景。毛姆巡游审视的中国呈现出原始落后、荒凉凄惨的病态。毛姆的旅行书写所表征的是个人和所属的文化阶层对异域中国的欲望投射，透露着个人和社会的情感结构。

本章首先追溯毛姆作为欧洲白人中产阶级绅士的旅行背景和旅行创作。其次，将把毛姆放置在大英帝国的文化背景下考察他的中国旅行。前两节试图回答毛姆旅行中国时带着何种个人情感和文化期待这个问题，以便为理解他的两部中国旅行书写的中国建构铺陈个人的和社会的背景知识。接着，将对其两部中国旅行作品进行文本研读，剖析其中的中国构建以及如此建构的欲望投射。如果说作家不仅是缔造帝国意识的参与者，还是再生者的话，那么毛姆这两部中国旅行书写传承和再造了帝国文化和殖民思想。毛姆很大程度上秉承了维多利亚时期的种族主义主流意识形态，将中国刻画为“原始”中国或前现代中国，时间和空间上否定中国的现代存在，这两部作品为我们解读20世纪初的大英帝国殖民意识提供了丰富的源泉。

第一节　旅行人生与创作生涯

毛姆的一生充满悖论。他的人生丰富多彩，虽然不能比作历险传奇，却也趣味无穷。[①] 毛姆的家族几代人从事法律，但他由于口吃而无法承继祖业。毛姆曾想从医，获得过医学学位，最终却跻身于世界上最著名的作

① William Somerset Maugham, "The Summing Up," *Mr. Maugham Himself: A Collection of Writings by W. Somerset Maugham*, Garden City, New York: Doubleday & Company, Inc., 1954, p. 539.

家之列。毛姆虽是英国人，但牙牙学语却从法语开始，还熟练掌握英语、德语、西班牙语、意大利语和俄语等几国语言。毛姆从未进入牛津或剑桥接受学院体制的正规教育，可他的《总结》（*Summing Up*）和《作家笔记》（*The Writer's Notebook*）至今仍是年轻作家从事文学创作的指南。虽然是英国人，毛姆最终却定居在法国南部一栋优雅别致而富丽奢华的别墅（Mauresque）里。虽性情孤寂冷傲，但伦敦上层沙龙却频现他的身影，从作家亨利·詹姆斯（Henry James）到总统温斯顿·丘吉尔（Winston Leonard Spencer Churchill），从多萝西·帕克（Dorothy Parker）到 D. H. 劳伦斯，他似乎无人不识。虽然是同性恋者，毛姆却曾经有段婚姻，生有一女，并一生都在试图掩盖自己的同性恋属向。有评论家把毛姆与小说家约瑟夫·康拉德比较。康拉德用“波兰血统、英国油漆裹身”来比喻自己文化认同的二元性，毛姆也自诩“同质双体（homo duplex）在我身上不止有一个含义”①。也就是说，“毛姆具有双重性格，他拥有两种母语、两个国籍、两个职业（医生和作家）和双性恋性别认同”②。尽管众多矛盾集于一身，但在毛姆一生中有一件事从来没有停止过，那就是旅行与创作。

毛姆的父亲罗伯特·奥蒙德·毛姆（Robert Ormond Maugham）就偏好旅行。毛姆不能理解父亲于 19 世纪 40 年代背井离乡，移居巴黎担任英国驻法领事馆的律师顾问这一举动。他这样形容父亲：“他是一个旅行爱好者，曾经到过土耳其、希腊、小亚细亚，甚至少有人去过的摩洛哥的非斯（Fez）。家中书房装满旅行书籍，房子四处点缀着旅行带回的塔纳格拉塑像、土耳其匕首等东西。”③ 在他看来，父亲一定对未知世界怀有探索的渴望和躁动，正如毛姆自己一样。毛姆出生和成长在法国，十岁以前有着美好而温馨的童年。父亲担任驻法的英国领事馆法律顾问，母亲伊迪斯·玛丽·斯奈尔·毛姆（Edith Mary Snell Maugham）漂亮贤淑，大方亲和。父母两人相差二十多岁，但生活得安稳而幸福。毛姆是家里第四个男孩，与三个哥哥年龄相差较大，在他幼儿成长时期，哥哥都在学校寄宿，但和谐美满的家庭氛围和家中定期的沙龙聚会令他并不孤单寂寥。然而，

① Jeffrey Meyers, *Somerset Maugham: A Life*, New York: Vintage, 2005, p. 20.

② Ibid., p. 20.

③ William Somerset Maugham, "The Summing Up," *Mr. Maugham Himself: A Collection of Writings by W. Somerset Maugham*, p. 647.

不幸接踵而来。八岁时，身染肺结核多年、羸弱的母亲骤然离世，给幼小的毛姆带来一生难以抹去的痛苦，两年后父亲患癌症，撒手人寰。独特的童年经历在他心理上留下了痕迹和影响。每当失落时，他都会沉浸在对母亲的温馨美好回忆中。“我过去常夜夜梦想在学校的生活不过是个梦，畅想梦醒后发现妈妈就在家里和我一起。她的死对我是五十多年一直没有愈合的伤痛。”①

生活的变故令幼小的毛姆感到无助，十岁起形单影只的他回到英国，由在肯特（Kent）的牧师叔父亨利领养长大。之后，无依无靠的毛姆被送到坎特伯雷的国王学校读书，他英语中带有法国腔调，他的口吃受人耻笑。他害羞自卑，无法适应国家和家庭的无根感。“很长时间，我不确定英语单词的正确发音，到现在也不能忘记在预科学校朗读词组时班级同学的哄堂大笑。”② 在两种生活方式，两种自由和两种文化观念影响下，毛姆坦言：“发生变故（父母双亡——译者注）之后，我不能与这两种本能完全认同，不能完全认同这种民族见解或那种民族见解。而只有本能和见解才能滋生同情；身体缺陷和随之而来的紧张，更大程度地把我与其他人的普通生活分隔开来。”③ 父母早亡、口吃、学校和叔父家的痛苦经历令他感到自己疏离了法国和英国。他写道：“……整个世界的歇斯底里令我反感，尤其在人群成堆的时候，我感到孤芳自赏，沉浸在温和与悲伤交融的剧烈感情中。”④

毛姆对人性持有悲观感和扭曲感。这不仅与儿时经历有关，还可能与他在圣·托马斯医院的培训经历有关。刚刚展开事业生涯的毛姆在医院实习期间，接触到许多贫病交加、没受过教育的人，对社会和人性有了近距离的观察和了解。有一次在解剖室找不到人体的某个神经时，他抱怨人体的异常。教授笑着告诉他：“正常是人们寻找的东西，却很难找到，解剖学与人性相通无异。”⑤ 这令毛姆茅塞顿开。在毛姆看来，人性具有不连贯和不一致性，正常只是人们的理想，令人难以相信。“我相交甚笃的人

---

① William Somerset Maugham, “The Summing Up”, *Mr. Maugham Himself*: *A Collection of Writings by W. Somerset Maugham*, p. 675.

② Ibid., p. 547.

③ Ibid., p. 667.

④ Ibid., p. 541.

⑤ Ibid., p. 569.

会令我吃惊，我从未料到一些行为可能发生在他们身上，或者我被他们展示出的我认为从不会发生的性格一面所惊异。”[①] 他把这称为人性的矛盾：“自私和友善、理想主义和淫荡纵欲、虚荣、害羞、公正、勇敢、懒惰、紧张、固执和怯懦，这些都可以在一个人身上存在。”[②]

如果说幼时因变动而旅行出于被动无奈，到了成年毛姆开始对旅行和写作充满兴趣。毛姆十七岁面临是否去剑桥继续学业的选择，但是他说服叔父，只身前往德国的海德堡学习。毛姆在自传《总结》中回忆十八岁在德国海德堡体会到从未有过的愉快心情，“我平生第一次品味自由，而一想到要去剑桥，我就无法忍受……”[③] 从此，他对旅行怀有特殊的情怀。回到英国后，毛姆在思考自己今后的职业。他申请伦敦的圣·托马斯医学院，并于 1897 年获得医学硕士学位。但是，拿到学位的第三天，他便展开从 1897 年 12 月到 1898 年 7 月的西班牙之旅，与此同时他的处女作《兰贝斯的丽莎》（*Liza of Lambeth*）在 1897 年问世，并受到超出预料的好评，毛姆对写作信心倍增，这时他年仅二十三岁。

旅行能赋予他身体和心灵自由的空间，毛姆做出弃医从文的决定。“一些幸运的人在自己的思想中找到自由；我尽管缺乏他们那样的精神力量，却能在旅行中找到自由。”[④]不仅如此，作为艺术形式的文学创作能自由地放飞幻想，令他体会到思想旅行的自由。“幻想是创造性想象力的基石，是艺术家的特权。与被视为逃避现实这种观点相反，幻想是艺术家进入（创造）的方式。他的幻想具有目的性，能带给他愉悦，相比之下感官愉悦显得那么苍白，（幻想）带给他自由的力量。”[⑤] 旅行给他带来精神的自由，幻想和想象更令作家品尝到自由的神奇和力量。在他一生中想象性创作使他功成名就，使他有条件自由旅行；旅行又赋予他创作灵感和想象力。可以说创作和旅行相辅相成，是他自由人生的两个亮点。

在有形的旅行和无形的幻想驱使下，毛姆迈开他的旅行步伐。他将自己的旅行见闻与丰富的想象熔铸一起，将旅行中的观察转化为创作来源，

---

① William Somerset Maugham, “The Summing Up,” *Mr. Maugham Himself: A Collection of Writings by W. Somerset Maugham*, p. 568.

② Ibid., p. 569.

③ Ibid., p. 675, 565.

④ Ibid., p. 582.

⑤ Ibid., p. 575.

"我对人感兴趣不是因为他们本身怎样，而是出于我的写作……把他们视为对作家的我有用的素材"①。"和任何一个人待上一个小时，我就能轻而易举地获取素材并付诸文字，写出关于这个人有滋有味的故事。"② 1898年末他开始前往国外旅行，先到罗马，然后到西班牙停留几个月后，又到了摩洛哥，1899 年 4 月返回伦敦。第一本旅行书籍《可指望的土地》（*The Land of the Blessed Virgin*）是毛姆在西班牙安达卢西亚（Andalusia）旅行期间的经历描写，大量地介绍西班牙的生活和文化。这本书稿 1899年付梓，1905 年出版。虽然不能称为优秀之作，却受到弗吉尼亚·伍尔夫的关注，在伦敦 1905 年的 5 月 26 日的《泰晤士报》（*The Times*）上撰写文章加以好评。

20 世纪初到 1914 年"一战"开始这段时期是英国自伊丽莎白时代以来戏剧热时期，而毛姆凭借小说创作上积累的经验，开始转向戏剧创作，《弗雷德里克夫人》（*Mrs. Frederic*）令他一举成名，名利双收。1909—1914 年期间，毛姆大量的喜剧问世，名气上与严肃剧作家萧伯纳和高尔斯华绥（John Galsworthy）相比有过之而无不及，跻身伦敦上层社会的艺术名流之列，这时毛姆三十六岁。然而，对旅行的渴望在他生命的任何阶段，无论在成功还是低谷，从来没有停歇。1908 年，他到过马德里、君士坦丁堡、布尔萨、卡普里岛（Capri）、科孚岛；1909 年到过巴黎、安特卫普、布鲁塞尔；1910 年首次登上大洋彼岸的美国、然后到过法国南部、米兰、雅典和威尼斯。这些旅行有时有好友沃尔特·佩恩（Walter Payne）的陪伴，但大部分旅途毛姆都是孑然一身。他有时一次出行几周，甚至数月。当时远行的交通工具落后，如病毒肆虐的汽船、拥挤摇晃的火车或者牛车和驴车。他路上带着食物随行，忍受轻蔑与旅行的困难，为寻求新经历而激动。在与好友书信交流中，毛姆经常提及旅行，并坦言旅行虽然没有使他感到幸福快乐，也没有在伦敦那样舒适，但是旅行是他生命中难以抑制的躁动。

在戏剧上的成功和由此而来的尘世喧哗并没有令毛姆迷失，创作一部自传体小说的欲望强烈地吞噬着他，童年和成长时期的记忆以及青春年少

---

① William Somerset Maugham, "The Summing Up," *Mr. Maugham Himself: A Colleetion of Writings by W. Somerset Maugham*, p. 541.

② Ibid., p. 575.

的激情经历萦绕脑海，难以逝去。如果说创作小说之初，他还在起步模仿，寻找自己风格的话，现今他开始驾轻就熟地掌握思想，坚定自如地展露笔端。他抛开所有思想束缚，“我知道过去为迎合公众口味我妥协让步了许多……许多作家因为贫困窘迫，要考虑作品的销路……但是我如果让这些思想左右的话，将多么可笑”①。《人性的枷锁》于1914年完成创作，并于1915年出版。美国著名小说家西奥多·德莱塞（Theodore Dreiser）给予高度评价：“这是一部至关重要的小说……不以道德主题为主题，因此作为这类作品必须费心苦力地编织，小说从头到尾妙趣横生、价值无比。”② 事实上，《人性的枷锁》与《月亮与六便士》是一直被认为是毛姆的经典作品，也奠定了毛姆在小说创作上可与同时期的康拉德、吉卜林、R. L. 斯蒂文森、H. G. 威尔斯，H. 詹姆斯角逐文坛的重要地位。

“一战”期间，与伊夫林等英国大多数作家文人一样，毛姆展开了新一轮的旅行体验。怀着满腔的民族主义热情，将自己熟练掌握法语和德语在战争中显露身手，他成为红十字会的志愿者，被派往法国战场。而后，他还受雇于英国间谍机构，被指派到瑞士、美国、俄罗斯，后回国到苏格兰疗养院接受肺结核治疗。毛姆后来将这段间谍生涯写成《埃申登》（*Ashenden*，1928）。1919年至1920年毛姆在他的美国男友杰拉尔德·哈克斯顿（Gerald Haxton）陪伴下在中国旅行了四个月，并将自己的经历写成旅行游记《在中国画屏上》，1922年出版。1921—1922年两人还到过东南亚（缅甸）仰光、泰国、老挝、越南、柬埔寨等地，丰富了毛姆对遥远的亚洲初民的了解。这期间他还旅行到过美国的萨摩亚（Somoa）和塔希提（Tahiti），远东的日本、中国的香港、上海、沈阳，以及东南亚的越南、新加坡等地。所有这些经历为他的小说和短篇故事提供了丰富素材。《彩色的面纱》是另一部关于中国的小说，1925年出版。像许多作家一样，毛姆在旅行中一路行走，一路记日记。根据南太平洋和东亚的旅行，他完成另一部旅行书写《客厅里的绅士》（*The Gentleman in the Parlour*，1930）。毛姆在这本书中提到他的旅行美学，“我旅行因为我喜欢各处走动，喜欢旅行带给我的自由感，摆脱束缚、责任、义务；我喜欢未知

---

① Selina Hastings, *The Secret Lives of Somerset Maugham: A Biography*, New York: Random House, 2009, pp. 151 – 152.

② Ibid., p. 152.

事物；我遇到奇怪的人，这令我愉快上一阵，有时为写作提供主题；我经常感到厌倦自己，意识到通过旅行我能增加个性，令我有点变化。”①

《短篇小说六篇》（*The Casuarina Tree*，1926）和《啊，国王》（*Ah, King*，1933）是关于远东的两部故事集，文笔流畅，故事安排紧凑，观察细腻，展示了毛姆“清晰、简朴、悦耳”的写作风格。毛姆将自己旅行中所见的真实人和事作为素材，以旁观者的个人角度挖掘帝国主题。“平常人是作家丰富的创作源泉。他们出乎意料、淡定自若、个性迥异，是永无止境的素材。”② 英国殖民者成为他小说中主角，关注那些平常的普通人，他所熟悉的职业中产阶级白人在殖民地的生活。毛姆认为他们更加真实，因为他们从未在公众场合亮相，他们不会想到要隐藏什么。这些人之所以成为他的关注点，因为他们展示自身个性中的怪诞，而且为之并不感觉怪诞。他的东方故事受到他同时代许多作家敬佩，如乔治·奥威尔（George Orwell）、伊夫林·沃、格雷厄姆·格林、克里斯托弗·伊舍伍德等。

毛姆在“一战”前后不断地旅行，这也是他的创作最为活跃时期，小说、戏剧、短篇故事集接连不断与读者见面，他已经成为在世的最著名、最富有的作家之一。二三十年代以及“二战”期间，毛姆大部分时间与好莱坞来往，还经常到丹麦、德国、奥地利、希腊、塞浦路斯、埃及等地游走。许多作品搬上舞台，拍成电影，如《彩色的面纱》的女主角就由著名的嘉宝担任。三四十年代他最著名的小说有《寻欢作乐》（*Cakes and Ale: or, The Skeleton in the Cupboard*，1930）和《刀锋》（*The Razor's Edge*，1946）。与此同时，批评界尤其法国知识分子圈开始视毛姆为严肃作家，给予关注。1935 年，法国授予他荣誉勋位勋章的荣誉。在英国，1934 年布鲁姆斯堡小组成员之一德斯蒙德·麦卡锡（Desmond MacCarthy）在出版的一部传记式评论书《毛姆：英国的莫泊桑》（*William Somerset Maugham: The English Maupassant*）中，这样评论毛姆：“他非常有趣，就像莫泊桑，作为艺术家他属于整个世界……他最擅长讲故

---

① W. Somerset Maugham, *Gentleman in the Parlour: A Record of a Journey from Rangoon to Haiphong*, Paragon House Publishers, 1989, p. 13.

② William Somerset Maugham, “The Summing Up,” *Mr. Maugham Himself: A Collection of Writings by W. Somerset Maugham*, p. 541.

事，这种能力可与任何活着或死去的人相媲美。”①

“二战”期间，毛姆在美国出版商尼尔森·道布尔迪（Nelson Doubleday）资助下开始了新一种旅行——避难美国。1933 年毛姆放弃戏剧创作，他的艺术成就随着年龄增长而日销殆尽。1945 年“二战”结束后，他搬回在法国的别墅（Mauresque），将其修缮和翻新。晚年，他卷入有关他的艺术收藏品继承权的官司，与女儿丽莎（Liza）和家人见诸法庭。他的男伴哈克斯顿去世后，阿兰·塞尔（Alan Searle）一直陪伴左右，照顾生活，安排事务。迟暮之年的毛姆虽然居住在富丽堂皇的别墅，但难以释怀儿童和少年时期的不幸。塞尔 1944 年逝去后，他孤单寂寞。这位欧洲大陆家喻户晓的作家 1965 年年终，在完全的自我流放中，孤独地去世。

毛姆一生从来没有停止过笔耕。他不仅厌倦窒息的欧洲都市生活而旅行，为自己的创作灵感搜集素材而旅行，还为逃避社会和家庭强加给他的压力和责任而旅行，旅行是毛姆自我探索、自我促进、自我转变的欲望选择。这种躁动一直相伴到暮年，他一有空闲便放下缠身事务，抽空远游。这里面掺杂愧疚和责任、欲望与越界的矛盾。知晓法律义务却又奋起抵制并怀有罪恶感，这呈现出一种症候式往复。由此可见，性情中的某种不安定或者说对未知领域的探求将毛姆的脚步带往四海。正如丹尼斯·波特（Dennis Porter）指出旅行与欲望的关系时所言：“各种旅行形式回应的是欲望，我们自己出于某种原因或某种动机在国内无法实现，幻想能在旅行中得以满足。因此，旅行主要由欲望引起，并伴有强烈的越界冲动。”②正如人类学家所揭露，各种边界是既充满危险又充满刺激的地方，令人联想到禁忌，跨越地理或国家的疆界更加如此。③那么毛姆的旅行昭示怎样的个人欲望和帝国文化呢？

第二节　帝国文化与个人巡游

毛姆天生而且终生是一个自我流放者，具有欧洲、白人、男性、旅行家多重身份标识，性情冷僻孤傲。毛姆的个性和作品中透露出冷漠和高

① Selina Hastings, *The Secret Lives of Somerset Maugham*, p. 360.

② Dennis Porter, *Haunted Journeys: Desire and Transgression in European Travel Writing*, p. 9.

③ Richard Cobb, *A Sense of Place*, London: Duckworth, 1975, p. 28.

傲，常常受到评论界的针砭。对此毛姆自我解嘲道："我有着知识分子的清高气质。如果恰如我所希望的，我已经摒弃了这种气质，那并不是我自身的美德和智慧使然，而是归因于令我成为旅行者而不是作者的机会。我一直感到害怕与英国人为伍。对我而言，英国是我没能尽义务的国家，责任令我苦恼。我从来都感受不到真实的自己，直到我能把海峡放在我和祖国中间。"① 从这段话可以得知旅行对毛姆的重要意义，旅行不仅能净化个性而且帮助他摆脱责任的枷锁束缚。

萨义德曾指出知识分子阶层与帝国主义的共谋关系是东方主义滥觞至今的原因之一。②二者在意识形态上的同质性（homology）决定所面临着共同的问题。如果说"一战"、"二战"中英国的帝国地位日渐式微，那么行走东方中国的帝国文人毛姆遭遇异域文化时表现出何种态度？如果说毛姆善于将周围的人物和事件当作素材而写作的话，他接触遥远而陌生的东方中国选取的是何种素材？笔下再现的中国呈现何种面貌？中英两种文化的碰撞下毛姆自身的定位如何？中国旅行是"一战"爆发后毛姆东南亚旅行的一部分，欧洲旅行家毛姆的中国书写中带有何种个人和文化期待？如丹尼斯·波特所言："从'家园'出走或流放的过程中，拥戴还是拒斥所旅行的国家，通常不取决于客体因素，而取决于早期形成的投射到这些地理空间上的原型。"③ 面临广博浩瀚的异域文化和地理，受殖民主义蛊惑的作家/殖民者怎样通过划分认同和差异的界限来构建白种人和宗主国的权威和统治地位的合法性？

本节主要阐释毛姆所处历史时代的帝国文化特征，勾勒"一战"时期以欧洲种族主义思想为核心的英国社会文化图景。受此帝国文化语境熏染，毛姆的中国巡游透露着欧洲中心主义的优越与对文明渊薮的忧虑。另外，中国巡游还交织着毛姆个人的性向焦虑，也就是面临异性婚姻与同性恋性取向的矛盾，即社会规范与个人性向冲突下的焦虑。种族主义的殖民话语与性向焦虑交互碰撞是我们解读毛姆的中国旅行作品《在中国画屏上》和《彩色的面纱》前奏和背景。

---

① William Somerset Maugham, "The Summing Up," *Mr. Maugham Himself: A Collection of Writings by W. Somerset Maugham*, p. 582.

② Edward Said, *Orientalism*, p. 322.

③ Dennis Porter, *Haunted Journeys: Desire and Transgression in European Travel Writing*, p. 11.

一 种族话语与帝国文化

欧洲历经几个世纪的殖民扩张，到了19世纪末尤其在20世纪初，滋生了广泛的种族优越感，种族话语成为主流。如果说早期的殖民扩张主要受经济利益和宗教传教所驱使的话，那么到了20世纪，贸易交往、外交谈判、传教使命和科学探险成为欧洲帝国扩张全球的驱动力，而此时科学技术所打造的坚船利炮又为侵占和统治非欧洲人提供了有力保障。从1876年至1915年这半个世纪期间，世界上又有近1/4的陆地板块成为欧洲霸权国家的殖民地，而仅英国就增加了四百万平方米的领土面积。① 在描述大英帝国所处时代的灵魂上，没有人能比得上受人尊敬的探险者和传教士大卫·利文斯通（David Livingstone）所表达得更加透彻，他在1857年这样写道：“每个人都在自己领域有意无意地执行着上帝的旨意。从事科学的人在寻求隐匿的真理，就如发现电报一样，一旦寻求到，会将人的关系更加紧密地拉近。士兵在为摆脱专制而冲锋陷阵。水手在将受害者从残酷的压迫中解救。商人在教导其他国家相互依赖这一事实。传教士等其他人都在为着一个光荣的目标而努力。”② J. A. 霍布森在《帝国主义》中引用格雷公爵的一段话道：“可能每个人都同意，英国人看待世界和生活的方式要超过毛利人和霍屯督人，没人会拒绝英国将她更好更高的思想施加给野蛮人……难道还有人怀疑白种人必须而且将把更高的文明强加给有色人种这一事实吗?”③ 利文斯通与霍布森这两段话语透露着强烈的种族优越感，以财富创造、科学进步和宗教救赎为荣，认为这些都将对英国和其他国家带来共同的促进。

19世纪中叶开始，有关种族差异的科学理论层出不穷，如乔治·居维叶（George Cuvier），罗伯特·诺克斯（Robert Knox, *The Races of Man*, 1850），法国思想家戈宾诺④（*Essay on the Inequality of Human Races*, 1854）均对不同种族在大脑和身体上的不同特点阐发己见。人种理论诞生

---

① Eric Hobsbawm, *The Culture of Time and Space, 1880 – 1914*, Cambridge, Mass.: Harvard University Press, 1983, p. 213.

② David Livingstone, *Missionary Travels and Researches in South Africa*, London: Murray, 1857, p. 674.

③ John A. Hobson, *Imperialism: A study*, pp. 165 – 166.

④ 可参照第一章的戈宾诺部分。

后即受到知识界的呼应，而达尔文进化理论问世后，涉及种族的主题很快受到社会达尔文主义进一步阐释，发展了一套种族之间竞争和适者生存的理论。正如菲利普·柯廷（Phillip Curtin）所言："大多19世纪70年代至20世纪20年代的帝国理论是建立在种族主义的构想上，带有进化的弦外音。"① 到此时，人们普遍认为欧洲文化优越于其他非欧洲文化，而且非欧洲人在种族上与欧洲人有差异，文化上的劣势是由基因基础意义上的种族差别造成的。依托科学的种族主义思想为帝国文化打了一剂强心剂，成为殖民主义的共谋与先锋。英国作为欧洲国家，而且殖民主义的历史久长，覆盖面积更广，殖民政治和经济在一定程度上更加体制化，种族话语所昭示的殖民意识俯拾即是。

首先，19世纪初一篇名为《远方殖民对母国的影响》（The Effects of Distant Colonization on the Parent State，1815）之文就为英国的殖民大业打上了道德救世主的幌子，披上了宗教救赎的光鲜外衣。作者托马斯·阿诺德（Thomas Arnold）指出尽管殖民以商业获利为主，但殖民对一些民族而言有着幸福的魔力，那就是将福音之光散发的荣耀和幸福传播给贫穷而盲目的异教徒。即使随着历史事件的演变殖民母国渐被遗忘，但它的名字和语言却在遥远的土地上生根开花，由它的子子孙孙传递永存。那些愿意传播幸福，成为荣耀使者的人是光荣的。② 因此，他得出结论，欧洲人承担着这种文明救赎的任务，有权而且理应成为世界的引领者。

再有，20世纪初的1901年，阿尔弗雷德·考尔德科特（Alfred Caldecott）撰文讴歌殖民主义，声称会带给人类裨益无穷，如和平、个人和财产的安全，工业和贸易的组织有序，欧洲将科学、文学和宗教带给全世界等。他认为"我们已经取得了成就，不是通过武力解决，而是通过道德力量"③。1906年，迈克尔·韦斯特（Michael West）在讨论英国统治印度的合理性时大肆鼓吹（殖民统治）"超越所有之前的政府，带来了空前的安定、公正和物质发展"④，令韦斯特推崇殖民统治的原因是他认为殖民是一项承载着崇高、文明、人性使命的工程。1907年伦纳德·奥

① Phillip Curtin, *Imperialism*, ed., London: Macmillan, 1971, p. xvii.

② Thomas Arnold, "The Effects of Distant Colonization on the Parent State", A prize essay recited in the Theatre at Oxford, June 1815, pp. 29 – 30.

③ Alfred Caldecott, *English Colonization and Empire*, London: John Murray, 1901, p. 69.

④ Michael West, *Bilingualism*, Calcutta: Bureau of Education, India, 1926, p. 98.

尔斯顿（Leonard Alston）认为英国人是在国家的道德使命的指引下去承担世界文明的使命。奥尔斯顿发现“传教士倾向于将一个理想的基督教世界、最高的基督教教义与周围黑色生命的邪恶对比”①。将理想的西方与衰退的东方进行比较时，他对这种歧视和偏见持严肃的批评态度。在努力展示公正平衡的观点时，他还是没有走出欧洲优越性思想的禁锢，“虽然我们认识到在我们自身与其他种族的道德判断上略显片面，还得承认我们西方理想尽管不是毫无瑕疵，总在发展，总体而言要比现今其他国家（可能除了日本）站得高”②。因此，到了维多利亚统治晚期盎格鲁－撒克逊种族优越感成为流风，种族话语不断加强和散播，牢牢地扎在文化血脉中。

事实上，种族话语为帝国文化建构合理性，是在有“低等种族”存在的基础上而建构欧洲种族的优越性。正如黑格尔的主奴范式所揭露一样，自我意识的获取是建立在自我与他者的交互依存基础上，欧洲殖民者的主体性建构同样需要殖民地“他者”的陪衬，也就是文明绅士的主体地位要有原始的异族衬托，民主政体要有专制暴政映衬，成熟、理性、信仰基督的欧洲人要有幼稚、非理性、异教的土著人为对立面，殖民者与被殖民者二者之间是交互依存、不可分离的关系。如麦特卡夫（Metcalf）所解释：“当欧洲在为自身建构与旧有的基督秩序不同的自我感时，他们有必要创造一个海外的‘他者’概念。将自己视为‘启蒙者’意味着将他人视为‘野蛮人’或者‘邪恶者’。将自己定义为‘现代’或‘进步’，意味着要将异己视为‘原始’或‘退步’。这种它异性就是创造双重自我，是启蒙工程不可或缺的一部分。”③

种族话语表征着殖民的文化建构，政治军事上的殖民所产生和赖以生存的文化殖民。殖民的文化建构不仅脱胎于殖民主义，某种程度上还维护着殖民主义的合理性。欧洲人视自身为历史的缔造者和标识者，相信欧洲永远地在向前进步和现代化，相比之下其余的世界不过在缓慢地进步，或者说在停滞，处于传统社会的样态。世界有永恒的地理中心和永恒的边缘，内部和外部，内部总在引领，外部总是滞后。内部处于革新，外部则

① Leonard Alston, *The White Man's Work in Africa and Asia: A Discussion of the Main Difficulties of the Colour Question*, London: Longmans, Greee, and Cp., 1907, pp. 19－20.

② Michael West, *Bilingualism*, p. 44.

③ Thomas Metcalf, *Ideologies of the Raj*, Cambridge: Cambridge University Press, 1995, p. 6.

在模仿。[①] 这种在文明程度上将社会的等级进行高低排列所见证的是启蒙所感召的归类热情。种族中心主义思想的灌输与普及也更加确保大英帝国在全球的殖民主体地位，使之在等级上位居至高。殖民书写在种族中心主义思想蛊惑下成为殖民主义合理性的代言人，大英帝国打着全球文明的大旗实为殖民扩张而摇旗呐喊。

但是帝国文化不是坚如磐石，而是危机隐伏。“一战”前在欧洲盛行种族主义思想，与此同时，人们还怀有对西方文明现状的忧虑与前途的恐惧。也就是说如果种族主义是主旋律的话，还伴有对文明现状和未来的忧虑这一陪衬曲。危机首先来自欧洲英、法、德为首的帝国列强之间的竞争，如在非洲的德国和意大利之间，在中国的苏联和日本之间，在印度的英国和法国之间等，为在各地瓜分殖民领地而彼此倾轧，世界大战的战火一触即发。危机还来自殖民地本土的反抗和斗争，如 1899—1900 中国义和团抗击在华欧洲人的运动，1897 年南非祖鲁人徒手击败英国军队的斗争，1896 年埃塞俄比亚人对意大利人的反抗。面临危机，人们感到恐惧，对欧洲对手和本土人的恐惧。科技会给人类文明带来什么？白种人是否在退化？各种质疑西方现代性的声音不断涌来。“尽管人们对欧洲文明的效力和道德产生怀疑，而且在恐怖的第一次世界大战之后这已经成为时代的强音，然而这种情绪在 19 世纪末就已开始出现，即使在最沙文主义者的旅行故事中也掩饰不住在白人文明使命中交织的冲突。”[②] 也就是说帝国文化虽然以种族话语为核心，巩固和突出欧洲白人的主体地位，但这其中还夹杂着来自欧洲竞争对手和殖民地他者的威胁，以及对欧洲文化的质疑和焦虑。

二 性向焦虑与欲望之旅

20 世纪初，种族主义思想占主流，与此同时人们对西方文明未来越来越忧虑。毛姆便在这种浓厚的帝国文化氛围下展开了远东的中国巡游。“我很疲惫。我不仅厌烦周围的人和萦绕脑海的思绪，而且我厌烦与我居住的人和我的生活方式。我感到自己已经从周围世界得到想得到的一切。

① James M. Blaut, *The Colonizer's Model of the World*: *Geographical Diffusionism and Eurocentric History*, New York: The Gilford Press, 1993, p. 1.

② Helen Carr, "Modernism and Travel," *The Cambridge Companion to Travel Writing*, ed. Peter Hulme and Tim Youngs, Cambridge, UK: Cambridge University Press, 2002, p. 65.

作为剧作家，我很成功，过着奢华的生活。”① 这段话描述了“一战”前他对自身生存状态的厌烦。毛姆的厌烦情绪其实不仅源于长期浸泡在中产阶级虚伪矫饰下而产生的空虚感，而且还有深层的个人原因，即同性恋倾向与婚姻抉择。矛盾之下，遥远的东方国家成为逃离自身存在困境的去处，精神的滋养。毛姆的东方旅行可以说验证了萨义德在《东方学》中触及的东方修辞，即东方是想象的地理，“一个可以寻求在欧洲不受获准的体验性经历的地方”②。东方不仅成为逃避社会规范、放纵自我欲望的僭越之地，还可以赋予作家殖民者的男性气概。需要东方的存在，需要不断地与东方疏离这种双重意识得以实现。

正如米歇尔·福柯在《性史》的开篇中所言，维多利亚政体形成的价值观一直影响着人们，乃至今天仍然存在。毛姆生活在性向规范已经确立的维多利亚时期，也就是福柯所说的维多利亚资产阶级单调枯燥的黑夜时期。随着资本主义的发展，为了维护资产阶级秩序，性向在权力科技和性科学话语的界定下，将以生育繁衍为目的和形式的家庭认定为合理，男女两性婚姻视为符合道德规范的存在。性的话题成为禁忌、秘密，乃至罪过，也就是人们常说的性压抑假说。同性恋更是19世纪医学话语介入和归类而产生的结果，正如福柯所言：“19世纪同性恋在草率的解剖学和神秘的生理学的帮助下（具体化）为人物，（他们）具有历史，一个（可供）范例研究的历史，一个童年，而且具有一种生活方式和生命形式，成为一门形态学……同性恋成为性向的一种形式。从鸡奸行为实践演变成一种内在的两性同体人，一种灵魂雌雄同体人。鸡奸曾经只是暂时反常行为，而同性恋现今却定义为一类人。”③ 在福柯看来，科学话语将17世纪具有暂时反常行为的鸡奸界定为同性恋、性向错位和变态，这是近代西方性向部署下的话语实践产物。

正如丹尼斯·波特所言，大部分旅行都隐含着欲望，在欲望与现实冲突下的旅行带有僭越的冲动。毛姆在“一战”时期面临着现实与欲望、责任与逃避的冲突选择。“一战”爆发时毛姆年近四十岁，事业成功，小说《兰贝斯的丽莎》（1897）和《弗雷德里克夫人》（1912）等戏剧的出

① Somerset Maugham, “The Summing up,” *Mr. Maugham Himself: A Collection of Writings by W. Somerset Maugham*, p. 624.

② Edward Said, *Orientalism*, p. 190.

③ Helen Carr, “Modernism and Travel,” *The Cambridge Companion to Travel Writing*, p. 43.

版令他在伦敦名声大振。他过着富足的生活，与作家、艺术家和演员交往，出没于上层社会的沙龙和宴会。1915 年小说《人性的枷锁》更加巩固他因而获得的声望和文学地位。“一战”爆发时，他已经超过为国献身的招募年限，但他以志愿者的身份出现在弹雨纷飞的法国前线，为政府当间谍，被派驻到瑞士、苏联等地服务。“地图上英国疆土对我很重要……凝聚着骄傲、归属与爱的感情……为之献身我义无反顾。”① 可见毛姆深厚的个人与国家责任感。

在肩负个人与国家命运相连的动荡复杂时期，毛姆还面临婚姻与性向抉择。毛姆处于女作家奥斯汀在《傲慢与偏见》所说的每个有财产的单身汉都要娶妻生子的时候，“如果要结婚生子，这正是时候。有一阵，我喜欢在脑海中勾勒自己步入婚姻的画面。没有我特别想结婚的对象，吸引我的是结婚状态。婚姻似乎是我设计生活方式的必要主题。”② 1913 年他快四十岁时，遇到了塞莉娅·威尔康姆（Syrie Wellcome），有一段温馨的交往，而且塞莉娅怀孕。但在 1913—1917 年期间，毛姆在婚姻抉择上一直徘徊不定，直至塞莉娅生下他们唯一的孩子丽莎（Liza），此时毛姆遇到了一生的男伴挚爱。

毛姆一生都在试图掩盖他的同性恋倾向，但是他难以压抑自身的欲望。毛姆投身“一战”，到法国做翻译、救护车司机和护士。在此期间，在战地弗兰德斯（Flanders）他遇到并爱上了一生中的伙伴美国人杰拉尔德·哈克斯顿。与谦虚自卑、冷傲缄默的毛姆相比，哈克斯顿活力四射、年轻健谈。也许在长篇小说《佛罗伦斯月光下》③(*Up at the Villa*，1941)塑造罗利·弗林特（Rowley Flint）的一段文字可以解释对他对哈克斯顿的感受：“他有股放荡气质，不喜欢他的人说他看起来狡诈。但是罗利·弗林特有着那股性吸引力……那种东西从头到脚吞噬着你，粗鲁举止背后的那种温柔，嘲弄背后的温暖……他性感的嘴和他灰色眼睛的抚摸。”④ 奥斯卡·王尔德（Oscar Wilde）事件的审判和社会道德的谴责在他脑海中记忆犹新。事业成功、婚姻抉择、性向游离这一切令作家焦虑和劳累。

---

① William Somerset Maugham, *A Writer's Notebook*, New York: Vintage, 2001, p. 128.

② William Somerset Maugham, “The Summing up,” *Mr. Maugham Himself: A Collection of Writings by W. Somerset Maugham*, p. 628.

③ 又译《一个女人和四个男人》或《山上的别墅》。

④ Somerset Maugham, *Up at the Villa*, New York: Vintage, 2000, p. 17.

最终毛姆于1917年作出结婚的决定。他在20年代写给塞莉娅的一封信中直言，娶她乃出自于同情、罪恶和自我牺牲的复杂情绪：“我和你结婚因为我认为你爱我，我不忍想到在我不能颂扬的一生中，你因为无辜而受罪。我娶你因为我准备为我的错误和自私还债，我娶你因为我认为对你的幸福和伊丽莎白的未来而言是最好的选择，但是我娶你并不是因为我爱你，你也深知这一切。”① 这段维持了十年的婚姻令他痛苦不堪。对于婚姻的态度，毛姆在《总结》中写道：“我寻求自由，认为能在婚姻中找到。”②

异性婚姻和同性爱情的抉择令毛姆窒息，他需要寻求新的生存空间和经历，毛姆将旅行视为寻求精神力量和思想自由、自我认同的希望，救治自己婚姻和性向冲突的灵丹妙药。“我开始感到厌恶自己，感到窒息，我渴望另一种生存方式和新奇经历。但是我不知道如何改变。我想到了旅行。似乎只有到遥远的国家去长途旅行，我才能重获新生，找回自我。”③旅行还为毛姆提供了与哈克斯顿共游独处的机会，1916年至1917年冬天，为了给《月亮与六便士》收集素材，毛姆与秘书哈克斯顿开始了第一次东南亚之旅，将之称为寻求浪漫和美：“我想重新恢复思想的平静，因为我的愚蠢和虚荣，这种平静被打破了……我出发了，找寻美和浪漫，很高兴我把困扰我的烦扰抛在海洋的那一边，我找到了美和浪漫，但是出乎意料的是，我找到了一个新的自我。”④ 克劳斯·乔纳斯（Klaus W. Jonas）在《毛姆的世界》一书中指出：“……［毛姆］在去东方之前的早期许多作品中已经流露出对东方的强烈兴趣，那时他自己还未意识到……东方之路是他了解人生真谛之路。”⑤

遥远的东方成为毛姆的精神避难所和实现爱情乌托邦之地，而东方又为毛姆提供了找回欧洲白人中产阶级的殖民男性自我。当过医生的毛姆仿佛一个医学专家，一路通过性格外向、容易与人交往的哈克斯顿了解各式奇闻趣事，记下每个片段。在回忆录《回首往事》（Looking Back）中，

---

① Ted Maugham, *Maugham*, New York: Simon & Schuster, 1978, p. 244.

② Somerset Maugham, "The Summing up," *Mr. Maugham Himself: A Collection of Writings by W. Somerset Maugham*, p. 624.

③ Ibid.

④ Ibid., p. 626.

⑤ Klaus W. Jonas, *The World of Somerset Maugham: An Anthology*, New York: British Book Center, 1959, p. 98.

毛姆对哈克斯顿旅行陪伴的贡献写道："若不是他，我不会在南海旅行中得到素材……那些素材后来写成短篇故事，出版在《一片树叶的颤动》(*The Trembling of a Leaf*) 中。"[①] 不久他们转道中国。正如作家吉卜林的印度体验对其创作的深远影响，毛姆在20年代的远东巡游为他提供了丰富的想象和创作素材。一种本能和内心深处的渴望强烈地激起他对东方的兴趣。毛姆的东方之旅交织着个人情感焦虑，他自己试图找寻根由，遭遇"怪异的人"，追逐生命的意义。

中国是毛姆的想象地理空间。中国古老历史和文明吸引着他，"我去中国，像任何游客一样带着对艺术的兴趣，和要看文明古老的民族的奇怪举止的好奇心"[②]。与欧洲人类学家和科学家相似，他一路做笔记，记下地点和人，以及这些背后会发生的故事。毛姆和哈克斯顿一路巡游中国大江南北各地，经由海路陆路。毛姆谈及中国之行的感受和收获："我开始知道我能从旅行中得到特殊好处；从前，旅行只是一种下意识感觉。旅行原来不仅让心灵感到自由，我还可以收集各式人物的举止为我的目的服务。这之后，我去过许多国家，跨越许多大洋，乘轮船、货船、帆船；坐火车、汽车、人力车、徒步、骑马。我睁大眼睛寻找特点、奇异和个性。"[③] 在接下来的十年中，他的脚步从未停过，他的足迹踏遍了中国、马来亚、婆罗洲、缅甸、印度支那等地。

东方旅行的经历对毛姆的精神世界乃至创作产生了深远影响。他对东方的渴望是无意识中对自由的向往——从西方文明的束缚中求得解放。毛姆承认自己每次从东方旅行回来都有变化。他在作品中从地理和空间方面勾勒中国和中国之行，却甚少关注中国社会的历史状况。相反，他关注的是在中国从事宗教、政治和商业事务的英国人。正如罗格尔（Samuel J. Rogal）所言："毛姆作品中散布着中国男人、女人、男孩、女孩，以及苦力——有的有名字，有的没有名字，数不胜数——在他的小说和戏剧中，他们仿若仅仅是用以装饰的毫无生气的纸制木

① Somerset Maugham, "Looking back," *The Magazine of the Arts*, Vol. 5, 6 - 8, June, July, August, 1962.

② Ibid.

③ William Somerset Maugham, "The Summing Up," *Mr. Maugham Himself*: *A Collection of Writings by W. Somerset Maugham*, p. 629.

偶。"① 大卫·斯波（David Spurr）对此的理解是："在这种不平衡交换体系下，作家成为权威和统治体系的共谋者，与他们试图理解的人们的生活分离开来……"② 这是从差异中巩固欧洲人和文化主体性的话语策略。

综上所述，毛姆是挣扎在自卑与自负、此地与他处、责任与放任的矛盾体和游荡者，是力图寻求中间出路的冷漠旁观者。旅行为他提供了逃避社会责任和性向尴尬的手段。正如他自己所言，旅行是为自己的目的服务，他的目的不在于了解东方文化、社会和人，因此这两次旅行并未使毛姆对中国人的生活和中国文化、语言、戏剧和宗教信仰真正产生兴趣。他在作品中主要聚焦生活在东方的欧洲人，再现他们在东方中国的人生百态；而对东方中国的社会和文化，他却没有明显的个人兴趣和深入探究的意味。美国著名文化批评家弗雷德里克·詹姆逊（Fredric Jameson）在《政治无意识》（*Political Unconsciousness*）中指出几乎所有文本都是象征性行为，即每个文本都充斥着政治的、社会的和历史的维度。毛姆的中国旅行书写具有强烈的传记性质和人类学式考察，为我们研究其中的个人情感和社会政治提供了丰富的资源。

第三节 游记《在中国画屏上》的"原始"中国构建

《在中国画屏上》是一部包括五十八个短小旅行故事的游记。在作品中，毛姆像一位西洋画家在一块白布上肆意挥洒，描绘了一幅形形色色的现代在华欧洲人的人生百态图。在这幅图画上，主角是活灵活现的欧洲流散人，画布上的背景是静止"原始"的中国，中国人不仅同质平面，还退居为欧洲人的陪衬。欧洲与中国，现代与原始构成这部结构松散、片断式旅行札记的乐章。旅行札记的题目令人联想到艾略特的诗歌《普鲁弗洛克的情歌》中的诗句："仿佛有一盏幻灯把神经变成图案投射在画屏上。"作品中提供的众多东方异域形象，通过欧洲白人、男性旅行家兼文人毛姆的视域和想象，仿佛电影剪辑般一幕幕地被再现给西方读者。这一

① Samuel J. Rogal, ed. *A William Somerset Maugham Encyclopedia*, Heinemann Educational Books, 1997, p. 22.

② David Spurr, *The Rhetoric of Empire: Colonial Discourse in Journalism, Travel Writing, and Imperial Administration*, p. 14.

再现过程投射着欧洲文人毛姆的欲望和想象。画屏上身穿蓝色、成排的苦力在毛姆那双蓝色的眼睛看来是年年月月重复着生计的《负重野兽》(The Beast of Burden)，毛姆在《路上》(The Road) 看到代表中国的显著一幕，读者随毛姆在《客栈》(The Inn) 停留，听《河流之歌》 (The Sound of River)，看《小镇景色》(The Sights of the Town)，讨论《民主》(Demorcracy) 和气味的关系。毛姆在看，在说；他笔下的欧洲人在看，在说。相比之下，中国在被审视，被言说。

毛姆的欧洲种族中心思想和殖民权力意识由他一双居高临下的眼睛所传递。注视与权力的关系是福柯全景敞视论的核心。在《惩罚与规训》(1995) 中，福柯剖析了视觉与权力的关系。他追溯了 18 世纪杰罗米·边沁 (Jeremy Benthem) 设计的环形监狱。环形监狱被分为诸多牢房，每个牢房的动向都能从一个中央封闭塔中监视，囚犯的活动被洞察得一清二楚。[①] 为了保持秩序，维护权力，边沁认为这是一种最为有效的规训方式。而福柯认为正是空间建构赋予处于塔中心的人员以权力，也就是说视觉权威来自于监狱结构中心，人员可以是处于那里的任何人。对于观察者而言，视觉被赋予了权力；对被观察者而言，被窥视意味着置身权力无所不包的天罗地网。因此我们可以说“看”与“说”不仅意味着权威地位，更是居高临下的行为，审视者成了权力的化身。

毛姆在再现中国的过程中采用全景敞视的视角，巡游中国长江南北各地，在书写中辅以想象和预设，向英语世界的读者传递中国知识。犹如有一双无所不在的“帝国眼睛”在审视和见证东方中国的地理空间、文化物件和中国人，他的旅行书写中透露出明显的欧洲种族中心意识和白人权力。毛姆像旅行者/游荡者一样，游刃有余地游移于两个世界之间，却又保持疏离、嘲讽的态度，以他惯常的作家习惯探查欧洲现代人的内心世界和人性矛盾。他笔下的中国人和中国风景通常停留在平面化的陪衬层面，中国则为画屏般的“原始”中国，这在很大程度上否认历史进程中的中国现代性。

一　全景敞视视域中的“怪异文明”欧洲人

在游记《在中国画屏上》，毛姆犹如站在殖民权力和欧洲文化筑成的

① Michel Foucault, *Discipline and Punish: The Birth of the Prison*, London: Vintage, 1995, pp. 200 – 228.

塔顶，俯察他中国之旅所到之地的欧洲人，观其表面，察其内里，由外入内地对在中国的欧洲流散人群的人生百态、他们身上欧洲文明标识下的人性之恶揶揄讽刺。但毛姆对他们的讽刺并不意味着他反对殖民主义或质疑欧洲文化。作为他们中的一员，毛姆与他们有着某种既亲近又疏离的情感。他们既是他接近并了解中国的参照，也是他关注的重心和兴趣。因此毛姆与生活在中国的形形色色的欧洲人之间结成复杂微妙的认同关系。他曾反思自己与那些漂泊在遥远的殖民地的英国人相遇相聚的意义：

> 流放的人不似点燃的宝石放射火焰，却（身上）燃着炙热、烟雾缭绕、强烈的火。他们有着自身的狭隘和偏见，通常乏味愚蠢。但我不介意……在文明社会，人的特质因循规蹈矩而销蚀了。文化是张面具，遮盖了真实的面孔。在这里人们赤裸裸地展现自己。生活中保持着大量的原始性，故而带来异质多样的特征，根本不需调整自己去适应传统标准。他们的独特性有机会得以无拘无束地发展，对我而言他们最近乎自然，任何我曾经与之长久居住的民族都无法做到，我心向往之。①

毛姆俯视视域中流散的英国人是英国主流文化的边缘人群，其人生百态和独特经历吸引着他，成为他的中国画屏前景中的主要演员。性格和职业各异的英国人在中国的经历和态度成了一面镜子，使他能反观英国现代殖民主体的文化痼疾。在中国他们保持着引以为豪的欧洲身份，不学、不说甚至排斥汉语，顽固地否定中国语言和中国文化，借以确定欧洲主体的中心地位。范宁斯夫妇（Fannings）从来不说汉语，对中国仆人总是呼来喝去，每天肩并肩收听伦敦音乐喜剧，因为这样令他们感觉“不那么完全与文明世界隔离”②。《海市蜃楼》（The Mirage）中一家英美烟草公司的总管，虽然住在中国装饰精美的别墅里，却恪守在美国形成的简陋生活习惯。在中国已经待了五年，他却对汉语和中国漠然无睹。他公务有翻译，家里有男佣，“感觉枯燥无味”（132），沉浸在自己设置的文明围墙

---

① William Somerset Maugham, “The Summing Up,” *Mr. Maugham Himself: A Collection of Writings by W. Somerset Maugham*, p. 630.

② William Somerset Maugham, *On a Chinese Screen*, Oxford: Oxford University Press, 1922, p. 128. 本节引用《在中国画屏上》的文本均采用夹注页码形式，下不赘述。

中。“他只阅读美国杂志，他订购邮递来的杂志多不胜数，从来不许扔掉。”（132）“他从来不会去想，在他的生活中冒险乐趣随时俯拾皆是。他只承认在布满铅字的纸张上读到的内容。”（133）在《大班》（The Taipan）中，公司经理在中国多年却不懂也不屑学汉语。当他用英语询问苦力们在给谁挖墓时，听到苦力用汉语回答，骂他们是“愚蠢的笨蛋”（198）。直至临死他还感叹：“我恨这个国家，恨中国”（203），“他无法忍受和那些歪斜着眼睛、咧嘴笑的黄种人埋葬在一起”（204）。《亨德森》（Henderson）里的亨德森自称视中国脚夫为“人和兄弟”，却贬低他们为“出汗的猪”（68），认为“我们是统治族类”（68），“中国人总要有主人来奴役，他们一直会这样”（68）。这种分类和贬低无疑受 18 世纪以来西方以戈宾诺伯爵和黑格尔为代表，宣扬东方中国的种族劣等观影响。黑格尔在《世界历史哲学讲稿》中指出，在道德秩序上中国并不是在主体的道德性情基础上进行统治，而是以主权的专制形式进行统治。① 相比之下祖先为雅利安人的欧洲人高贵、民主而且文明。他们生活在中国，却排斥中国元素，否定中国语言文化和中国人，强化欧洲主体身份，保持欧洲人的优越感。

在华各式欧洲人过着种族优越赋予他们的“文明”生活。出席《晚宴》（Dinner Parties）的有公使馆区的各国驻华要员，有阿根廷银行的瑞士董事夫妇、危地马拉公使夫妇、英国使馆首席秘书夫妇、黑山内政部长夫妇、法国陆军武官夫妇。他们身着礼服，举止有礼，觥筹交错，美食道道，英语法语交错使用：“总体上，对他们来说在哪里都无所谓，君士坦丁堡、柏林、斯德哥尔摩或是北京，因为他们在哪里都做同样的事情……沉浸于外交特权、社会地位带来的活跃感，他们居住在哥伦布从未发现的世界里，因为对他们来说，太阳和星星奉承地环绕着我们的地球打圈圈，而他们则是地球的中心。”（29）但是这种欧洲文明赋予的主体性不断受到中国他者的威胁。他们交谈的都是欧洲大使之间的闲话，文明奢华表面下是教育和思想的浅薄空虚。“安静时他（英国使馆首席秘书——引者注）的面庞流露出难以承受的重负。”（30）交织着对中国的恐惧，“中国令他们生厌，他们不想表达出来……他们对学习汉语的人表示不屑……众

① Georg Wilhelm Friedrich Hegel, *Lectures on the Philosophy of World History*, trans. H. B. Nisbet, Cambridge: Cambridge University, 1975, pp. 111 - 123.

所周知，亲和中国的人脑子会变得怪怪的……”（32）因此，“他们彼此感觉厌恶”（32）。这里毛姆一方面在描写欧洲现代人在中国文明有序的生活，又深切入里地再现他们的内心空虚和焦虑不安。对殖民者和欧洲文明的负面消解为质疑殖民话语构建的完整稳固的殖民主体性提供了开放的空间。

毛姆的全景敞视视域中还有一类在中国从事商业和传教活动的欧洲人，这些人戴着文明面具，表面友好，实际上视中国人为他者。较有代表性和戏剧性的两位人物是《害怕》（Fear）中温格夫牧师（Mr. Wingrove）与《亨德森》中的驻上海公司职员亨德森。温格夫牧师在中国传教十六年，从未回过英国。客厅里到处装饰着中国物件。他提到中国人的优点，如性格好，尊老爱幼的品质。难道他认同中国和中国人吗？观察者毛姆细心地发现，中国侍女进屋时，“……（他）脸上划过一种极度的反感，扭曲得似乎什么味道恶心到他，但马上又消失，他的嘴唇试图挤出愉快的笑，但是极度努力下，表现出的是一张痛苦的脸”（52）。标榜宗教仁爱和文明的现代怪异人温格夫牧师根深蒂固地将中国视为他者，掩盖不了骨子里对异教的中国和野蛮的中国人的憎恨和厌恶。他只有通过排除、贬低、憎恶中国他者来确定自己虔诚的信仰，从宗教中获取完整的主体性。“突然间我看到真相，我看到他灵魂中对他所献身事业的憎恶……无论他怎么说，他恨中国人，与这种恨相比，他妻子的嫌恶真是小巫见大巫……他热烈地承受痛苦，牺牲着苦痛的灵魂。”（53）从这段话中我们可见欧洲人对确立欧洲文明主体的宗教所持的复杂模糊的情感。牧师扭曲的人性彰显着宗教无法拯救现代人的无奈。在此基础上，是他对东方中国复杂模糊的情感：“但是东方并不是看不到希望；虽然牧师努力的结果还不那么明显，未来却是光明的。他们不再相信他们的神，文人的力量在瓦解……”（51）

在中国，无论什么阶层的任何怪人都可以以主子自居，正如好望角首相1908年所言：白人踏上殖民地那一刻就愉快地发现自己处于肤色的贵族地位。[①] 亨德森是毛姆笔下的另一个现代怪异人。“在俱乐部人们认为他是个疯子。”（66）而在中国，这样的欧洲人却能找到自信与自我，仿

① Terence Ranger, “The Invention of Tradition in Colonial Africa,” *The Invention of Tradition*, ed. E. Hobsbaum and T. Ranger, Cambridge: Cambridge University Press, 1983, p. 213.

若中国为这类怪异人提供了场所。毛姆这样说道："……中国的一个特殊之处在于一个人的地位宽恕了他的怪异。"（67）也是这么一个怪异的人以文明和宽容自称。"……总把两个木杆之间的男孩当作男人或者兄弟。"（67）但是观察者毛姆发现他的伪善。当汗流浃背的苦力走错路，他勃然大怒地骂："你这个蠢货……"（69）并飞脚踢去，还振振有词地说："你一定不要关注中国人。要知道，因为他们害怕我们，所以我们在这里。我们是统治的民族。"（68）"中国人一直有主人，他们永远都会有。"（68）英国殖民者的统治地位通过在中国任职的公司职员之口露骨地表达出来。

毛姆笔下旅居中国的欧洲各色人组成了一个欧洲人生活圈，它建立在欧洲人高贵的血统上。圈子内的白种人努力保持以前的习惯，以区分开中国人和中国文化。但在《领事》（The Consul）里，英国女士与领事几番交锋之后，我们了解到殖民地英国女人与中国男人通婚中交织的殖民话语与反殖民话语。第一次接见时，这位女士自称余太太，而彼特先生固执地称她兰伯特女士，按英国的法律不承认这桩婚姻。当他问她在英国怎么结识余先生时，"他就在你那里租了间房间喽?""对，不完全是一间。"（111）这里彼特先生从先验上带有对中国男人的种族偏见和歧视，认为他们可能偶然或短期相遇，是余先生用什么诡计把兰伯特骗来中国的。而事实恰恰相反，他们经过长期相处，相互了解而日久生情，是兰伯特女士自愿嫁到中国。而且她看上去根本"不是为做了这种蠢事而内疚的那种女人"（111）。

接下来的冲突更加激烈。彼特先生愿意帮助她回英国，"他越争辩她就越坚定"（112），他们争执起来。因为她认为回英国，她根本无处可去，而我们得知她已经把中国当成自己的家园。她与中国婆婆和余先生另一个妻子相处不好，跑到彼特那里"提出根据中国法律她享有的权利……"（112）在两人意见不一致的争吵下，彼特坚持把她送回英国，发现"无法对付这精神错乱的固执女人"（113）。当他问她到底为什么要和那个中国男人在一起时，她答道："他的头发生在额头上，我没法不喜欢。"（114）这提喻式的爱情理由简直就是戏仿。在中国余先生有两房太太的事实似乎在嘲笑大英帝国的单身汉领事先生。而英国太太竟然为长在额头上的头发而不愿放弃余先生回国，大英帝国和欧洲文化竟然在一介中国书生面前受如此之辱和戏仿。这当然令领事先生无法理解和接受。最后他愤愤地说："女人都简直是该死。"（114）英国女士对中国男人和中国文化的认同以对中国文化的接纳消解了欧洲中心论和白种人的种族主义偏见，揭示了主流的殖民话语之外动态多维的多重声音。

二 全景敞视视域中的"低等落后"中国人

如上所述，毛姆在《在中国画屏上》中主要把中国视为他笔下各行各业怪异欧洲人的人生剧场，静止、前现代的中国构成了画屏式的背景。中国人仿佛是没有面孔、缺乏活力与个性的木偶式人物，处于被看、被言说的位置。《在中国画屏上》的五十八个小故事中，仅有《重负野兽》(The Burden of Beast)、《内阁大臣》（The Cabinet Minister)、《哲学家》(The Philosopher)、《戏剧学生》（The Student of Drama）这四个章节以中国人为主，毛姆通过在中国的欧洲人的言说和毛姆与中国人交往中的言说来刻画中国人。间接言说和直接言说折射了把中国他者化的东方主义特质，表征了毛姆在主流的欧洲中心思想支配下将中国人原型化的殖民再现政治。无论是"内阁部长"（《内阁部长》)，还是中国学者（《戏剧学生》)，都在毛姆居高临下的注视下，在他貌似谦虚的推诿辞令和主观判断中。毛姆似乎并没有耐心去探究人物内在心理，而是得意于这种居高临下的注视带给他的自在和超然，享受其中隐匿的白人殖民者的权力。原型化中国人的话语中，东西双方力量相互交错，并不等量，殖民话语中隐含着来自中国人的对峙力量所产生的威胁和焦虑感。

毛姆在描写内阁部长时，复制了一个活脱脱的"傅满洲"版的充满贪婪欲望的中国官员原型。内阁部长体型瘦弱，中等身材，长着纤细美观的双手，"一双大大的、黝黑忧郁的眼睛，神态像个学生或梦中人。微笑很甜，穿着棕色丝绸长袍，外套黑色短丝绸夹克……"（23）毛姆虽然是英国白人作家，但亲眼目睹内阁部长家中的布鲁塞尔地毯和美国式办公桌，以及琳琅满目的书画收藏，也不得不羡慕嫉妒。他的种族自大感不仅来自地位不平等的威胁，还来自内阁部长的文化自豪感，"我非常了解欧洲人很难欣赏如此造诣深高的艺术。你们对中国的品味有点怪异"（25)。"你们美国学生能画出如此优美的艺术吗?"（26）受此态度、言辞之辱，毛姆转而求助于想象以贬斥内阁部长："最有意思的是我了解他是个恶棍。腐败低效、道德败坏、手段恶劣……他不诚实、残忍、报复心重、贪污。"（26）毛姆不仅在重复傅满洲原型，而且将中国分崩离析的灾难归咎于内阁部长，殊不知，与帝国主义列强对中国的搜刮和侵略相比，中国官僚对国家的危害不足挂齿。在毛姆的叙事话语中，这种潜台词无疑是在为帝国主义开脱责任，与殖民主义共谋。故事结尾时，毛姆对内阁大臣的邪恶与欲望之解剖走向极致："当他手中把玩青金石颜色的小花瓶时，似乎他的手指纤柔地在上面滑过，他那忧郁的眼睛在亲吻着它，他的嘴唇微开，似乎带着欲望的叹息。"（26）

《戏剧学生》刻画了一个幼稚天真的中国学者。这位戏剧学生其实是比较文学教授宋春舫，然而在毛姆眼中与学生无异。毛姆来中国时已经蜚声英美剧坛，加上白人中产阶级的身份赋予他难以抑制的优越感。虽然这位宋春舫曾留学过日内瓦、巴黎、柏林、维也纳，渴望在与毛姆的交谈中获得戏剧上的点拨，但在毛姆眼中却显露出稚嫩。他"长着中国人少见的大鼻子，戴金边眼镜，穿欧式衣服——厚花呢西装，有着忧郁的神情"（189）。在宋春舫询问戏剧技巧时，并未受过正统学府教育的毛姆认为天赋而不是后天习得是决定因素。这在宋春舫看来显然新鲜而不知所然。毛姆却认为"与一个教师争论，就像海洋与河流对话一样会毫无所获……"（190）他把自己比作海洋，足以看出他居高临下的傲慢和欧洲文化驱动下的唯我独尊。会晤结束时毛姆感慨："无疑令人安慰的是，所有有思想的人对中国戏剧现状的看法与英国所有有思想的人对戏剧的态度那样一样绝望。"（192）

与前两位会晤不同，《哲学家》中那位中西贯通的鸿儒对毛姆的排斥和讥讽则传谕了另外一种截然不同的、与毛姆欧洲文化中心立场对立的文化立场和态度。毛姆慕名拜见的是中国20世纪初精通西学和国学的一代大师辜鸿铭。心高气傲的毛姆未见其人就见识了比他更高傲的中国学者的气骨。毛姆通常被指责为冷嘲不恭、厌烦人世、自命不凡。① 他闻听哲学家是中国现今的儒学泰斗，能精准地讲英语和德语，便差人送信让辜鸿铭来见，却石沉大海，没有得到任何回音。最后毛姆"认为以这么傲慢的方式见哲学家不妥，几乎并不奇怪他对此置若罔闻。于是我亲笔写信，用我能设计的最礼貌的用语请求他是否允许我拜访"（148）。毛姆谦卑地上门拜见哲学家，更是遭到哲学家的揶揄，这令一贯以傲慢著称的毛姆无法应对。"他们（欧洲人——引者注）以为我们（中国人——引者注）可以

① Anthony Daniels, "W. Somerset Maugham: The pleasures of a Master," *New Criterion*, Vol. 18, Issue 6, Feb 2000, p. 23.

招之即来”（143），这显然是本土知识分子哲学家在蔑视、对抗毛姆身上那股子英国人傲慢无礼的文化癖性。

在两人的会面中，作为殖民地“本土观察对象”（native-observant）的哲学家的抵抗声音以压倒之势颠覆甚至颠倒了帝国/中国之间不平等的文化权力关系。辜鸿铭的矛头指向欧洲人在对中国人进行归类划分时的二元对立逻辑：“你的国民仅仅与苦力和（中国——引者注）买办打交道；认为每个中国人要么是苦力，要么就是买办。”（150）这是把中国他者化的两种倾向，即中国人要么是出卖体力劳动的奴隶，要么是利欲熏心的专营小贩。不仅如此，西方文化引以为豪的个人主义哲学受到哲学家的嘲讽针砭。他扭转、瓦解了西方/东方、文明/野蛮二元对立下前者优越的殖民主义话语。学贯中西的哲学家认为“英国人对于哲学并没有多大禀赋”（144），只有儒家学说才能真正给人以西方哲学中无法提供的智慧。对儒学思想的推崇使哲学家得出这样的结论：“哲学是性格，而非逻辑思维。”（152）毛姆仿佛听到了福音一般。因为正是在这里，在东方中国，他证明了自己对哲学的看法，认识到“与其说哲学是一种逻辑，不如说它是一种有个性的事情；哲学家相信的不是根据确证，而是根据他自己的气质，他的思维只不过是为制造一个他的本能认为是真的道理而服务”（144—145）。毛姆发出感叹：儒家学说才是真正对人性的解释和表达。但哲学家并没有就此罢手，而是从人类历史的原初和当下的本质上将西方的历史进化论和文明中心论狠批了一通：

> 当你们还在穴居野外、身上披着兽皮的时候，我们已是开化的民族了。你们知道我们在尝试做一个世界史上独一无二的实验吗？我们在寻求不用武力而用智慧治理这个大国。若干世纪以来，我们一直追求着。那么为什么白种人看不起黄种人呢？要我告诉你吗？因为他们发明了机枪。那就是你们的优越性……说世界能够由法律和命令的力量来治理……你们不知道我们有机械学的天才吗？你们不知道在这世界上有四万万最讲实效的最勤劳的人民吗？……当黄种人能够把枪炮做得和白种人的一样好，射得一样准时，那你们的优越性又在哪里？（146—147）

毛姆仰视辜鸿铭的学识见地，就连道听途说的哲学家生活隐私对他而言都

有了哲学意味："我其实怀着慈悲之心看老绅士的花边新闻，可能他是要寻求弄清人类最高深莫测的幻想为何物。"（156）

最后在对欧洲人的特权地位和种族主义思想极尽讽刺和瓦解后，辜鸿铭还以中国传统的礼节对毛姆本人进行话语书写层面的揶揄和戏仿。他用中国书法抄写了两首诗，间接讥讽大英帝国的文豪毛姆。毛姆把哲学家赠送的诗视为珍宝，请汉学家把诗翻译成英文。如果说在中国的英国人拒斥汉语，进而否定中国文化，那么哲学家则扭转了在中英文化交流场中汉语的空白和缺失地位。更具有讽刺意味的是，这两首诗是写给妓女的小诗。难道哲学家洞晓毛姆对他的崇敬仅仅是表面，看破了毛姆对他寻花问柳的轻视进而反击？或者说他视以机枪为武器打开中国国门的英国殖民统治者像妓女般地到处招摇？无论是哪种缘由，这都是对殖民话语构建的欧洲稳定地位的颠覆。

中国苦力是"与中国风景匹配"（77）的"进入眼帘的令人愉快的"（77）另一道风景。毛姆还引导读者与他一道观察，"你在他们身边走过时，看他们的眼睛。他们的面庞和善且率真……"（78）毛姆与西方读者成为审视中国苦力的主角。不仅如此，他还要以科学的眼光和缜密的分析来研究被注视的对象。苦力休息时，"你看到可怜而疲劳的心脏跳动撞击肋骨：就像在医院门诊室的心脏病例中你清楚地看到这种现象"（78）。这里毛姆既表现出文明科学的欧洲人的优越感，又掺杂着对苦力的同情与赞美。他惊叹中国纤夫团结一致发出的有节奏的"歌声，是紧张心理、绷紧肌肉的表达，同时也是天性不气馁的表现"（130）。看到苦力肩上由于长久扛重结成的厚厚红痂，日复一日长成像驼峰样的畸形肿块，他感慨"他们永远地劳作，从清晨到黎明，年复一年，从孩提时代到垂暮之年"（79）。可见毛姆对苦力复杂矛盾的心理。一方面他在享受殖民主义的成果，获取关于中国民众的知识，有着科学家般的成就感；与此同时他怀有的人性同情又令他与其他殖民者保持疏离，进而赞美苦力的乐观和耐劳精神。所有这些矛盾的心理背后是他对中国人享乐贪婪的种族本性的思考。如他认为"在中国，人就是负重的野兽"（79），那些纤夫只等"劳累一天结束，会有开胃的晚饭，也许还有鸦片烟袋，享受梦幻似的轻松之感"（131）。苦力对感官快乐的沉溺，对口腹之欲的满足，对鸦片的嗜好，恰恰是傅满洲突出的特征。

无论是借其他欧洲人的眼睛来看中国和中国人，还是毛姆自己俯瞰中国风景和中国人，这种看和言说背后是原型化的中国他者形象。即便是看中国艺术品，他都似乎在寻求优越感。这在《碎片》（The Fragments）中毛姆看到类似断臂的维纳斯雕塑时的惊喜和接下来的幻想可见一斑。在众多的艺术品收藏中，欧洲古典的艺术代表着文明，而中国的艺术品却令毛姆感觉单调：

> 毛姆不停地从一处到下一处，他只是一个疏离冷漠的观察者，提供简短印象式的有时甚至揶揄式的截图，细致外在地描述他遇到的人，在轶事中极具讽刺意味……生活在扭曲时代，长久流亡的人不愿回返英国，大部分长久居住中国的人不知道也不想了解中国人。他们处在静止的绝望中，这也揭露了在东方的白人的情感磨损和精神荒芜。①

毛姆视域内的中国人具有同质性归类呈现的原型化特征。中国男人和女人不同程度地被女性化。"面孔僵硬，黑眼睛神秘地直勾勾看人"（41），"你能看到中国人，商人还是顾客，他们有种愉快的神秘气质，仿佛他们在做着与邪恶有关的生意"（44）。他视域中的中国也呈现女性化特质，正如妇女被父权制世界观视为物体，中国成为帝国世界观的附属。例如他在很多处将中国男人加以女性化素描。内阁部长有一双"消瘦、贵族的手"（14）。哲学家的手"文雅瘦小，衰弱而有点像爪子"（143）。戏剧学生有着"一双小巧文雅的手"（185）和"高亢的假声"（185）。这种提喻式修辞对中国男人进行大肆女性化渲染。这反映了毛姆的性向倾向，他的欧洲白人男性意识形态不仅女性化中国男人，而且东方男人也成为他全景敞视视域下的性幻想对象。

三 全景敞视视域中"浪漫优美"的中国风景

"你看到整个乡村在眼前展现。日复一日都是一个样子，但是每次你看它，你会有同样的发现所带来的惊喜。同样的小而圆的山，想象羊群在你周围环绕，此起彼伏，一眼望去，直到看不到……"（87）《在中国画屏上》对中国风景的描写同样是以全景敞视视角展开。玛丽·路易斯·

---

① Jeffrey Meyers, *Somerset Maugham: A Life*, p. 150.

普拉特称这种修辞特点为“我尽收眼底的领土”，指明这是殖民探险者在地理发现时刻展露出来的空间视角特征。[①] 19世纪以来的诗歌、小说、旅行叙事中作者在视觉上对本土风景的自如掌控是突出特征。[②] 这种修辞体现在《在中国画屏上》，是毛姆的叙事特色，他把自己放在至高无上的地位，审视眼前一路的景色，把景致空间按照风景的外形、美感、经济等指标排列。如果说游记中毛姆以一双帝国的眼睛刻画了现代怪异的欧洲文明人和低等落后的中国人，那么对中国风景的描述中昭示着浪漫情怀的异域寄托。

游记开篇《幕启》（The Rising of the Curtain）中，一双帝国的眼睛在观察映入眼帘的异国情调景观：通往城门摇摇欲坠的茅屋，骑着蒙古小马、带着瓜皮帽的公子哥，嬉戏的中国孩童，两个身穿丝绸长袍、逗鸟取乐的中国男人，闹市中扯着喉咙叫卖的商贩，狭窄街道中穿梭的苦力，残缺破旧的城墙。犹如天外来客进入心仪已久的阿拉伯古城，毛姆一方面用他的眼睛在捕捉展现在他眼前的风景，标识、验证他已有的关于中国的先验知识，另一方面在寻找和定义亲身体验的中国经验和知识。他的眼睛被身边一辆悠然驶过的北京马车吸引住。突然整个世界似乎静止了，毛姆对里面的坐车人展开了自己丰富的中国式想象：“或者是一位博学通儒的老者，在去拜见朋友的路上，他要与之相互寒暄后讨论时已不再的唐风宋采；或许是个身着花团锦簇绫罗绸缎的歌女，油黑的头发上簪着翠玉，她受召参加宴会，会一展歌喉侑酒，和能与其才能相配的青年小生愉悦畅谈。”（12—13）马车消失在渐浓的暮色中，充满对古老原始中国的想象，毛姆感叹“它似乎满载着东方神奇与奥秘”（13）。

玛丽·路易斯·普拉特在解释理查德·伯顿（Richard Burton）《中非的湖区》时，把对风景的修辞处理分为三步：风景首先被审美化，然后被赋予丰富的物质和象征含义并加以解释，最后把其收置到说话者的权力之下。[③] 毛姆在《天坛》（The Temple of Heaven）中描写时空序列中天坛的风景后，写道：“就在这里，年复一年，每当冬至晚上，天子庄严肃穆

---

① Mary Louis Pratt, *The Imperial Eyes*, p. 201.

② David Spurr, *The Rhetoric of Empire: Colonial Discourse in Journalism, Travel Writing, and Imperial Administration*, p. 17.

③ Richard Burton, *The Lake Regions of Central Africa: From Zanzibar to Lake Tanganyika*, The Narrative Press, 2001, p. 204

地来这里祭拜延续几百年的天朝先祖。”（33）然而，毛姆帝国旅行者的眼睛不仅仅局限于视觉提供的风景排列和审美欣赏。在《黎明》（The Dawn）中，毛姆由人提着灯带路，边呼吸新鲜空气，看着早起的苦力，边一路欣赏小城渐渐苏醒的美景。他感到“一天、长长的道路、开阔的山村展现在我的面前”（70）。开始时他从外来人的视野欣赏，继之想象自己是中国古代帝王在放眼大好河山，最后回到他记忆中留下的英国肯特郡的风景：

> 这既不是夜晚，也不是白天。这是最神秘的美景时刻，山谷、树木、河水都有着超凡脱俗的神秘……绕着草木遍布的山边走，我向下看稻田。称为天地有些夸大，大部分是在山坡上的锯形田地，一个在另一个下面，这样可以都灌溉到。在低凹地生长着杉木和竹子，仿佛是由技术娴熟的园丁种的，给人一种错落有致的美感，从形式上弥补自然的空缺。在这醉人时刻你不再看脚下的陋土，而是享受帝王的花园带来的喜悦。这里，把国家大事置于一边，帝王身穿黄色龙袍，手腕上带着玉镯，与妃子嬉戏，她的美貌令几代男人感到为之舍弃江山乃正常之举。(71)

晨霭中的毛姆尽收眼底的是重峦叠谷、青树绿水，雾中别有一番神秘的美妙。接下来视野中呈现的是山坡上错落有致的稻田和自然繁茂的竹子。然后脚下的陋土已失去其审美意味，作家便展开精神上的释义，即对古老中国的浓厚文化联想——身着黄色龙袍的帝王置身如此美景，与倾国倾城的王妃嬉戏。而接下来，雾色渐开，太阳升起，景色别有一番情致，映入眼帘的山峦渐渐清晰。眼前画面的组成激发毛姆对异国情调的憧憬和想象。“竹子长得一直到堤道，纤细的枝叶在微风中颤动，姿态高雅，宛如大明王朝的女子，三五成群地慵懒斜倚的样态。”（71）竹叶的婆娑令毛姆展开对懒散斜偎的明朝佳人浮想联翩，身着绣满鲜花图案的丝绸裙子，头上配着宝玉珠子，小脚金莲，高雅地闲谈，消失在离去的轿子中。然而，中国的竹子并没有令他无止境地浮想，而是将想象的目光投射到万里之外英国肯特郡乡下的田野：“还记得蛇麻草地的甜美清香，肥沃的绿色牧场，沿着海岸铺展的火车铁轨，还有那长长的日照下的海滩，孤单灰色中的英吉利海峡吗？海鸥在冬日冰冷的海面上翱翔，发出忧郁的低吟，令人无法忍受。”（72）对东方的想象不仅重复了对中国女子的幻想原型，如女子的服装、头饰、举止到身体（小脚）都充满丰富的文化向往和欲望投注。此处的自然之美和文化之美骤然停止，引起作者对故国乡土的甜美回忆。那是自然与技术进步的混合体，草地、牧场、铁轨都融入同一片景色，那也是对冬天的英国的无限忧思感叹。

毛姆眼中的中国风景引起他对中国古代帝王、美女的向往。由景生情，似乎从现代中国的图景想到的古代中国的帝王、妃子和故土家园。徜徉在古代中国的想象中是毛姆中国风景赋予作家的审美和想象特色，从中可见其否定中国现代性，将中国想象为前现代中国，即原始、静止、去历史的中国。以开阔的全景描写开始，放眼景色，按照由远及近、由粗到细的顺序展开景色素描，然后赋予其美学和想象含义。这种根植于空间地理的想象往往与对中国古代帝王、古代渊博学者、古代才貌双全的女子的想象重叠，最后与欧洲的风景或作者在欧洲的经历形成空间意义上的文化和审美比较。现今的中国城镇和文化犹如在《幕启》中毛姆描述街边铺子里的物件一般有着“破损的辉煌……你可以想象在黑暗幽深处，出售的是神奇东方的五花八门的物件”（12）。

这样的景色描写引起的想象可谓普遍。如在《路上》中，作家先描写狭窄的石头铺成的路，蜿蜒地伸展到邻城。在这样的旅行路上，作家看到的风景已无新意，但是看到的每一件平常事件和场面却令其充满想象。“你看见的每个人就是一个事件，无论多么细小，足够马上引起你的遐想。”（87）视觉引起的想象中的神秘遐想带着作者游览“富丽堂皇的中国宫殿”（89）。作者甚至看到晨露中的行船、船夫和船上载的游客，倏忽间意识到只是灵界，“游客只是忧郁的幽灵”（89），他们不过是自己思绪的创造而已。

故事《浪漫》（The Romance）展示了毛姆到异域中国寻求浪漫之美的心灵寄托。以古代张骞寻河源的故事为开篇，他充分地从中国风景和文化中体验浪漫与想象。“正如摩西同以色列上帝交谈后，从西奈山上走下，脸上闪着光亮。我的小船仓、煤坛、台灯甚至我的宿营床铺，还萦绕着喜悦，我刚刚的喜悦。我不能再漠然地对待它们，因为刚才它们魔力般地让我感到神奇。”（98）作家从野外小船露宿的幽静、苦力的鼾声、心灵与自然的和谐中得到了无与伦比的启迪。那是在英国和欧洲难以捕捉到的浪漫情怀。在《平原》（The Plateau）中，毛姆与友人在中国日复一日穿行北上，即将要看到古老城市扎根的平原。但是当广垠的平原展露在眼前时，他以一种“地球继承者”的姿态把中国的平原想象成欧洲的莱茵河谷，河谷令他体验到文明和美。“但它并不是我所看到的中国风景……它是莱茵河谷，在阳光沐浴下金闪闪的宽阔平原，莱茵河谷河流萦绕，银色小溪穿流而过，还有那沃姆斯远处的塔楼；它是伟大的平原，我年轻的眼睛驻足过的地方……因为在那儿我第一次知晓什么是美；因为在那儿，我第一次知道获得知识的喜悦（每一本我读的书是一个特别冒险经历）；因为在那儿我第一次知晓交谈的喜悦……因为歌德、海恩、贝多芬和瓦格纳、斯特劳斯以及他的华尔兹，啤酒花园，乐队弹奏，黄色辫子的女孩恬静散步。”（184）这里中国的风景，稻田、纪念牌坊、庙宇、坐落在竹群中的农舍、榕树下的酒馆骤然间转化成作者记忆中欧洲文明洗礼下的风景。仿佛只有把这片土地置换为莱茵河畔，毛姆才能真正体会美和秩序，才能回归欧洲文明的浸染和优越感。

浪漫和美的异域寄托需要以大英帝国在中国的殖民为支撑。在《鸦片烟馆》（The Opium Den）中，毛姆把中国的下层场所描绘成世外桃源的景观，把对危险丛生、祸害民众之处的游访再现为对剧场般场景的游历。“干净的屋子，光线充足，屋子隔为各个小室，升起的地板上铺着干净的垫子，成为方便的沙发。”（60）在中国见到这样井然有序的环境，在毛姆的《在中国画屏上》可谓少见。而在这个令人感觉舒适温暖的室内所看到的中国人也那么令人愉快。“两个苦力躺在那里，两人中间有个烟斗，他们交替准备吸烟。他们很年轻，长得健壮，友好地向我微笑……还有一个男人带着个婴儿，而旁边站着婴儿的母亲……丰满、欢快面孔的女子。”（60）鸦片烟馆被描绘为一个苦难中国大地上有序有爱的地方，仿佛在为殖民寻求正当开脱。甚至将这个鸦片吸食之所与欧洲文明之地比较：“它令我想起柏林的小矮啤酒屋，在那里，疲劳的工人度过晚上平静时光。”（61）这里，英国人带到中国而导致中国国民身体衰败、政府亏空的鸦片竟然使弑婴、敌视、邪恶的“傅满洲”式的中国人变成了温顺、友好、对儿童充满爱心的人。把中国烟馆的影响比作德国工人啤酒屋的影响，直接或间接地柔化了隐藏的政治色彩。鸦片似乎能缓解痛苦，而不是毒品。

毛姆在他的《在中国画屏上》以有形的眼睛无形的意识和比较参照的审美方式刻画了欧洲人、中国人和中国风景。游记中仅提到上海或四川地名，仿佛中国并没有空间差异和时间进程。他在所有五十八个短篇中没有详细提及所到的中国省市地点名称，仿佛中国的城镇与中国人一样呈现同一、平面的性质。在时间上，仿佛只有黎明和夜幕降临这样的循环顺序，中国陷入停滞、日复一日的静止生活节奏；中国成了画屏上静止、原始的、与光明闪耀的欧洲对立的地理空间场所。

第四节　小说《彩色的面纱》的“原始”中国建构

《彩色的面纱》是毛姆根据中国游历经验所创作的一部小说。虽然于1925年出版，但创作的初衷早在多年前就酝酿成熟。毛姆所受的思想启发主要来自皮娅（Pia）之死的故事，根据但丁《神曲·炼狱篇》第五首的诗句：“‘喂，等你返回人间，解除漫长跋涉的疲劳时，’第三个幽灵对第二个说，‘请记住我，我就是那个皮娅。在锡耶纳（Sienne）我成人，在马雷马（Maremma）我离世：那个曾将他的婚戒给我戴上娶我为妻的人，对此应当知晓。’”[①] 皮娅是《神曲·炼狱篇》中的暴死者之一，从这段话，读者可以得知她的死与她丈夫有关，而且死因是个悬疑。这引起毛姆的兴趣。1895年毛姆在圣·托马斯医院学习的一个复活节期间前往意大利旅行六周，房东女儿教他意大利语《神曲》的这部分时对皮娅的死因解释道：皮娅的丈夫怀疑她与人私通，于是将她带到马雷马一个充满有害烟雾的城堡处死，发现她没有死，就狠心地将她扔下窗户。尽管毛姆对此种说法并不信服，但令毛姆浮想联翩，“这个故事抓住了我的想象。在我脑海中萦绕，许多年来不时地辗转那么两三天”（9）。毛姆将之视为一个现代故事，但是一直苦于无法找到故事发生的背景，“直到到中国进行了一个漫长的旅行，我才找到了（故事的背景）”（9）。

尽管小说以虚构为主，而且毛姆也在前言中极力说明是《神曲》中的皮娅之死故事唤起他的想象而创作，《彩色的面纱》一经问世却受到现实生活中真人的抗议，提出诉讼，控告涉及个人隐私和侵权诽谤。当小说以连载形式在《纳什》（*Nash*）上刊出不久，一个不知名的雷恩先生（Lane）因小说主人公名字为雷恩而提出诉讼，最后出版社以二百五十英

---

① 引自 W. Somerset Maugham, *The Painted Veil*, London: Heinemann, 1925, p. 1。本节引自这个文本中的注释均标注页码，不再赘述。

镑的代价平息此事，主人公名字由此易为费恩（Fane）。更为严重的是，这部小说以书的形式出版后，又受到香港政府官员的抗议而要对簿公堂，因为小说中涉及女主人公与香港殖民地辅政司助理的私通丑闻，对此在前言中毛姆虽解释：“这是一部取材于故事，而不是取材于个人的小说”，但为此引来的麻烦却令他始料不及，再版时无奈之下将香港改为虚构地点“清阴市”（本文所参考的版本为未经修改版）。对此，毛姆不无冷嘲暗讽，认为在英国，重要人士如首相、国王、大主教等成为小说中的人物并不足为奇，不会引起任何骚动，而“我感到很奇怪，现今如此微职的人竟以为自己成为了目标……”（9）尽管如此，真实与虚幻的有机融合是毛姆创作的风格，如果真如毛姆所言故事为虚构的话，将犯了私通之罪的西方男女放置在中国的真实场景却赋予了我们解读毛姆中国知识的参考视角。

尽管劫难不断，在这部小说中，毛姆栩栩如生地刻画了一个世俗沉沦的现代英国女性在中国内陆历经涅槃重生的精神成长过程。《彩色的面纱》题目借用雪莱抒情剧《解放了的普罗米修斯》（1820）中的诗句：“别揭开这彩色的面纱：呵，人们称之为生活，虽然它画上没有真象；而只是仿制我们意愿的事物……”① 小说的女主人公凯蒂就生活在这种彩色面纱般编织的梦幻中，少女时期沉醉在母亲所编织的嫁给如意郎君之梦，婚后沐浴在私通情人查理·汤森所编织的爱欲之梦。而经过英国和英属香港这两段经历的洗礼，轻浮、世俗、浅薄而且虚荣的她成为犯有原罪的现代欧洲白人女性的化身。在小说中，毛姆以三分之一的篇幅讲述凯蒂从纯洁天真的美丽少女一步一步走向邪恶堕落的少妇经历。私通被丈夫沃尔特·费恩发现，惨遭情人查理抛弃，凯蒂经历了一系列的情感重创和磨难，体味惧怕、羞辱、恐惧和绝望。小说的余下部分描写她在万念俱灰之下，被迫随从丈夫到霍乱肆虐的中国内陆城市梅潭府历经忏悔、醒悟、净化和重生之旅。

如前所言，英国中产阶级白人男性作家毛姆巡游中国各处，在他一双“帝国的眼睛”注视下的中国是一个饥寒交迫、霍乱丛生、凌乱无序的史前图景，充满神秘和死亡。中国人如野蛮人、下等人甚至动物。而在中国

① Percy Bysshe Shelley, *Shelley: Poetical Works*, ed. Thomas Hutchinson and G. M. Matthews, London: Oxford UP, 1970, p. 569.

的欧洲现代殖民者，如商人、传教士、官员则为文明人，具有文明带来的人性焦虑和百面人生。中国与西方、野蛮与文明、原始与现代对应昭示着西方自现代性以来明显的种族中心主义思想。中国既有像《圣经》中所描述的神秘无序的史前色彩，又具有像但丁《神曲》中的炼狱般场景的现代存在，成为现代欧洲人赎罪净化的理想之所。如果说游记形式令毛姆仅停留在外部观察和浅层面地记录中国知识的话，虚构小说的诗性语言则赋予作家充分的自由和权力，把原始中国以陌生化的艺术渲染形式呈现出来。

与小说中细菌学家费恩具有同样从医经历的毛姆再现的原始中国到处如炼狱般充满病患灾难。这在很大程度上昭示了欧洲自 19 世纪以来白人中心的种族主义思想，是地理生理学、种族理论和全球政治联手共谋帝国主义的反应。19 世纪 30 年代以前，以帝国主义为核心的种族理论认为白种人理应占领世界上任何地域，统治各种种族，环境适应说宣扬白人的身体构造可以适应变化的环境。而到了 19 世纪中叶，人种固定说却主张身体的构造与地域环境密切相关，改变环境会造成生理和精神崩溃。大部分的医学研究认为异域的恶劣气候会破坏白人的抵抗能力，导致身体疾病和道德沦丧。其实这两种学说所服务的都是欧洲的种族中心思想。一方面昭示着以宗教福音传播为借口的殖民野心；另一方面透露出对人种混杂和倒退的担忧。正如炼狱有时充满死亡遍布的阴森邪恶，有时充满伊甸园式自然的原始之美，殖民话语不是坚如磐石的稳定，而是充满着模棱两可的不定性。

在《彩色的面纱》中，东西文化碰撞产生异彩纷呈的人性沦落和宗教救赎光芒。英国—香港—梅潭府—香港—英国形成了一个以英国为家园和中心的旅行环，毛姆不仅拓展了俯瞰中国文化的疆界和空间，还深入故事人物的心理空间。如菲利普·霍登所言：“香港以及毛姆建构下白人女子的身体仿佛成为真正的阈限空间，成为毛姆东方题材小说探讨种族与性别的‘第三个’地点，而这在《在中国画屏上》没有提供。”① 本节研究白人女性凯蒂在中国内陆获得心灵自由和宗教拯救的经历，通过解读毛姆全景敞视视域中的中国知识，考察毛姆如何将中国文化他者化和其中渗透

① Philip Holden, *Orienting Masculinity, Orienting Nation: W. Somerset Maugham's Exotic Fiction*, Westport, Conn.: Greenwood Press, 1996, p. 84.

的欧洲中心和白种人优越意识。在此基础上分析其中隐含的社会文化和个人心理。

一 堕落与拯救之旅——地理空间中的香港与梅潭府

小说伊始拉开了一幕戏剧性的情节剧：首先凯蒂和查理处于受窥视之下，“有人刚刚在开门”（11）。惊吓中的两人感受到外部力量的威胁，此时读者与神秘人处于暗处，凯蒂和查理处在明处，惊慌失色，“是沃尔特”（11），被发现的危险和恐怖迎面袭来。正当读者在视觉与听觉卷入全角窥探时，小说一转，需要借助凯蒂和查理之眼注视，“他顺着她的目光看去……他们看见白色的陶瓷把手慢慢地拧动……这种寂静中的转动令人毛骨悚然，突然……以同样诡秘、无声和恐怖的方式，他们看见另一个窗户的陶瓷把手也转动了一下”（11）。如同镜头的远近切换，小说开篇将读者带到在凯蒂卧室这一封闭空间中的两个偷情者受惊吓的场景。注视与被注视，镇定与惊慌，门外与门内，都为整部小说的僭越主题定下了基调：以凯蒂的欲望僭越为主线的道德审判与宗教救赎。如果说女性为男权制社会的“他者”的话，将罪恶的女性“他者”的审判与救赎放置在炼狱般的东方原始中国进行惩罚与洗礼，进而充分凸显作为文明使者化身的基督教救赎“他者”的普适意义。在《彩色的面纱》中，毛姆再现中国“他者”的殖民话语是通过男权社会的“他者”凯蒂的炼狱式洗礼为媒介，是20世纪英国旅行文学建构和传递中国知识的一种样态。

香港，作为欧洲和中国文化交汇的边界处，其阈限性集结在凯蒂身上。人类学家理查·克伯（Richard Cobb）曾指出，边界是充满危险而又刺激的地方，具有僭越性①，小说中的香港是凯蒂欲望泛滥，开始走向堕落之地。毛姆塑造的凯蒂直接昭示了爱德华时期吉卜林等殖民作家所持的赤道等热带地区令白人退化和道德沦丧的这一思想。香港是处于英国与中国之间的接触空间，既不完全属于英国，也不完全属于中国，却是英国流散人群聚居的殖民化程度很深的名利场。继小说开端一幕，全能视角的叙事者开始借助凯蒂的回忆展现她在英国的经历。从小长相美丽、聪明婉约的凯蒂在母亲的灌输下，一心待嫁如意夫婿。我们不难想象这是20世纪

---

① 英国历史学家理查·克伯在他的自撰中谈及在他生命中边界的模糊性带给自己的快乐。详见 Richard Cobb, *A Sense of Place*。

版的班奈特太太式母亲对女儿婚嫁的期望。然而，挑选中凯蒂不觉到了二十五岁，求婚者不是五十多岁的单身男性，就是二十来岁的毛头小伙。凯蒂母亲的脸色越来越阴冷，令凯蒂决定嫁给沃尔特的原因并不是爱情与财产，而是凯蒂相貌平平的妹妹即将出嫁，这令她难堪。况且，沃尔特是个任职于殖民地香港的细菌学家，结婚能令她早日摆脱尴尬境地。令凯蒂稍微宽慰的是婚后在香港的生活与英国别无二致，有沙龙、舞会娱乐，有中国保姆和男仆服侍。这种无爱的婚姻为她的沦落埋下了隐患。

香港为欧洲文明和科学触及的等级秩序分明之地，凯蒂对香港逐渐产生反感和厌恶。这可从凯蒂居住的地方、与情夫查理幽会的地方和情夫查理的官邸可见一斑。新婚的凯蒂随同丈夫来到香港，发现“她的社会地位是由丈夫的职位决定……而作为政府细菌学家妻子的身份甚微，这令她气愤”（11）。她的新房位于“幸福谷”的小山边，能看到蓝色的海洋和熙熙攘攘的船只往来的港湾，因为他们付不起体面而且昂贵的房租。相比之下，殖民地总督助理查理·汤森夫妇居住在“尖峰”别墅。那里临海，景色别致，出入受人重视和尊敬。但是无论“幸福谷”还是“尖峰”，都位于香港的高处，欧洲人能远远地俯瞰中国人的日常生活。她与查理私会之处是在维多利亚路边上，由一个古玩店老板开的肮脏房子，“不整洁、靠墙有一张木制大床”。这样的环境令她战栗，她痛恨中国城市。正如霍登的解释是：“殖民地环境井然有序，坚实地遵从科学原则，以查理·汤森和沃尔特·费恩为代表进行管理，保证公共健康，然而它仍有表达强烈、混乱感情的隐秘地区，如凯蒂和查理的卧室、查理的办公室和维多利亚街上的房子。”① 也就是在凯蒂的卧室和维多利亚街上的房子，凯蒂与情夫查理幽会私通，放任欲望。在查理的办公室，欲望化身的她与男权社会任职的查理交锋。凯蒂是伦敦与香港，婚姻内外的现代女性僭越者。

欲望化身的凯蒂以她的身体游走于理性代表的两个男人之间，僭越秩序和文明。与查理的私情让她似乎超越与细菌学家婚姻带来的卑微身份，让她与查理周围的上层社会有了丝丝缕缕的联系，既没有完全遵从也没有完全脱离殖民社会的规训体制。虽然查理和沃尔特都对凯蒂充满欲望，但是他们知道责任圈定下的欲望界限。当凯蒂让查理离婚娶她时，查理强调

---

① Philip Holden, *Orienting Masculinity*, *Orienting Nation*: *W. Somerset Maugham's Exotic Fiction*, p. 85.

所有行为要遵从理智的方针。“我们最好正确面对局势。我不想伤害你的感情，但我必须真切地告诉你实情。我爱我的事业。现在我没有理由不想当上总督……”（77）“我可以理智地告诉你，即使你丈夫提出离婚诉讼，而且成功的话，我也不会娶你。”（82）欲望和爱在理性面前让位。相比之下，凯蒂的欲望却泛滥、疯狂，不断威胁殖民社会的体面。“她倚靠着他，她的身体松软，依靠着他的肩膀。她对他的爱痴狂地近乎折磨。”（57）“她多么希望是他（查理）的妻子，而不是沃尔特的。”（47）凯蒂对查理的爱超越理性和伦理。如果僭越无爱的婚姻、放纵欲望是挑战男权社会的勇气的话，她面临着懦弱不负责任的查理的背弃，只能屈辱而不情愿地随从丈夫赶赴霍乱肆虐的中国内陆，“我心中带着死亡和恐惧去那里。我不知道在沃尔特黑暗扭曲的脑子里想什么，但是我恐惧颤抖。我想死亡可能真是一种解脱”（84）。她是西方文明社会的异类和他者，只能背负侮辱和折磨接受道德的审判。

毛姆在《彩色的面纱》中让主人公凯蒂接受流放和净化，内陆的梅潭府是去历史化和去政治化的现代存在，是死亡之城，是被野蛮化的中国南方小镇。我们无从得知它的地理位置，只知道它地处“西部河流支流上”（68）。更无法了解它的历史政治和中国大陆的地缘意义。当凯蒂惊慌失措地告诉查理，如果查理可以娶她的话，她就可以不去梅潭府时，查理说道：“梅潭府当然根本谈不上是什么有利于健康的度假之地，而且据我所知，中国任何城市都无法胜任……”（91）毛姆借查理之口一语道出中国城镇在西方人眼中的同质性。在小说中，梅潭府就如《俄狄浦斯王》中霍乱遍布的忒拜城郊，如一潭死水般被霍乱和死亡笼罩。毛姆以自己擅长的医学知识，诊断中国城市中遍布的霍乱；同时又以作家身份传递给英国读者自己收集的中国知识。他笔下的梅潭府是与香港和外面世界隔绝的死亡之地。文明与野蛮、历史与停滞、英国与中国的二元对应关系中，对前者优越性的突出充分反映了作家明显的欧洲种族中心意识。小说对梅潭府的去历史化和去地理化令其成为中国所有城市的隐喻。

毛姆虽然将犯了原罪的凯蒂从香港安置到炼狱般的梅潭府经历净化，小说中他们的住处却在一水之隔的梅潭府城市对岸，以突出欧洲人与中国人之间的距离与差异。“平房坐落在陡峭山坡的半腰，从她的窗户能看到下面的狭窄水道和对面的城市。”（95）住处位于梅潭府城，却高高在上，它以全景视域般将城市尽收眼底。无疑，体现着场视视域赋予的权力。凯蒂是梅潭府的局外人，白人世界的流放者，她能看，能听，能感受。刚刚进入城市，“小河对岸传来锣鼓敲打和鞭炮噼啪声。在离他们不远的那边，城市阴森恐怖，死亡来势迅猛，残酷无情，游走于灾难丛生的街道的各个角落”（93）。而梅潭府的中国人却是同质化受天谴般的受难者，在被看，被听。“她不禁战栗，他们的衣装，蜡黄的皮肤，发育矮小，鼻子扁平，在她看来几乎不像人类。他们令人憎恶。”（117）相比之下，凯蒂和丈夫的住处虽然是罹患霍乱而刚刚过世的传教士的房屋，但却有世外桃源之感，“毗邻灾难深重的城市，位居山上，他们感到似乎与整个世界无限地分开”（94）。凯蒂与丈夫两位英国白人如天外来客到此体验救赎。

梅潭府遍布死亡恐怖，映衬着主人公凯蒂在浮华文明世界受到重创后的心理，可以说它也是凯蒂痛苦挣扎的感情世界的外现。如果说俄狄浦斯在无意中杀死了生身父亲，他的罪过惹怒了神灵而招致忒拜城的霍乱，那么这里的凯蒂是在香港有意的偷情行为惹怒了丈夫沃尔特，惩罚式地带她来到中国霍乱横行的梅潭府。梅潭府首先以贞节牌坊、散布在山岗上的坟冢和过往送葬队伍映入凯蒂眼帘：“……她看到小山顶上一条拱道；她知道那必定是为纪念某个渊博儒士或某个贞节寡妇而立的牌坊，这样的牌坊自离开河流后路过很多，但西落夕阳的映衬下，这个牌坊比任何见到过的都更加神奇而美丽。”（89）但她不知缘何感到不安，她依稀感到威胁或者嘲弄？令她感到沉重而无法用语言描述。虽然来到他国异乡无人知晓，而凯蒂始终背负着沉重的十字架，“她路过竹林，堤道上蔓延着竹叶，怪异地似乎伸出手要阻止她一般。这令她感受到似乎什么人隐藏后面在看着她路过”（89）。小说伊始那双窥探的眼睛一直跟随着她，一如中国他者受欧洲白人窥探一样。接着，作者用白人女性凯蒂的眼睛看到梅潭府市郊到处是坟墓，“小山上覆盖着林林总总的绿色山丘，一个紧挨一个……那是坟墓……他们到达了旅程终点”（89）。最后，凯蒂在周围静止的死亡气氛包围下，亲身感受擦身而过的死亡，“四个农民抬着一个崭新棺材路过，匆匆而悄然地。棺材没有涂漆，新茬木头在夜幕降临下闪着白光”（89）。

凯蒂全景场视视域下的梅潭府市区无序而且无助。受天主教院长嬷嬷邀请，在海关专员英国人瓦廷顿（Waddington）带领下，凯蒂进入梅潭府市区。在她的注视下，街道狭窄而弯曲，到处肮脏污秽，凌乱无序，臭味熏天，“穿过中国城市，人群的注视往往令她感到不适，但是现在她注意到连一个无意的瞥视都没有。行人不像往常拥挤，而是熙熙攘攘，似乎只关注自身。他们受到惊吓，困乏无力"（112）。坐在苦力高抬的轿子上，路过人家，她"听到锣声和尖叫，伴随某些不知名的乐器哀鸣声，紧闭的门后，一个人直挺死去"（112）。城中的人每天成百地死去，活着的中国人要么是修道院内的士兵和接受救治的患者，要么是市区内痛苦挣扎和恐惧中垂死市民，要么是动物般的乞丐，"他穿着褪色的褴褛衣衫，仿佛从废物堆中搜寻来穿上的，透过碎片，能看到粗糙坚硬，山羊皮般黑褐色的皮肤，光秃的腿瘦骨嶙峋，浓乱黏密灰色头发的头（颧骨凹陷，眼珠突出）就像个疯子的头"（131）。

中国梅潭府通过西方男权社会的僭越者凯蒂的注视呈现为死亡之城，不仅如此，还具有不可知的谜一般的神秘性。凯蒂看到暮霭中的江上帆船，沐浴在白色的浓雾中，一个接一个就像豆荚里的豆子排列，"成百上千个，在鬼影光照下寂静而神秘，令人感觉水手都似乎中了魔法般毅然不动，似乎不在沉睡中，而又什么奇怪可怕的东西抓住了他们，令他们安静而无声"（93）。清晨中的江上景色忽明忽现，捉摸不定：

> 太阳透过薄雾，白色光芒仿佛隐伏在暗星上的雪白幽灵。尽管河水明亮，可以隐约看到拥挤的舢板的轮廓和排排桅杆，再远处是眼睛无法穿透的刺眼厚壁。突然，从那朵白云后闪现出一座高耸的、阴冷而巨大的堡垒。似乎不仅在无处不在的太阳光下呈现，而是在神奇魔杖挥动下骤然出现。残酷野蛮种族的要塞高高耸立江上。但魔术师陡然变化，彩色围墙装点堡垒。一会儿，薄雾后面是绽放黄色光芒的巨大的太阳，照射着一行行黄绿相间的屋顶，错落有致，忽又消失。出乎意料地，放肆地，难以想象地神奇。这不是堡垒，也不是庙宇，却是天帝的神奇宫殿，没人能进。它虚幻空灵、变幻不测、无影无形，不是出自人工之手；而是梦境的造物。（111）

凯蒂注视下的清晨中江上的景色如梦如幻，白色光芒、白雾、白云烘托着神秘，江上的桅杆、舢板与想象的魔术师、魔杖、堡垒、宫殿融合一道，异域中国的死亡与神秘令凯蒂开始走向忏悔和醒悟，"眼泪顺着凯蒂的面庞流淌，她注视着……她感到窒息……心中感到从未有过的轻松，似乎身体成为空壳伏在她脚下，而她只有灵魂。这就是美，她就像信徒接受圣饼吃在口中一样，接受这种美”（96）。

荒山野岭映照下的野蛮与原始映衬着她心灵的罪恶和不安，仿佛只有置身于混沌原始的中国，她的文明之身才能不断感受到生命的崇高。在中国浑然天成的自然美中，凯蒂的心灵第一次受到了洗涤。凯蒂最初犯了原罪而受惩，深陷被情人抛弃的失落中，感觉自己暴露在众人和世界的注视下，品尝孤独的屈辱。而在梅潭府这个远离文明和文明人的城镇，她重新感受到自然赐给人的原始震撼，愁云密布的心灵开始复苏。小说中经过文明启迪的凯蒂的眼睛在注视和体味奥秘。文明与自然之间的对立与影响观，延续自伯顿以来在欧洲人中流行的异域东方救治文明西方弊病的激进观念。但是在凯蒂的生命世界中，文明世界的恶行对应的异域东方并非纯美的自然世界。在东方的原始自然与深陷的霍乱和死亡面前，人性的罪恶显得那么渺小，令凯蒂体验到畏惧般的崇高。小说中的梅潭府只是为西方女子凯蒂赎罪提供空间的一个存在。

二　悔过与重生之旅——宗教文明与精神拯救

在《彩色的面纱》中，挽救“他者”——凯蒂和中国——于水火之中的救世主是宗教，而拯救者则是欧洲人天主教修道院的修女、细菌学家沃尔特和瓦廷顿。如果说无序、混沌和死亡恐怖笼罩的梅潭府令凯蒂重新体悟和思考生命，认识自己心灵的丑恶，开始迷途知返的话，真正令其灵魂得到拯救的是深入中国内陆传教布道的虔诚、纯洁的修女，是那震撼灵魂的基督教拯救和沃尔特、瓦廷顿的殉道救赎精神。这里彰显着殖民意识：只有宗教的圣洁才能拯救堕落的“他者”凯蒂，只有欧洲文明才能拯救东方的原始中国。沃尔特夫妇与当地法国天主教修女、海关官员瓦廷顿等西方人进入梅潭府，拯救中国人于危难之中时，作为陪衬的中国居民被原型化为愚昧无知的野蛮人，是等待拯救和救治的羸弱“他者”。小说借助凯蒂的一双眼睛所见，令其在中国内陆体会到宗教文明与道德救赎，中国只是欧洲主体接受炼狱般道德洗礼以涅槃重生的转换空间。

首先，凯蒂在梅潭府的精神拯救经历了对丈夫费恩的重新认识。在英国，沃尔特·费恩在她眼里是个“奇怪的人”，缄默而且缺乏热情，“他的羞涩简直就是种疾病”（60）。他单调乏味得近乎病态，“他直勾勾盯着前方，忘记身处宴会，眼中充满可怕的悲伤。这令凯蒂惊愕”（61）。相比之下，情夫查理却富有男性的力量和果敢，凯蒂一直难以忘怀。到了梅潭府，凯蒂通过在华的欧洲人瓦廷顿和修女重新认识丈夫沃尔特。认识查理很多年的瓦廷顿认为查理是个乏味的人，虚伪、无情，甚至愚蠢、轻浮，“他并不是热情之人，很自负，他喜欢受崇拜。肥胖，四十多岁，但他很会保养”（100）。相比之下瓦廷顿却给予查理妻子很高评价，“是个有能力的女人，头脑善良而明智……只要查理·汤森有她依赖的话，就永远安稳，不会做蠢事……”（99）令凯蒂更加惊奇的是瓦廷顿对丈夫的评价，“我尊重他。他既有头脑还有个性。难得地集二者于一身……他治疗病人，打扫城市，极力清洁饮用水。他不介意去哪里或做什么。他在用生命冒险，每天几十次”。沃尔特是英雄的化身，梅潭府带兵的许上校信任沃尔特，甚至取得治安官的信任。修女们认为沃尔特是上帝派来的帮手，安抚啼哭的中国弃婴于怀中，“你不知道你丈夫多么善良，对我们帮助有多大……你一定要照顾好他，不要让他工作太辛苦，你必须替我们好好照顾他”（121）。但是，精明的瓦廷顿同时注意到沃尔特并不是出于对中国人的同情，“你丈夫在这里并不是因为他担心成百上千的中国人死于霍乱，也不是出于对科学的兴趣”（108）。他认为修女是秉承神圣的天职，而沃尔特则是出于某种不知的秘密。

凯蒂的转变不仅包括重新认识丈夫，还包括重新认识情感和人生。在梅潭府，凯蒂通过修女和瓦廷顿等人的赞扬得以重新审视沃尔特。凯蒂认识到自己的浅薄和愚蠢，“她现在不恨他了，也不感到反感，但是（想到他）感到害怕或不安”（122）。而情夫查理“是个普通人，气质和能力兼属二流”（123）。对偷情难以释怀的女子的关键转变体现在她主动向丈夫沃尔特认错，“我对你很差，我对你不忠”（126）。她向丈夫承认自己因为浅薄和虚荣才会爱上同样浅薄的查理，在霍乱肆虐、死亡遍布的梅潭府，她忏悔道，“因为我这个愚蠢的女人曾经对你不忠而令你沮丧，我不禁感到是多么荒谬与不相称。我分文不值是卑贱小人，不值得你这样”（127）。凯蒂不求丈夫原谅自己，而只求在荒蛮异乡两人能成为朋友。像现代的希斯克利夫，沃尔特背负着沉重的十字架，无法释怀。他虽能接受妻子的浅薄和虚荣，却无法容忍妻子的背叛，当凯蒂问他是否非常厌恶她时，他说“不……我厌恶自己”（127）。其实我们知道他无法容忍的是他自己，正如凯蒂所说：“因为他给一个木偶穿上漂亮外套，把她放到神殿膜拜，然后发现木偶不过是木屑内瓤，他无法原谅她和自己，他的心碎了。”（154）直到身染霍乱濒临死亡，沃尔特也没有饶恕妻子和自己。他引用戈德史密斯《挽歌》的最后一行“是狗死了”（227）来讽刺自己心碎的一生。用凯蒂的话说，“沃尔特死于心碎”（236）。

其次，借用凯蒂的眼睛审视瓦廷顿高尚的救赎力量，这体现在他与东方中国女人满族公主的关系上。异族爱情一直吸引着凯蒂，“满族公主是某种捉摸不定的象征，不断地召唤她”（150）。与《在中国画屏上》的欧洲人不同，小说中的瓦廷顿是中国通，说中国话，读中国书籍，讲中国故事。作为西方白人男性，瓦廷顿虽然长相丑陋，但精明世故，而满族公主却神秘无声。瓦廷顿向凯蒂言说满族公主，这种言说包含着特权。这其中的话语隐喻着中国就像他的中国情妇，性爱方面依赖顺从的女子。小说在刻画“中国通”瓦廷顿时，沿用了男性气质的欧洲男性和依赖顺从的东方女性二元对立的殖民意识：

> 为了我，她抛弃了一切，抛弃了门第、家庭、自尊和安定的生活。自从她不顾一切地跟了我，已好多年过去了。这期间，有两三次我把她打发走了，可她总是又会回来的。我也从她身边偷偷地溜掉过，可她总能设法找到我。现在，我不再干那种蠢事了，准备跟她过一辈子。（138）

满族公主不仅顺从，而且还有着中国统治阶级的高贵血统。她更加理想地符合中国屈服英国的隐喻。她神秘，沉默，忠诚，是原始的野蛮美人，是理想情妇。像她的国家一样，是被殖民的对象。

在小说《彩色的面纱》中，当凯蒂面对满族公主时，她那敏感的西方女性目光似乎要透过那张东方女性的面具，触及她灵魂和生命的底层：“这儿是东方，是古老、神秘、不可思议的地方。凯蒂奇怪地发现，看见这尊瓷像以及她那化过妆的面容、机警的斜视眼睛后，便觉得她所熟悉的那个世界里人们所做的种种努力和失败带来的悲苦忧伤都近乎荒唐。这张彩色的面具似乎掩盖了一条含义丰富而深刻的人生体验——那双细长的手连同尖削的手指掌握着人世间不解之谜的谜底。”（155）小说在这里安排东、西方两个女人会面，一方在审视、思考和判断，而另一方处于无声地被观察的对象化地位。这充分表现了受种族话语支配的不平等女性权力关系。在被动从一而终的满族公主面前，凯蒂的心灵再次受到涤荡净化。

最后，“他者”凯蒂的涅槃重生来自在修道院的经历。如果说瓦廷顿的男性拯救力量体现在他与中国满族公主的主仆依赖关系上的话，那么凯蒂一双眼睛所见的中国的修女是西方天主教的普适救助和殉道精神的化身。小说中的修道院坐落在梅潭府中心，在灾难和死亡笼罩中的梅潭府，只有修道院焕发生机和爱的光芒，基督教的普爱精神在顽强地与肆虐的霍乱较量，给黑暗笼罩的梅潭府带来生机和希望。这里虽然简陋，却是避难之地，是霍乱救治所，接纳染上霍乱的士兵和居民；同时还是孤儿所，接纳被遗弃的女婴和儿童。“难以置信的是，在人群聚集的城市中，这里安宁平静。周围霍乱肆虐，人们恐惧不安……”（135）修道院内静穆而安宁，令人仿佛“置身另一个世界，超越空间与时间。空空的屋子，白色走廊，肃穆而简单，似乎有着某种遥远和神秘的精神。白色教堂，简陋而粗朴，透着凄凉；它有着染色玻璃和壁画装饰的大教堂所缺乏的东西；它很卑微；但是有信仰装点它，有爱滋养它，这个教堂充裕着心灵之美”（144）。“在安静的屋里，听着修女谈话，很难意识到在四壁之外霍乱在肆虐。”（140）修道院与梅潭府，修女与中国病人、孤儿、弃婴，宗教与疾病，形成二元对立模式。前者的拯救和优越反映了作者潜在的欧洲种族中心思想，中国仿佛堕落的女子凯蒂一样需要欧洲人和欧洲宗教的拯救。

凯蒂到修道院的慈善工作令她从罪恶和忏悔中走出来而获得心灵的宁静，而且获得对生命的超验理解。小说中的院长嬷嬷是天主教圣洁的化身，人性光辉和宗教理性的完美结合体。出身法国贵族家庭的院长嬷嬷虽然与凯蒂一样舍弃奢华享受，背井离乡来到中国，却是宗教召唤和自我奉献所致。到中国十年，建立修道院，救助弃婴。凯蒂、中国儿童和士兵都仰视她，“这是个美丽的女性，她的美来自性格，会随着年龄增加而增长……她有着基督教慈爱赋予的威严气质”（136）。带着严肃的笑容，她声音沉稳而且说话缓慢，令人感受到“她说话的权威”（116），凯蒂“模糊地感到在她身上有某种气质难以形容”，无形中，似乎自己在院长嬷嬷面前像个小女生。“人们能感觉到她长于施令，命令得到执行对她而言完全正常。但是她谦恭地接受这种顺从。人们感觉她十分看重支持她的教会权威。”（116）

当院长嬷嬷进门，他们马上围着她，长着黑色中国眼睛、黑色头发的两三岁的小孩子：他们抓住她的手，藏在她的大裙子里。喜悦的笑容点亮她严肃的面庞，她爱抚着他们……她（凯蒂——引者注）

打了个冷战，因为他们穿着一样的服装，蜡黄皮肤，矮小，扁平鼻子，在她看来他们根本不像人类。他们令人作呕。但是院长嬷嬷站在他们中间，就像慈爱的化身。（138）

这里修道院院长与中国孩子在一起的临摹图刻画出犹如圣洁的玛利亚一般散发出的基督教仁慈和普爱之美。院长嬷嬷为中心，中国孩童是外围，他们的丑陋、贫穷甚至非人类都映衬着院长嬷嬷的慈祥与人性，昭示着基督教救赎的合理性。小说中赞扬的宗教合理性很大程度吻合了西方帝国主义以宗教福音为幌子的殖民意识。

令凯蒂彻底获得新生的是修道院中国孩子对她的需要和依赖所赋予她的主体性。修道院、修女和院长嬷嬷令世俗沦落女子凯蒂震动而感到敬畏，而投身到修道院的救济“他者”中国让她充实自由，重拾自我。照顾中国孩子，凯蒂“对小女孩稍感厌烦，她们丑陋的衣裳，直直的黑色头发，圆圆的黄色面庞，以及直勾勾黑黝黝的眼睛”（136—137）让她很不舒服。然而，逐渐地她在照顾中国儿童中寻到了心灵的充实和快乐。她由浅薄、世俗、浮躁的英国白人女性转变为充实、独立、宁静的女性。“无论是在工作中还是在肉欲中，在俗世还是在修道院，人都找不到平静，平静只能在自己的灵魂中找到。”（135—136）“凯蒂奇怪地感觉自己在成长……她开始重振勇气，感到越来越美好而坚强。”（143）她不仅忘记了情夫查理，而且原谅了丈夫的死亡惩罚，开始对生活充满信心，感到自己“被治愈”（144）了，前所未有的“自由，最后自由了，自由！”（144）她焕发出一种美，与中国孩子一起玩耍，“她流波闪烁的眼睛放着光芒，美丽的头发凌乱铺开，可爱的笑容绽放在脸上”（145）。

凯蒂开始内省，对生命有了全新的哲思般的领悟。她感叹人世转瞬即逝，“凯蒂感到人类就像河流中的水滴，水滴流淌，每个水滴彼此紧邻，却又分隔甚远，（每个生命）是一条无声的洪水，奔向大海”（147）。她将自己和丈夫沃尔特看作两个水滴，彼此个性不一，却完全没有意义地彼此折磨憎恶，“生命很奇怪，我感到自己像一个在鸭子池塘过了一生却突然进入大海一样。我透不过气，却欢欣鼓舞。我不想死，我想活下去。我感到全新的勇气。感觉自己像个老水手，即将扬帆驶往未知海域，我的灵魂向往一切未知”（150）。凯蒂开始寻找生命的意义，在她看来修女和满族女子有着某种对生命意义独特理解的秘密，她无法理解修女的生活，对修女而言这个世界就是流放之地，生命就是无怨无悔地背负十字架，而在内心深处激荡着的是对通向永生之路死亡的渴望。瓦廷顿认为她所寻找的是道，“我们有些人在鸦片中找到它，有些人在上帝那里（找到），一些人在威士忌（找到），一些在爱（找到）”（168）。最后是院长嬷嬷一语道破心灵钥匙乃是爱的义务，“当爱与义务合而为一，人也就气度优雅，会感受世人难以理解的幸福”（202）。

如果说梅潭府的霍乱、死亡、贞节牌坊乃至沐浴在清晨中的自然之美令凯蒂体验到崇高之情，那么修道院、院长嬷嬷、修女和中国孩童让凯蒂重获心灵宁静和生命真谛。“唯一令我们这个世界值得不厌烦地生活下去的是美，人们不时地从混乱中创造的美……所有美的丰富形式中，最美的是美丽生活，是完美的艺术品。”（191）

毛姆笔下的瓦廷顿是与中国文化既亲和而又疏离的人物，拥有西方人的理性和对中国文化的知识，使他的人性光辉神采奕奕。凯蒂认为在中国二十年的经历使他个性中的怪异在自由发展。“他尖酸地讽刺香港殖民长官；但又嘲笑梅潭府中国官员，嘲笑残害城市的霍乱。”（119）尽管信仰不同，他慷慨解囊，帮助法国修道院渡过难关；尽管文化不同，他与中国满族大家闺秀相依相伴，与梅潭府的西方人一同并肩与霍乱作战，他是受东方中国浸染的英国人的崇高化身。

瓦廷顿在凯蒂眼中绽放别样的人性光彩：精明、诙谐、乐观、直率而又清新：“对她而言瓦廷顿可能在不知不觉中采用中国人的观点，认为欧洲人是野蛮人，过着荒唐的生活：在中国，理智的人才能区分现实为何物。在这里有利于反思：凯蒂从前一直听人谈及中国人堕落、肮脏、不可理喻。仿佛窗帘的一角被撩起了一下，她瞥到世界的一角，充满她从没梦到过的丰富色彩和意义。”（120）用瓦廷顿的视野反观欧洲人为“野蛮人”，而只有“在中国，理智的人才能区分现实为何物”。这种对欧洲人的贬低和对中国的赞美是与殖民话语唱反调，反映了试图了解中国和中国文化的欧洲人的另类声音。但不要忘了正如上面一段话所言，中国为他提供反思场所。因此殖民话语充满了模糊性，这反映了欧洲人对中国既亲和又疏离的复杂心理。

有趣的是，小说中的白人“他者”凯蒂在中国大陆逐渐蜕变演化为独立内省、明辨人性、向往自由的女性后回到香港，在香港这个阈限空间，却再次堕入欲望之河，但是与从前不同的是与查理私会后，她骤然警醒，而且感到耻辱，她对查理怒吼道："我觉得自己不是人，而是与猪、兔、狗无别的动物……我想要你，我屈从你，但那不是真正的我，我不是那个可恶、野性、贪欲的女人，我否认与她有关系……那只是动物性的我……我憎恨、唾弃她。"（224）"你是最空虚愚蠢的垃圾，我真是倒霉遇到你"。（226）在彻底摆脱了对查理的幻想后，她毅然决然地回到伦敦，要与年迈的父亲一道前往巴哈马度过余生。

综上所述，以凯蒂为代表的英国主体的现代性经历在文本中体现为：伦敦文明世界的规范（凯蒂婚姻）—阈限空间香港的欲望和堕落（凯蒂偷情）—混沌、死亡笼罩地中国梅潭府的生命反思与宗教文明的震撼和洗涤—重获新生返回香港的重蹈旧辙—二次重生回到伦敦。凯蒂的现代性体验在迁徙的空间地理版图上形成一个圆环。中国梅潭府是中间点和中转站。我们完全可以将其视为以凯蒂表征的现代人的心灵旅行，作为起点和终点的伦敦才是旅行主体的家园和回归地。凯蒂的中国梅潭府之行不仅从中国的自然风景，而且还从在中国工作的修女、瓦廷顿和沃尔特身上体会到了敬畏与奉献的美。凯蒂的中国梅潭府心灵之旅映衬了毛姆根深蒂固的欧洲种族中心观。瓦廷顿所代表的人性自由、修道院院长嬷嬷代表的宗教拯救都在中国得到完美发挥。与之对应的是三寸金莲的满族女子和霍乱中挣扎的中国民众和弃婴，他们都与凯蒂一样需要欧洲的拯救。

毛姆成长的岁月正是英国人的帝国意识达到顶峰的时期，蒸汽轮船和火车的发明改变了长久以来固定的生活方式。达尔文"适者生存"的进化论学说为白种人优越论提供了最有力直接的科学依据。受 19 世纪达尔文的生物进化论思想影响，种族与进化被引入人类社会领域，促成对人的现状进行分类之风。赫伯特·格拉斯通（Herbert Gladstone）指出，帝国情绪深植在每个英国人骨子里，[①] 维多利亚政权是以英国人充当保护人开始的，身负把盎格鲁－撒克逊文化推行给东方，拯救东方的重任。[②] 在 1880 年到 1890 年的十年间，一个不争的事实就是帝国主义是这一时期愈演愈烈的民众意识。[③] 帝国意识与殖民主义充斥了毛姆的中国旅行书写。

① Lews Chares Bernard Seaman, *Victorian England: Aspects of English and Imperial History 1837 - 1901*, London and New York: Routledge, 1973, p. 331.

② Ibid., p. 344.

③ Ibid., p. 332.

虽然毛姆重提在殖民地的英国人人性堕落的话题，但他不遗余力地利用时机展示他们文明的美德，及他们与人性邪恶的抗衡。游记《在中国画屏上》其实是毛姆未遂的心愿，是件半成品。他回到英国，本打算把其编写成故事，却事与愿违。只有在小说《彩色的面纱》中，中国文化他者性才得以完全抒发。

第四章

“古典”中国——阿克顿旅行书写的中国构建

哈罗德·阿克顿（1904—1994）是英国现代诗人、汉学家、史学家、艺术品收藏家和慈善家，在20世纪二三十年代的文人圈中像一颗绽放异彩的明珠般吸引世人。1904年，阿克顿出生在意大利佛罗伦萨的一个显赫家族。父亲阿瑟·阿克顿（Arthur Acton，1873—1953）是意大利的艺术品收藏家。据说祖上为英国天主教贵族后嗣，18世纪移居意大利。母亲霍顿斯·米切尔（Hortense Mitchell，1871—1962）是芝加哥地位显赫的银行家的子嗣。他们婚后用霍顿斯继承的财产购置了佛罗伦萨山上有名的“佩特拉庄园”（La Pietra），这个庄园始建于文艺复兴时期，阿克顿人生的大部分时光在此度过。1974年，阿克顿荣获女王授予“高级英帝国勋爵士”（Knight Commander of the British Empire）爵位。去世时，他将佩特拉庄园捐赠给纽约大学。

阿克顿是英国乃至欧洲现代历史上的传奇人物，在他身上交汇着三种文化血脉：英国、意大利和中国。他出生在意大利，从小热爱文学和艺术。长大后和弟弟威廉·阿克顿（William Acton）在英国接受教育，1918年进入伊顿公学，1923年到牛津的基督教会学院。1926年获得学士学位后返回意大利，但他对欧洲法西斯主义猖獗的政治氛围失望至极，于是开始周游世界各地。1932年到达中国，驻足定居北京，直到中日战争爆发，于1939年才不舍地离开。阿克顿一生特立独行，英式谈吐中夹带意大利腔，从服装打扮到艺术思想追随19世纪90年代的唯美主义遗风。他言语机智，举止雅致，总是给周围人带来欢笑愉悦，具有独特的地中海式的温和浪漫性格以及罗马古老文明熏染下对艺术的崇尚感。虽然生活在现代，但是阿克顿一生眷恋古老文化和文明，被人们称作“最后一个唯美者”，直到晚年“他的世界唯美而高贵，有深厚的艺术和文学修养，谈吐优雅，穿着做工精美的服饰。浮光流彩的年轻人、淡漠名利的老学者、艺术名家、个别王室成员等各式人物会在下午茶的时间到‘佩特拉’庄园造访他，视他为流逝岁月的现存象征，最后的唯美者，他对此欣然接受”①。

阿克顿成名较早。二十四岁时，他已经跻身伦敦文学界和社会界，成为一颗闪耀的明星。在牛津求学时期，他便与人合办先锋派杂志《牛津布鲁姆》（*The Oxford Broom*），二十岁出版第一本个人诗集《水族馆》（*Aquarium*, 1923），声名鹊起，备受瞩目。他还与伊夫林·沃等人一起积极推动当时伦敦的唯美主义新思潮。他创作的著名作品包括短篇故事集《心灵的场馆》（*The Soul's Gymnasium*, 1982），关于意大利的小说《最后的美第奇》（*The Last Medici*, 1932）和《那不勒斯波旁家族回忆录》（*The Last Bourbons of Naples 1825 - 1861*, 1961）以及自传体作品《一个唯美者的回忆录》（*Memoirs of an Aesthete*, 1948）和《一个唯美者的更多回忆》（*More Memoirs of an Aesthete*, 1970）等。关于中国题材小说有《牡丹与马驹》（*The Peonies and Ponies*, 1941）。他与陈世骧合作编辑的《现代中国诗歌》（*Modern Chinese Poetry*, 1936）是向西方译介的第一部中国现代诗歌之作。他还翻译了许多中国古典戏剧和小说，如汤显祖的《牡丹亭》、冯梦龙的《警世通言》部分故事等。其牛津好友约翰·伍德（John A. Wood）认为阿克顿“作为诗人，为本世纪的唯美生活作出了巨大贡献”②。汉学家白之（Cyril Birch）回忆了阿克顿在中国的七年生活和他对中国文学和艺术的眷恋，称他的译介为“在中国停留的宝贵时光中所带给人们的金银宝库”③。安东尼·兰布顿（Antony Lambton）认为阿克顿的成就与其人一样杰出，“开创了意大利历史书写的新纪元，把中国艺术带到英语世界，不失其原汁原味和异国文明精髓”④。他的牛津好友 A. L. 罗斯（A. L. Rowse）被阿克顿的个人魅力所折服，称他是世界上性情最好的人，是“世界公民”：“他真正拥有金子般的个性，平静而不受干扰——我们中很多人为政治奔走劳碌——他满足于自己而快乐，他为别人的

① Andrew Gumbel, "Shadow of the Last Aesthete," *The Independent*, April 14, 1996.

② Edward Chaney and Neil Ritchie, *Oxford, China and Italy: Writings in Honour of Sir Harold Acton*, London: Thames &Hudson, 1985, p. 25.

③ Ibid., p. 44.

④ Ibid., p. 36.

快乐而快乐。如果用文学中的词汇来形容他，我想到的是戈德史密斯所说的‘好性情的人’。”①

《牡丹与马驹》是阿克顿根据七年旅居中国北京的经历见闻所撰写的一部长篇小说。目前为止共在国外发行三版，第一版于1941年由伦敦一家著名出版社查托及温德斯（Chatto & Windus）出版发行。第二、第三版分别于1950年和1983年由企鹅和牛津大学出版社出版发行。《一个唯美者的回忆录》则追述了他半个世纪的生涯，但几乎一半涉及他在中国的旅居体验。国内外对这两部作品的研究明显不够，著名学者赵毅衡感叹中国翻译界对小说《牡丹与马驹》的漠然，“我国现代史学家似乎还没有注意到阿克顿这本书中提供的丰富史料。我个人主张尽早译出，可惜至今未找到有心的出版家”②。近年来，在中国内陆随着比较文学和文化研究的逐步升温和深入，阿克顿的作品开始引起国内学者的关注。著名学者葛桂录教授2006年在《外国文学研究》上发表了题为《论哈罗德·阿克顿小说里的中国题材》一文，由表及里地对小说展示的东方文明拯救西方危机这一主题的诸多时代内涵加以分析，可谓填补了对阿克顿作品的研究空白。国外对阿克顿的研究基本上围绕他的唯美主义传统展开，比较系统的有马丁·格林（Marin Green）所著《太阳之子：1918年以后的英国颓废派叙事》（*Children of the Sun*：*A Narrative of Decadence in England after 1918*，1977），对比地探讨阿克顿和霍华德（Brian Howard）两人的纨绔审美经历，从而展开对1918年以后英国颓废派的文化研究。但是，国内外还鲜有从旅行文学的文化视角剖析阿克顿两部作品中的中国构建这一主题，以及再现中国的话语中所隐含的个人和文化欲望。

阿克顿到中国期间，有很多外国文人开始对中国古老文化和文明表示人道主义的同情、兴趣甚至热衷。原因有多种。首先，在英语世界国家，亲和中国反对虐待和侵略中国人的势力一直都存在。1900年八国联军打着“保护使馆”的旗号，出兵北京，所到之处烧杀抢掠，暴行令人发指。这事件之后，在中国的外国人比在义和团运动之前更加安全，西方在中国的传教更加活跃畅通。其次，海外的中国研究在20世纪走入学术领域。

---

① Edward Chaney and Neil Ritchie, *Oxford*, *China and Italy*: *Writings in Honour of Sir Harold Acton*, p. 65.

② 赵毅衡：《对岸的诱惑——中西文化交流人物》，知识出版社2003年版，第139页。

具有标志性的是 H. A. 翟理斯就任剑桥大学中文教授席位（1897—1932），倾其尽毕生精力译介中国历史、文学、宗教，致力于扭转欧洲将中国视为神秘野蛮的国家的印象。[①] 另外，一些中国文人如林语堂、辜鸿铭等用英语创作，宣扬中国儒家文化。赛珍珠、路思义等旅华作家也以人文情怀书写现代中国。国际上，在第一次世界大战中，中国加入了协约国。国内，清政府已经倒台，中国正进行如火如荼的民主共和革命。所有这些因素作用下，欧洲从20年代开始逐渐对中国同情好感多于厌恶排斥。

20世纪在大批来中国旅居的学者和传教士中，不乏一些“老中国通”，即“从来没有摆脱上个世纪守旧观念和偏见的条约居民”[②]，在中国过着舒适盈利的奢靡生活，但还有一些文人作家面对帝国主义给西方世界带来的罪恶渊薮持批判态度，转而希冀从古老的中国文明中寻求治世良方。20—30年代到过中国的有杜威（John Dewey）、理查兹、燕卜逊、奥登、西特韦尔（Osbert Sitwell）、萧伯纳、罗素、阿克顿等。在众多文人中尤以阿克顿对中国文化的眷恋最具有代表性。

本章将聚焦阿克顿的两部中国旅行书写，传记性的《一个唯美者的回忆录》和虚构小说《牡丹与马驹》，探讨另外一种旅行形式——旅居北京。如果说帝国巡游者毛姆在不停地为创作寻找素材，睁着一双“帝国的眼睛”为寻找美和浪漫而审视中国，我们发现阿克顿与毛姆有诸多相同与不同。相同的是他们都出生在英伦以外的欧洲大陆，都在英国接受教育，却都游离在经典现代主义作家之外，都对东方有着向往和憧憬，并旅行中国。所不同的是，与毛姆的巡游观光不同，阿克顿旅居中国北京七年。旅行者通过到东方旅行积极了解，甚至期望融入东方文化。在这种愿望驱使下，旅行者让自己的再现能力和对知识的追求服务于另外一种目的，即在东方文化中成为唯美享乐主义者，成为东方文化现实的参与者。阿克顿崇敬和赞美东方，把东方树立为模范和渴望模仿的理想，希望在东方中国救治自己的西方“现代病”。因此，这种东方中国之旅成为“追逐随性的遗迹古风，渴望拜倒在圣人脚下的朝圣之

① Quoted from R. H. Scott, “Foreward,” *The Siege of the Peking Legation, A Diary Lancelot Giles*, ed. L. R. Marchant, Nedlands: University of Western Australia Press, 1970, p. xxv.

② Harold R. Issacs, *Images of Asia: American Views of China and India*, New York: Harper and Row, 1972, p. 150.

旅"[1]。20世纪30年代，阿克顿就是怀着这样的目的踏上中国朝圣之旅。他想象和书写的中国也与毛姆呈现的"原始"病态中国有所不同，建构的是一个清风雅韵的"古典中国"，以寄托唯美诉求和精神寄托，即将他者文化自我化，确立在西方文化中难以实现的主体意识。对阿克顿的研究不仅可以洞见二三十年代英国以阿克顿为首的文人雅士的文化诉求，而且还可以了解英国的反主流文化使者对中国"他者"文化的欲望投射。

那么，阿克顿怀着何种情结、在何种文化背景下旅居中国？他对中国文化带着何种欲望？《一个审美者的回忆录》和《牡丹与马驹》中的中国建构呈现何种特质？本章将首先梳理阿克顿与旅行这一主题，即将阿克顿放置在欧洲文化土壤下，考察其意大利的贵族世家出身、英国贵族式教育和欧美文化旅行等经历，了解阿克顿带着何种个人情结以及在何种文化背景下展开的中国旅居。其次，将主要集中考察自传体《一个审美者的回忆录》中呈现的旅居中国经历，剖析其在中国文化中获取的唯美体验，即"古典"中国的建构。最后，将剖析小说《牡丹与马驹》中的中国知识，探讨如何在虚构小说中深化"古典"中国的主题以及"古典"中国话语中的再现政治。正如我们分析毛姆的中国建构一样，阿克顿"古典"中国的知识话语交织着欧洲主体的不安焦虑，正是西方个体主体性的不稳定促成其在异域中国文化中寻求救治和净化。

第一节　唯美贵族与世界旅行

阿克顿年轻时便周游欧洲、美洲、亚洲各地，如瑞士、法国、西班牙、德国、美国、日本及东南亚国家。在众多国家中，意大利的佛罗伦萨是其出生地和晚年归栖地，在英国的伊顿和牛津接受教育。对法国的语言情有独钟，法国的现代唯美主义文化令他沉醉。"一战"后美国以爵士乐和香槟酒为主色调的享乐主义曾令他倾慕。而真正令他感到心灵宁静、性情安稳的则是中国。他在北京一住就是七年，沉醉于中国典籍与文化，还翻译中国戏剧和现代诗歌，为此中国学者赵毅衡称他为"胡同里的贵族"，康有为爱女康同璧为阿克顿作了一幅罗汉打坐图画，并附上自己对

---

① Arther Koestler, *The Lotus and the Robot*, London: Hutchinson, 1960, p. 11.

阿克顿的理解：“学贯西东，世号诗翁。亦耶亦佛，妙能汇通。是相非相，即心自通。五百添一，以待于公。”① 阿克顿在回忆录中很欣然接受对自己“亦耶亦佛，妙能汇通”的评价。

阿克顿在第二次世界大战期间返回英国后撰写的回忆录《一个唯美者的回忆录》中向读者解释使用“唯美者”这个字眼的缘由时，不无徘徊。唯美者容易令人联想19世纪末以王尔德为首的那些装束怪异、念念不忘“为艺术而艺术”的艺术家，但是阿克顿认为自己生活在20世纪，选择使用这个“唯美者”有着新世纪的新意，愿意以“唯美者”自称而引吭高歌，“因为我使用这个词的正确含义”②。在他看来像他一样的欧洲人是“世界公民”，“世界公民的我们既没什么名气，也不引人注目。但在我们身上有团熊熊燃烧的火，应该把这个潜在的能量点燃。我们应该重新评价自己。我们有责任警醒同胞们正在迅速忘却的一件事，那就是真正的文化是普适的”③。

从这里，我们可以看出阿克顿使用“唯美者”区别于王尔德时代脱离现实的纨绔之风，具有全球文化的宽广现实视野。他主张世界各民族间的文化借鉴与互动，有着更加宽泛的时代精神和世界性寓意。阿克顿认为肆虐的战争令人们对政治狂热。他振臂疾呼“天下为公”的儒家思想的救赎意义，以一颗“世界公民”的宽厚之心拥抱和宣扬中国文化，聊以慰藉欧洲战争的创伤和政治残害。本节将阿克顿放在“一战”前后和“二战”爆发前的欧洲文化背景下，考察阿克顿在欧洲的“唯美者”历程和旅行经历。

一 少年“阿多尼斯”（Adonis）在伊顿

伊顿公学是英国一所著名的贵族中学，曾经培养了许多王室贵族成员和文化名人，如诗人雪莱以及经济学家凯恩斯等。在20世纪伊顿公学的著名校友行列中阿克顿与英国游记作家罗伯特·拜伦、小说家安东尼·鲍威尔（Anthony Powell）、作家乔治·奥威尔、作家西里尔·康诺利（Cyril Connolly）、政治家约翰·斯特雷奇（John Strachey）、诗人布莱恩·霍

① 摘自赵毅衡《对岸的诱惑——中西文化交流人物》，第137页。

② Harold Acton, *Memoirs of An Aesthete*, London: Methuen & CO. LTD., 1948, p. 2.

③ Ibid., p. 1.

华德（Brian Howard）一道名列为1918—1923年期间的伊顿校友。伊顿公学素以培养学生运动训练体质健全而著称，而以阿克顿与布莱恩为首形成的文化圈一度与运动员圈抗衡，成为焦点。他在文学、绘画、音乐、舞蹈等各个领域汲取滋养，徜徉于伊顿和伦敦所能提供的艺术殿堂中，以独到的艺术嗜好和审美倾向而标新立异，是一颗活跃而耀眼之星，先锋式少年。"我从来不能苟同那些公立学校要标准化（学生）个性而压制特立独行的陈词滥调。"[①] 他这样描写伊顿作为公立学校的体制："如果说公立学校体制塑造学生的话，没有两个模子是相同的。英国个人主义至上，学校的老师就像学生一样以个性突出吸引人。"[②] 在这种自由的文化氛围浇灌下，阿克顿的艺术天赋在伊顿不断地郁郁成长，"阿多尼斯"美少年开始崭露头角。

在进入伊顿公学之前，阿克顿已显露出对艺术的热衷，而这种审美倾向与家庭熏陶不无关系。阿克顿的父亲阿瑟·阿克顿是艺术收藏家，他的画室是阿克顿"第一个图书馆和梦想橱窗"[③]，在此了解到各国不同绘画潮流和经典作品。"绘画艺术品开启了我的眼睛，我进入了一个新星际，它帮助我更有判断力地了解自然。"[④] 不仅如此，阿克顿所居住的佩特拉庄园是一座文艺复兴时期就与名流结缘、风景优美、园艺考究的别墅。"因此我不需远望，也不需要漫步出花园的大门，就能发现美……"[⑤] 几经修缮的庄园每年吸引大量的佛罗伦萨人、博物馆主事和艺术评论家参观园景和鉴赏艺术收藏品，阿克顿有时为游客充当向导，"研究人们的谈吐举止，增加多方面的知识储备"[⑥]。在这种艺术氛围浓厚的环境下成长的阿克顿心智早熟，十二岁时他就已经阅读萧伯纳和王尔德作品，读《道林·格雷的画像》"就像吃草莓一样品味这本书"[⑦]。因此当父母送他到英国与同龄孩子学习时，他认为是一种折磨，他所思考和感兴趣的远不是儿童之间的幼稚游戏，而是思想与价值求索，"我的思想反抗，开始反叛，

---

① Harold Acton, *Memoirs of An Aesthete*, p. 93.

② Ibid., p. 75.

③ Ibid., p. 23.

④ Ibid.

⑤ Ibid., p. 7.

⑥ Ibid., p. 23.

⑦ Ibid., p. 55.

一直到牛津才得以自由"[①]。

在伊顿公学，阿克顿对艺术的审美品位主要体现在诗歌、绘画、舞蹈上。诗歌与绘画是阿克顿从小的嗜好。在伊顿公学，阿克顿受到奥尔德斯·赫胥黎（Aldous Huxley）的影响，开始阅读大量的玄学派诗人的诗歌，如多恩（John Donne）和安德鲁·马维尔（Andrew Marvell），"从一个诗人到另一个诗人，我为伊顿生活编织了一条条（诗歌）之网，条条诗线对我有着深远影响，这要感谢赫胥黎"[②]。在伊顿，他还与外表出众、才华横溢、敏感易怒的纨绔少年布莱恩结交，1922 年一起与布莱恩等一些文艺少年举办了伊顿艺术社（Eton Society of Arts），并与他合作出版《伊顿烛光》（*The Eton Candle*，1922），其中主要收录阿克顿和布莱恩在伊顿时期创作的诗歌和散文，同时还收有诗人萨切威瑞·西特韦尔和奥斯伯特·西特韦尔（Sacheverell and Osbert Sitwell）、赫胥黎和鲍威尔的作品。这部近百页的杂志一经出版便获得好评，更激发了两人对诗歌创作的热情。由于伊顿公学低年级学生管束严格，不能相互走访，因此两个纨绔少年便创造机会徜徉在艺术天地。蒂森珠宝店成为阿克顿与霍华德经常光顾的地方，在那里可以租用留声机，享受短暂而宝贵的半个小时的音乐世界，有时两人甚至随着音乐翩翩起舞，鼓舞精神，娱乐消遣，正如阿克顿感叹："某种程度上说，我是个逃跑主义者，一旦有机会就逃脱到艺术天地中，我可能没有品尝过优秀运动员所获得的喜悦，但是我有着持久的回赠……我的一生虽然从世俗眼光看上去平淡无奇，而我自认为充满奇幻冒险，仿若中国传奇故事中的孙悟空，我发现自己永远逃不出如来佛的手掌。"[③] 这个所谓的如来佛就是艺术的唯美天地。

伊顿公学常规单调的学习和生活不能满足阿克顿这类文化先锋少年，他在伊顿期间经常出入艺术画展，拜访伦敦画家文人聚居地切尔西（Chelsea）。众多画家中他喜欢詹姆斯·惠斯勒（James McNeil Whistler）的绘画作品，"他的绘画引领我（想象）伦敦所具有的奇幻魅力"[④]。"其艺术选择上若隐若现的调子和线条的简约……在那时，他的画作充实了我

---

① Harold Acton, *Memoirs of An Aesthete*, p. 29.

② Ibid., p. 77.

③ Ibid., p. 82.

④ Ibid.

在伦敦的假期。"[①] 在伊顿，他还拜访国英国印象派画家约翰·萨金特(John Singer Sargent) 和威尔森·斯蒂尔 (Wilson Steer)，但是对他们的绘画却有着独特的鉴赏和判断，"作为画家，他们比其他英国画家天赋聪颖，但是在风景画和肖像画上他们却能力有限"[②]。他认为法国的印象派绘画跨洋后已经滋味改变。相比之下，阿克顿比较倾向布卢姆斯伯里学派画家罗杰·弗莱 (Roger Fry) 的后印象主义画风，具有英国现代主义特色。

随着"一战"的结束，阿克顿又受到了新唯美主义艺术形式的吸引和洗礼。俄国芭蕾舞团在伦敦上演，从此阿克顿每场必到，仿佛"一朵从淤泥中脱颖而出的荷花"[③]，芭蕾舞带给他以艺术唯美的体验，他称之为战争时期艺术经过冬眠之后的新享受，大屠杀后带给生活雨露般的滋润，"……优美舞姿起舞，肉眼已经难以捕捉每个景象，每个优美姿态、动作和表情，有那么多意境在短时间内难以即刻汲取。虽然我的神经对每个滑动足够敏感，但我还是心血澎湃地瞪大眼睛，呼吸急促，脉搏快速跳动，我徜徉在时间和空间的维度中"[④]。芭蕾舞带来独特的审美世界让他忘记了离乡愁苦，减轻了战争带给人类文明的戕害，他感叹艺术的普适意义，艺术"多么神奇，转变人们，带给人们高雅"[⑤]。

二 "浮华青年"(Bright Young People)[⑥] 在牛津

如果说伊顿为阿多尼斯式唯美少年阿克顿的成长提供了精神滋养的话，牛津则成为浮华青年阿克顿唯美行为得以发挥的理想之地。1923 年，意气风发、满怀文学艺术抱负的阿克顿进入牛津求学，掀起了以哈罗德为首的唯美主义文学艺术和生活实践的牛津传奇。英国著名的历史学家弗雷

---

① Harold Acton, *Memoirs of An Aesthete*, p. 88.

② Ibid. , p. 86.

③ Ibid. , p. 85.

④ Ibid.

⑤ Ibid. , p. 86.

⑥ "浮华青年"一代指的是 20 世纪 20 年代英国伦敦出现的一类人群。他们通常是注重感官快乐的反叛波西米亚艺术青年，经常出没伦敦上流社会的聚会，大都出身名门望族。又称作伦敦爵士乐时期的迷失的一代。比较有名的有伊夫林·沃、塞西尔·比顿 (Cecil Beaton, 1904—1980)、南希·米特福德 (Nancy Mitford, 1904—1973) 等。详情参见 D. J. Taylor, *Bright Young People: The Lost Generation of London's Jazz Age*, Farrar, Straus and Giroux, 2010。

德里克·伯根海德（Frederick W. F. S. Birkenhead）这样评论哈罗德对牛津的贡献：“哈罗德带给牛津从未有过的佛罗伦萨文化，超越大学的真正伟大的一股世界之风。”① 他在伊顿形成对艺术之美的崇尚已经内化为反文化或浮华青年气质，而牛津则为阿克顿重振新纪元的唯美主义风尚提供了舞台。“在牛津有上百种生活方式，（人们在这儿）比在别的地方能结识更多的朋友，得到更多的理解与同情。牛津现今仍是夙愿和理想的梦幻家园。”② 在牛津众多同期同学中有著名的作家罗伯特·拜伦，18 世纪历史家理查德·帕尔斯（Richard Pares），小说家安东尼·鲍威尔，目录学家格厄姆·波拉特（Graham Pollard）等，但阿克顿丰富地展现了他的天赋，成为“为艺术而艺术”的领军人物。牛津同学 A. L. 罗斯高度赞扬他的才华，“他是我们这类暗淡无泽的家禽中长着光彩亮丽羽毛的异国之鸟”③。

牛津的青春活力吸引着阿克顿，他与许多青年一样并没有埋头于书本的呆板知识，而是释放着年轻人的热情幻想、不受束缚和享乐张扬的个性。与阿克顿在牛津同期的作家约翰·贝奇曼（John Betjeman）谈自己与牛津同学将所有精力不是放在书本知识上，而是放在社会生活上的岁月时，说道：“牛津不是学习的地方，充满繁华混乱，是宣泄幻想和享乐主义的所在。”④ 诗人路易斯·迈克尼斯（Louis MacNeice）也这样评述自己在牛津的岁月：“我不是去牛津学习的，那应该是语法学校学生该做的。”⑤ 阿克顿就是在这样可以畅然发挥个性的牛津度过三年岁月。

19 世纪 90 年代，随着王尔德之死，反维多利亚主流文化的唯美主义运动也日渐式微，但在牛津其遗风尚存，却已失往日的鲜活灵动，透露着刻板的俗艳与粗劣。作为牛津 20 世纪 20 年代的浮华青年（The Bright Young People），阿克顿反感这种对美的亵渎：“既然战争已经结束，爱美的人们有一个使命，或很多使命。我们要与丑陋作战，我们要摒弃混淆，

① Marie-Jacqueline Lancaster, *Brian Howard: Portrait of a Failure*, San Francisco: Green Candy Press, 2007, p. 176.

② Harold Acton, *Memoirs of An Aesthete*, p. 134.

③ Edward Chaney and Neil Ritchie, eds. *Oxford, China and Italy: Writings in Honor of Sir Harold Acton*, p. 64.

④ John Betjeman, *Summoned by Bells*, London: William Clowes and Sons, 1960, p. 9.

⑤ 详见 Louis MacNeice, *The Strings Are False*, London: Faber and Faber, 1965。

创造明晰。我们要克服大众的冷漠……”[①] 阿克顿决心为战后的唯美主义遗风注入现代活力，“我欣赏19世纪90年代（唯美主义）而且保持距离地欣赏，因为我看到在四周的各个角落它不过是微弱而残喘的传统，这令人难以忍受”[②]。从房屋装饰、外表打扮，到社团活动和诗歌风格，阿克顿与伊夫林·沃等青年在牛津掀起了新一轮唯美主义浪潮。牛津的建筑以哥特式塔顶为标志。他将房间装饰成柠檬黄色，点缀以维多利亚时尚的古玩，如装饰花和装饰水果以及永不破碎的泡泡球，永不凋谢的假花等。服饰上一反19世纪90年代细腰、搭肩、紧裤的纨绔派穿衣风格，他戴圆顶礼帽，穿宽大翻领夹克和褶皱的宽松裤子，而且裤子越来越宽松。这种穿衣风格不久受到牛津学子纷纷效仿，被人戏谑为“牛津袋子式”。

在牛津，阿克顿成为诗人。成名较早的阿克顿在20年代对牛津青年的诗歌潮流的引领作用和影响是不可忽略的。“一战”后的牛津在诗歌上还遵循乔治时期风格。热衷于诗歌的十八岁青年阿克顿不拘泥于陈词滥调，开始谱写独特的诗歌道路。阿克顿倾慕英国现代主义诗人西特韦尔兄妹和T. S. 艾略特的诗风。西特韦尔诗歌将难以描绘的幻想以音乐形式转化，这令他备受启发，感叹诗歌的意境和韵律。他用英语和法语写诗，到牛津的第二学期，阿克顿的第一本诗歌专集《水族馆》（*Aquarium*）问世，名气大振。詹姆斯·斯蒂芬斯（James Stephens）写信给阿克顿说：“这是伟大的诗歌——看得见，听得到，想象丰富、寓意深刻一气呵成。”[③] 他还与人一起创办杂志《牛津布鲁姆》，收录具有新鲜风格的诗歌，沃的处女作就发表在此。

那段时间阿克顿能够对并未出名的学子进行鼓励和保护，“沃与彼得·昆内尔、戴斯蒙德·哈姆斯沃思（Desmond Harmsworth）等人似乎是阿克顿在牛津的发现”[④]。1925年，他出版了第二本诗集《印第安驴》（*An Indian Ass*）。他还受邀与昆内尔加入《牛津诗集》（*Oxford Poetry*）的选录和编撰，这部诗集受到了关注和好评，也更加促进了青年阿克顿的信

---

① Harold Acton, *Memoirs of An Aesthete*, p. 111.

② Ibid., p. 118.

③ Edward Chaney and Neil Ritchie, eds. *Oxford, China and Italy: Writings in Honour of Sir Harold Acton*, p. 120.

④ Martin Green, *Children of the Sun: A Narrative of "Decadence" in England after 1918*, Edinburgh: Axios Press, 2008, p. 171.

心，人们要求他朗读创作的诗歌，他从不矫饰地推诿，而精力充沛地用扩音器大声朗读。不仅如此，他为牛津呼吁一种新的诗歌潮流，勇敢地承担起助产士的重任，"……大家都一致认为，抛开诗歌的质量不提，牛津的诗歌显露了活力……"①

在牛津的各类社团和俱乐部、音乐会与画展都有阿克顿的身影。他在"新人"（The Newman）社团朗读对英国风格画家的见解论文，邀请伊迪丝·西特韦尔（Edith Sitwell）和斯泰因（Gertrude Stein）到牛津做讲座，与铁路俱乐部（the Railway Club）四处旅行狂欢。他还是牛津虚伪社（the Hypocrites）成员之一，与同为会员的伊夫林·沃、大卫·塞西尔（Lord David Cecil）、鲍威尔等讨论哲学问题，甚至要复兴维多利亚早期风范而与罗伯特·拜伦举办展览会，最终引起牛津学监的警觉而未能成功。他的标新立异引起模仿，他的房间成为聚集之地，爵士乐、香槟酒、纨绔青年，谱写了牛津战后失落一代的合音。离开牛津时，牛津许多房间受他影响涂成亮色，点缀着维多利亚盛时的纪念物。

离开牛津时，阿克顿的名声大噪，正如伊夫林·沃在回忆录中提到与阿克顿一起的牛津岁月时说："他总是领袖式人物：而我不经常地是（他身边的）随从。他比我块头大……带着佛罗伦萨鉴赏者和巴黎改革者的风度，具有贝伦森②（Bernard Berenson，1865—1959）、斯泰因和 T. S. 艾略特的气质……我通常被他不同凡响的经验所折服。他曾与普鲁斯特（Marcel Proust，1871—1922）和纪德③（André Paul Guillaume Gide，1869—1951）进餐，与让·考克多（Rean Cocteau，1889—1963）和谢尔盖·加季列夫（Serge Diaghilev，1872—1929）相处融洽；弗班克④（Ronald Firbank，1886—1926）送给他小说并热情地题词……那时我们在他面前就像孩子……"⑤

他在牛津兴起的复兴维多利亚早期时尚虽然引起了模仿，但也招来斥责。"我被怀疑大胆创新却恣意妄为。由于我对西特韦尔的天生热爱，我被冠以西特韦尔追崇者（而受嘲讽），在大学生口这意味的是时髦浅薄。

① Harold Acton, *Memoirs of An Aesthete*, p. 136.

② 贝伦森，美国艺术史学家。

③ 纪德，法国著名作家。

④ 弗班克，英国小说家。

⑤ Evelyn Waugh, *A Little Learning*, London: Chapman & Hall, 1964, p. 5.

结果我受到粗鲁的评论，人们说我是花哨的业余人士……”[①] 事实上，30年代西特韦尔对当时的年轻人影响至深，他们代表光彩四射的现代主义，在鉴赏品位与纨绔风韵上甚至超过布卢姆斯伯里小组，受之影响的还有康诺利（Cyril Connolly）和伊夫林·沃。康诺利回忆：“如果命运安排我先遇上1923年来访的高雅的布卢姆斯伯成员而不是1925年的西特韦尔的话，我可能会荡除牛津纨绔气质，这就是弗吉尼亚·伍尔夫多年后在杂志上对我做出‘鸡尾酒式评论家’判断的原因。”[②] 而沃在1939年也做出对西特韦尔影响的同样评述，称西特韦尔点燃照亮了英国整个社会生活，对每个人、每个英格兰角落都影响至深。

三　沐浴欧风美雨的“文化忧郁者”

阿克顿是个世界旅行家，意大利独特的地中海风情滋养哺育了他唯美浪漫和文化包容的情怀，欧风美雨的文化洗礼则将他推向艺术普适和文明救赎的探寻之旅。阿克顿对意大利怀有一种特殊情怀，为意大利浓重的历史感而骄傲，为与著名诗人但丁同为佛罗伦萨人而自豪。阿克顿成长的佩特拉庄园是世界各地名流的驻足点和畅游地。在1915年，意大利卷入“一战”，虽然罗马、那不勒斯等意大利城市游客开始稀少，但战争期间，各国王室为寻求躲避纷纷投奔佛罗伦萨，有的还寄居佩特拉庄园。但是此时的佛罗伦萨已不能激起他的渴望，平淡乏味，仅仅是个理想的隐遁之地。对一个艺术和文学的最新发展感兴趣的人而言，它是个闭塞的地方。除了英国教育，法国和美国的文化曾经深深地吸引着他。跨越地理空间和文化空间的旅行造就他具有民族间宽容的胸怀和全球化视野。

很小阿克顿兄弟二人就到欧洲名胜之地游览，如巴黎、哥本哈根、斯德哥尔摩、柏林等地。在旅行中他们经常光顾博物馆、艺术展览、画展和音乐会等。到了入学年龄时，父母将他们送到英国学习，往来于意大利与英国之间，从小便养成了文化适应性。正如阿克顿自言：“在许多方面我是非英国产物，但是有一点，我非常英国式，那就是极强的适应性。”[③] 他的意大利口音常常引起同学哄笑，但他借此夸张地发挥为一种幽默感，

① Harold Acton, *Memoirs of An Aesthete*, p. 163.

② Martin Green, *Children of the Sun: A Narrative of "Decadence" in England after 1918*, p. 89.

③ Harold Acton, *Memoirs of An Aesthete*, p. 29.

偶尔还唱上意大利歌曲小调。在进入贵族学校伊顿公学之前，兄弟二人曾到过滨海城市，就读英国私立学校。当英国卷入“一战”而局势动荡，父母把他们送到日内瓦一所学校就读，这里有来自不同年龄和多种国籍，如瑞典、埃及、比利时、巴西、美国等的男孩。局势平稳后，两人双双到伊顿公学以及牛津求学。虽然他们的学习生活由于“一战”而时断时续，但是他们能够在意大利和英国之间往来旅行，虽然经历行程的艰辛，海峡轮船和火车拥挤不堪。

阿克顿与弟弟威廉从小就旅行往来于欧陆与美国之间。外祖父威廉·米切尔（William Mitchell）的子女分布在夏威夷、西班牙和意大利等地。阿克顿每年夏天已习惯于在酷热未来之际去美国芝加哥等地旅行。1926年牛津毕业后，崇尚唯美主义的阿克顿游览美国，目睹美国恣意挥霍金钱和放纵欲望，与令人压抑的英国不同，美国像上演快乐原则的人间乐园。他感到惊奇，焕然一新。到处可见司各特·菲茨杰拉德（Francis Scott Fitzgerald）在《伟大的盖兹比》（《了不起的盖茨比》），小说中所描述的爵士乐、宴会、开车兜风的年轻人。然而，当1932年他再次游览美国时，美国的酗酒玩乐和纸醉金迷的生活已经不再吸引他。他认为美国作家在寻求文字表达经验时，过于凌驾于规则之上，“拘谨的英国人对热情四射避之不及，但是美国人却毫无顾忌”①。除了酒吧欢饮、亲友欢聚，阿克顿最喜欢的是游览各地博物馆，其中东方的艺术收藏品令他对遥远的中国充满渴望，“美国收集中国艺术位居世界第二，甚至中国人都要去美国对自己祖先获取完整的视觉知识……这些财富激起我对中国更加地渴望……”②

在接触欧洲各国的语言和文化中，法国巴黎是锤炼和提升阿克顿的思想之地。他首先沉醉于法语的语言之美，认为法语是最细微的情感表达的语言，“法语一经诗人使用，精练地变成最纯净的色彩和香味”③。他认为讲法语令人动脑思考，不能像说意大利语和英语那样脱口而出。另外，吸引阿克顿的是法国的现代主义反文化的自由氛围。巴黎是世界思想之都，牛津读书期间阿克顿不时到巴黎停歇，让自己的大脑穿梭迅速流淌的语

① Harold Acton, *Memoirs of An Aesthete*, p. 238.

② Ibid., p. 246.

③ Ibid., p. 20.

言，体验丰富内涵。众多牛津同学不无讥讽，但阿克顿已经走在他们前面。事实上，英国的现代主义很大程度上受法国影响，如：布卢姆斯伯里小组的著名预言家克莱夫·贝尔（Clive Bell）的语言就具有法语特点，英国的绘画在裸体、风景画等大量借鉴法国绘画，T. S. 艾略特受法国象征主义诗歌的影响，赫胥黎受法国象征主义诗人朱尔斯·拉弗格（Jules Laforgue）诗歌的影响等。甚至俄罗斯芭蕾到了法国，在先锋派艺术家让·考克多与谢尔盖·加季列夫（Serge Diaghilev）的合作下也具有了法国味。

1926年，阿克顿离开牛津后，在父亲资助下，选择从巴黎开始自己的作家生涯。阿克顿不辱使命创作了许多诗歌，他的第三部长诗集《五圣与附录》（*Five Saints and an Appendix*，1927）出版。诗集《这混乱》（*This Chaos*）于1930年由小时出版社限量出版。约翰·伍德（John A. Wood）在《诗人哈罗德·阿克顿》（Harold Acton as a Poet）一文中认为“作为诗人，阿克顿为本世纪的唯美生活做出了巨大的贡献”[①]。他指出有三个原因是阿克顿没有被列入包括奥登等在内的主流经典诗人排行榜。其一，诗风独特，难以归类，有人把他的诗风归为“颓废派”或“纨绔派”，其实都是牵强附会，不足以描述他的风格。其二，批评家更重视作品的政治含义，而不沉溺于艺术审美，这种倾向驱使下，阿克顿的诗作就显得肤浅而缺乏政治信息。其三，阿克顿不仅仅是诗人，还是历史学家和艺术家，个人生活的丰富性使他被划在诗人圈外。

在巴黎停留期间，阿克顿对法国艺术区中的流散文化人的矫饰造作嗤之以鼻。阿克顿称海明威、庞德等人为“咖啡牛仔”，认为这些人害怕显露自己的情感，虽然在法国停留却受法国文化同化少，作为作家不过在用借来的羽毛装扮自己。在巴黎，两个人对他写作生涯有指引，一个是斯泰因，另一个是毛姆，斯泰因还将他与舍伍德·安德森（Sherwood Anderson）一同介绍给法国的学术界沙龙，她认为正如许多佛罗伦萨艺术家到法国寻求灵感一样，阿克顿需要佛罗伦萨文化给不了的法国现代影响，将他介绍给现代派雕刻家利普奇兹（Lipschitz）等。相对在巴黎的海明威等作家，阿克顿感觉毛姆更具有人情味，尽管毛姆的创作风格受到布卢姆斯伯里成员的排斥，但是毛姆在戏剧上的成功与《人性的枷锁》他带来的地位和收入却令阿克顿羡慕。阿克顿意识到自己的成名道路为诗歌，而不

---

① Harold Acton, *Memoirs of An Aesthete*, p. 25.

是小说。与斯泰因不同，毛姆指出阿克顿需要规则，而对阿克顿周围的法国圈子并不看好。另外英国的朋友在出版作品，撰写书评，敦促阿克顿去伦敦。于是阿克顿前往伦敦。

来到英国后，阿克顿创作的事业并不如意，在牛津一些名不见经传的好友却在英国文坛上各个涌现，受人瞩目，这令他不无失望与焦躁。昆内尔成为著名杂志《新政治家》（*The New Statesman*）的评论员，拜伦、沃和西特韦尔等的著述不断问世。1929 年阿克顿的小说《平平庸庸》（*Humdrum*）与沃的《衰败与灭亡》（*Decline and Fall*）同一年出版，而受到的评论大相径庭。旧时牛津同窗康诺利在《新政治家》里将《平平庸庸》贬低得一无是处，大肆地称赞《衰败与灭亡》。沃将这本书“怀着敬重与关爱”献给阿克顿，这令阿克顿并未因自己的作品却因为沃的献词而成名，不无讽刺意味。对此阿克顿感到《平平庸庸》因为出版商霍登（Holden）的去世而染上晦气，造成出版推迟。如果早一年出版，也许会以新颖独到而受到读者的喜爱。尽管评论尖刻，他开始创作下一部关于 17 世纪美第奇家族灭亡的历史作品《最后的美第奇》，使用巴洛克诗歌散文体，他希望风格与传达的历史吻合，这时他二十四岁。这部书于 1932 年出版。

在英国，阿克顿主要参加伦敦的社交生活，但是他开始成为有着鉴赏能力的观察者。如果说在伊顿与牛津，他是行为演员和潮流引领者，那么这时他对人性的浮躁倾轧、虚伪浮夸有着深刻体验，产生厌烦。“除了撰写《最后的美第奇》，我出现在晚宴中，成为观察者，见证别人的抱负、密谋和敌意。”[①] 知识圈中他厌烦庞德的自命不凡与法西斯主义，政治圈中他对一些政客的言谈更是不感兴趣。人们思想明显的平庸无奇令他苦闷，“自从我离开牛津，我就是个游牧者……灵魂上我仍然是个游牧者，躁动不安、怀旧忧思的侨民”[②]。

这期间饶有意味的是他对中国显露兴趣，而这种兴趣受到他雇用的中国厨师钟森的影响。在品味新鲜的茶味和道道鲜美的菜肴之余，他开始了解发生在遥远东方的中国现状以及国民党和孙中山的中国重建。“品的绿茶清醒头脑，带来宁静，感到我似乎沉浸在半个中国，随着时间的推移，

① Harold Acton, *Memoirs of An Aesthete*, p. 212.

② Ibid., pp. 210 - 211.

我开始渴望在整个中国。”① 钟森就像在我身上种下一颗种子，我内心对中国的热爱超越理性，无法解释，有种去那里的冲动。我知道除非到达中国，不然我的生活不会完整，我会及时到那里吗？我充满忧虑。我曾经目睹一场战争，对那里的战争充满恐惧，这可能会妨碍我达到完整。出于这种顾虑，我的情绪变化不定。一个人就像被烘烤的坯子，而且始终如此，这并不是件愉快的事。我半数的朋友满足于漫步在风景宜人的巷道，他们不能了解我的窘境。迟迟不能去中国令我对欧洲越来越烦躁，这也可能是造成我缺乏文学虔诚的原因。我停留在欧洲风景之外，成为一个客观的观察者。”② 于是1932年当人们建议他离开欧洲去远东时，他再无顾虑，开始前往美国，转道到达中国这片憧憬已久的热土。

第二节 传记《一个唯美者的回忆录》的“古典”中国构建

唯美主义（Aestheticism）、颓废派（Decadence）、纨绔主义（Dandyism）字眼经常出现在现代主义的文学和艺术中，虽然有些细小差别，但均指的是一股在艺术风格和生活格调上反对虚伪平庸、粗鄙陋俗而着重艺术感染力、创造力的现代主义潮流。在《现代性的五个面具：现代主义、先锋派、颓废、媚俗、后现代主义》中，马泰·卡林内斯库（Matei Calinescu）将颓废作为审美现代性或者说文化现代性的一种形式，视其为知识分子对车轮滚动式向前发展的社会现代性的反作用力和批判。西方的资本主义经济在科学技术进步和工业革命的推动下迅猛发展，人们的日常生活和整个社会历经了翻天覆地的变化，与此滋生的是社会风气中浓厚的重商主义和低俗的功利主义，倾轧和异化人性。审美现代性即脱胎于社会现代性而产生于19世纪上半叶，是知识界对资产阶级平庸矫饰、虚伪鄙俗等风气的抨击。他们“厌烦资产阶级价值观，以各种方式表达此种厌烦，如反抗、无政府和启示论、贵族式自我流放”③。在英国，一些学院派精英如托马斯·布莱尔（Thomas Carlyle，1795—1881）、马修·阿诺德（Matthew Arnold，1822—1888）等振聋发聩地警醒现代人对财富的过度

① Harold Acton, *Memoirs of An Aesthete*, p. 196.

② Ibid., pp. 199 - 200.

③ Matei Calinescu, *Five Faces of Modernity: Modernism, Avant-Garde, Decadence, Kitsch, Postmodernism*, Durham: Duke University Press, 1987, p. 42

追逐和人性道德的沦丧，适时地揭露工业主义社会给人性带来的弊端和精神危机，号召用文化的力量拯救现代人和现代社会。这种激进的反资产阶级潮流拥抱审美现代性，呼唤思想和艺术的唯美化，宣扬艺术自足，以摆脱庸俗的社会现代性的制约。这在法国年轻的波西米亚诗人和画家中非常流行，逐渐波及整个欧洲，成为抵制资本主义政治经济绝对主义的时代强音。

虽然社会现代性和审美现代性是两股反作用力，相互抵触，但二者在相互试图摧毁对方的同时也难以避免地互相影响。审美现代性作为社会现代性的对峙力量在思想和文学艺术界随着时间推移而演变，但总的特点为注重想象力、创造性和超自然力。审美现代性肇始于浪漫主义，后来发展为法国的“为艺术而艺术”和象征主义等，以关注想象力和直觉（浪漫主义）、超自然因素（浓厚的哥特式文学）、为艺术而艺术（颓废派）而著称，为挣脱资产阶级的腐朽恶俗风气而抗争，向无止境的无政府方向发展，逐渐演变为一股颓废个人主义。这种颓废个人主义与民族主义和军事发展相悖，但在艺术上是有益的，是唯美个人主义的表现，是对专制传统的拒绝与反叛。文学颓废主义的作家采用一种布道式语气：“让我们沉溺于对理想和形式追求的无用中，即使我们将自己囚禁在无人问津的孤独里，走进我们的人是真正的兄弟，为什么要牺牲最亲近、最特别、最个人的表达呢？”①阿克顿就是这股唯美个人主义的雅士，他的现代救世思想体现在对中国异域文化的寄怀和感念中。

本节将视阿克顿为西方审美现代性的代表人物，考察他作为崇信唯美主义的欧洲文人雅士在旅居中国的旅行书写中所传递的异域想象和文化投射，也就是构建中国的再现政治。第一次世界大战很大程度上摧毁了西方人的价值观和宗教思想，西方社会无法掩盖的精神荒芜犹如 T. S. 艾略特在《荒原》中所描绘的枯萎的精神荒原——物欲横流、精神堕落、道德沦丧和万物萧瑟。“一战”后，阿克顿怀着对西方文明的危机感和自身创作生涯的失落感自我流放到中国。在此深重背景中，我们不难理解中国文化之于像以阿克顿、罗杰·弗莱、伯特兰·罗素等为代表一些西方文人的价值和意义。事实上遥远的东方中国很早就在阿克顿的内心引起向往，出版于 1948 年的《一个唯美者的回忆录》追溯了阿克顿从出生到“二战”

---

① Paul Bourget, *Essais de Psychologie Contemporaine*, p. 24.

前夕近四十年的人生经历。虽然中国旅居生活仅仅占七年的时间，而篇幅却占整本书近半，可见这段中国生活对阿克顿的意义。本节围绕阿克顿《一个唯美者的回忆录》中的中国旅居生涯的书写，探讨唯美主义雅士阿克顿的“古典”中国建构，他如何在中国的艺术鉴赏、文学作品译介和字画古玩收藏中找到唯美诉求，乌托邦化中国艺术和生活，巩固和充实在物欲横流的欧洲社会中难以确立的主体意识。同时我们还可以洞见异域中国文化的哪些方面吸引这类文人雅士。

一　对中国“古典”文化的唯美想象和诉求

自童年起，《皇帝的夜莺》这个中国童话故事就始终萦绕在阿克顿的脑海。一只被驱逐的夜莺返回皇帝病榻，用它那动听的歌声把皇帝从死神身边挽救回来，这使他对中国充满憧憬，情有独钟。“故事的力量不在于讲述本身，而是其唤起的无穷想象”[①]，这个故事“对我的启发旷日持久”[②]。在1932年，阿克顿这个衣食无忧却前途无望的欧洲贵族仿若一个受伤的西方“皇帝”，需要东方中国这只“夜莺”的歌声抚慰和挽救，需要异域的中国文化的唯美想象确立主体意识，达到自我完整自我实现。评论家艾伦·莫尔斯（Ellen Moers）在谈到唯美者和纨绔子之间细微区别时，指出唯美者更加关注自己以外的东西，如艺术、美、文化遗产，他的精力主要是接受印象和感受，而不是创造它们。[③] 由此他将阿克顿归为唯美者，而将阿克顿的伊顿和牛津好友霍华德·布莱恩称为纨绔子。我们根据阿克顿的一句话也可以看出阿克顿的唯美诉求：“我是一个逃跑主义者，找寻每个机会逃进艺术的宇宙。”[④] 对中国“古典”文化的唯美诉求体现在《一个唯美者的回忆录》中对中国的戏剧、文学和宗教的跨文化接受和再现上。

在《回忆录》中，阿克顿极力赞扬中国戏剧，尤其是京剧和昆曲。与很多在中国的外国人不同，阿克顿钟情中国戏剧，称自己是“热心的

---

① Paul Bourget, *Essais de Psychologie Contemporaine*, p. 16.

② Ibid., p. 17.

③ Quoted from Martin Green, *Children of the Sun: A Narrative of "Decadence" in England after 1918*, p. 18.

④ Harold Acton, *Memoirs of An Aesthete*, p. 82. 本节文中所引用《回忆录》中的内容均采用页码标注，不再赘述。

戏迷”，“我曾经邀请很多朋友看我认为精彩的京剧表演，但是不多时，他们要么委婉地申辩耳朵疼，头疼，要么直言不讳地说单调，马上退席”（354）。阿克顿对欧洲同胞的志趣不同并不觉为奇，他诙谐幽默地将原因理解为与东西方的饮食习惯相关，他的理论是：“西方人食肉习惯在某种程度上取代了高音调（的喜好），因此我们生理上难以承受那些锣鼓撞击声和铙钹叮当声，在中国剧场我们的耳朵备受折磨。中国人不像我们喜肉食，因此他们喜欢热闹，他们爱热闹的根本是无目的的娱乐享受。这种增添刺激的爱好是人性成熟的标识。”（293）与许多外国人不同，阿克顿认为在“中国生活了几年，悦耳的锣鼓铙钹和胡琴声甜美地舒缓我的神经。我甚至要听到这些声音才能在阴郁日子安适平静，而西方乐队在我听来就像挽歌”（293）。那么，阿克顿热衷于京剧的哪些方面呢？为什么如此热衷呢？通过解读《回忆录》，我们不难发现欧洲文化浸染的唯美雅士爱上中国京剧，不仅仅因为京剧某些方面与欧洲戏剧相通相近，找到艺术共鸣，而且我们发现两种艺术带给人唯美的享受和效果虽然来自生活，同时又超越凡尘生活。作为西方社会现代性的逃遁者，阿克顿对中国戏剧的认同昭示了一个唯美者的跨文化理想和诉求。

正如阿克顿所言“对我而言，我首先被打动的是它与意大利假面喜剧和伊丽莎白舞台剧的相似性”（355）。意大利假面喜剧是在文艺复兴时期出现，以即兴表演为主而又称即兴喜剧。它并非文学的戏剧，没有脚本，演出形式简朴，主要依靠演员的才华、机智和知识即兴发挥，是演员表演艺术的戏剧。假面喜剧中部分演员是戴着假面具上场。所谓假面，其实就是一定人物类型的概括性处理，也就是把一定社会阶层的人物，如富人、仆人、军人、学者等的典型特征概括地集中到一个角色身上。服装也随面具程式化。假面喜剧最为活跃的时期在1550—1650年之间，对于后世特别是喜剧演员或作家的影响却很大，例如莫里哀在法国就受到过意大利假面喜剧的影响。意大利假面喜剧还影响了伊丽莎白时期的舞台剧，如本·琼生“风俗戏剧”多采用假面等道具手法，诙谐幽默地讽刺时代弊端。

中国的国粹京剧在众多方面与意大利假面喜剧相近，也是一种综合性表演艺术。京剧集唱、念、做、打为一体，通过程序式的表演手段叙述故事，刻画人物，表达善恶和美丑思想，以综合性、程式性和虚拟性为其艺术表演特征。在戏曲舞台上，人物的一切行动，包括最隐秘的思想活动，都是通过舞蹈化的身段动作、音乐化的念白和演唱，并在音乐的伴奏中进行的。与“假面”相似，京剧的角色是根据男女老少、俊丑正邪分成生、旦、净、丑四大行当，以演历史故事为主。富有装饰性和夸张性的人物造型——脸谱，是显示人物性格、辨认善恶忠奸的象征与其辉煌艳丽的头饰服装，是京剧独特的风格。戏曲舞台上并不回避“露假”，也不要求一一写实，而是采取虚拟的方法。如扬鞭以代马，摇桨以代船。在舞台上有广阔的空间供演员活动，应当细致的地方尽力描绘，不必要的场面，一个圆场就过去了。

京剧独具中国特色的是其乐器，也是欧洲人难以欣赏京剧之处。京剧伴奏乐器分打击乐与管弦乐。打击乐器有板、单皮鼓、大锣、铙、钹等。管弦乐器有京胡、京二胡、月琴、三弦。由各种打击乐器的音响组成的“锣鼓经”，起着极其重要的作用。一阵锣鼓既可渲染磅礴的气势，又能烘托演员的表演，并且这种对表演的烘托是非常细致的，甚至细致到鼓点子打出演员眼珠的转动，手指的颤抖。舞台虽小，反映生活是非常广阔深远，并有浪漫主义色彩。京剧舞台道具简朴，一般只有一张带“桌围”的桌子、两把带“椅披”的椅子，称为“一桌二椅”。桌围和椅披上都有装饰性的绣花，有时舞台上什么也没有。京剧要求演员不但要把人物的身份、气度、特征和神韵勾画出一个鲜明的轮廓，还要带出这场戏的环境气氛，使全戏一气呵成，流畅舒展。观众在欣赏京剧时，需要随着演员的念白、歌唱和表演，发挥自己的想象力，这样才能理解戏里的时间、地点和环境。京剧不是靠舞台布景制造环境来吸引观众，而是靠表演来吸引观众，靠虚拟的表演艺术创造，创造舞台的一切。正如阿克顿感叹：“它由对话、歌唱、舞蹈和杂技和谐地组成。戏服、妆相、动作、招式，令人心醉神迷，即使不了解剧情、不得意戏曲音乐。中国演员的技巧为舞台添光加彩，舞台上的物件既简单又突出效果。”（355）

京剧吸引唯美者阿克顿的原因是其独特的戏剧效果。京剧艺术与文学作品反映的主题相差不远，但是融声音、扮相、动作一道烘托所带给观众的审美享受和艺术想象却令人叹服，这不仅在文学作品欣赏中难以获得，而且在平凡琐碎的尘世生活中更是难求。这不能不令雅士为之倾倒，“中国戏剧为我提供了我所一直在寻找的理想艺术的合成体，之前我仅能在俄罗斯的芭蕾舞中体味到”（356）。出于对京剧共同爱好，阿克顿在中国结识了来自加利福尼亚的美国戏迷阿灵顿（L. C. Arlington）。当时阿灵顿出版了一部关于中国戏剧的书籍，据说这本书很吸引萧伯纳，萧伯纳拜访了他并赠送了一本厚厚的戏剧集。阿克顿认识到京剧之于北京人犹如电影之于好莱坞一样具有核心地位，与阿灵顿两人合作翻译中国京剧。

其次，诗人阿克顿在《回忆录》中用大量的笔触描述自己对中国30年代现代文人的接触，在跨文化视野下他以其独特的唯美嗜好译介中国文学典籍和当代诗歌。如果说从小喜爱诗歌的阿克顿在伊顿和牛津成名较早，但在成年时期难以实现诗人理想和抱负的话，这个临近中年的文人雅士却在中国北大教学和生活中为自己的作家生涯找到了在文学上的新定位。“我感到自己对于中国人的思维模式会起到渠道和媒介（的作用），我可以将每部作品按照欧洲标准，甚至超现实主义标准（来翻译）。”（365）来到中国北京后，他深知自己住在“一个弹药厂环绕的象牙塔中”（365），他更希望从当下中国获得心灵慰藉和文学营养。“契丹和中国之间的巨大差异我体会很深，我敬重契丹，而我最想了解中国。”（328）但是仔细分析阿克顿的译介，我们不难发现他对中国过去，即“古典”中国的留恋。

未到中国之前阿克顿对中国历史和中国古典文学知识就有所了解。首先，阿克顿在世界旅行中欣赏到欧洲对中国艺术品的收藏，如美国纽约和波士顿等地的艺术博物馆中收藏大量中国宋朝山水画等作品，“我的想象力滋生于中国历史和艺术，早已在脑海中渲染点缀”（275）。其次，他阅读阿瑟·韦利（Arthur Wiley）翻译的庄子和《聊斋》、理雅各翻译的儒家经典，还大量阅读中国历史，翻览中国地形和地理知识。另外，从《中国现代诗选》收录的诗歌和阿克顿对中国现代诗歌的见解清楚可见他对“古典”中国的缅怀。这是出版于1936年的一部诗集，是他与在北大教学中结识的学生陈世骧合作、向西方译介的中国新文化运动后现代诗作的作品。阿克顿旅居九一八事变后的北京，在新文化运动发祥地北大教书，可以说见证了中国现代史上诸多重大政治事件，身处中国历史上政治风暴的风口浪尖：如国共两党的分裂、共产党的长征、蒋介石被兵谏和抗日战争的爆发。但是，他与政治左派作家如鲁迅、茅盾、巴金等并无来往。交往的大多是受波德莱尔和马拉美思想熏陶、用白话文而不是文言文创作的中国现代年轻诗人，如卞之琳等。《中国现代诗选》收录了徐志摩、卞之琳、邵洵美、闻一多、戴望舒、沈从文、李广田、周作人、何其芳、郁达夫等一批人的白话诗。阿克顿以诗人角度敏锐地觉察到这些诗歌与阿瑟·韦利所翻译的《一百七十首中国诗集》(*170 Chinese Poems*)古典诗歌的不同，敬告西方读者要将这些诗歌放置在中国的思想和政治混乱时期大背景下欣赏。他以一个诗人的专业素养、以一个评论家的独特视野赞美深陷国破家贫仍能保持率真的洞察力和自我分析力的中国诗人。

但较为有趣的是，他认为这些新诗虽然在新文化运动领袖胡适倡导下使用白话文而不是文言文，但是仍然具有古典诗歌的特点，“尽管他们急于从传统中解放，大部分忘记了传统就在骨子里”①。另外，他不顾陈世骧反对，在《中国现代诗选》中收录了林庚的大量诗歌，在他看来林庚的诗“既有新意又很中国韵味”②，尽管使用自由体和白话文，这些诗“具有中国古典诗歌的独异性”③。由此可见，阿克顿所理解和欣赏的中国现代新诗带有古老和传统、外国和中国的印迹。正如美国著名汉学家白之所言道：“这种是阿克顿喜欢的文法，因为这使中国的过去再生，并将异国情调传回。”④

阿克顿对明清小说和戏剧的译介和传播上昭示了他对“古典”中国的眷恋。如果说在译介中国现代诗歌和京剧欣赏体现阿克顿对中国古典的雅文化怀有浪漫情怀的话，他在翻译中国小说和戏剧的选择上更加体现他对中国历史和中国民俗的偏爱。17世纪冯梦龙的“三言”(《喻世明言》)、《警世通言》、《醒世恒言》)是古代白话小说集，反映现代社会的市井生活。从18世纪开始，法国耶稣会士开始大量译介冯梦龙作品，传到欧洲后受到一些高雅人士的喜爱。德国的著名诗人席勒读后惊讶不已，写信给歌德说：“对一个作家而言……埋头于风行一时的中国小说，可以说是一种恰当的消遣了。”⑤ 阿克顿在翻译冯梦龙作品时选取了四个故事，与另一个北大学生李宜燮合作翻译，英文起名《如胶似漆》，于1941年由金公鸡出版社(The Golden Cockerel Press)第一次出版了三十册。1948年再版命名为《四个警世故事》(*Four Cautionary Tales*)。除此之外，阿克顿与不同北大学生翻译《长生殿》、《镜花缘》等小说和戏剧。“我现在

① Harold Acton and Ch'en Shi-Xiang, trans. *Modern Chinese Poetry*, London: Duckworth, 1936, p. 16.

② Ibid., p. 28.

③ Ibid., p. 29.

④ Cyril Birch, "Acton as a Translator from the Chinese," *Edward Chaney and Neil Ritchie*, *Oxford*, *China*, *Italy*, p. 39.

⑤ http://baike.baidu.com/view/28749.htm.

开始雄心勃勃地翻译中国文学，包含我喜爱的几部戏剧、几部小说和短篇故事……事实上，我希望向英国读者介绍中国流行的整个文学书库，我致力于每本书，直到希特勒发动战争。”（365）

无论在《中国现代诗选》的选录上，还是在明清小说和戏剧译介选择上，我们清楚可见唯美雅士阿克顿对中国遗风古韵的追忆，如诗歌中的文言文遗风、小说戏剧中的市井生活、神话故事、历史传奇等。《回忆录》中也有对20世纪30年代的中国局势的描述，但大部分仅是以历史学家的人道主义情怀深表同情，而不是以政治家和道德家的价值判断痛斥殖民主义和帝国主义在中国的肆虐，因此读者可以洞见欧洲唯美文人墨客对异国文化古韵所持的浪漫缅怀和乌托邦诉求，寻求精神寄托和自我实现。

另外，阿克顿还逆中国现代性潮流地对中国儒、道、释的信仰体系仔细研读。事实上，儒道释三教一体的中国信仰模式早在16世纪末在华耶稣会士就已经发现，但为了说服罗马天主教廷对其在中国传教任务的支持，利玛窦等早期耶稣会士以基督教的一神教信仰为依托，向西方传递中国信仰为儒教一神教。与此同时，在他们的书写中极力贬低佛教和道教。到了19世纪上半叶的浪漫主义时期，法国大学执教中国语言和文学系的雷慕莎以及英国牛津大学汉学教授理雅各开始关注并翻译道家经典，将道家哲学中的人与自然的对立和谐思想传到欧洲。到阿克顿来中国时，中国佛教思想似乎更加吸引和滋润这个欧洲唯美者。在他看来，儒教虽然经过新文化运动被打倒，但是几个世纪以来圣人教导人们礼和德，就像西方的宗教改革推翻天主教一样深在内髓。道教理想也深深影响许多画家和诗人，从时间万物中隐退，像陶潜那样过与自然相通的平静生活。与基督教强调有为不同，佛教重视无为。他认为在中国，佛教已经和儒教和道教融为一体。佛教与儒家伦理并存，尽管超越儒家，仅仅以自控和爱教导人们奉献，它没有儒家那样的仪式和社交礼仪或者道家道士的魅惑与神秘。“这三种信仰祈祷体制是三位一体，务实的中国人的保证，每个信仰都保留着精神力量的精髓。”（284）他对中国宗教的唯美体验和想象在小说《牡丹与马驹》中塑造的知识分子菲利普身上可见一斑。

二 对中国北京的想象和唯美诉求

中国对阿克顿而言是一个理想地，寻找和希冀一种异族“他者”文化填补内心空虚寂寥的所在地。1932年，阿克顿不满战后弥漫整个欧洲尤其是英国上下对政治的狂热，个人事业上作家梦想屡屡受挫，在这双重困境下心灰意冷地离开英国。旅行到美国，体验到美国人纸醉金迷的纵情享乐，目睹财大恃强的美国文化。各地旅行对阿克顿已经不再具有神奇色彩，“我不需要寻求神奇，它如影随形地跟着我。就像掀开庙宇的一个帷帐看，之后还有帷帐，接下来还有一样。但是尽管有些匪夷莫测难以理解，一切神谕都归为一点——我必须到中国”（246）。在他的眼中，同质化的欧美文化已成明日黄花，索然无味。异域中国北京的古老与朴实才能激起他的唯美想象和诉求。这在《回忆录》中从他对北京和北大生活交往的描述中清楚洞见。

首先，阿克顿《回忆录》中用大量笔触谈及古都北京，他的小说《牡丹与马驹》也将背景设置在北京，甚至“北京是小说的真正主角”，足以见证他对北京投注的深情厚谊。他描述火车即将到达北京时的心情：“一股巨大的平静感袭来，我就像伫立在罗马坎帕尼亚平原那样，令人惊奇地感到仿若回到故土家园。”（275）事实上，他从美国、日本取道中国，先到了被日本占领的沈阳（当时称奉天）。恶劣的政治环境令他感到不自由，北京是他神往的地方，“不需亲吻这块圣土，因为它层叠起伏似乎在亲吻我；它填满我的口、眼和鼻……中国圣土一路欢送伴我到北京……”（275）阿克顿还未踏上中国土地就已经从多方面掌握了一定的中国历史和文化知识，“阿瑟·韦利翻译的中国诗歌、翟理斯翻译的《庄子》和《聊斋》，以及理雅各对中国古典著作的译介都曾经如影随形地伴我左右”（275）。由此可见，阿克顿未抵北京之时内心便已经充满对这个历史文化名城的想象和向往。阿克顿在北京住两年后曾出游半年，去过上海、南京、厦门、澳门、香港等地。但是上海和南方的湿热气候和人文环境令他不适。他认为上海就像英国的利物浦，见到平地而起的摩天大楼和摩登世界中人们的俗艳逐利，上海在他看来就像脱了壳的蝉，迅速发展和发家就像一部史诗。最让他流连忘返的是北京。

正如众多外国人一样，历史韵味浓重的紫禁城帝王气息萦绕阿克顿对北京的唯美诉求。马可·波罗开启西方对大汗中国的帝王形象先河，利玛窦等传教士著述中也曾提到与明清帝王的亲密过往。这一前一后的交往背景截然不同，也注定所传递的帝王感受的差异。前者是在中国大一统的元朝时期——富庶安定，而西方却处在黑暗的中世纪——禁欲、动乱；后者处在中国封建帝制延续的明清时期——封闭而落后，而欧洲却已历经文艺复兴的洗礼，步入雄心勃勃的地理大发现时代——开放而先进。如果说马可·波罗在仰视中国皇帝成吉思汗的权威、英明和贤德，利玛窦等传教士在以科学器皿为利饵与中国皇帝交往而试图打开中国传教之门的话，阿克顿来到的紫禁城已是千年硝烟洗劫过后，帝王之气所剩无几，满清帝制已被推翻的民国时期。鞑靼城融合了古老岁月的温良和动荡岁月的青春，在旧与新之间摆动，在阿克顿看来并不衰退。正如儒勒·雷纳尔（Jules Renard）所言“告诉自己一切都已成为过去，他会沉浸在到来太晚的长期悲痛中”①。

一进北京，阿克顿这样描写开阔、四通八达的京城：“在建筑与植物独特的交合中延展开阔。除了私人宅邸占据许多田亩，人们通常能穿过条条的狭窄巷道来到开阔空间。城市中心的开阔空间给人一种身在乡村的幻觉：在樱樱树林与乡野生活。皇家园林里的庙宇、湖泊、亭榭都有着诗意的名字，园林就像挂着的灯笼永远都处在明亮芳香的节日氛围中。”（276）开阔空间、节日氛围、亭榭楼台、帝王宫廷，这一切无不与古老的中国相连。北京赋予阿克顿的联想是古老宫廷和王朝历史：“世界上唯一将千年古老的习俗和社会传统保存至20世纪的城市，巨大的城墙和铁皮大门……黎明开启，黄昏关闭。房舍和院落竖起高墙，朝南。帝王宝殿为保宇宙平衡坐落在南北交轴处，朝南。北京有古玩店铺和古玩市场，如蜿蜒的街道上著名的琉璃厂，店铺兜售古董、字画、书籍，还有专门卖墨、宣纸、印等的文房四宝店。”② 这段文字是劳伦斯·斯克曼（Laurence Sickman）回忆与阿克顿一同在北京的日子时所写，从这段文字中我们了解到当时外国人眼中的北京帝王遗韵。

如果说北京浓厚的文化气氛吸引了阿克顿，那是因为中国古典文化及其代表中国文人阶层与阿克顿血液里流淌的文人气质有着共鸣。在斯克曼看来，是“文人阶层为中国文化生活定下基调，作为新秩序的‘文人’是北京社会结构的要素”③。在中国北京期间，阿克顿居住四合院，穿中式长袍，钻研中国古典经学，游逛北京的文化街琉璃厂，收集文人墨客的字画和古董，教授和结识北大的一批才子，翻译和介绍中国诗歌、戏剧，

---

① Quoted from Harold Acton, *Memoirs of An Aesthete*, p. 389.

② Eward Chaney and Neil Ritchie, *Oxford*, *China and Italy*: *Writings in Honour of Sir Harold Acton*, p. 69.

③ Ibid.

与画家齐白石和清朝皇族子嗣画家溥儒交往甚深。他发现北京就像佛罗伦萨一样是个流亡社会。著名小说家和散文家萧乾在1994年回忆道："家宅宽敞的朱光潜和林徽因二位又喜举行一些沙龙式的茶会，所以我常同艾克敦[①]碰头。他个子很高，为人谦逊，跟人谈话总低下身子，声音柔和，眼神里充满着理解和赞赏。他经常在前门戏园里或说书唱大鼓的场所出现，恨不得一头扎进中国文化里。"[②] 虽然北京处于日本入侵的威胁中，但是中国和中国学者的友谊令他陶醉其中。

在《回忆录》中阿克顿记载了在北京接触的中国人，他们基本是留过洋的上层人物如张歆海夫妇、胡适、温源宁等，北大的学者如梁宗岱、杨周翰、袁家骅、朱光潜等，和接受西方思想影响的北大学生如陈世骧、卞之琳、李广田、李宜燮等。事实上，这些人与他刚刚摆脱的西方社会现代性中工业化的城市和重商逐利的现代人大相径庭。也与他在上海李鸿章之子宴会上所遇到的谈论金钱、食物和歌女的中国人不同。从这些人身上，他感叹中国人的教养、理性和自立。在西方社会中以及在华的外国人圈子里几乎再也找不到"我能跟张歆海和他北京同行们那么愉快的交谈"(321)。阿克顿所要寻找的是思想上的冒险，而只有这些文人能给予他精神滋养。他对张歆海夫妇高度赞扬，称他们为举止优雅的世界公民。"张氏夫妇向我解释折中思想的精髓，也就是逐渐接受新思想，但不丢弃古老传统，这在从前的佛教艺术中可见。他们完全是中国人，而且通晓两种语言：他们似乎吸纳了两种文化的精髓，仍然保留自己的完整。我已经很久没有遇到这么高雅的世界公民了。"(285—286)

无论是北京的帝国之乡还是北京的文人氛围，阿克顿体会到北京充满平静与祥和，他唯美者的艺术收藏爱好得以发挥。阿克顿对中国艺术品的收藏不是不加区别地积攒玉、瓷器、漆器、挂毯等常见器皿，他感兴趣的是具有东方中国特色的字画。在《回忆录》中，他记述自己徜徉在琉璃厂古玩店的古董字画中，在经过西方绘画浸染后，东方诗画一体的自然意境令他神往："当每个推销者一卷一卷地铺开让我查看，我惊奇于丰富的鸟、画、仙女和圣人的世界之中，这些画全都来自对事物的理解和精湛艺术，是用手和心灵绘画出来的，心灵是诗性的：因此他们很吸引我，我难

---

① 即"阿克顿"。

② 载《解放日报》1994年8月4日。

以控制。……但我并不在意是否是珍品——我在意的是诗歌意境。”（286）他认为西方绘画需要在高贵文化品味上的革新，中国绘画给人表里合一的动感，比欧洲帆布上的风景更加新奇。

在《回忆录》中，阿克顿这样描述它旅游回到北京的感受：“每个国家某种程度上被人们糟蹋，只有北京不这样，人们在改善它……在伦敦日常生活状况下，我体味到一种瓦解崩溃；在这里，我的白天和夜晚轮回，没有丝毫混淆零乱。我不需强迫自己跳进一个特别的思维框架，因为我感到与气氛合一，于是就像水中的鱼儿舒适地定居下来。我感到回归自己了。”（323）北京正如将皇帝从死神手中挽救回来的夜莺，与喧嚣而躁动的西方世界大相径庭：“我渴望发现这种未被我见过的事物沾染的平静和美的秘密……但是这些布局凌乱的建筑、庭院、石矶和鱼池，密密实实的独立村庄，比精美壮观的建筑更能产生强有力的整体效果：他们给人难以理解的平静……我很少——如果曾经有的话，在信仰基督教的地方发现这种宁静：十字架本身昭示痛苦的图景，死亡和泪水永在。但是这里笑容可掬的佛和罗汉让人思想平静，他们的笑容扩散到每个庙宇。”（280）这不禁令我们想到约翰·济慈的《希腊古瓮颂》（*Ode on a Grecian Urn*），诗歌讴颂了外表平实而古朴、寂静如处子般的希腊古瓮带给诗人的冥想，从一件无声的艺术品联想到了希腊的田园生活——充满诗情画意的美丽、自由和欢乐世界。唯美者阿克顿何尝不是从宁静而威严古朴的北京城看到一个与西方完全不同的祥和世界？

其次，阿克顿在《回忆录》中所记录北大的教学与交往可见他在中国文化中的欲望渴求，在欧洲难以获取的智慧与性灵的自然合一。北大是新文化运动发祥地，五四以来的白话文运动掀开了人们对文学中语言使用上革新的篇章，知识界开始对西方文学感兴趣。在这种中国文化语境下，北大青年渴望学习西方的科学知识与文化。在《回忆录》中，从阿克顿作为一个北大外籍教师所描述的教学体会中，我们不难看到他在北京的交往活动主要与以北京大学为中心的诗人、画家、作家和学者有关，他体会到的是与西方不同的中国知识分子的平淡、理性和自足，在与中西知识分子的交往比较中，阿克顿在中国文人中找到心灵滋养和精神慰藉。

与毛姆在《在中国画屏上》相似，阿克顿在《回忆录》中再现的在华欧洲人大都有着欧洲优越感。他们中有欧洲商人，当时国民政府对他们免税，这些人一方面在中国大肆敛财聚富，集中在外国人自己圈子里，不屑与中国人交往，秉持着“东是东，西是西”，唯恐遭到中国文化同化的论调；另一方面，他们在中国猎奇以消除现代生活的枯燥。对于这些在华欧洲人，阿克顿在中国题材的小说《牡丹与马驹》中有淋漓尽致的刻画。他感叹道：“三十年，有的甚至超过三十年而不愿学习汉语，这些沉溺于酒精的‘老中国通’认为自己凌驾于这个国家和人民之上。他们以从来不和‘当地人’往来而自夸，是根深蒂固的发牢骚的人。”（291）除了商人，还有一些知识分子汉学家，阿克顿从与他们的交往中认识到这些人大多是战后德国的逃跑主义者，这些汉学家在北京遗迹中徜徉，从事某种汉学事务。他们虔诚地崇敬古老中国，但是这种历史感往往化为感伤之情，“正如哀叹欧洲科学对中国信仰的破坏一样，希望重兴往昔也是无用的。只能怀着感激的心情欣赏过去遗留下来的”（328）。在阿克顿看来，尽管他们严肃刻板，他们的态度比那些思想禁锢的欧洲人更加聪明可取。阿克顿决定远离那些跟他不同的欧洲人，他学习汉语，与中国师生往来。

阿克顿在与北大师生的交往中体味到家园般的亲近。怀着对中国悠久历史和古典文化的倾慕之情，本着了解现代中国的宗旨，他在温源宁①（1899—1984）的邀请下走入北大课堂，教授英国诗歌和戏剧。对这段经历，他不无欣慰：“当温源宁邀请我到国立北京大学教授英国文学时，就像张歆海曾建议过的那样，我毫不犹豫地欣然接受。”（328）中国师生的学识和乐观友好令审美者阿克顿敬佩，内心对中国人充满同情，渴望更加了解他们。当时温源宁任北大外语系主任，有哈佛留学归来的杨周翰，曾经留学法国的梁宗岱，翻译康拉德作品的任办公室秘书的袁家骅，讲一口完美牛津英语、英国化的蒯淑平，以及后来温源宁离开北大后，相继到来的朱光潜、梁实秋。阿克顿对知识渊博的教师阵容感慨道，“温有很多能力出众的助手，这些人令我感到自己有些多余”（330）。他与梁宗岱热烈谈论司汤达、拉辛和瓦雷里；他叹服温源宁能够熟练地背诵《荒原》，这经常勾起他对 T. S. 艾略特的回忆，“在北京，温是我与欧洲文人作家之间最强的纽带”（329）。另一个令他印象深刻的是北大教授英国文学的张歆海，被他宽阔的视野和广泛的兴趣所折服，“他是最早杰出的评论家之一，我在北京遇到有思想的交谈者……非常考究，具有逻辑，令我想起18世纪的文学社团”（279）。

---

① 温源宁，当时任国立北京大学外语系主任。国内最早介绍 T. S. 艾略特的学者。

与北大学生的交往令阿克顿感叹东西两种文化中年轻人的差异，中国学生生活贫困、前途未卜，却充满乐观与希望的精神。阿克顿被中国年轻人对知识的渴望、对西方文化的渴望以及写作中透露的真实性情所打动，“在他们的作文中，我所羡慕的是遵循传统之作，许多词语和比喻来自汉语的翻译。他们写作就如言说一样，带有外国人口音：一层面纱搁在我们之间，但是确实透明的。通常面纱拉到一边，我接触到人性”（347）。熟悉西方文化的阿克顿同情中国学生，“可怜的中国学生，他们渴望‘西方文化’！尽管我对那个文化优势不甚乐观，但我的心向他们开放。即使非常偶然地与中国人相识，都会带给我家的感觉，他们是天生的心理学家”（347）。他认为人与自然和谐一体是一种内在感受，这是欧洲人缺乏的。“我看他们似乎比我们富贵的本科生更能从生活中吸取滋养。”（344）与学生到西山郊游时，阿克顿感叹到处明显可见友好礼貌：“尽管是庙会日，火热的太阳烤着人，大家谦和忍耐、轻松愉快，一点不焦躁狂热：我从来没被人群的魅力如此打动过。在别的地方，人群让我感到刺痛般的孤独和轻微的惊慌，但是在这里的人群中，我感到是在朋友之中，即使最贫困的人都庄重平和、自尊十足。这些人驱赶走我所有顾虑，他们带着美丽的自控力享受爬山到云端，他们的举止彬彬有礼，谦和民主。”（281）

阿克顿与北大学生的交往实现了阿克顿在创作上的自我意识。如果说在欧洲他没能体会诗歌和小说创作成功的喜悦，在中国对中国古典戏剧的译介和现代诗歌的翻译令他找到了新的自我。英国小说家安东尼·鲍威尔评述阿克顿道：“他极度热爱旅行，去过契丹（中国），而这还不够，他还在那个国家的首府城市‘北京’定居下来。对年轻人他总是激励，他在那里教授有才华的学生，他和他们都热情洋溢。”[①]这里北大有才华的学生有卞之琳、李宜燮、李广田、陈世骧等。在所有学生中，阿克顿与陈世骧志趣相投，“我对现代中国文学的知识得感激陈世骧，也主要为了他，我继续在北大教书”（336）。他回忆与陈世骧晚饭后，坐在花园中，陈吹奏笛子一曲，阿克顿沐浴在异国情调的氛围中，“在湿热的夜晚我感受到从来没有的远古悠扬的喜悦。突然，我的每个神经都在提醒我我是在梦幻中憧憬的中国，就像激情四射的希腊人突然意识到自己是在希腊一样。这

① Edward Chaney and Neil Ritchie, eds. *Oxford*, *China and Italy*: *Writings in Honour of Sir Harold Acton*, p. 19.

一刻是我最心醉的存在时刻”（335）。

唯美者阿克顿在中国找到了在欧洲难以实现的自我主体意识。“在这里我过着丰富的生活，似乎我在欧洲的存在显得那么毫无意义……最终我已经停止向外探求——我向外探求努力地表达自己。我真正的冒险开始向内，平稳而丰润。当我思绪不由自主地流动时，一层层模糊的面纱渐渐褪去。光亮闪现，完成了我与非我之间的差异。我从来没有这么清楚透彻。所有伪饰幻景在我洞见之眼前融化了。不再仅看到事物的外表，不再是数据！而以他们过去曾经和正在成为而看他们。”（351）“再见，我过去生活的剪影！要是我将它们从记忆之海中翻出来，那是为了我和其他人的未来，那可能在下次战争，当健康的人和患病的人需要抚慰的时候。现在没有任何物质能够穿透我的盔甲，因为北京已经让我刀枪不入。”（351）

但是，阿克顿在异域中国文化中的审美体验所得到的主体地位并不是坚固稳定的，其中掺杂着个人焦虑和担忧，如：“湿热天气，我疲惫无力，我到中国以来沉醉于各种花香，昏昏欲睡。每个动作开始成为负重。我曾经到处游走……也到了我放松闲适时候了。我过去的生活在不安的梦魇中复现，越来越陌生而遥远。我写的书褪到跟我无关的影子里。我不再想去写作。人大都为某个特别的人或者一些新朋友而创作。也许回北京后，我应该发现一些新人为之创作。某种程度上，我还没有掌握自我，还没走向完美之路。有人陪伴会减少观察能力，令人为所看到的高兴。”（345）一方面他沉醉在与中国北大师生交往的彼此赏识中；另一方面他担心创作灵感的枯竭。这其实也明显体现了唯美者在个人享乐主义得以释放时的担忧顾虑。

1940 年，回到欧洲的阿克顿思念中国，引用白居易的一段诗形容自己的怅然心境，“西风来几日，一叶已先飞。新霁乘轻屐，初凉换熟衣”。他思念北京和北京的生活，萧乾还在《北京城杂忆・游乐街》中这样评价自己的故友：“一九四〇年他在伦敦告诉我，离开北京后，他一直在交着北京寓所的房租。他不死心呀，总巴望着有回去的一天。其实，这位现在已过八旬的作家，在北京只住了短短几年，可是在他那部自传《一个审美者的回忆录》中，北京却占了很大一部分篇幅，而且是全书写得最动感情的部分。”他还回忆起阿克顿的英诗朗诵：“给我印象最深的是他的英诗朗诵：声音那么深厚，宏远，我只有在伦敦看吉尔戈德演莎剧时才听到过。有人说欧洲语言中，意大利语音色最美妙。也许正由于艾克敦几乎是半个意大利人，他的朗诵才那么出色。” “得悉艾克敦去世的消息，我在悲痛之余就想到：八十年代以来，有更多的西方学人在中国高等院校里任教，他们中间可有像艾克敦那样热爱中国和中国文化的人，会在中西之间起些穿针引线的作用。”[①] 对于阿克顿的离世，很多人心中充满了无限的惋惜——惋惜少了一位懂中国文化的西方人。

第三节 小说《牡丹与马驹》的“古典”中国构建

《牡丹与马驹》是阿克顿旅居中国期间撰写的一部小说，描写了20世纪30年代散居中国的现代欧洲人的人生百态，有艺术家、传教士、服役军官，还有大量商人和知识分子等。与毛姆笔下荒诞怪异的欧洲人相似，这些人将中国视为肆行放任自身欲望的场所。与毛姆笔下的欧洲人不同的是，小说中的欧洲人与中国人并不全是主仆式的拯救关系，而是直面接触和相互影响。北京是来自两种不同文明现代人的文化“接触空间”，正如阿克顿提及创作这部小说目的是为解释“北京对一些典型外国人的影响，以及这些外国人对一些中国人的影响”[②]。小说主要讲述了一个厌倦西方社会现代性的自我流放者、英国中年知识分子菲利普·弗劳尔（Phillip Flower）在中国文化中重拾自我的精神历程。与大部分重利纵欲、精神颓废的欧洲人不同，菲利普在北京的静谧凝重、在京剧艺术和满清遗风、在儒道禅的修炼中找到了心灵的宁静，重获新生。我们不难看到阿克顿对东方中国的唯美诉求，他的异族文化拯救西方这一理想在小说中的完美体现。

《牡丹与马驹》是一部融现实与虚构的小说作品。在《一个唯美者的回忆录》中，阿克顿谈道：“人物是真人的综合，哪个小说中的人物不是呢？”[③] 周围欧洲人听到他在撰写这部中国小说，戏谑地提出要成为故事中的人物，但同时又惧怕成为故事人物。对此，阿克顿坦言他小说中人物的真实是经过修饰淡化了的真实，因为“我要是将他们从生活中直接取材下来，那么书不仅会视为诽谤，而且会招致完全或不完全怪异滑稽之

① 萧乾：《往事三瞥》，江苏文艺出版社2010年版，第205页。

② Harold Acton, *Memoirs of An Aesthete*, p. 379.

③ Ibid., p. 379.

谈……因此《牡丹与马驹》并不像我应该的那么尊重事实。”[①] 阿克顿这段话的用意在于他所描绘的欧洲人在真实生活中的荒诞怪异有过之而无不及。在《牡丹与马驹》中，在华欧洲人在与中国本土人接触中对中国物质和文化极大限度地占有利用和为己所用，即将中国、中国人和中国文化博物馆化以满足自我需要。20 世纪英国著名思想家罗素在他的《中国问题》一书中这样写道：“喜欢文学艺术的人很容易将中国误解为像意大利和希腊一样，是一个文物博物馆……对于欧洲旅行者而言，他们对中国感兴趣的是喜欢每一样特别的、与欧洲大不相同的东西。”[②] 这段话一语道出在华欧洲人将中国异域文化对象化和客体化这一事实。迈克尔·费尔（Micheal Fehr）也指出：“博物馆化的目的是为了观赏，把其变成象征某物的客体，蕴含着特定的知识形式。”[③] 不仅如此，让·鲍德里亚（Jean Baudrillard）认为博物馆化是一种对本土文化进行侵吞和销蚀的形式，“本土对象/物件被从文化语境中移除，进行展览破坏”[④]。博物馆化含有去情境化的观赏、占有利用等形式，直接表征了欧洲人的权力意识和种族中心思想。通过将中国博物馆化来试图消解西方社会带给他们的现代忧郁与不安。

如果说阿克顿在《回忆录》中纪实性地描写了他所接触的在华欧洲人和中国人的话，《牡丹与马驹》则以虚构形式深入地刻画了散居中国的欧洲人群与中国人交往的生活百态，一实一虚的中国话语构成上两种文本的呼应、互动和深化。本节研究阿克顿小说《牡丹与马驹》中的再现政治，探讨在华的现代欧洲人如何从物质和精神两个层面上视现代中国为“古典”中国，并极尽所能地对之博物馆化，将“他者”中国文化为己所用。异域中国成为巩固和确立欧洲现代人主体意识的客体对象，折射出中西意识形态和历史文化差异掩盖下的西方文化优越感和种族中心主义思想。这种在精神和物质上的利用和攫取成为一种东方化中国的现代形式，即他者自我化。仔细分析小说中博物馆化中国的再现话语，不难发现这种东方主义的表现形式并不像萨义德东方主义所呈现的稳固坚实的西方主

---

① Harold Acton, *Memoirs of An Aesthete*, p. 379.

② 罗素：《中国问题》，秦悦译，学林出版社 1996 年版，第 169 页。

③ Michael Fehr, “Constructing History with the Museum: A Proposal for an East Art Museum,” 摘自 www.123people.com/s/michael + fehr。

④ Richard J. Lane, *Jean Baudrillard*, London and New York: Routledge, 2000, p. 46.

体，而交织着欧洲主体的不安和焦虑，以及本土中国人反抗的对峙声音。那么阿克顿笔下的北京景观和中国人又是如何被博物馆化的呢？

一 《牡丹与马驹》对古都北京的博物馆化再现

自诩为“世界公民”的中国现代作家林语堂这样描述北京对古今中外世人的吸引力：“不问是中国人，日本人，或是欧洲人——只要他在北平住上一年以后，便不愿再到别的中国城市去住了。因为北平真可以说是世界上宝石城之一。除了巴黎和维也纳，世界上没有一个城市像北平一样的近于思想，注意自然，文化，娇媚，和生活的方法。”[①] 林语堂一语道出20世纪前半叶很多外国人迷恋于北京特有的帝都魅力和东方神韵的事实和缘由。阿克顿在中国旅居的七年间由于自身独特的文化身份，接触、熟悉在华外国人和北京中国知识分子两种人群。中国古老灿烂的文化艺术强烈地吸引着他，北京为他提供了心灵慰藉的异域场所，中国艺术为他提供了宁静唯美的精神世界。事实上，北京是阿克顿接触散居中国的欧洲人群、北京知识分子和北京文化的交汇点，是处于现代新文化运动后向现代转型的北京文化与形形色色的西方文化交织一起的、中英现代性碰撞的“接触空间”。从小说中形形色色的欧洲人对待千年帝都北京的态度上，可以清楚地看到欧洲人博物馆化北京的不同形式，如何视异域的地理空间为满足自我物质欲望和文化诉求的场所。对于马斯柯特太太（Mrs. Mascot）、菲利普、艾薇拉小姐（Ms. Elvira）这些西方人而言，北京呈现不同的意蕴，他们以各自不同的方式将北京博物馆化。

小说中的马斯柯特太太视北京为娱乐场所、中世纪的象征，是她获取名利、倒卖中国古董而满足自我的好地方。在第一章《长寿亭》（In the Pavilion of Longevity）中，小说中主要的欧洲人接连登场，到艾薇拉家中参加“归家”聚会。马斯柯特太太是个年近半百、头脑灵活、专营算计的美国妇人。小说伊始便以她对北京的高谈阔论开头，犹如《红楼梦》中贾府管家王熙凤出场一样，读者未谋其面先闻其声：“北京充满欢快玩乐：杂耍、算命、杂技、木偶戏、庙餐、寻宝以及跑马场野餐——更别说化装舞会、节日和漂亮衣服等——令人总有突发奇想般的快乐！家庭般自

---

① 摘自《众多痴迷北京的外国作家将北京大写特写》，《中国青年报》2008年8月15日（详见林语堂《中国人》，郝志东、沈益洪译，上海学林出版社1994年版）。

然的快乐，并不像上海那样伪饰与矫作。总会有意料不到的新鲜刺激……”[①]北京吸引马斯柯特太太是集玩乐、家的温馨与刺激感于一身的体验。在北京她就仿佛一个活跃分子，带领欧洲游客观光采购、经营美容馆、办外借图书馆、豢养藏獒等。北京的独特文化吸引着包括马斯柯特太太这类人，北京也是大发横财的地方。“北京将会是云集四方游客的中心，也将会是知识分子的枢轴……北京，为文化家园，各种各样娱乐的家园。”（63）不仅如此，北京的古老和古朴给现代人一种体验过去历史的机会，“你在这里就像每日三餐，会品味到中世纪的氛围，与此同时享受着20世纪带给你的舒适。从家门走进胡同，你感觉到世界的变幻。”（229）然而与王熙凤的年轻貌美不同，这个美国妇人有着“小提琴型”臃肿身材和“排列不齐的马般的牙齿”（1），善于算计而市侩的马斯柯特太太粗浅功利，将北京视为渔利欧洲游客的场所，这令小说的主人公菲利普看来相对于自己对北京的热爱，是一种亵渎。

正如在北京的许多外国人一样，马斯柯特太太话语中彰显着殖民占有和异域体验的快乐。异国情调增添了她作为西方人生命体验的丰富和自我的满足感。对马斯柯特太太而言，她什么也不需要，只想感觉生活的缤纷绚丽，也希望周围人也感觉到生活同样的色彩斑斓。她设想在中国的生活是色彩斑斓的，这里充满趣闻轶事、原始、意想不到的机会。“我在中国，龙的故乡。简直神奇！虽然我是北京老户，但我还设法从中获得激情。”（7）自我实现感正是因为征服、占有而更加真实，“马斯科特太太环顾四周，仿佛身处海市蜃楼的一隅，感觉她自己足够真切了；这一点毫无疑问，这关系到她的坚定可靠”（1）。在小说开篇马斯科特太太对北京和上海进行比较的话语中就透露着白人自大感，俨然一副统治者和占有者的姿态。马斯柯特太太选择具有古老中国风格和风采的古董，通过渔利中国文化艺术品而渔利西方游客，犹如殖民者通过经济获利而获得满足感和征服感。

与马斯柯特太太热爱北京的初衷和程度不同，菲利普对北京有着意味深长的特殊情愫。这个来自伦敦的中年知识分子游离在西方文化人和北京文化人之间，难以找到归属。他并未在西方喧嚣的现代都市伦敦文化中体

---

① Harold Acton, *Peonies and Ponies*, Oxford: Oxford University Press, 1941, p. 1. 本节引自这个文本中的注释均在文中标注页码，不再赘述。

验到充实，反而在那里倍感内心孤寂，被可怕的人性冷漠包围。北京是他远离战后政治文化沦落的欧洲的理想之所，“到了北京他才感到激情复苏”（78）。北京胡同的宁静和井然秩序令他心灵体会到生命的愉悦，“他感到似乎与北京结下了良缘，会带来无穷乐趣”（12）。漫步在北京普通的胡同中，望着悠闲、平静地往来的行人，有的站着吸烟，有的蹲在角落，稚童穿着开裆裤在风中玩耍，浪狗街头摇尾觅食，这些都令他感到充实，“他嗅着空气中飘着些许陈旧和寡淡的味道，那种难以描述的特殊臭气，而这些对他的鼻孔而言就像氧气一般”（12）。他感到自己仿佛在意识上已经与过去和现在完全割裂，“似乎自己是个陌生人，感觉不到时间流逝，欢快而飘逸”（12）。与其说北京是菲利普逃离喧嚣欧洲的避难所和疗养心灵之地，不如说是他对北京文化之“异”寄托了一种疗伤救助之欲望和幻想。正如他感叹的：“中国治愈了我的所有疾患。在战争期间，我的生活犹如沙漠。北京令它开花，就像牡丹。”（121）因此，他内心鄙视马斯柯特太太以热爱北京为借口所掩盖的商业盈利，北京对他而言就像诗人对情人的眷恋之情。“我太热爱北京，难以付诸笔端，对我而言把北京写出来就好像是一种背叛行为。”（77）北京是他精神的家园故土，犹如不可言说的“道”。他宁愿永远不离开北京。细心的读者不难发现菲利普身上阿克顿的影子。可以说，阿克顿是在借菲利普之口言说自己对北京的想象和情怀。

与马斯柯特太太的商业获利不同，菲利普在北京寻求的是东方“异”文化的滋润和净化。小说的时间背景是20世纪的30年代，中国向西方学习科学技术和民主精神的社会转型时期，但吸引菲利普的不是当下中国，而是古典中国。他后悔没能早些来中国目睹盛世，没能欣赏紫禁城内皇帝和嫔妃的风采，可见菲利普迷恋的是满族清风，以至于他家里的仆人和狗都有满族血统，人们戏谑地称他“满族疯子”。他认真专研中国文化典籍，寄托对古典中国文化精髓的追思，像一个赶考的书生一样“苦读中国典籍，有时熬过子夜时分，沾湿手巾敷到额头，他总期望领会中国人的神秘精神，在自我选择的流放之地找到指引他生命的新方向”（78）。在这种儒家经典的学习中，他感到自己骨子里已经是个中国人，打躬、作揖、穿中式长袍、学说汉语、学写毛笔字。不仅如此，菲利普希望与中国人交往，渴望中国文化中的亲情和友谊。他滑稽地按照儒家礼仪和中国新青年杜宜和杨崇汉交往，但事与愿违，他感慨满腹中国学识和知识积累并没能帮他找到一个中国朋友。百无聊赖中，他以在西山已经为自己置办一块墓地聊以慰藉，仿佛已有了中国归属一般。

贯穿整部小说叙事的是菲利普对北京寄托的唯美愿望和诉求。首先是浪漫的“金鱼”意象之美，令他联想到中国古代诗歌与诗人。阿克顿通过菲利普之口表达自己对艺术之美的崇敬，谴责弥漫西方商业资本主义社会的实用价值观。小说中有一类独特的意象——公园中的金鱼在水缸中自由地游。在《金鱼》这一章，菲利普对金鱼大加赞誉。“我非常羡慕他们那种洁净、新奇、无声的生命形式和对话。”（70）这无疑吻合了作为文人雅士的他追求闲适和爱好深思的风格。“当我第一次看到这些鱼，我感到他们——除了中原的其他东西——值得我不远万里从英国跋涉到此。”（76）他进而把金鱼隐喻为中国不同时期写作风格独特的诗人，如屈原、李清照、杜甫、李白。然后，他把对金鱼的美学欣赏提升到规范人们行为的高度。“虽然我们在金鱼身上很少能发现社会信息。但是，它们身上仍有东西可以教育年轻一代，比如说良好的举止。当举止已经成为过眼云烟的艺术，人们应该从金鱼那里获取教益。”（76）由金鱼之美到古典诗人，给人们的启示是人们的生活效仿纯净的艺术之美，正如金鱼能教会人们沉静和宽厚的美德一样。

菲利普对北京的想象和迷恋还体现在对京剧的热爱。他借用中国国粹京戏的洗礼排解内心的孤寂。他走进剧场，欣赏舞台上胭脂粉面、装扮各异的京戏演员，倾听独特的京戏唱腔，倾听台下戏迷欢呼叫好。他感到京戏有道神奇的光晕，令他异化的心灵感到轻松愉悦。就连舞台上表演旦角的杨宝琴都令他神往。“他吸引我的想象力，我愿意为他做任何事情。不要问我原因：我自己难以解释！可能因为他是活生生的中国象征，而我爱上了中国。”（121）“我的身体是外国的，但我的灵魂却是中国的。”（98）他精神上对古典中国充满眷恋，感叹道：“明朝还是满清王朝，哪个朝代又有何意义？在使馆区的人们看来，中国就是一台永久的哑剧。然而目睹古老习俗和服装，龙旗飘扬，美好的象征仪式的复兴难道不是雄伟之事？”（304）在他内心深处，他希望满族人回归大统，北京恢复为强大帝国的首都。

如果说知识分子菲利普是在北京寻求精神拯救的话，加拿大籍雕塑家艾薇拉到北京为的是寻求艺术拯救的灵光再现。她厌倦了十年在巴黎各种“主义”的艺术尝试，失望、不满之余为寻求艺术灵感而来北京。她期望北京这座辉煌帝国的古都，“是能与同样拥有古老文明的佛罗伦萨、慕尼黑媲美的礼仪之邦，是思想精深人士的集聚之地，或更确切而言，是吸引国际上有闲、有钱的文化伪饰者的地方。”（102）但是到了北京她却患上了现代抑郁病。她感到无聊，索然无味，没有找到艺术灵感。无聊之中，她举办家庭宴会，期待在宴会中出现什么不寻常的人或发生不寻常的事，进而激发久违的创作灵感。然而事与愿违，她抱怨在中国自己的雄性基质并没有找到雌性基质，感叹在中国并未找到艺术灵感。分析其中的缘由时，菲利普认为：“从阳历月份转到阴历月份一定会影响来自欧洲人的平衡力，因为太阳属阳性，而月亮属阴性或者女性气质。”（200）他进而鼓励艾薇拉向月亮献祭。但是，又像大多数人一样，到了这里她就扎根不愿离开。对她而言，相比西方，北京“萧条地正常，正常而平庸……我痛恨北京，我看不到什么，只有乏味的黑色人群；所有的魅力已经变味。”（210）

以上三位人物分别带着对帝都魅力和异国神韵的憧憬，将北京博物馆化地利用和获取，以满足自我所需，期待现代主体的自我实现。但是，他们在东方中国获得的主体地位并不是坚如磐石般地稳定，充满来自异域文化的威胁和不确定性。如对于马斯柯特太太，虽然北京令她大发横财，而且还找到了婚姻归属，但是这不能掩盖她对原本和谐的婚姻破裂的失望。丈夫马斯柯特先生在中国传教失败之余后游戏人生，游走四方，她感慨道：“中国将我的婚姻全部改变。如果你继续在北京，会发现类似的事情……人们随着气氛的节奏而调节。至少我是这样。北京很保守而且安静。”（223）物质盈利难以掩盖马斯柯特太太的单调无聊，她在北京不断地寻找新奇，如参加“周俱乐部”不断地吃中国美食以排解枯燥等，因此她遇到可以做她父亲的提索彼（Thistleby），仿佛找到了心灵的追求，甚至将提索彼小说的中国元素视作自我价值实现的精神寄托。

对艾薇拉而言，中国有一种特别的神秘令她无能为力，“中国有很多可以给予她，一些更加珍贵的东西，但中国遥不可及地将之收纳。”（210）艾薇拉在法国巴黎每个月创作一尊雕塑作品，而在中国三年却只完成一座巨大怪诞的“沮丧”，与当初她来北京的初衷相比不能不算是一个嘲讽，对此她解嘲道：“也许人们在东方生活太容易，这里接受外部刺激很少，不像在欧洲那样重大，那样取得的成就在程度上意义重大。但是中国难道就是真正的东方吗？”（202）与其说在抱怨中国生活的平淡安适，不如说她担心这种生活对自己欧洲身份的销蚀，正如菲利普劝慰她时说："你需要祛除你国际化的自我意识，然后灵感就会自然出现。就像禅宗，大师不会让一个新手感到参悟是件易事……不结束见习期，你是无法懂得的……总有一天你会听到答案而欣喜……你会知道另一个更加丰富的维度，那时留或去都不重要，因为你已经达到顿悟。"(211) 但是，艾薇拉感到自己无法融入中国文化，最后前往红色革命的莫斯科寻求艺术灵感。

北京不仅是欧洲人消遣游乐的场所，还对其有资本牟利价值和精神净化作用。小说中刻画的西方人要么沉沦于东方中国的感官享乐，视中国自然景色和中国女子犹如牡丹，同时游走在各种喧闹的宴会交谈和嬉笑中排解单调生活的苦恼，如塞德里克（Cedric）先生；要么徜徉在跑马场的赛马赌注中，仿佛仍然沉浸在西方文明世界中的高贵运动中，与中国文化和中国人保持距离，而中国只是向跑马场一样提供一个异域场地以供游玩，如格利上尉（Captain Gulley）等。小说中有一幕：当新婚的英国绅士塞德里克（Cedric）在七个中国女孩簇拥下出现在赛马场，格利和特朗普尔夫妇（the Trumpers）惊叹道："上帝保佑，他若不带着牡丹会令我们愉快些。"（124）这里的牡丹是对中国女孩的调侃称呼，中国女子与跑马场一道成了欧洲男人排遣孤寂和乏味生活的玩物。牡丹与古典中国、赛马与中国女子交相辉映，编织出又一幅现代欧洲与古典中国、殖民与被殖民交互穿插的画面。在小说家阿克顿看来，他们是在华欧洲人的典型代表。尽管他已经将他们的怪异举止淡化许多，"我还是受到评论者谴责"[①]。这里不难看出欧洲读者和评论界对小说再现的欧洲人的贪婪奢华透露的不安。

二　《牡丹与马驹》对中国文化艺术的博物馆化再现

马斯科特太太和菲利普分别代表两类欧洲人对中国文化艺术的态度——博物馆化，渗透着殖民主义霸权意识。马斯科特太太代表的一类欧洲人带着猎奇和盈利的心理对待中国文化物件——玉、丝绸、庭院园林、中式装潢、庙宇。他们以鉴赏家和文明者的姿态观赏和鉴别中国物件，随意挪用中国元素装饰自己庭院，吸引游客而伺机兜售牟利。菲利普代表的另一类欧洲人沉迷于中国传统文化，如诗歌、戏剧的美感带来的精神愉悦

---

① Harold Acton, *Memoirs of An Aesthete*, p. 379.

和陶冶，希望中国停滞在前现代社会而在其雅风古韵中寻求心灵净化。正如李约瑟所言：“中国文明具有完整的他者所有的超凡之美，只有完整的他者才能激励最幽深的爱和最深远的学习欲望。”[①] 这两种形式的博物馆化都试图将中国去情境化，体现着对现代中国的漠视。

在《牡丹与马驹》中，旅居中国北京的西方人纷纷把自己的后院布置成中国园林情调，挪用园林和寺庙设计，并以此炫耀。正如范存忠先生在《中国文化在启蒙时期的英国》中所言：“大多数仿效中国园林的人对于他们力图引进的工作只是一知半解，他们对中国艺术只知其形式而不知其精神；只知其装潢细节而不知其含义深远的手法；只知其异国情调的结构而不知滋养生命的气韵。”[②] 在小说的第一章《长寿亭》里，艾薇拉举办具有中国布置特色的家庭宴会，将庭院布置成中国情调，如“多节树木和突兀岩石的假山……寿字雕刻在大理石台面里，水汩汩地从后面的小瀑布蜿蜒流出”（3）。而亭中的美景却被西式的任意占用破坏殆尽。在这样与春色呼应的美景中，闲庭漫步的是马斯科特太太这样的西方人，还有西式藤摇椅和鸡尾酒用具，以及鸡尾酒调酒器发出的百老汇爵士音乐声。这无疑类似于以特朗普尔为首的英国人常常出没于跑马场，西方对中国土地的侵占和利用一样。

小说中的每个西方人为自己拥有中国寺庙而自豪，并大加改动。如特朗普尔夫妇“租有一个寺庙，并小心翼翼地努力营造英国萨瑞老巢的氛围，将墙壁涂上塞西尔－阿尔丁壁纸、家具上盖着薄纱皱褶边西洋玫瑰印花棉布”（14）。莱弗特先生（Monsieur Lefort）则“舍弃了寺庙中的十八罗汉，以鸡尾酒吧取而代之，带有不锈钢材料的时髦器皿”（14）。马斯柯特太太的亭庙虽然在规模上比别人的小却温馨，而她自认为更有中国味。她秉持的是过去房主创造的纯正东方氛围的风格。“每间屋子涂上颜色不同的色彩，会客厅充满异国情调，整个地方发出难闻的佛香味道。”（14）然而正如其他西方人任意篡改和替代中国场景一样，改造过的寺庙给人的感觉像在英国上映的剧目《朱清园》里的中国——一个令人窒息、不中不洋的中国场景。

---

① Joseph Needham, *Science and Civilization*, Vol. 1, Cambridge: Cambridge University Press, 1969, p. 176.

② 范存忠：《中国文化在启蒙时期的英国》，第100页。

西方人对房间内部进行西式改造，将其改变成为可居住的空间。体现着殖民入侵和西方审视下西方人通过武力占有所享的权力欲和优越感。西方人对北京的喜好和憎恶掩盖不住将中国他者原型化的倾向。以西方文明区分中国野蛮，人物的欧洲种族优越感跃然纸上。当马斯柯特太太四处云游的丈夫迪克回家后，目睹家里的布置和装饰翻天覆地的变化。“他注意到每种什件已变成实用性东西……”（92）由衷地佩服她“是个能力非凡的女人”（92）。宁波镀金床已经改为壁炉台，而留下的吸食鸦片的器件令中间的沙发椅增添异域情调。他对妻子说：“你真是了不起……我简直认不出这是老房子。”（92）

其他欧洲人也对居住的房屋内部按照西方标准进行改造。艾薇拉一到北京就开始投入革新一座位于北京城东北脚的中国老房子的卫生设施。以西方现代城市居住条件和标准来随意改造甚至否定中国民居的内部环境，这其实是西方人自高自大的态度使然，是一种文化浸染和涂抹——通过否定或改变他者来建立自我的巩固性。小说中的阿斯珀吉尔夫妇（the Aspergills）更是对卧室进行大肆改造，努力营造欧洲氛围，进而逃避令他们感到陌生、不舒适的北京环境。“卧室成为远离北京的避难港湾，对塞德里克具有相当安逸舒适的效果。”（129）妻子维罗妮卡精心准备了“淡紫色的睡袍，黄色封面的法国小说……18世纪的床头柜上摆放着一串鲜艳欲滴的葡萄和一高脚杯晶莹的水……空气中飘着香水味道；长靠椅上摆着一对（法国童话剧中的）丑角木偶……”（129）所有这些物件中，塞德里克最喜欢的是妻子的梳妆台，上面摆着各种膏液和皮肤护理品。维罗妮卡的梳妆台就像万花筒，给他瞬间置身伦敦邦德街和法国街头的感觉，让他充满对欧洲的怀旧情绪。为了缅怀欧洲、恢复欧洲人的感觉，他们进而排斥所有中式物件。家里的墙上挂着法国雕刻，留声机放着伦敦人喜爱的爵士音乐。屋子里没有一样东西令人想起北京，与中国有关的每样物件都被清除了。

对中国北京场景和居住环境进行西方式利用改造，用西方情境以巩固西方人的种族优越感和文化上的自我身份。他们同样对中国传统音乐进行西化和改造。在《艾薇拉的沙龙》这一章中，为排遣午后茶歇时谈话的枯燥，塞德里克对中国音乐进行了钢琴曲式的解读和演奏。正如他妻子维罗妮卡所言，“他对中国音乐进行了奇迹般的改造……为了适应西方人的嗜好”（30）。但是塞德里克指间弹出的是“纤薄流水般的音阶连击，响亮的降调，偶尔穿插着些许不和谐之音，和脚踏板的配合"（29）。这令人们回想到周日午后伦敦音乐厅的氛围，所有在场的西方人舒了一口气。在沙龙上的中国进步青年冯崇汉的想法是："塞德旦克认为他所解释的音乐，西方人是永远无法正确领会的。"（30）真正的中国音乐并不是这种表现力苍白、貌似高雅的弹奏。可是对西方人而言，真正的中国音乐，如戏台上的器乐合奏、锣鼓喧天、粉面装扮和假声却令艾薇拉周身起鸡皮疙瘩，肚子痉挛，就像"在听电锯作响"（29）。只有西式钢琴改装的中国音乐才令他们安心地想象中国"庙宇的钟声和竹子的沙沙响声"（30）。

与在华欧洲人不同的是菲利普，他对中国传统艺术——京剧寄予了华兹华斯般的浪漫情怀。犹如《孤独的割麦者》中苏格兰高地姑娘的歌声带给诗人的无限憧憬一样，菲利普感伤战后的人世沧桑、孤独和死亡的威胁，期望从中国文化精粹京剧中寻求解脱。他想到人多的地方去消遣一下，希望戏院里的热闹嘈杂能洗去内心的空虚寂寞。但是，"菲利普生命中无法记住这种乐调；当然它有着乐律，但是就像英国民谣，令人无法捕捉……他难以进入"（83）。看到杨宝琴男扮女装的舞台表演，他为之震撼的并不是精湛的演技，而是"作为演员，他的不完美吸引了菲利普的想象"（84），是杨宝琴隐喻的中国京剧艺术的审美之境令他憧憬。菲利普想通过杨宝琴来走入京剧的世界，寄托自己从西方文化中无法找到的宁静和救赎。他企盼弄懂中国戏剧的神韵，希望多了解一些。在融进中国文化的欲望的驱使下，他与杨宝琴的交往带着个人唯美的浪漫情怀。如果说菲利普试图通过杨宝琴而亲近中国戏剧，进而亲近中国文化的话，那么收取杨宝琴为义子令他如愿以偿地进入中国人真实的生活圈子，体味家的亲情温暖。他的感受与他的欲望实现两相比较之下，我们清楚地看到他浪漫情怀和欲望投注这两者之间在选取中国文化客体对象上的联系。

首先，舞台上的杨宝琴与生活中的杨宝琴不同。舞台上的杨宝琴令他充满了美好憧憬："他感到这个年轻人（生活中）定是个聪明的评论者和观察者，他的聪明使他难以惟妙惟肖地扮演女性角色……他银色的头饰闪闪发光；他的嗓音迅速升高，菲利普对他产生了浓重的好奇心。"（84）然而当他怯生生地到戏院后台拜见杨宝琴时，卸了妆的杨还是令他吃惊。"他身上的柔美已经褪去：他看起来粗壮而结实，像健硕的运动员。现在有机会接近他充满好奇心的对象，而他却想退缩了。他不知如何开口，仿佛丧失了语言能力。"（85）现实中的杨宝琴令他发出"这与他的想法确实不同!”（85）的感慨。可见菲利普期待的杨宝琴仅是浓缩着他中国文化理想投射的对象，而不是舞台下的杨宝琴。这种吃惊持续不断地发生在菲利普与杨宝琴的交往中。当杨宝琴应邀第一次拜访菲利普时，菲利普正幻想杨宝琴会令他的生活和房屋充满中国家庭生活的生机。可他等到的是“穿着崭新夹克、方格高尔夫球裤”（97）的杨宝琴。一身西式打扮的杨的出现令他目瞪口呆，而杨的举动更超出他想象而令他无语。“杨走进房间，并没有鞠躬，相反他抓住菲利普的手，一个劲儿地摇起来。他的头发梳理整齐，面孔的轮廓被角质框架眼镜遮去了大部分。”（97）杨宝琴对西方和现代的热衷令菲利普完全没有料到。这个见面完全失控，事态并没有如菲利普期待的那样发展。与菲利普眷恋的清风古韵的中国和中国艺术完全不同，台下的杨宝琴让他惊诧。最具讽刺意味的是崇尚现代和西方的杨宝琴身穿西式礼服，情不自禁中表演起《贵妃醉酒》片段。菲利普沉醉在唱腔带给他的唐朝古韵中，仿佛“置身百花亭”（103），更惊诧声音落处“从唐朝转到机械时代如此之快”（103）。

与杨宝琴的师傅安老板的接触可见菲利普对现实与想象之中的徘徊。安老板的第一印象令他厌恶，“他一个劲地吐痰……令菲利普神经受折磨”。但是，当听到安老板是满族人时，他马上改变了态度，称自己为“满洲王朝和种族的忠实追随者”（111）。他看安老板的目光也改变了。“他的外表看起来不再令人反感：菲利普已经开始戴着有色眼镜看他。他注意到他的一双不同寻常的手，蓄着长长的、文雅的指甲。”（111）而安老板的一曲旦角《霸王别姬》更是令他赞叹不已。“毫无疑问您的唱调远远胜过您的学生……在中国没有人会抱怨中国的音乐已经穷尽，和中国的美德一样源远流长。”（112）但当现实中的安老板因贩卖鸦片被判死刑时，场面令菲利普失望至极。中国人对屠杀的兴奋与狂热令他重新体味到人性的丧失和道德的沉沦：

> 他们能称为人类？菲利普最后的幻想枯竭了，所有造物主创造的人类中，中国人是性情最柔和，内在最文明的人群；然而在这个时刻，即使他们都如此行为！人性啊！……他曾经目睹过欧洲战争，相信某个地方还是有人性的存在。他幻想在中国他曾经找到了人性。似乎黑暗蒙上了他的双眼，噩耗的鼓声震动了他的耳鼓。（167）

最后，理想与中国现实接触的反差体现在菲利普与杨宝琴姥姥的接触中。一方面他渴望有个中国家庭带给他生机；另一方面当他知道杨宝琴有个姥姥时，他稍微感到不安，“屋子中有个老女人会惹是生非”（194）。姥姥要为杨宝琴娶个太太的想法更是令他不安。但是当他看到老太太时，他被老太太的羚羊蹄子般的小脚吸引住了，他欣赏她微小裹脚的精致景象。“他喜欢她的样子，虽然她不是满族血统，令人有些遗憾……她很可能忠实于满洲王朝，至少她身上没有可恶的革命劲头。”（199）

与其说菲利普迷恋中国戏剧，不如说他希望在中国戏剧代表的中国古典文化中找到心灵的宁静和净化。他领养艺伶杨宝琴，让杨姥姥住在家里，感受体悟中国以孝为核心的家族伦理和文化。他感到“中国灵魂油然而生：他不再害怕死亡，因为从此他有了在坟前献祭的后嗣了”（194）。他请清朝著名的状元邓良勤教宝琴读中国典籍，择良辰吉日确定学习日期，风水先生看教课地点，教室中供奉孔子的祭坛。他近乎疯狂地按照中国风俗传统做事。然而杨宝琴的趋于现代和西方令他的中国文化之梦近乎破灭。他继而从中国宗教中寻求寄托。

菲利普在中国宗教中寻求到心灵宁静。他最初推崇儒家经典，小说用大量笔墨描绘菲利普对儒学的虔诚和敬仰之心。“苦苦钻研中国典籍，有时过了子夜用湿毛巾敷在前额……在他的幻想中他愿意想象自己行儒家礼仪，清明时节启程，祭祖坟——忘记了他的最近宗室，若不是最亲宗室，大部分埋葬在遥远的克罗伊登区。”（79）他首先遵从儒家的仁爱、礼和孝道。他想成为儒家思想中倡导的圣人君子，视儒家经学为生存之道和思想强大之器，因为“君子坦荡荡，小人长戚戚”（2）。其次，在教导杨宝琴时，菲利普希望他成为中国生活中最好、最高的化身，符合儒家圣人的理想。他不仅为他选择了清朝状元邓良勤为师，让他接受八股、文言文等传统儒家教育。他还按照自己的想象给宝琴准备好“深红色丝绸长袍，苹果绿锦缎无袖马夹”（200）。痛惜长辫子已不复存在，感叹如果再“梳理着整齐的大辫子，戴个有顶穗和红钮的蓝帽子的话，宝琴的外表会更加理想”（200）。但心慕现代西方的宝琴拒穿长袍马褂时，他干脆自己穿上为宝琴准备的衣装，足见他对儒家传统的崇拜。“这里一个中年外国人穿着旧世界的中国衣装，韵味十足，庄严地点燃蜡烛和香，烧纸钱，在孔子圣像前行三鞠躬之礼……”（200）

残酷的现实不断摧毁菲利普的理想。中日战争的爆发，使乌云笼罩下的中国已然不能成为他的精神避难所。在小说的最后一章《通向涅槃》中，他最终在佛教和道家思想中寻求到了凤凰涅槃般的宁静。在杨宝琴的老师邓良勤的身上他看到了希望。“这个年老的学者特有一种宁静，一直令菲利普好奇，想探个究竟。他的微笑宽容、慈善而又漠然……在邓先生微笑的背后，他想象他必定弄清了一个甜美哲学的真谛，他嫉妒他的超脱宁静。”（307）北京上空日本轰炸机在嗡嗡盘旋，西方人聚集在领事馆寻求庇护。菲利普则在北京胡同的四合院住宅中，在邓先生的启发下，研习佛家《金刚经》，在佛教中找到了战胜自我、重塑自我的个性真谛。他咏诵“一切有为法，如梦幻泡影，如露亦如电……”（310）菲利普像一个虔诚的修行僧，每天吃素、沉思、祷告。“他再也听不到飞机的盘旋声，他忘记了城外进行着摧毁般的战争，忘记了《北平星快报》（*The Peiping Star Bulletin*）令人沮丧的新闻提要。”（309）他成为了一个真正的隐士，找到了在邓良勤身上令他羡慕的超脱和宁静，得到了彻底的精神启蒙净化，在喧嚣的尘世和异域宗教中找到了自我救赎之路。

三　《牡丹与马驹》对中国知识分子的博物馆化再现

在中国的七年间，与北大师生的交往给阿克顿的北京生活带来了新鲜空气，也让他对中国现代文人的性格和才气有了深入理解。尤其是在中国国难当头和刚刚迈开现代化步伐时期，中国知识分子在传统与现代、旧与新、专制与民主中沉浮的命运，成为他在《牡丹与马驹》中描写的一道凝重的风景。小说历史背景是中国现代性之初的新文化运动时期，追求民主和自由的思想解放潮流正在有力地撼动封建正统思想的统治地位。大批知识分子特别是青年学生接受了一次深刻的思想洗礼。小说中的三个中国本土知识分子杜宜、冯崇汉和李斯博士都在与欧洲人接触中重新塑造自我，与欧洲人和欧洲现代思想的深度接触使他们成了西方人眼中的本土调查对象。在菲利普看来，在中国“随着革命，年轻一代反对儒家学说，但就像天主教士反对天主教一样，本身仍然是天主教徒”[①]。置身于中西文明之间，他们的内心世界充满了时代困惑、爱国情仇和个人主义。以菲利普为代表的欧洲唯美者对中国的审美诉求和中国知识分子表达自我的声音交杂在一起，使中西文化接触空间成了充满异质多元和动态力量的空

---

① Harold Acton, *Memoirs of An Aesthete*, p. 284.

间。通过研究阿克顿对中国现代知识分子的塑造，审视他对中国现代性即同情又疏离的态度，有益于我们进一步揭示他对中国现代化的消极而非积极的态度。这与他对中国的博物馆化是一脉相承的。

小说中塑造的李博士虽然是五四后开明知识分子的代表，却具有原型化特点。正如 E. M. 福斯特《印度之行》中的本土知识分子阿齐兹，李博士是中西文化混杂一体的现代时期中国本土知识分子，昭示了欧洲人对他者的类似但又不完全的模糊认同心理。洋务运动以降，中国智识阶层倡导的“中体西用”思想打破了儒学的一统天下，开始学习西方先进科学技术、政治和法律制度，由此催生了中国现代知识分子早期的救国救民启蒙思想。这一时期涌现了一批接受西方教育的知识分子。小说中的李博士毕业于教会学校，能用英文表达自己的哲学思想，被艾薇拉誉为“中国现存最伟大的思想家”（16），在外国人中享有盛名。他游刃于中西两界。在中国人圈子中，他称西方人为我们唯一没能同化的野蛮人；在盎格鲁－撒克逊人中，他会贬低中国的“人力车文明”，而颂扬他英勇的牧师朋友为解放中国女性所做的努力。

原型化的李博士一方面具有受西方教育与西方人的类似性，而受到西方人认可；另一方面李博士的中国特质注定具有他者性，对西方人而言是一种抵抗力量，具有危险性。他身上是中西两种文化的交合与冲突，正如阿克顿在《一个唯美者的回忆录》中说明他对这一时期的新旧传统的理解，“儒家伦理仍然有着至上的引领地位：圣人传授了几百年善行和美德，即使那些拒绝‘封建意识’的人也无法抑制骨子里的儒家影响”（284）。旧思想虽然已成为明日黄花，即将被新时代感召的西方文化所取代，但是中国知识分子李博士人性中与他所倡导的不和谐的一面便是中国文化身份注定的特质：“他喜欢裹足，而不是自然的脚，他妻子的可怜‘百合弯弓’从来没有放开过。他自称与孔子不共戴天，但他自身的才华归功于私底下学习儒家经典。”（18）由此可见，李博士是与欧洲人不同、具有中国血脉血统的他者，是一个威胁。

在《玉》这一章中，阿克顿惟妙惟肖地刻画了李博士这个东方男人的性欲邪恶。外表绅士、谈吐文雅的李博士审视一个西方女性时表露出的贪婪，“克洛克小姐波浪起伏的身段间接地刺激了褐色眉毛后面的肉欲想法。间接是因为李博士想知道她赤裸身体时会是什么样子的身形。当他看到她处理一块鸡肉，递到嘴边的样子时，他得出结论，那景观肯定令人作呕。他感到有点厌恶白种女人……他沉思的眼睛把她和小‘玉莲’做比较”（49）。白种女人成为被注视、被判断的对象，成为中国男人性幻想和性审美的客体。这不禁令我们想起阿齐兹引领阿德拉小姐穿越幽暗山洞的一幕。东方男性被赋予了性欲邪恶的标签。所不同的是，李博士在看，在从西方女性的举止中判断她们文明富丽的外表下有何巨大差异。在以中国男人视角看西方女人折射中国男性的邪恶性欲同时，阿克顿没有忘记中国古代文人的寻花问柳之风的原型和模式。因此他对李博士的刻画未忘抹上一笔浓墨。“他决定今晚去拜访‘玉莲’，越古老的文明越带着完整的面具。谁能怀疑这个多情的外表严肃演说家逛妓院？”（49）这样，李博士成为一个具有西方知识但却不完全西方的中国男性他者化身，是潜在的西方主体的威胁者，充分体现了殖民话语的模糊性。

杜宜是《牡丹与马驹》中塑造的原型化中国新女性化身。阿克顿以自己熟悉的中国人交往中获取的中国女性知识刻画了一个接受西方现代思想洗礼却受制于传统现实束缚的杜宜。杜宜的命运一定程度上影射了菲利普在中国文化的唯美理想与残酷现实之间的模糊心理，可以说杜宜是菲利普的中国再版。杜宜与冯崇汉是受五四新文化运动影响颇具有代表性的两类青年人，他们身上折射着中国现代性之初的无助、挣扎和迷惘。杜宜在法国留学三年，被誉为才学广博的美学者和诗人，深受艾薇拉和菲利普欣赏。她“说一口流利的巴黎腔法语——语音优美，熟知保尔·瓦雷里和思想闲谈的时髦趋势”（20）。法国的两年接触中，雕刻家艾薇拉被杜宜独特的东方异域女性气质深深打动，把她视作“遥远亚洲移植过来的一朵美丽之花”（20），称她是“宝塔女神”。她把二人的友谊看成两个伟大文明的结合，但是读者不难发现艾薇拉以西方人拯救东方人自居的优越感。“当他们的关系变得相当熟的时候，艾薇拉感到这个外表瘦弱的年轻朋友内心有一个难以穿透的黑曜石般的坚硬之处。”（20）艾薇拉为无法进入杜宜的内心世界而懊恼。

受法国现代思想洗礼的杜宜游离在中西两种文化中而难以取得自我实现。包办婚姻、家庭束缚、政治混乱等残酷的现实令杜宜的思想逐渐趋于麻木。为争取经济独立，她在北京一所大学教授法语，传播西式文化，但面临中国语境时她却感到迷茫。“我回到中国后，人性中感情的一面已经死去了，我感到自己不再是过去的自己。我甚至不愿触摸事物，仿佛感觉到外界某个人在为我触摸。”（179）她在中国现实中找不到自己的价值，而在西方教育和思想中也无法找到自我和价值。她叩问唯美主义思想，认为在中国的商纣王时期就已实践性地存在，如“肉林酒池”。杜宜所受的西式教育和自由追求令她一方面与父母之命抗争，而另一方面传统文化思想的禁锢令她无法反抗。“我爱我的父母……我真地爱他们，但是他们有时太苛刻……”（24）“我在国外时，满脑子想的就是中国，梦见中国：我的祖国在我心中地位是最高的。我渴望回国的那一天。”（179）但身处瘫痪的现实生活中，她所期待的人们思想觉醒和新意识的启迪，却最终化为泡影。她所体会到的变革中国不过是旧物内里外罩新衣的惆怅，她对西方文化的喜爱和推崇是令她无法与冯崇汉融合的关键。最后她由衷地感慨，在中国所谓的进步不过是旧人穿新衣，“在中国衡量进步的是小轿车”（25）。中国古老习俗并无实质性改变。

与杜宜不同，冯崇汉是受新文化洗礼的本土爱国进步青年。他自小在上海受教育，在北京参加“文化促进会”等进步组织的爱国宣传活动，坚信自己是“中国的美国实用主义者——胡适先生、约翰·杜威和威廉·詹姆斯——的追随者”（66），不愿封建礼教左右自己的婚姻。当艾薇拉以西方拯救者的身份把他介绍给杜宜，他渴望与受西式教育的杜宜相爱，渴望这种新式的爱能重新燃起自己久违的诗魂，期待他们的结合会令杜宜走出归国后的沮丧。作为诗人，在革命让位于琐事后，冯崇汉的灵感逐渐枯竭殆尽，他无能为力。在中国现代性的迷茫中，他无法找到自己的灵感和位置。杜宜的出现令他似乎找到了“灵魂之妹”，感到“在他事业关键时刻遇到了她”。如果说冯崇汉把杜宜视作新时期理想的女性化身的话，受西方教育深厚影响的杜宜在试图冲破封建束缚的挣扎中，看到的是冯崇汉在国难当头、危机四伏时刻强烈的民族仇恨和排外情绪。这并不是一个唯美主义者的理想所期待的。不同的视野令他们无法走到一起，最终他与护士的结合也验证了受新文化影响的青年与西方思想的隔阂。在护士的身上是传统与现代的结合，正如思想西化的杜宜眼中的冯崇汉乃传统与现代融为一身一样。

现实中传统习俗和家长制像一张无形的网。洋溢着现代气息的中国年轻人冯崇汉和西方个人主义思想浓厚的杜宜都无法逃出这张巨网。走进冯崇汉家里，杜宜感到房间令她压抑，书香味令她联想到自己曾经熟悉和热爱的父亲书房中书法、绘画、家具的味道。朽木的味道令她“憎恨、反感这华而不实的屋子”（187），她感到“自己在瓦解——不是美感体会的瓦解，而是令个性完整的实质性的、深远的部分在瓦解”（187）。浓厚的封建家族氛围让杜宜喘不过来气。

与冯崇汉母亲的相见更令她意识到意识形态的差距。冯母像大多数中国老妪一样脑子里充满古旧思想，杜宜“不得不坐在这间可恶的屋子里，与这个无聊老妪唏嘘寒暄，只因为她是冯的妈妈”（188）。这里中国新旧两代女性不仅因为陌生感到疏离，更是因为新旧观念差异和文化差别。当冯妈妈看到杜宜在冯崇汉面前脱鞋揉脚，更是大为吃惊。“在男人面前暴露脚！这种不雅令人难以想象。她一生中从未做过，当然她的脚裹过，即使这样……即使这个念头都让她无地自容。”（188）杜宜与冯崇汉的关系正是在这种新旧礼法冲突中瓦解。“不，她并不爱他，不过有些喜欢而已。他似乎很糟糕，非常传统，至少现在是这样。尽管她觉得有着幼稚问题的外国人很乏味，而此刻她觉得同胞的俗套交流程序更加令人厌烦。”（190）她在中西文化中的尴尬两难如菲利普所言，缘于“他们（曾留洋的年轻人）对传统习俗非常的嫌恶”（70）。

如果说冯崇汉在爱国政治运动中丧失了自己的诗魂而惆怅，这多少酷似小说中在欧洲失去诗魂的艾薇拉的话，那么唯美者杜宜多多少少是菲利普的中国版。不同的是来自欧洲的菲利普能够在东方中国寻求灵药，而中国的唯美者杜宜只能以死慰藉自己难圆的诉求，求得解脱。杜宜的自杀不仅对以拯救者自称（以“拯救者”自称）的艾薇拉是一个讽刺，同时也昭示了东方主义权力话语。作为帝国作家的阿克顿了解和同情深处时代浪潮中的知识分子的命运，但难以对现代中国的未来命运持乐观态度。正如他于1939年离开北京时的感触：“我们告别时，他们笑容绽放。而我却很难笑出来。我难以分享他们的乐观。他们以地理和人力思考中国的四亿五千万抵抗日本七千万，他们记起的是历史上对征服者的同化，但他们忘了机器的作用。”[①] 这段感慨是他怀着一颗仁慈的文人雅士之心告别北大师生时而发。显然阿克顿对中国在贫困落后的情况下战胜日本并不看好。这也多少说明他对中国文人和古典文化的热爱，倾注着唯美者从东方中国古典文化寻求医治现代病的良方的精神诉求，隐含的是博物馆化中国的殖民话语，还有他对中国的现在和现代中国的未来悲观和漠然的态度。

在《牡丹与马驹》中阿克顿不仅鞭辟入里地揭露了在中国的现代西

① Harold Acton, *Memeirs of An Aesthele*, p. 397.

方人如何视中国为“文物博物馆”，从物质和精神需求上消费中国，弥补西方现代危机造成的价值和伦理空虚，他还以独到深邃的思想考查和反思了中西现代化碰撞下的中国社会和中国现代人在西化进程中与时代跳动的命运。利用、借鉴和消费中国文化精髓——艺术、儒、道、释——以治愈西方现代创伤，即东方文明拯救西方危机，是以罗素为主的西方现代主义思想家倡导的重大命题。在《牡丹与马驹》中，阿克顿以小说家之言，形象地塑造了东方化的西方文人菲利普在北京的心路历程。小说中最有戏剧性的是《玉》一章中，马斯柯特太太以惯有伎俩从中国商贩手中买进玉项链，又转手以高价强制性卖给王室人员，从中牟利。而王室贵族却同样以欺骗手段将玉石项链弄断，隐藏珠子，上演了资本家为赚取利润相互欺诈的精彩一幕。中国的玉品成为交换价值，中国成为西方人的消费品。马斯柯特的丈夫由传教狂热转到世俗狂欢。格利上尉等人则以赌马寻欢。塞德里克夫妇更是一对精神颓废者，在中国通过满足肉欲弥补精神上的空虚。中国北京成为这些患上西方现代病的迷惘者的人生舞台，成为从物质和肉欲层面排解现代人的精神空虚之所，成为“博物馆”中国的化身。

第五章

“当代”中国——希尔旅行书写中的中国构建

贾斯汀·希尔（1971—　）是当代英语世界公认的旅行作家，现在香港城市大学任教，是活跃在英国文坛上的一颗璀璨新星。希尔出生在巴拿马的弗里曼，三岁后随家人回到英国祖籍约克郡，曾就读于德海姆大学，主修英语和中世纪文学。作为一位杰出作家和诗人，希尔在短短十五年中出版了五部小说作品：《黄河》（*A Bend of the Yellow River*, 1997）、《饮梦茶馆》（*The Drink and Dream Teahouse*, 2001）、《你好，阿斯马拉》（*Ciao Asmara*, 2002）、《天堂过客》（*Passing under the Heaven*, 2004）、《护墙》（*Shieldwall*, 2011）。作品广为流传，先后译成十四种语言，为他赢得了诸多荣誉和广泛的读者群，他的名字曾三次登上布克读书奖最后提名榜。2001 年希尔被《星期日独立报》（*Sunday Independent*）评为“二十名英国杰出作家”之一。

希尔的处女作《黄河》记录他 1993 年在中国山西运城教学的经历，是一部围绕他与中国大学知识分子交往和体会，展开对当代中国文化解读的游记作品。作品一经出版即获得好评，《泰晤士报文学增刊》（*Times Literary Supplement*）称他为“一个生机勃勃、才华横溢的作家……（创作了）一部欢快、趣味横生的叙事作品”①。《星期日邮报》（*Sunday Mail*）称《黄河》为“一个非常优美的故事，讲述令人欢笑的文化误解……是介绍当代中国的一本上乘之作，幽默诙谐，无政治宣讲之

---

① 摘自 http：//www. justinhillauthor. com/Justin% 20Hill% 20 – % 20Bend% 20in% 20the% 20Yellow% 20River. htm。

嫌，令人耳目一新”①。

继《黄河》之后，希尔的第二部中国题材作品《饮梦茶馆》于2001年问世，一经出版即受到评论界的极大关注，荣获2002年贝蒂·特拉斯科奖（Betty Trask Award）和2003年纪念乔夫里·费伯奖（Geoffrey Faber Memorial Prize）。该著使他声名鹊起。小说以邵阳第二火箭厂在社会主义市场经济改革大潮中的倒闭为背景，以老朱、大山、小龙等三代人的命运为主线，凄美地再现了有着不同历史记忆的当代人的困惑与彷徨。《华盛顿邮报》称之为2001年最值得阅读的作品。斯蒂芬妮·史密斯（Stephanie Smith）认为这是“一部直接而有力的小说，风趣地描写现代中国，情感充沛”②。《台北时报》（*Taipei Times*）评价这部小说为“一部小经典……阅读时感觉它像D.H.劳伦斯的早期小说，交织着力量与柔情……是我曾读过的有关现代中国的必读书目……希尔有着主流作家所有特点，我们期待他产出更多作品，而且但愿不会太久”③。2001年《小说》（*Fiction*）杂志也对希尔作了高度评价：“希尔艺术地展示了中国的传统、官僚和心理特征，紧密而细致”，“几百年的中国历史浓缩到希尔笔下的乡镇人物的每个细微、自然的行为中，即使在家宴餐桌（的描述）上都飘逸着罕见的洞察力”④。《华盛顿邮报》评论贾斯汀·希尔完全了解中国，每个句子交织着知识、爱和强烈的失落感。不仅如此，2005年湖南省政府因他在中国的突出贡献而颁发给他潇湘奖。

西方英语世界对希尔的关注与盛赞不是空穴来风。如果说20世纪上半叶西方了解中国的主要渠道是传教士和一些像毛姆、阿克顿、罗素等旅行到中国的文人，那么在新中国成立到改革开放的近四十年里，中国处于“独立自主、自力更生”的建设现代化时期，对外门户关闭，西方对中国的了解渠道主要是依靠零星的新闻媒体报道。其中像记者埃德加·斯诺（Edgar Snow）正面地宣传和传递毛泽东领导下积极进取的中国为数很少，主要出于意识形态的不同和冷战时期两个阵营的分裂，西方对中国的了解

① 摘自 http://www.justinhillauthor.com/Justin%20Hill%20-%20Bend%20in%20the%20Yellow%20River.htm。

② Stephanie Smith, “Paperback Reader: *The Drink and Dream Teahouse*,” *Mew Statesman*, March 18th, 2002.

③ Justin Hill, *The Drink and Dream Teahouse*, London: Phoenix House, 2001, p. i.

④ *Fiction*, August 2001, p. 15.

大部分是“基于政治和意识形态上”的负面报道。1949年中华人民共和国成立后，美国便先后两次在亚洲领土上参与对社会主义国家的战争，分别为50年代的朝鲜战争和60年代的越南战争，从此形成对以中国为首的社会主义国家的威胁论，直到今天仍危言耸听。随着1978年中国实行经济改革和对外开放的政策，西方媒体和知识界有了再一次接触和了解中国的机会。但是，西方评论一直围绕毛泽东时代一系列改革，“80年代和90年代，整个世界总体而言仍对革命持敌视态度”[①]，批判矛头不仅指向新中国成立后毛泽东时代的现代化改革，还指向当代以邓小平领导的政治经济改革，认为建设具有中国特色的社会主义是跟随西方国家的步伐，是发展资本主义的经济形式。随着改革开放后中国的迅速崛起，西方渴望深入了解中国发展和民生状况。

希尔书写的中国之所以吸引英语世界主要有两点。第一，弥补了西方对当代中国知识，尤其是改革开放后的中国知识这一空白。第二，迎合了西方对中国内陆城镇知识的空白，尤其1989年天安门事件后当代中国知识分子的命运的好奇。90年代的中国是欧洲汉学界的兴趣点和空白点，德国著名汉学家顾彬于2011年3月29日在北京外国语大学做了题为“当代中国文学在德国”的演讲。他感慨很少汉学家对当代中国文学感兴趣。在他看来，海外汉学家80年代末期通常有两种倾向，一种是研究和翻译中国古典文学，如《红楼梦》等，而另一种转向则是研究中国经济。由此我们看出，欧洲知识界对中国第二次国门打开后的经济发展状况具有浓厚兴趣。而希尔在这两部旅行作品中向西方生动而细致地描绘了一幅当代市场经济大潮中的中国图景。游记《黄河》和小说《饮梦茶馆》迎合了西方了解发展中的中国，尤其内陆腹地普通人群在改革开放后处于政治、经济转型时期的中国民生这一热望。因此，希尔参与新时期中国知识的生产与传递，仔细分析这两部作品，我们不难发现希尔的主调是与西方主流意识形态不谋而合，即基于意识形态的不同、媒体上宣传的“中国威胁论”和中国经济发展的“资本主义倾向”，因此希尔在作品中突出展示东西文化差异，对中国现代化建设的现状和未来持批判和悲观态度。这也注定他对当代中国的发展持有对抗的批判态度和殖民主义偏见。

萨义德在《东方学》中讲到再现问题：“再现的外在性总是受某些老

---

① Colin Mackerras, *Western Images of China*, p. 113.

生常谈支配，即如果东方能再现自己，它就会再现自己；既然它不能再现自己，那么再现就自行其是，为了西方，退而求之，为了贫穷的东方。”①希尔认为“在那里”（over there）有“一些事情需要人站出来说明”，书写那被人们认为“正常”的“疯狂的地方”——中国。把萨义德和希尔的话放在一起，我们发现这位英国作家对异域文化的书写罩着一层华丽的外衣，即欧洲知识分子、东方学者惯常的伦理使命感。即使殖民时代结束，殖民者仍认为现在他们（东方人）在受难，欧洲来客的要务就是以欧洲方式再现东方及其当代命运……②西方人向西方传递有关当代中国的知识，在笔者看来实质上在某种程度上重复殖民修辞，继续以某种形式将中国东方化，昭示着新的霸权形式。希尔的中国话语表现为将社会主义经济和政治体制改革时期的中国再现为西方资本主义工业社会的再版和流产。

对于贾斯汀·希尔作品的研究，国内为数不多。北京第二外国语大学张喜华教授参与翻译希尔的《天堂过客》，并做过希尔专访，发表了几篇关于希尔小说研究的有价值的文章和专著，从萨义德的东方主义研究角度剖析了希尔作品中的文化冲突，可谓开了国内希尔研究的先河。本章集中希尔的两部中国旅行作品：游记《黄河》和虚构小说《饮梦茶馆》，分析他笔下20世纪末处于现代化进程中的中国内陆城镇生活图景，研究希尔根据中国城镇旅居体验所传递的当代中国文化知识中隐含的东方主义形式和策略。新殖民主义时期，对他者文化的东方主义已经成为众矢之的，希尔对当代市场经济的中国构建是以隐性的方式，试图寻找一种新方法构建当代中国。那么希尔如何构建当代市场经济的中国？在《黄河》和《饮梦茶馆》中，市场经济的中国呈现何种面貌？体现了希尔何种个人欲望和文化诉求？本章将分析希尔如何构建他所了解的当代市场经济中国。围绕何种样态的中国和如何构建这两个问题展开。首先分析希尔在何种情况下旅居中国城镇，透露着何种当代西方人的焦虑，旨在揭示在新殖民主义时期希尔在文化输出的志愿者身份下书写当代中国时所采用的文化异装叙事策略。其次，聚焦游记《黄河》中的当代市场经济中国建构，围绕希尔在内陆城镇的大学教书旅居叙事，考察对山西运城城镇、运城师生以及

① Edward Said, *Orientalism*, p. 21.

② Ibid. , p. 1.

当地习俗礼节上的再现政治，分析其中国知识中透露的权力话语。最后，围绕虚构小说《饮梦茶馆》中的市场经济的中国建构，分析文化异装叙事策略构建的创伤中国所隐含的再现政治。在20世纪末的语境中殖民主义中国话语在生产时充满焦虑、不安和抵制声音，也就是说殖民视野巩固权威这一过时形式的同时，还在质疑、瓦解权威建立的基础，呈多元和多声的东方话语形式。如果说《黄河》是希尔当代市场经济中国话语的起点，那么虚构小说《饮梦茶馆》是希尔构建的一个市场经济中国的深化。希尔笔下的中国是创伤历史笼罩的中国，是西方资本主义经济社会翻版的当代中国。

第一节　VSO志愿者与异装旅居

在向西方介绍当代中国时，希尔独特的旅居中国经历为他书写中国提供了丰富的视角。“我环绕世界旅行到中国，抵达这里，进入这里的街道和这儿的人的生活。”[①] 1993年，二十一岁的他以英国海外服务志愿者的身份被派驻到中国山西运城作外籍教师，与当地师生交往两年，体验到东西文化的巨大差异。正如2006年希尔在接受中国学者张喜华采访时，表达《黄河》和《饮梦茶馆》的创作动机时所言：“在第一次来中国前，我阅读了所能找到的关于中国的书籍，期望这些书能帮助我更好更快捷地了解中国。但是，当我到了中国后，很快就发现我所读到的中国与我所看到的中国根本不同……”[②] 希尔认为西方国家对中国的了解还停留在20世纪上半叶的传教士和汉学家如明恩溥、何天爵等所传递的典型中国人形象层面，即神秘莫测、诡异冥顽。这与时代进步完全不符：“在中国住上一段日子后，我能明显感觉到中国人根本不是西方人笔下的怪异人群……我写作的最初动机是帮助西方读者走出误区。西方人不能再对中国神秘化……”[③]

90年代的中国步入改革开放，开始与国际接轨。虽然相对东南沿海，内陆城镇的经济发展速度较为缓慢，但是如火如荼的经济改革大潮已经在

---

① Justin Hill, *A Bend in the Yellow River*, London: Phoenix House, 1997, p. 4.

② 摘自张喜华博士论文《超越东方主义：希尔中国题材作品的跨文化研究》，北京语言文化大学2009年，第122页。

③ 同上。

改变着人们的生活方式，冲击着中国人的思想观念。如果说20世纪20年代毛姆到中国时，内忧外患的中国面临着欧洲列强的欺凌，中国还刚刚从封建社会的自足封闭中睁开眼睛，饱受西方现代人以及西方文化的殖民和奴役；如果说阿克顿20世纪30年代到中国时，落后的中华民族自我意识刚刚觉醒，向西方学习和借鉴科学技术，开始寻求现代的强国富民之路，尝尽法西斯帝国主义的侵略之苦；那么希尔在20世纪90年代来到中国时，中华民族已经经历血雨腥风的反法西斯战争和民族独立战争，走过自力更生建设现代化的道路，有着一定的历史经验和教训，再一次打开国门时是与世界同步发展、寻求社会主义现代化强国之路的中国。毛姆到中国时，以一双帝国的眼睛审视满目疮痍的中国，中国民众或为露着脊梁的苦力，或为长衣马褂的绅士；阿克顿到中国时，以西方现代社会的流放者身份，希冀在古典中国文化和艺术中找到唯美诉求，中国人或长衣马褂或效仿西式服装。毛姆和阿克顿笔下的中国女性则大多为裹足的娇小羸弱的中国男性附属物和西方男性欲望的投射对象。那么当希尔来中国时，中国人在外表着装上与西方人已无大差别，中国女性与男性一样在社会、工作和家庭中担当着重要角色，T恤衫、西装、花裙已经抹去了中西服装上的差别。但是，颇为有趣的是，这一东西方在服装上的无差别成为希尔巧妙地再现中国的叙事手法，成为他获取和再现中国知识的有力修辞手法。在了解中国和传递当代中国知识时，希尔极力抹除自己作为西方人与中国人的文化间差异，试图以平等的文化多元主义思想再现中国文化，但他仍然摆脱不了民族优越感和西方中心主义。他所再现的中国是以西方文化为中心参照点的他者中国，在其再现中国的知识话语中透露着新殖民主义时期的东方主义特色。

本节主要探讨希尔旅居中国的文化角色和时代背景，剖析其文化异装叙事策略，本节将分为两部分，第一部分介绍希尔来中国城镇旅居的缘由和隶属的组织特征，以及希尔创作中国旅行作品的初衷；第二部分将进一步分析希尔的中国文化异装式的旅居生活。

一 VSO派驻中国城镇的外籍教师

与毛姆和阿克顿不同，希尔受雇于海外志愿者服务社（Volunteer Service Overseas），于1993年被派往中国中部城镇山西运城任外籍教师。VSO始建于1958年，以共同抵抗贫困、在全球范围内用知识改变世界、合作促进进步为宗旨，是向落后国家和地区提供文化和人才资源服务的世界性组织。历经半个多世纪，VSO 由最初一个驻伦敦的小机构发展为世界上最大的独立输送志愿者机构。VSO 自 1981 年便与中国建立了合作关系，当年来中国工作的仅有六位志愿者，目前每年有百余名之多。这些志愿者多数在边远地区和贫困地区工作，像云南曲靖、新疆等地，多数被派驻到师范院校，目的是培训中国教师，通过教师培养更多的人才。虽然以志愿者相称，但实际上每个驻外的志愿者还是带薪工作，而且薪水通常并不低。某种程度上而言，VSO 为刚刚开放的中国落后地区英语人才培养作出不可磨灭的贡献，增进了两国人民和文化的了解。但不难看出，这个西方世界向发展中国家提供服务的组织秉承的是西方国家自启蒙现代性以来的向外文化扩张的理念，可以说是打着进步和科学的旗号进行文化输出和文化殖民的新世纪变种。这也无形中赋予西方参与者/VSO 成员在经济、政治和文化上的优越感，直接或间接地决定了希尔看本土人居高临下的西方视角，不可避免地带有欧洲文化中积淀的东方主义意识。

在 90 年代全球化语境中随着世界格局的加速演变，西方对东方中国知识的需求不断膨胀，尤其对中国边缘地域和边缘人群的研究兴趣逐渐加强，地球村的时尚旅行者们不再将关注兴趣局限于北京、上海等都市中心，而是延伸到边缘地位的内陆城镇。在这支旅行大军中，在 1993 年的一个冬日，迈着与世界全球化一致的步伐，希尔乘现代化交通工具飞机从天而降，在北京转乘三十多个小时的火车，来到偏远的内陆城镇山西运城。他仿若跨文化田野调查者深入中国内陆，与本土人亲密接触，记录他们的所思所为。在《黄河》中出现很多“今天早上”、“昨天晚上”等词汇，我们看出希尔一定是做了日记，记录、反思和甄别社会主义经济体制改革浪潮中的中国文化和中国人现状。

与毛姆和阿克顿不同，异域对希尔的诱惑主要缘于从业的实际需要，旅行到中国时，他充满对未来事业的抱负和探险精神。他在《黄河》中这样写道：“我到了生命中越来越需考虑未来事业的时候，我得选择我的生活道路。坐在住处……我面对桌上摆的单子上的会计、教师、法律或管理咨询等字眼，没一个能作为打发一周时光的方式，能令我甚至稍微感觉有吸引力……然后，我发现在《衰败与堕落》（*Decline and Fall*）一书中夹着一个海外志愿者服务社书签，于是我的问题就这么一下子解决了。”[①] 这个问题就是从业问题。正是出于这种想法，他报名参加了“海外志愿者服务组织”，带着“在去世之前更多地看看这个星球”[②]，“看看我们共同体之外的世界”[③] 的愿望，测量“中国和家的距离；做不仅仅为致富而工作的事情——令到中国参加 VSO 工作看起来就是我要做的”[④]。我们可以看出刚刚展开事业生涯的希尔如许多英国人一样富有个人抱负和理想主义色彩，而不仅仅是对中国文化的热衷和好奇。

这期间中国已改革开放十五年，虽然翻天覆地的变革正从东南沿海延至内陆，但是内陆处在新旧之交的传统与现代的变革之中。两年的运城城镇生活令希尔感觉自己获得了对当代中国的洞察性认识。他得出结论：没有哪里比黄河弯处的山西运城更像是真正意义上的中国，他将自己的体会和感想书写成游记《黄河》。两年后，他乘火车取道广州，从香港飞回英国，完成一个圆圈式的当代旅行。他甚至坦言自己对当代中国的了解胜过对当代英国的了解：“我旅居多个国家，直到二十一岁时才连续在英国待了两年。而我有五年的时间都在中国。”[⑤]

希尔所说的五年指的是后来他又到湖南邵阳从事教学研究三年。山西运城和湖南邵阳均以地理位置和古老悠久文明历史而著称，这也赋予他独特的中国内陆知识，正是缘于这种对中国内陆城镇当代文化知识的自信，他继而又创作了中国题材的叙事小说《饮梦茶馆》。希尔回顾自己的创作经验说道：“在我写第一部小说前，我决定不写什么三十岁左右作家移居伦敦之类的事情，我对读此类东西不感兴趣，我也不想写。”[⑥] 英伦题材已是陈词滥调，难以挣脱欧洲现代性晚期社会文化的僵硬模式，于是想当作家的希尔把目光放到了书写他所体验和熟悉的中国，并一举成名。希尔在接受希尼亚德·格里森（Sinéad Gleeson）的采访，被问及他继游记和旅行书写后是否计划在这个领域再接再厉、再创辉煌时，他这样回答：

---

① Justin Hill, *A Bend in the Yellow River*, p. 17.

② Ibid., p. 16.

③ Ibid., p. 17.

④ Ibid..

⑤ 摘自张喜华博士论文《超越东方主义：希尔中国题材作品的跨文化研究》，第 122 页。

⑥ Jules Quartly, “Why China Has the Write Stuff,” *China Daily*. March 18th, 2009.

> 诚如我以前所言，最好的作品来自想要说的需要。如果我回到厄立特里亚（Eritrea），我肯定会再写一本旅行书籍；或者如果我回去做志愿者工作，我肯定会看到事情，一些事情需要人站出来说明。我们居住的世界对我来说是令人难以置信的疯狂地方，令人惊奇的是很多人似乎对此习以为常。①

不难看出，贾斯汀·希尔旅居异国他乡所体验、想象、书写的中国和厄立特里亚带有浓重的文化优越感，是西方世界视野里“令人难以置信的疯狂地方”，需要希尔这么一个西方人“站出来说明”。正如他在第一部中国游记《黄河》出版后不久的一次评述中所言，他写作的目的是为打破西方人对中国的固有原型，比如：“‘难懂的中国人’、反复的人权报道、反对者和天安门事件。”② 希尔关注1949年以后的中国书写，尤其是改革开放后的中国。他要书写当代改革开放后处于政治和经济体制改革时期的城镇中国。他认为中国特定的文化滋养了独特的中国民族性格，了解文化差异才是了解中国的渠道。而西方的了解只停留在“没有文化背景便去判断一个民族的性格，是无知和武断，以西方文化为背景去判断中国人性格更是南辕北辙”③。因此，希尔看中国的视野似乎是全球化语境下更加自由、宽容和世界性的。但事实上，当代旅行书写的世界性视野并不像其声称那样解放，它是“东方主义的残余，即殖民主义和帝国。发出世界全球性视野声音的旅行作家并不避讳殖民前辈‘尴尬’态度，他们不过在模仿帝国‘从前感知’，生产新形式的权力”④。希尔的中国三部曲《黄河》、《饮梦茶馆》、《天堂过客》和一本关于厄立特里亚的游记主要根据丰富的异域体验写成，可以说其自由、宽容的话语形式掩盖下的是新殖民主义视野。那么，希尔在中国是以何种心态和姿态旅居的呢？

二　文化异装的城镇旅居者

马丁·艾米斯（Martin Amis）曾说每个作家的心中都憧憬着另一个

---

① 摘自 http://www.bibliofemme.com/interviews/hill.shtm。

② 摘自张喜华博士论文《超越东方主义：希尔中国题材作品的跨文化研究》，第123页。

③ 同上。

④ Debbe Lisle, *The Global Politics of Contemporary Travel Writing*, Cambridge: Cambridge University Press, 2006, p. 5.

国度，对此说法希尔不仅深有同感，还言称“我的第二个国家毫无疑问是中国”[①]。他颇为自己的中国知识感到自豪，甚至在书写中国时有意无意地穿上文化异装，俨然以中国文化掌握者自居，满怀自信地向英语世界阐释当代市场经济的中国。“现代中国对我的成年生活起着显著的重要影响。中国对作家而言是很好的书写背景：那里的故事更加惊心动魄，部分原因在于人们面临的更是生与死的抉择。”[②] 如果说希尔带着对当代中国知识的了解和书写而展开了作家生涯的话，不难看出在这文化异装下所隐藏的西方文化优越意识，将当代中国人比作莎翁笔下的哈姆雷特，日常生活充满着生死抉择。希尔书写 90 年代的当代中国，与其说是为了改变西方对中国的固有原型，毋宁说他沿袭、暗合乃至加深了启蒙现代性以降欧洲人对东方猎奇和探究的中国知识结构，把当代市场经济中国知识“真实”地传递给欧洲国家。

异装者通常意义上指男性在服装上故意将自己装扮为女性，成为具有男根的女性。这种装扮行为使得异装癖者不断地戏弄和游离于两种性别的原型定义，令他感到兴奋和身心愉悦。但是，装扮成女性并不意味着具有女性倾向，恰恰相反，男性装扮成具有女性魅力的女性是有着强烈的男性自我意识的，正如罗伯特·斯托勒（Robert J. Stoller）分析异装男性的心理时指出的：“这种怪异行为的基础是两种性别身份：一个是后来形成的——‘我是女性’，另一个是之前的核心身份——‘我本为男性’……他认同而且有意感觉自己是具有男根的女性。这样做的目的是在告诉自己，如果愿意的话，他是或者实践上可以成为比一个真正的女性更美好的女性。”[③] 因此，装扮成具有男根的女性的目的在于稳固自己的男性气概，加强社会已经建构的两性差异理念。异装癖某种程度上起到保护作用，将在正统社会中规范的男子气或男子属性对女性难以实现的欲望得以张扬和表达。

异装叙事（narrative transvestism）这个概念是玛德雷恩·卡恩（Madeleine Kahn）在《异装叙事：18 世纪英国小说修辞与性别》一书中描述早期的男性作家如笛福、理查逊如何使用第一人称女性叙事者使用的，用

---

① 摘自 http://www.justinhillauthor.com/irrelevant%20info%202.htm。

② “An interview with Justin Hill,” 摘自 http://www.bibliofemme.com/interviews/hill.shtml。

③ Robert J. Stoller, *Sex and Gender*, New York: Jason Areonson, 1968, p.40, 117.

其来研究18世纪性别叙事如何卷入和参与叙事意识的发展，指出这种叙事意识已成为现代小说的突出特点。卡恩认为异装叙事是一种叙事策略，赋予男性作家以动态结构，异装并不固定于某一种性别，无论如何其目的是在加强男性的绝对霸权。[①] 男性作家一方面依照意愿塑造或诋毁女性气质；另一方面不断加强自身男性作家的权力。因此男性作家笔下的女性并不是真实女性，而只是男性作家的叙事策略产物，是18世纪性别话语和男女属性议题介入小说叙事意识的形式。

如果说异装叙事是性别话语的一种策略的话，那么文化异装叙事则是作家在再现异域文化时使用的话语策略。使用中国文化异装叙事，希尔得以从欧洲男性作家到中国男性作家再到欧洲男性作家的往复循环中得以实现认同和疏离中国文化的欲望满足。用英语创作却将书写的西方真实作者身份隐藏在中国叙事的背后，其实隐藏的是西方价值判断的介入、不可直接揭露的历史事实和小说魅惑读者的不可信性。目的是吸引读者进入描画的中国语境和中国叙事，进入希尔西方文化的建构模式中。难怪《时代文学增刊》记者马克·罗思（Marco Roth）这样评论希尔："虽然希尔用英语创作，他可以被看作中国小说家。"[②] 在全球化的语境下书写异域中国文化，异装所隐含的是欧洲作家东方化中国的新样式和新殖民话语。

中国异装叙事一方面反映了作者希尔试图认同异域中国文化的愿望，赋予作者充分的能力和权力想象、书写中国；另一方面又掩盖了对异域文化书写的陌生感和霸权意识。希尔在第一部游记作品《黄河》中试图销蚀自己的西方文化身份，渴望以真实确凿的当代市场经济的中国知识以飨读者，但所采用的第一人称叙事视角无论如何都不时提醒读者他的外来者身份："《黄河》中我无意成了中心，成了主角。事与愿违，叙事者与聚焦者的我无法摆脱主观色彩。"[③] 如果说希尔对自己出现在叙事中所造成的主观干预感到失望的话，在余下的两部作品中，他"决心跳出自己的局限，在作品中去掉外国人的身影……以便能更好地写出真实的中国"[④]。

---

① Madeleine Kahn, *Narrative Transvestism: Rhetoric and Gender in the Eighteenth-Century English Novel*, Ithaca and London: Cornell University Press, 1991, p. 7.

② 摘自 http://www.justinhillauthor.com/irrelevant%20info%202.htm。

③ 希尔语，摘自张喜华博士论文《超越东方主义：希尔中国题材作品的跨文化研究》，第122页。

④ 同上。

于是，在《饮梦茶馆》和《天堂过客》中，希尔躲到叙事后面，成为穿上中国异装的文化书写者，在欧洲白人主体与东方中国人主/客体之间自由穿行和僭越。

希尔在《黄河》之后的作品中披上叙事异装，把中国作家的视角和声音与欧洲作家的中国知识和体验融为一体。如他所言，“我想我的写作中不可能不融合中西两种文化”①。在希尔的中西两种文化视角下，《饮梦茶馆》是现在中国的快照，有大量人物，讲述新老混合，历史对各代人的影响。小说的场景是与20世纪多元文化、思维现代、理念开放的中国截然不同的世界。② “东方背景赋予作家自由处置西方关于中国生活的许多预想（竹子、老和尚、清澈的溪流），这些使我在创作《饮梦茶馆》时乐在其中，把禅宗原型与推土机的烟尘以及愚昧的农民工混合一起。”③

在《饮梦茶馆》中，作家成为穿上文化异装的城镇旅居者，试图在想象和书写层面上摆脱非本土人的文化局限，将中国放到历史舞台的主角位置，对处在社会主义市场经济改革下，不同历史时期的中国和中国人进行他者化的渲染和加强，其目的是为英语世界描摹一幅经济体制改革中的当代中国图景。《黄河》和《饮梦茶馆》都以春、夏、秋、冬四季的周期为一个叙事轮回，《黄河》以一个西方人的独特视角再现了处于改革开放十年后中国内陆中西部的城镇山西运城，《饮梦茶馆》以娴熟的异装叙事技巧描绘了湖南邵阳的面貌。他以极为细致的笔触分析了中国习俗、中国人的行为、举止和处于改革开放和经济转型时期的社会主义现代化进程中的城镇文化。希尔的初衷是再现真实的当代市场经济的中国。然而他选取、记录和理解的中国及中国文化的动态复杂过程渗透了西方人居高临下的优越感，潜移默化地带有浓厚的东方主义视野，并掺杂着现代欧洲主体的身份焦虑。

第二节 游记《黄河》的“当代”中国构建

《黄河》是希尔书写中国的处女作，以第一人称叙述视角记录

① 摘自张喜华博士论文《超越东方主义：希尔中国题材作品的跨文化研究》，第122页。

② “An interview with Justin Hill,” http://www.bibliofemme.com/interviews/hill.shtml.

③ Ibid.

“我”在山西运城师范学院的两年生活。为了驳斥或者至少纠正西方关于中国的陈规陋见①，修改西方对中国只停留在类似“深不可测，诡异冥顽”的了解上。希尔在这部旅游日记中极具敏锐力而且诙谐地描绘处于经济改革大潮的中国中部内陆地区的城镇景观、生活习俗和知识分子，并逐步展开市场经济中国的知识构建。从整部游记中所记录中国生活和活动而言，外教希尔给人的印象是到中国进行中国文化洗刷和浸染的接受者和洞察者，而不是积极的参与者和组织者。这一方面可能出于创作手法目的，作者不想陷于将西方价值先入为主的窠臼；另一方面不难看出希尔在体验当代中国时，徘徊在中西两种文化之间并摇摆不定的犹豫心态，在逐渐融入中国文化时既欣喜又担忧英国身份丧失模糊的焦虑心情。正如在《春天》篇所言：“我现在坚定地扎根在中国的日常现实中。家信仍在讲述其他人的生活轶事，仿佛来自一个梦幻世界，难以想象我曾在英国——就像在来这之前我难以想象我在中国。中国占据了我的生活，我无法想象离开它——现在我安顿下来了，然而无家可归的梦魇重新萦绕我。”②

在《黄河》中，希尔落脚山西运城师范学院的住宅楼后，开始了亲身体验中国之旅。山西运城，是中国古代文化发祥地之一，又称“盐运之城”，地处黄河中下游，以其悠久的历史和灿烂的文明而令运城市民引以为豪。华夏民族的始祖炎帝、黄帝到尧、舜、禹，都相继活动在河东大地上。自古以来，公侯将相和学者志士辈出。如三国名将关羽，隋末哲学家、教育家文中子王通，唐初“四杰”之首王勃，唐宋古文八大家之一柳宗元，唐代大将薛仁贵，宋代著名政治家、史学家司马光等，皆为运城历史名人。因此，在接风宴上当希尔听到教师倒背如流地向他讲述当地历史时，希尔感到运城古与今的强烈反差，在河东东路看到太极晨练、抽着烟袋晒太阳的裹脚老人、打扮迥异的农村和城市女子、繁茂市场高声叫卖……希尔庆幸目睹在当今中国，“无论具有神奇山峰的桂林还是到处是精美庙宇湖泊的杭州，都没有运城和河东东路这片地段更像真实的中国”（4）。这也加深他了

---

① 希尔语，摘自张喜华博士论文《超越东方主义：希尔中国题材作品的跨文化研究》，第124页。

② Justin Hill, *A Bend in the Yellow River*, p. 68. 本节中所引《黄河》中的文本注释均在文中用页码标注，不再赘述。

解当下中国的愿望。

《春天》中的两幕描写揭示了希尔想家的情愁、了解和融入中国生活的欲望，以及有别于中国人的愿望，这些交织在一起，令作者既想拥抱异域中国城镇的乡土人情，又想保持和担心失去自己的欧洲种族身份。第一幕：春天来临，为笼罩在戈壁滩吹来的尘土风沙中的运城带来了一场淋淋春雨。希尔漫步街头，新鲜空气与街道、沙土和花香的味道令作者倍感亲切。他忘情地丢掉雨伞，沉浸在雨中漫步的乐趣中。“中国人不喜欢下雨，下雨时从来不冒险出去。”（67）而“我经常在雨中走出去，想着家”（67）。这里我们看到希尔身体上欢欣于春天运城的雨景，而思想上却徜徉在欧洲人或英国人的身份差别中。再一幕：在被问及为何收入微薄还来运城教书时，希尔说，“我告诉他们中国是一个非常有趣的国家，我们来这里想了解它”（66）。于是希尔虽然遭遇诸多文化冲击和不适，能够释然地化解和理解。当外语系主任让希尔帮助识别英国支票的真假时，希尔骤然间感到对英国一种似曾相识的感觉。“它们可能是真的。很有可能。英国现在对我那么陌生，我发现自己听起来那么不确定。”（68）这两段话表达了希尔既想获取中国知识和融入中国的欲望，同时还怀有担心失去欧洲主体身份的焦虑。这是贯穿《黄河》的主线，充分体现了希尔穿上中国文化异装的模棱两可心理。

在游记《黄河》中，希尔用第一人称指涉自己，很多情况下用了“中国人”或者“他们”的复数指涉中国人，人称使用上令观察者希尔试图与被观察者拉开差距，通过分类、批评，传递对非文明地区中国的判断。另外，希尔在《黄河》中极力表达自己对中国知识的确凿可信性。游记的封面英文题目下面是汉字标题“黄河”，而且目录页的标题也具有中英双语性质，如：第二章的题目为“Lao Wai”而不是Foreigner，是按照中国人惯称外国人“老外”的方式；第五章题目为“ChunTian：Spring”，最后一章“Zaijian：Goodbyes”等都以这种拼音/英文的对应形式出现。我们不知道希尔对汉语掌握多少，但从这种别具匠心的汉字、拼音和惯称使用上，我们可以看到希尔不仅在激发西方读者的阅读兴趣，同时似乎在传达其中国城镇知识的真实确定性。如果说希尔的创作初衷是揭开神秘莫测、难以理解的中国之谜，那么如同许多旅行前辈对中国文化的解读一样，希尔最终还是陷入东方主义的窠臼。对此，他并不避讳，“书写中国而不受东方主义累赘影响简直是不可能的……但总体来说，我在努力超越东方主义"[①]。仔细分析希尔《黄河》中的再现中国话语，可以清楚地洞见全球多元文化下西方作家东方化中国的新殖民主义话语，即东方主义的新世纪变种。东方主义话语不是坚如磐石，其中透露着模棱两可和不确定性。

一　当代市场经济下的中国城镇

希尔在《黄河》中再现了山西运城城镇生活画面。虽然运城是中华文化的摇篮，历史上名人辈出，但希尔呈现给读者的是处于新旧观念混杂、传统与现代交织一道的重商趋利、混乱无序的市场经济的中国。在他看来，"中国与五十或一百年前的英国在很多方面很相似，尤其是在农村的变化上很明显。中国的城镇正朝着我们当年工业文明的方向发展"[②]。将当下现代化进程中的中国看作滞后的西方，不难看出希尔作为现代文明来客的优越感和东方主义态度。他的城镇中国话语受制于而且透露着西方世界对改革开放后中国发展的理解——资本主义的翻版和流产。

抵达运城后，希尔描绘出一幅工业化进程中的山西运城图景。每个初到异域的人都会惊诧地感受到文化陌生感。而令希尔印象深刻的第一印象是运城河东东路的商品化，摆放各种货物的商品、当铺与附近低矮楼房的无序："……道路两旁排列着低矮的混凝土盒子，中国字和花哨广告镶嵌在毫无生机的灰色墙面上，在刺眼的阳光照耀下格外显眼。每个方盒子似乎是食品店或五金店，销售米、面，草垫、塑料碗、塑料凳、砂锅以及铝制的厨房用具等，全都堆放在路两侧……在不远处的后面是阴沉昏暗的四层楼群，窗户上面伸出塑料护板。楼顶上面是蔚蓝的天空。"（1）蹲在街边卖农产品的农民、街边台球案、往水坑小便的孩童，在这一切动/静，远/近中，希尔在努力描摹运城的特征，划分中国与英国的区别界限，唤起一系列文化、政治、经济的差异。从前了解的中国知识与眼前看到的景象反差之大，令他惊呼"与想象的中国大相径庭"（1）。"毫无生机"、"阴沉昏暗"、"尘土飞扬"、"视线狭窄"等字眼描述的城镇景观进入读者眼帘。

---

① 希尔语，摘自张喜华博士论文《超越东方主义：希尔中国题材作品的跨文化研究》，第124页。

② 同上。

《黄河》的前四节基本记录希尔初到运城的体验——历史与现在的巨大反差，而更加吸引希尔的乃是运城的过去，仿佛运城的过去代表的是中国的过去。他在《回到摇篮》这一章详细地介绍了历史上运城的遗风古韵，独特的地理和浓厚的文化内涵，认为运城处于“黄河的转弯处，是中华文明的摇篮”（5）。游记因此而命名为《黄河》。但是宝贵的历史和当下的今天无法令希尔将二者联系起来，他要用自己的一双眼睛亲自捕捉。作者选择以自己的眼睛和心灵去细细品味运城，观察的中心是“我”和“我”所处的阳台，充分彰显了注视者全知全能的话语权力地位。首先，作者以阳台为焦点观察四面环山的运城景观。“雨后，尘土洗去，空气洁净，我从卧室的窗户可以看到南部的山峰。我能看到天空映衬下山脊叠起、悬崖陡峭的外形。”（7）以作者的住处为俯视中心，还能看到北边的山和南山下面的盐湖。

其次，希尔要亲自体验运城，尤其是运城农村，寻找差异。“……农村、肮脏、落后的运城就是我来中国唯一要看的……”（127）由于中国人口众多，农村是粮食主要供给地，农村的耕地基本用于栽种农作物。骑自行车穿行运城农村，希尔感到运城农村有种奇怪的感觉，似乎缺少什么，对漫山遍野黄土地感受是：“没有任何地方，我能看到一寸未使用的土地”（7），“唯一地面没有种植的地方是灌溉的渠道”（8）。于是，他联想到历史上山西由于气候不适，带给人们灾荒，“这个图景就是从原始时代起供养人类生活的地方，历经千年的农业生活，人们在变幻不定的生存中经历干旱和每年夏天黄河的肆虐”（8）。感慨在这个三百万运城县城中大部分是农民：“在安静的农村，他们平静而自信，他们的祖父在那同块土地上劳作，可能曾祖父辈也是如此。人们知道其孙辈亦将如此劳作。”（22）于是，他联想到日耳曼祖先：“我的日耳曼祖先曾来自中亚的某个地方。但是他们的祖先却来自运城一个地方，短途汽车车程那么远，这令我们有不同的观念模式。”（22）从祖先上比较参照，希尔追溯自己日耳曼民族为流动民族，暗含着骁勇善战、世界征服者的勇者之风。相对而言，中国农民则在20世纪的今天仍处于未开化的静止中。正如希尔这样评断中国农民：“农民过着窘困的生活，自由、选择、个人实现对他们而言只是完全陌生的概念。”（85）农民仍然在使用镰刀等手工工具，这“在英国已经消失了至少两代”（85）。将两种文化的农民从祖先历史和当代现状加以对比，以英国文化做参照系，希尔流露出身为欧洲白人的优越感。

最后，他描述运城是老镇与新镇、城镇与村庄的合成体。新镇逐渐向外延伸，城镇逐渐吞噬、取代村庄。悠久的历史强烈地吸引着希尔探究本土乡下人的生活，因为他认为这里是“真正中国”的当代缩影。“令我印象深刻的是中国是一个对比悬殊的国家，它的乡村广阔空旷到处是尘土，偶尔点缀着归家农民的身影，而城市则拥挤不堪，甚至不踩到别人就无法移动一般。”（147）新与旧、农村与城市诸多特点融合在一起，令运城兼有历史和现代的特色。老镇俨然是一幅农业中国贫穷落后的残败景象：“老镇成为现代城镇的贫困边区，路面未铺柏油，就像路两边拥挤的泥砖建成的单层房屋的颜色，到处是黄褐色。这里没有水泥马路或楼群，只有传统的房子，所有的门和窗朝向院子，一扇大木门隔开外人进入……没有霓虹灯饰和炫目的彩灯。老镇没有现代规划，只有细窄而零乱的街道网络。”（9）相比之下新镇以楼群为标志，呈现出向工业化迈进的特点。向外成片扩展，侵蚀古老的村庄，代之以低矮密集的楼群。整座城镇似乎失去了脉搏和生命活力。新镇的楼群大多以工作单位为主，包括学校、商店、办公楼等混凝土方盒子。它们“高而细，矮而蹲，呈立体锯形般的建筑排列在路面上，这是一个直角构成的城市”（13）。他哀叹中国城镇的发展完全不同于想象中充满古风雅韵的“塔寺—竹子—园林式中国”（36）。巨大的落差令希尔失望：“我认为中国的城市令人非常失望。几乎没有了古老建筑，不是吗？除了一些政府占有并指出‘为旅游保留’的外，其他的都被破坏了，取而代之以高楼大厦。”（36）可以说，希尔这些话语中透露着想象与中国当代现状的巨大反差，这凸显了西方人认识和想象中国的博物馆模式。一方面，希尔在享受“看”所带来的权力；另一方面在以西方价值标注评断现代化进程中中国城镇的发展，昭示了作者作为西方人的中心地位和知识话语的可靠性，以飨西方读者。

无论在运城的农村还是城镇，希尔都产生了被注视的厌恶感。由于希尔是改革开放后第一批进入中国的外籍教师，因而他走在路上或在商场买菜时成为人们注意的焦点。这种因被注视所丧失的权力令他感到不安和反感。他这样描述中国人对他好奇注视的眼神：“每当我们打开前门，住在对面的女士总会出现，在清扫门阶或往楼梯井倾倒垃圾。她会诡异地用眼角偷看我们的一举一动，或观察出入的人，还有我们和谁来往。”（20）有时他感觉自己在中国人眼中像怪物：“我在骑车，一个老人骑车赶上了我，他的下颚惊奇地张开了。我们继续一路骑行了一段，他一直在我的身边……他没有合上嘴巴，也没有眨一下眼睛，看起来似乎刚巧遇见了他逝去已久的祖父一般……像一个白痴。”（21）这种戏剧性的记录在《黄河》中不止一次，被注视对希尔而言似乎在威胁和瓦解其欧洲文人稳固的主体性，令其不安和焦虑。“我们在运城待得越久，有家的感觉，就越为这种仿佛驱逐性的行为感到愤怒和受伤，尽管大部分是相对没有恶意的。”（22）

90年代的中国正处于改革开放后的现代化进程中，在城市化冲击下，由旧迈向新，由贫穷迈向小康。街道楼群出现，市场活跃，物质丰富，人们的生活水平日益提高。然而，养尊处优的英国小伙子希尔很难看到和认识到处于现代化变动中的中国城镇的人们在生活和观念上的扭转，在他的笔下，山西运城是处在变革中的、已失去古老魅力、文化底蕴和往日辉煌的运城，一个混乱无序的工业化的运城。这与西方思潮自马克思以来一直对资本主义社会的工业化批判有关，希尔也不例外。

二 当代市场经济下的城镇知识分子

在《黄河》中，作为运城师范学院外籍教师的希尔详细记录了旅居运城的生活。书中大量篇幅都在描写他所了解的以运城知识分子为主的当代中国，向英语世界传递他所接触的中国文化和中国知识分子现状，却很少提到他在中国的主要任务，即其教学方法和教学投入。他沐浴在运城师生的热情款待中，吃饭做客，野外郊游，打太极拳，欣赏好莱坞电影，卡拉OK，游泳；与此同时，希尔在倾听、观察、理解、判断、记录他们的个人身世与历史变迁，对他们细致入微的描写无疑在满足自1989年以来西方世界对中国知识阶层的好奇心。他所了解和传递的市场经济中的运城师生是挣扎在苦难历史和变革现实中的群体，但我们知道这种对中国政治和经济的评判是以西方视野和价值观为参照，体现了东方主义的知识话语。

首先，细心的读者不难发现希尔笔下运城师范学院的外语教师和学生具有原型化特点。在与中国师生交往中，他无不是以西方人优越自居，居高临下地审视和判断。如中国学生千篇一律地重复古老文明的自豪感和国家现代化未来的信心，对日本人的同仇敌忾，重复提问同样的问题等。这种齐整归一的言论在作者看来，不仅中国师生没有思想深度，而且中国社会缺乏自由。他甚至质疑中国教育对人性的束缚。“每个人似乎对过去、现在和未来有着同样观点——非天真即失真。对政府和社会没有任何谣言与异议。”（74）不难看出，希尔在以西方价值观评判中国学生和社会。如丹尼斯·德·胡智满（Rougemont）在分析西方人的个性特点时指出：“西方人总能深入，超越自然的限定能力，超越祖先固定的传统，甚至超越自己，这就是冒险精神！”①正是这种西方人的冒险精神和质疑能力推动了西方现代化进程，作为一个西方人希尔无疑在以这种欧洲种族优越感审视中国学生的个性。

希尔西方文化的优越感在与中国教师的接触中油然而生，他不断地进行种族分类和比较。其实，在运城的一些教师不无才华和专业能力。有的是中国改革开放后较早踏出国门的公派教师，有的著书介绍语法，不仅学识优秀而且秉承着中华民族文化的优秀本性。但是母语是英语不仅是希尔语言教学的优势，也是文化上的自豪。当他得知一些教师曾受世界银行贷款资助到加拿大、美国和英国等国家进修，而且由于当时人们的生活条件与西方国家相差悬殊，一些教师在国外尽量节省或者打工赚钱，而很少四处旅游，有的在母亲召唤下回国尽孝。这令希尔无法理解，感到很惊讶。与他们不同，希尔有VSO强大经济资助而且认为自己来中国是为了了解中国，他的优越感更是油然而生。通过这些教师在国外的经历，他领悟的不是中国的孝道美德，而是西方国家的吸引力：“随着我后来越了解中国，我越对其中的原因感到吃惊。正如对一些人而言，在中国居住一天相当于在荒野中生存四十天，那么到西方国家对中国人简直是梦想成真。自由、自主权、金钱和科技如鸡尾酒般强而有力，这些对一种过惯死板生活的人而言实在太有吸引力了。”（34）在他看来，中国人到了西方就等于到了天堂。

其次，在《黄河》中希尔与运城师生的交往带有猎奇求异心理，尤其对中国的政治或文化。与很多西方人一样，希尔无论在课堂上，还是生活中，都更想了解中国现状中的具有争议性话题，“很长时间，我非常小心地谈起这些话题，直到我获得他们信任，直到我确信不会招来麻烦”（86）。这些议题诸如社会主义市场经济、“文化大革命”、弑婴、独生子女政策、西藏、天安门广场事件等，“因为这些看起来是现代中国面临的

① D. de Rosemont, *The Meaning of Europe*, London: Sidgwick & Jackson, 1963, p. 25.

重大问题”（86）。因此在与学校师生交往中，像深喉、宋江等另类教师能触及这些问题而且能提供详细信息时，更能满足他的当代中国知识猎奇愿望，与中国主流不同的异质声音更能激起他的兴趣。对于主流趋同的信息，他认为要么显露着政治漠视，要么体现着中国人的好面子，“中国人不像西方人普遍关注揭露和讨论国家、社会或个人问题，尤其对外国人更是如此。因为那会丢国家的脸”（95）。随着时间的推移，希尔对运城城镇了解得越多，文化异装装扮下的西方特质越加显露，对中国文化的判断和谴责越加明显，竟然对改革浪潮中前进中的中国做出如此判断：“我想告诉他们我觉得中国已经停滞了。他们所谓以身为中国人而自豪之类的话是经过思想灌输的。”（98）

文化异装不仅令希尔走近中国文化，以一个熟知者的口吻向英语世界书写中国文化，还令希尔体味到游离西方文化之外的不安感。希尔在接受访谈时坦言，明恩溥所描绘的“令人难懂”的中国人已成过去，自己书写中国是为西方人呈现真正的中国。但是在《黄河》中希尔却同样堕入俗套。在描述运城师范学院外语系吴主任、外办曹老师、女老师和学生时，他借一个美国朋友之口表达无法理解中国和中国人的性格。“她发现无法进入中国，无法理解这块土地给外来人展示的幸福表面下所隐藏的真正内涵。这仿佛是玛丽·宝宾斯般的乐园，在这里我们的中国人和善、礼貌而又美丽。”（73）希尔自己也对此表示同意。“日常生活让我坚信一点——与人们熟悉和友好并没有带我进入隐秘的世界，如性、毒品和摇滚乐。”（74）一次课上，希尔给学生放映一部西方电影，在放映过程中的裸露镜头令几个学生从教室中站起来走了出去。在他看来只不过是“自然和娱乐镜头，只不过偶尔有臀部和男性生殖器的闪现，但是他们表现得非常不高兴”（73）。这令希尔感到一种无声的道德控诉，惊恐万分。随着在中国居住时间的延长，当观看到好莱坞电影中的暴力与性的镜头时，他感到一种强烈的西方文化疏离感并为之担忧：

> 现在我处于那个文化之外，我发现自己与我家乡的朋友和家人并不享有相同的信仰，我不是他们居住世界的一员，我所看到的——性、暴力、金钱、欲望——似乎都那么错误。我现在对从前曾经喜爱的电影有了截然不同的看法，这一点令我担忧。我在成为中国人吗？还是我对西方形成了新的视野？前者意味着对个性和个人自由的约

束，后者是以牺牲社会为代价。(73)

欧洲人的种族优越感受到中国文化的威胁，希尔害怕被中国文化同化。成为中国人的焦虑袭扰着希尔欧洲作家的主体地位。他认为中国学生很不成熟，“虽然他们已经超过十八岁，他们的生活受儒家伦理所左右……古老的清规戒律仍潜伏在共产党的意识形态中”(73)。不难看出，希尔在用西方观察视角和价值评判中国学生。“他们的抱负和欲望在哪里?”(74) 他眼中的中国学生缺乏活力、信念或目的。因此除了几个人外，他与中国人的友谊完全如出一辙。但当被学生问到“为什么英国人那么好斗?”(93) 这个问题时，希尔的反应俨然是位帝国代言人。“难道帝国所做的不是为了帮助世界其他民族达到我们西方文明水平的仁慈事业吗？难道他们不是白种人的负担?”(93)

文化异装的内里是希尔强烈的西方文化主体意识，这决定了希尔并没有文化开放和平等的观念，而只是中国文化的书写者。这在与运城师生交往中明显体现。改革开放的步伐刚刚进入内陆城市不久，希尔是他们见到的为数不多的外籍教师，学生和当地人热情好客，同时不放过跟希尔学习英语的机会。希尔一方面体验到优越感，另一方面认为是一种负担和打扰，“晁夏是一个有趣的学生，经常利用各种借口来锻炼英语表达，我们也试图用尽所有理由赶走她，却很难让她离开。事实上她已然成为一件熟悉的家具，我们开始对她友善，如果一两天她不来拜访反而想念她”(100)。他甚至觉得关在自己屋子里面更有安全感。“远离所有这些就是巨大的安慰。将前门关上，我们将自己与中国隔离，缓冲一下，但来自楼下的沉闷声音——喊叫声或敲门声还是侵扰着我们。直到我打开电视机，隔绝才真正开始……”

在所有的学生中，他唯一用了大量笔触描述的是与一个名叫大愚或戴玉的女孩子交往。大愚教他们包饺子，带他们去回族饭店、迪斯科舞厅、剧院，介绍他们认识资深记者女士等，究其原因，希尔认为这种友谊出于“大愚越来越看起来是她所属社会的不幸者，这样很自然地来投靠我们，因此我们一道成为当地团体的局外人”(124)。希尔所说的不幸只是因为大愚向往自由却只能独自一人在房间中跳舞。大愚的男朋友死于车祸，她在大学专业的选择上不是自己做主，而是由母亲替她做主。但是，希尔不无骄傲地称赞大愚是比赛中唯一一位非英语专业的获奖者，并认为与他们的交往有很大关系，“和我们在一起，她了解到对生活还有许多新思想和新方法，而不像我们其他学生，她很愿意尝试”（125）。这种西方人为东方人的救世主的思想充分昭示着希尔的东方主义态度。

面对中国学生的对婚姻态度，希尔的优越感不断加强。自己与这些中国大学生相比，非常独立和自由。与学生晁夏交往中，他了解到她懵懂之中的爱情和婚姻抉择需要依从家长的建议，他认为二十几岁的中国女子就像许多西方的十四五岁孩子一样感情不成熟。也就是说，身体迈向成熟的中国的二十岁左右大学生在感情抉择上滞后于西方同年龄学生，“在中国成熟似乎比其他的地方来得都晚”（104），而相比之下自己比他们仅年长两三岁，却已经跨越大洋，独立展开人生的新阶段。他不仅感到自身的优越，同时怀疑自己为何当初来中国，“对我来说放弃所有而来到中国是一大步，但我感到在这里比在英国还更接近我的家人。每周收到父母来信，比我在大学时还频繁。经常在晚上，这些信件给我提供信息、新闻和建议，带给我祝福。每封信我翻来覆去地读，直到可以背下来，用我心灵的眼睛追踪着他们的生活轨迹——他们过着我熟悉的生活，好奇为什么我会那么突然跳到一个新世界，我写给他们的信永远都无法充分说明这一切”（104）。这里透露出害怕失去欧洲文化身份的担心。在中国居住的时间越长，这种担心越加剧。在一个雨夜，他突然开始想家，“门外是一个幽深的中国，离家有数千英里之远”（151）。他的焦虑加深：“‘可恶的中国！典型的将糖放到牙膏中的国家，’有时我这样骂道，‘不能将事情安正常轨迹运转！……讨厌鬼！’”（116—117）

三 当代市场经济下的城镇习俗

众所周知，东西方两种文化属于两种文明，历史发展的脉络也不同，因而在习俗上相差很大。作为一个异国他乡的客人，贵在以包容接受、平和乐观的态度了解并接受文化间的差异，安然处之。然而希尔以西方向发展中国家进行资助的文化输出者和救助者身份出现在山西运城，在审视和探求当代现代化进程中的中国现实和中国文化时，不断地以西方的文化习俗为立足点，参照和比较中国习俗和风土人情，加以主观判断和贬低，甚至表现出厌恶之感，而且还将之与中国政治和教育弊端联系起来。他接触学生、老师、农民，以西方人的视角理解和介绍中国的民俗民风，在他笔下，中国文化中的诸多元素呈现出本质化与僵化，他所介绍的中国习俗和民风体现了西方知识分子对当代市场经济转型中的中国想象和判断，不能简单地理解为文化冲突，而是体现着新殖民主义时期的东方主义样态。

首先，在《黄河》中，希尔对中华民族的热情好客、乐善好施，有时理解成对个人权利的侵犯。“每种文化有其自身独特性，但是中国文化比任何文化更独特。”（47）这里希尔认为的独特性，事实上后来我们知道他隐含的是厌恶之情。在中国，对客人的友好表示是热情拜访，然而这在希尔看来是对隐私和权利的破坏：“我最初发现一个习俗，很难应对。一旦开门，似乎就相当于邀请人进屋一样。客人大步走进，不管受到还是没受到邀请。”（47）他甚至认为人们的频繁造访是脸皮厚的表现，“中国人是脸皮非常厚的客人，仿佛我们整晚就应该在那里应对。无论我们表现出多么厌烦，无论做了多少暗示，如果你不直接表达出来说‘对不起，你必须现在离开了’，客人很少会明白应该离开”（46）。另外，主动帮助他人是中国礼节。运城的外国人稀少，希尔受到运城师生的尊重和礼遇。比如接站时，同事热情地将希尔的行李包裹拿过来提，而这却让希尔极为不适。两年后离开运城时，希尔写道：“在中国第一次也是最后一次我真正在争抢中获胜，将我的包裹占为己有。”（256）如果说刚到中国希尔对人们的主动帮忙不适，是一种文化冲突，那么两年后希尔已经熟知中国礼节，这种不适仍然根深蒂固，视中国为他者，表现出对异族文化的摒弃。在一次与学生外出时，不赚钱的学生主动为他付费，这表达出来的尊重和友好也令他颇为不安，“但是即使我做好准备要很被动，我还是感到愤怒。买公园的票，我去付费，我的手被一个体型还不是我一半的女生粗鲁地挡回来，然后她为我付费”（223）。固守西方观念而判断和排斥中国礼节，这样的例子在《黄河》中可以说俯拾皆是，充分显示希尔以西方文化自居的优越感。

其次，文化异装的希尔在“看”与“被看”中表现出主体权利受威胁感的不安。高大、碧眼、魁梧的希尔无论走到何处都会受到人们目光的关注，他认为这是一种个人冒犯。人们在街上看到他会喊：“哈罗，老外，你好，再见，ABCDEF”等。希尔很在意人们的腔调：“不幸的是，他们使用的腔调仿佛在面对一只猴子似的。”（145）正如希尔所说，来中国之前他已经有所准备：“我是老外，我有什么问题吗？”（146）当他跟学生讲述这种事情时，认为是自己样子奇怪而遭到人们的嘲笑，学生向他解释这是一种礼貌，人们之所以笑是避免尴尬。希尔感到不能理解，而且也不愿理解。“我就此打住。我们可以相互不赞同，而且我不想挑出所谓的‘面子’琐事。”（146）这里透露的是一种文化排斥心理。他极尽能事地夸张这种被盯着看的烦恼，比如在动物园游玩时，他写道：“我非常同情动物，至少我没有像它们那样被人吹口哨、翘手指、敲笼子、扔石头，没有受到这种冷遇。”（156）还有一次，残疾艺术生邀请他参加画展，在这里他没有受到被盯着看的待遇，但是他写道：“在众多怪人堆里，我感到不舒服。”（157）

但是希尔有时也享受这种被人们礼遇和厚待。受邀来到学生的农村家中，他受到不仅是学生家长的热情款待，而且周围邻居老少都来围观、看热闹，“运城人在看我们时就够兴奋的，但是在这里，我们感到像刚刚发现村庄的探险者，人们因我们的到来而兴奋混乱，我们是他们看到的第一批外国人”（111）。在这样热闹的场面中，希尔的汉语受到人们称赞，他逐渐享受这种受重视的氛围，“仿佛我是名人一样，我享受着这种快乐”（111）。如果说希尔厌倦城市和城市里人们的目光，与许多外国作家一样，最吸引他的是中国农民。在和学生到农舍的路上，他们看到三个老农在闲适地拉家常，对身为外国人的他没有丝毫反应，这令他感到很是新鲜独特。“两个外国人在他们中间穿过，而他们都没有停止说话。似乎我们根本没到那里，我们在他们的小小世界中根本不存在一样。”（25）在厌倦了成为众矢之的被注视之感后，当真的没有成为注视的焦点时，作者反而有一种失去明星光环般的怅然若失感。由此可见，当希尔的西方自我受到巩固时，他很享受，而当作为西方的自我不稳固时，他感到是一种冒犯。

另外，中国人之间的亲密善良和孝道在他看来是缺乏私人空间。一次，中国学生带他路过村里的一户人家。学生走进这户人家，出来时换了一双舒适的鞋子。这在他看来无法想象：“我想象如果一个人没有敲门走进别人的房屋，要求借一双胶鞋，这在英国将会是什么反应。”（23）由此，希尔认为中国人缺乏个人主义观念。“在西方我们有许多句子以‘我……的权利’开头，如隐私权、宗教权、言论自由。但是中国人却持不同意见。生活中没有所谓的天赋人权理念。人们把自己的命运交给他人，他们并不像我们那样看重个人。”（158）其实，这正是中国人淳朴善良、宽大仁厚之处。还有一次，当得知同事几代同堂住在一个屋檐下，顺从传统的孝道，尽儿子的赡养义务时，他不禁开始用西方价值来衡量。他很难想象一个五十二岁的老人外语系吴主任仍和自己老母亲同檐，那么听从母亲的话，“中国人对私人空间的概念与西方人不同。他们并不像我们那样虔诚地维护自己的财物，喜爱独处的权利，在他们看来，我们对隐私的需求显得有些不合群”（24）。

此外，他将中国人热情谦让的礼节解释为使用“身体力量”，感到受辱。“对于一个西方人，陌生人即使身体接触都感到不适，别说使用身体力量有多么触目惊心。”（48）一次招待学生时，学生康洁热情地推让，“把手放在我肩膀上，轻柔而有力的推，把我推回座位。我非常震惊，无所适从，而他从我手中把碗拿开，放回到咖啡桌上”（48）。尽管中国学生的友好陪伴令他更多地了解运城城镇和农家生活，但从文化身份上，他更加认同一起来中国的西班牙人马里奥。“我告诉自己，这是一个新的国度，有着新的礼节。这些礼节对中国人适用，就像西方礼节对我适用一样。”（49）因此虽然他与马里奥国度不同，但是与住在周围的中国人相比，俩人共同的欧洲人文化认同感令他心理舒缓许多。相比之下，运城在他的眼中变得越来越暗淡。“每个物品都是灰色的。天空是灰色的，空气是灰色的，植物是灰色的，人们的表情也灰土般；所有颜色都掩盖在灰色的影子中……噢，上帝，不要在中国再多待一天。”（205）

在《黄河》中，希尔用西方人的礼节判断和排斥中国人的礼节习俗可谓不止这些。比如，中国人爱笑的习俗令他担忧自己的欧洲文化身份的丧失。他在乒乓球俱乐部得到少有的快乐体验。他这样描述和人一起运动的快乐：“祥和的静谧，除了球被来往击打的声音。”（81）但是当有人没有打到球，或者错过击打时，人们就爆发出阵阵笑声。作为西方人，他最初发觉这些善意的幽默令人尴尬；同时也无意间受影响加入笑声中。“我开始担心我已经中国化了，回到英国，我会因笑话别人的过失在道德上冒犯人。”（81）他还渲染当代中国的无序与拥挤：“在许多方面，中国和西方社会在社会组织规模上大相径庭。这可以从现代社会与根植于农耕传统的社会，如中国之间的差异加以解释……西方社会高度奉行个人主义，同时强调合作。这令我们不那么难以处事。我们如果不是高度有组织的话，那么就无法在现代社会生活。这就是社会竭力让我们感到我们是个人的原因。”（186）中国曾是有条理、有组织的社会，可是现在却与此美名不符。他甚至愤怒地咒骂：“可恶的中国！……每件事情都不对劲！无用的讨厌鬼……走开，你们这些可恨的中国佬！”（117）

正是源于这种文化排斥心理，他最后非常孤单寂寞，感叹在中国没有交到朋友：“我有一个遗憾，在这里我感到没有交到一生挚友。我受到许多礼遇，也给予我遇到的人很多。但是我没有感到交下一个真正亲密无间的朋友。可能我再待久些会……不，我想我再也不能久待了。”（256）在一个四季轮回即将结束的时候，希尔逐渐熟悉中国的习俗。他感慨道：“中国礼节繁琐复杂。其实，也没那么繁琐，只是像我这样的西方人，已经厌倦了每回都重复……”（199）希尔在运城自始至终处在了解与融入中国文化的欲望和失去欧洲白人文化的焦虑中。这种身份焦虑令他在虚构小说《饮梦茶馆》中将自己的西方人叙事声音隐去，披上中国文化异装，深入地想象和书写他理解的真正的中国知识。

总之，作为VSO派驻中国的外籍教师，旅居中国的外教希尔注定是短暂的过客，而希尔带着了解现代当下中国文化的目的，游离在中西两种文化之中，当他身处中国文化之中时，他能深切地体会中国文化，然而西方文化的希尔不时地跳出来判断、归类和对比。希尔眼中的中国犹如一个大市场。“现在的开放政策看起来是18世纪末期中国门户开放的翻版，那时腐败官员和外国商人联手勾结压榨中国工人。”（216）希尔认为中国实施的经济改革，建立起社会主义市场经济，这是换汤不换药的资本主义。“中国没有选择，只能放弃共产主义，东欧人民也放弃了共产主义，选择了资本主义。”（221）资本主义给人们带来更好的生活。对于中国的年轻人来说，政治改革是个死胡同。在《黄河》中希尔有意与无意间与被观察者保持距离感，将所接触的中国人的个性和态度本质化，对新奇、意想不到、无法解释的人和事物赋予异国情调，以使自己和西班牙同伴马里奥与中国人区别开来。这种突出差异的旅行书写呼应了现今全球化语境下殖民话语的一种策略，即旅行作家为减轻全球化造成的焦虑，通过报道其他国家、文化和人民，进而再生产占主导地位的西方文明，努力唤回帝国的稳定性。[①]

第三节 小说《饮梦茶馆》的“当代”中国构建

《饮梦茶馆》虽然是一部虚构小说，却有鲜明的写实性，很大程度上

① Debbe Lisle, *The Global Politics of Contemporary Travel Writing*, p. 3.

作家根据在中国湖南邵阳的体验写成。诚如希尔所言："我住在中国城镇将近五年，于是我开始收集素材准备写《饮梦茶馆》。"[①] 小说创作之初，希尔写道："那时我并没有这本书的真实感觉或者书中将要发生什么，除了我想按照一年的时间流程，总结我对当代中国的感受。我知道场景会设置在像我居住的那样的城镇，在那里共产主义时代的工厂都在关闭，年轻人纷纷涌向沿海地区的运动服工厂工作。"[②]《饮梦茶馆》是一部以同情而机敏的口吻讲述有着伟大文明历史却正处于动荡时期的国家之故事——怀着市场经济的理想，但不能或不愿放弃过去：如"文化大革命"的影响曾使一大部分人口失去教育的机会，如独生子女政策带来的灾难。它诙谐、离奇、感人地展现了另外一种生活方式。[③] 事实上，小说与他在中国遇到的人和事有着密切的渊源关系："我在中国认识一位老人，长着白发，声音轻缓，在20世纪30年代偏远的村庄里长大，那个地方只能乘船顺邵水河到达。20世纪30年代，他在教会学校受教育，现在能记住的词只有'阿里路亚'和'苹果'。毕业后他曾经加入共产党，为了统一中国参加革命，推翻残忍腐败的政府。七十二岁时他已经退休，通货膨胀吞噬着退休金，他在所住楼房小区后院侍弄一块小蔬菜地。"[④] 这位老人就是小说中塑造的老朱原型。

希尔在《饮梦茶馆》中对邵阳城镇的描写与在《黄河》中对山西运城的描写类似——现代化进程中的新旧思想交替、传统与现代共存、肮脏与混乱的城镇中国。故事人物取材也与《黄河》密不可分，聚焦当代中国知识分子的境遇。这与希尔在运城的经历不无联系。但是希尔感到仅以大学为中心所展示的中国和中国文化不足以满足其再现真实中国的欲望，"以教育为主的大学不是外国人观察中国社会主义市场经济影响的最佳地方，其实社会主义市场经济只不过听起来比无限制的资本主义好听些，但是我的大学教师同事似乎并不了解中国正在发生的变化，或者他们即使了解，也无法迎头赶上，成为勇者"[⑤]。在《饮梦茶馆》中，希尔展开想象的翅膀，采用第三人称全能视角，把英国作家身份隐藏到叙事声音后面，

---

① Justin Hill, http://www.justinhillauthor.com/Old_Zhu.htm.

② Ibid..

③ Ibid..

④ Ibid..

⑤ Justin Hill, *A Bend in the Yellow River*, p. 61.

犹如穿上了中国衣帽、有着中国人思维的“中国”作家，以了解中国城镇生活的口吻，向西方世界勾勒涂写处于社会主义市场经济体制改革中的“创伤”中国的生活画卷。小说借助湖南邵阳城镇第二火箭厂改制面临倒闭的事实，描述了三代人的个人和集体、历史与现实交错复杂的悲情命运。

男性异装癖者的欲望不是真的成为女性，而是享受穿上女性服装以参与、释放和扮演其对女性的想象和欲望。异装叙事赋予异装者显著有力的符号，得以穿梭在社会建构的两性差异之间，自由地发挥想象和欲望投射进行书写。穿上异装的目的不过是建造和巩固男性自我。毋庸置疑，文化异装叙事赋予作家或书写者建构异域文化的权威，将对异域文化投射的欲望和想象得以自由发挥，但是不要忘记其主体始终是西方文化主体，文化异装叙事的“中国”作家身份赋予书写者以合理书写的权力，在真实可信的书写表面下掩盖的是西方知识/权力。中国叙事中投射的却是西方作家个体和集体文化的欲望。在访谈中，希尔这样描述自己书写中国题材小说《饮梦茶馆》的目的：

> 将中国现实与我所读到的中国比较一下，我抑制不住冲动，要向西方展现一个最新的中国。在西方，人们谈到中国最常用的就是张戎的《鸿》和《毛》，它们几乎是每一个西方人来中国前必读或必随身携带的读物。来到中国后，我所阅读过的“苦难书”让我感到丧气。它们至少过时三十五年了，而西方人还以为那讲述的是真实的现代中国。我发现现代中国（1998）比张戎或者海外华裔笔下的中国更纷繁复杂，色彩斑斓。于是展现真实的中国成了《饮梦茶馆》的目的，尽管它是一部小说。①

因此，穿上文化异装的希尔讲述中国故事是本着展现当下“真实的中国”愿望，但是他描绘的中国并不能说是真实的中国，而是隐含着西方作家书写当代中国知识的欲望，昭示着书写中的西方文化权力。

细心的中国读者不难发现，尽管小说以独特而细腻的手法和别具匠心的人物刻画，描绘了融声音、色彩、历史与现实为一体的旖旎人生画卷，

① 摘自张喜华博士论文《超越东方主义：希尔中国题材作品的跨文化研究》，第123页。

展示了从毛泽东时代到邓小平时代老朱一家三代人的起伏命运，但小说中的人物不免呈现出扁平的原型化，缺乏人物的心理描写。整部作品就像一部好莱坞中国电影，镜头聚焦每个画面中的人物，垂暮的老朱、寻根的大山、迷茫的桃子和楼台起舞的范太太等，这种对当代中国的表现式而非剖析式解读与作家希尔的西方文化身份不可分。刻板原型化的中国人物和悲怆命运交织一处，展示了文化异装叙事下西方作家希尔的当代市场经济中国知识。希尔是在冷战结束后来到中国，西方世界对新中国成立到改革开放前的毛泽东时代兴趣浓厚而众说不一，但受媒体和一些华裔作家如张戎等所描绘的受难中国所影响，普遍论调认为那是一段悲怆的历史。希尔难免受冷战以来这种西方对中国的情感结构影响，在他的《饮梦茶馆》中，当代市场经济的中国铭刻着历史的记忆和创伤，现实中的人物充满着对现状的无奈和未来的迷惘。本节主要立足于希尔的文化异装叙事，揭示希尔的异装式文化书写呈现何种现代化进程中的城镇中国面貌，以老朱一家三代为主的当代中国人在历史与现实中的命运挣扎，以及小说中的创伤化中国习俗，剖析其异装叙事所隐含的东方化中国的话语机制。

一　当代市场经济下的“荒原”中国城镇

《饮梦茶馆》以 1997 年的邵阳城镇为背景。邵阳地处湖南省中部，资江与邵水交汇而过，因位于邵水之北而得名，史称“宝庆”，是一座具有两千五百多年历史的古城。早在春秋末期楚国大夫白公善在此筑城，称白公城。秦始皇统一中国，邵阳属长沙郡，东汉末属零陵郡。西汉初，始置昭陵县。“邵”字本为“昭”，因晋代避司马昭讳改为“邵”。南宋宝庆元年（1225），理宗赵昀登基，升邵州为宝庆府，宝庆之名始于此。邵阳境内山环水复，风光秀美，是一方文人荟集之地。“衣冠王化染，耕凿古风同。”邵阳“文明绵远，代有才人。唐代胡曾，工诗味史；车氏一家，才俊满门；清代魏源，倡师夷制夷之说；民国蔡锷，有护国倒袁之勋”。

人杰地灵、山水秀丽的邵阳在《饮梦茶馆》中呈现出现代化进程中的“荒原”景观——黯淡、停滞、拥挤、肮脏。如同《黄河》以春、夏、秋、冬一个周期为叙事时间展开故事情节，希尔围绕现代化进程中的创伤中国这一主题，续写处于现代化阵痛中深受文化贫瘠，道德沦丧，信仰缺失，因西方化而沦入“精神荒原”的中国和中国人。这无疑深化了西方自冷战以来东方化中国的话语传统。《爱尔兰独立报》评论道：“这个故事的背景在许多层面吸引人……这部精美的小说的中心是令人心碎的故事。故事发生在土黄色楼房和落魄的平常人生活中，栩栩如生。”[①] 这个背景就是处于发展中的邵阳，即阴郁笼罩、死亡临近、毫无活力的邵阳和邵阳第二火箭厂。

现代化经济改革中的邵阳在小说中处于历史与现代并存的断裂处，在市场经济冲击下承受着变革中的古老与现代的扭曲和剧痛，呈现被阉割的现代中国城镇面貌。“街道嘈杂混乱，很多人，很多轿车和摩托车，很多自行车和疯狂骑车者，很多叫卖者拥挤巷道，随地吐痰，到处是人和农民。”[②] 除了吵嚷的邵阳大街，整个城市充满的是老人、妇女、儿童和阴阳怪气男子。火车站人头攒动，站台拥挤着农民和下岗工人，他们怀揣着淘金之梦，外出打工挣钱，“他们坐着、躺着，火车一进站，人们一下子活跃起来，就像豆芽渴望阳光一样。他们将包裹紧紧夹在胳膊间，跑向火车……充满恐慌，害怕被落下，落到身后的村庄和城镇，那个时时刻刻静静地吞噬着生命的地方”（42）。城镇中年轻力壮、精力充沛的人纷纷涌向上海、广州等东南沿海城市实现梦想。“年轻人从来不会回到邵阳，甚至死都不回。这里对他们而言除了记忆什么都没有。”（4）甚至农民工也加入捞金大军，“他们受到充满小轿车和霓虹灯的现代世界诱惑而（在那里）迷茫和挣扎。（在那里）超市货架高高地叠放着他们永远买不起的奢侈品。他们无法返回村庄，无法控制薪水和利润吸毒般的诱惑。”小说借刚刚从深圳归来的知识分子大山之所见所思，抒发对当代中国农民的感慨，“他们的生活并不比旧朝代富裕，被剥削压迫。”（41）范太太叹息道：“阴和阳不协调，整个世界陷入泥潭。这就是邵阳真实状况。”（63）希尔将现代化变革中的城镇定格为匮乏的现代荒原景象。

大山描述邵阳的混乱变化：“邵阳变了。旧木房子已然消失，取而代之的是水泥楼房和霓虹灯饰。”（43）而新镇则是整个城市的中心，到处是霓虹灯，闪烁着天蓝色、翡绿色、深红色。T恤衫、牛仔裤、音像店、夜总会、歌厅酒店形成与老镇截然不同的现代画面。镇中心到处是农民和乞丐，出租车、阻塞的交通、无为的警察、拥挤的人群谱成一曲混乱的交

① 摘自 Justin Hill, *Drink and Dream Teahouse*, 附页。

② Justin Hill, *Drink and Dream Teahouse*, p. 34.

响曲，工业化造成的污染随处可见："……河水几年前就已不再流动；如今沉寂、停滞的长长河床里，树叶漂浮在河面上，塑料袋下沉的地方有灰色污点，绿色海藻的斑点在水面组成耀眼的浮渣。中间是一条渔船，系着看不见的网。"（109）"在城镇中心很难准确地找到地方，有很多建筑推倒、重建，几年后又推倒，每条街道看起来一模一样。不是陌生感令人隐约不适，而是错位感。"（43）老镇充满旧世界的残余，衰败、残破、停滞、贫困，弯弯曲曲的巷道里有兜售旧画、瓷器等古董的裹脚老妇，有出售 1949 年前后家里遗留完好古玩的老人和孩子，有实为妓院的饮梦茶馆，有刘蓓母亲住处。这里混杂着《中国日报》（*China Daily*），电视频道在闪烁，人流出出入入，演奏着古老历史与商业冲击下的混声，凸显了商业化对古老文化的冲击和影响。新镇和老镇是融工厂、夜总会、茶馆、北塔、东塔、谐贞寺、自由市场等为一体的一部工业化行进中的新旧共鸣交响曲。

这幅城镇画面的聚焦点是经济改革大潮中正在改制、即将倒闭的太空火箭二厂，与邵阳城市一样衰败残破，挣扎在新旧变动的历史断裂处。小说通过厂区拆除烘托人物难以接受现实的矛盾复杂心理。厂区由一排排低矮的灰色篷房组成，有舞厅、旧公社饭店和旧的新厂区。小说中它是历史记忆萦绕的地方。对老一代人李书记和老朱而言，太空火箭二厂不仅是工作之处，还是生命之所，与新中国成立后建设祖国家园的梦想记忆紧密相连。旧的新厂区始建于 1978 年，老朱与工友砖接砖、手把手垒起来的厂房，而今由四川民工拆除："看到农民拆除新区就像看到记忆闸门打开。他对过去和现在不再有把握，对未来更加茫然。"（32）严重污染的河流、即将推倒的厂房、纷纷下岗的职工，令视工厂为生命的老朱和李书记难以接受工厂倒闭的事实。李书记绝望之中上吊自杀，老朱在自家楼下种植蔬菜排愁解闷。曾经清澈的河流变得污秽不堪，"河水黑乎乎病恹恹，成片的水藻漫延河床，霜冻的冰块浮在河水上。墨黑的河水映照着工厂，河床两侧排列着树，片片油块如彩虹般多彩"（33）。从小在厂区宿舍长大的大山对邵阳除了记忆，已经没有什么值得留恋。"野草丛生，一弯枝条垂下红砖瓦房。彩色大字受岁月侵蚀笔画零落，还能依稀可见"（43）这里见证着工厂的历史和现在。大门右侧挂着"邵阳第二火箭厂"厂牌，左侧涂写着"努力建设四个现代化"口号，而横在上面的是英文七扭八歪的"欢迎招资引商"（We Wel Come Your in Vest Ment）字样。这里充满悲剧味道。另一个目击者是刘蓓，在多年后来到厂区家属楼，“刘蓓眺望母亲曾住的房子所在地。当然已经被推倒了，所有旧建筑都没有了，就像人都消失了一样”（215）。轰隆隆的推土机和日夜施工的工人在将厂房推倒重建。人们对工厂拆除后要建成什么众说不一，游泳池、保龄球场，还是别的什么，直到故事结尾也没有人知道。

在小说开头，作者将时间场景设置在一个冬天的传统中国节日元宵佳节。这是一个家人欢聚、宾客盈门的欢快节日，但小说中却充满了阴森悲剧色彩——一个沐浴在暮色中，鬼魂游荡的邵阳城。中国人通常相信十五的月亮十六圆，但是在小说中的十六却阴郁而黑暗，为小说定下悲剧基调：“两周以来，划破天空的爆竹声打破了笼罩着邵阳第二火箭厂的阴郁。昨晚是元宵节，满怀希望的恋人的心像蛾皮灯笼，仿佛上了钩的鱼在长杆一端挣扎跳跃。夜空中星河流动，烛光渐弱，午夜后的孤魂游荡街头，恐慌无助，寻求佳伴，但恐怕永难实现。”（1）希尔把时间设定在中国传统元宵节，而节日中的邵阳“阴郁”、如“上钩的鱼”般“挣扎”、“无助”，不仅旨在描绘出中国传统文化的真实感，而且烘托传统节日中的黑暗和鬼魂气氛，不禁令人想到了托妮·莫里森《宠儿》中鬼魂萦绕的124号房和康拉德《黑暗之心》中描述的黑暗的非洲。不难看出作者为铺陈小说中怨气冲天的李书记上吊自杀、恨情填膺的范太太楼台吟唱、忍气吞声的老朱走向死亡等定下文化色彩浓厚的悲情基调。

小说讲述了发生在邵阳的春、夏、秋、冬一个四季轮回的故事，作者在描写混乱无序的邵阳同时，巧妙地运用天气描写烘托邵阳的阴郁悲剧色彩，情节的起伏和人物内心的变化。如李书记在寒冷的冬季上吊自杀后，暴雨天和白雪天接连不断，仿佛整个邵阳城都笼罩在死亡气氛中一样：“那晚，在东部天边升起暗淡的月亮，之后暴风云席卷而来。厚厚沉沉的云萦绕在工厂上空，然后下起雨。最初雨点大声地落下，敲打着窗栏。逐渐雨声伴随雷声急剧起来，仿佛十五天前春节庆贺的爆竹声响。”（13）李书记之死伴随着树上的枯叶悲剧般凋零落下，令老朱神伤，“老朱感到冷在骨头里，他僵直地爬出柔软的床褥，发现一夜间所有树叶已经凋落”（15）。他感叹曾经与李书记一起奋斗的一生，感到彻骨寒冷：“又一股冰冷寒风摇动树枝，老朱叹了口长气，开始将数不清的湿叶耙扫到路边。”（16）作者不仅用老朱的神伤烘托悲剧氛围，而且整个城市具有悲剧色调：“邵阳夜晚的天边，普洁寺一盏佛灯在燃烧，从远处看，就像一个白色亮点，但是在亮点下面，一个和尚在为李书记的灵魂吟唱莲花经，散发着死亡的气味。”（26）整部小说，邵阳城仿佛多数时间都是在下雨，“……这个地方总是这样。冬天下雨，夏天下雨，好像生活在尿壶中一样。”（59）

小说以李书记戏剧性自杀开头，以老朱默默死去结尾，中间穿插着美好的天气描写也旨在映衬人物的心情。如大山在春天归乡，大山的回家为老朱夫妇带来春天般温暖：“紫藤花沉甸甸坠在树梢，午后的蝴蝶在阳光中翩翩起舞。这是个美丽而温暖的日子，他曾经离开这里，从没想过回来。”（39）另外，在小说中几次描写大雁在空中飞翔的意象，地下一边是大山仰望，“大雁低低地飞过城镇，飞向西。大山听见他们彼此呼唤……”（76）；另一边是刘蓓和儿子小龙，“在老镇，一个母亲和儿子看着大雁飞过，低低地掠过高高干干的草，留下一道轨迹……”（77）仿佛大雁连接着他们无常的命运。

作者从视觉上呈现邵阳的阴郁基调，还从听觉、嗅觉上进一步渲染邵阳的悲怆色彩。整部小说贯穿着范太太清晨的厂区宿舍楼台的京剧唱声，哀婉萦绕。唱者心中凄楚，唤起不同听者内心的悲怆。如开头部分：“小尼姑年方二八，正青春被削了头发。”“我时儿错，光阴过。”这勾起李书记对自己很小参加革命的回忆，“有谁人，孤凄似我？似这等，削发缘何？”李书记不禁黯然神伤，联想到如今工厂改制，仿佛自己一生的奋斗是枉然，这种别具匠心的安排紧扣人物内心变化。这段经典唱腔来自《思凡》，讲述的是赵氏女子从小被父母舍入尼姑庵，消去烦恼净身修炼，及至情窦初开，悔入空门的故事。京戏唱腔贯穿小说，始终不绝于耳，“寂寥的唱词飘过灰色石灰房子上空，绕着邵阳第二火箭厂波纹状铁皮屋顶，穿过东塔和北塔、长满竹子和松树北风呼啸的山坡”（3）。从声音上增添了小说凄冷悲楚的氛围。小说结尾则设置了范太太的女儿桃子在夜晚阳台长绸拂袖，翩翩起舞，女从母愿地唱起京剧，“她身着红袍，上面弯曲地盘踞着蓝绿和亮绿两色相映的凤凰图案……”（343）仿佛在暗示着桃子是范太太不幸命运的延续。

在嗅觉上，作者更是以老朱在风中清扫落叶贯穿始终，凸显一种陈旧破败的氛围。老朱在冷风中把落叶清扫成堆，令人“……能闻到空气中老朱燃烧落叶的味道”（5）。落叶隐喻的是残败萧瑟，加上暮齿之年的老朱，与落叶形成了衬托，空气中落叶烧焦的味道、空寂唱词的声音把邵阳城的凄凉、破灭推上了极致。小说中一幅经济大潮中受历史记忆萦绕，却陷于无奈现实和暗淡未来的中国城镇荒原般图景昭然若彰。

二 当代市场经济下的“创伤”中国人

人物是整部小说的中心，原型来自希尔在湖南邵阳的生活。希尔在个人网页一篇题为《老朱与茶馆》的文章中记述了令他印象深刻的老朱和他孙子的生活：“这一家两代人相隔六十年，而这六十年历经了20世纪的动荡岁月：日本入侵、解放战争、大饥荒、‘文化大革命’、经济改革。正是为了捕获当代中国状况，我创作《饮梦茶馆》这部小说。”① 《饮梦茶馆》反映了当代中国普通百姓民生。在小说中，希尔进入中国文化内部，将人物的个人命运与历史和政治事件交织在一起，描绘了史诗般的中国式生活：“我想让《饮梦茶馆》令人感觉就像中国人自己写的。我在创作时，感到我的中国朋友会读这本书，如果我没能真实地刻画他们，他们会很快地提出批评。”②

即使中国读者在阅读《饮梦茶馆》时，也不得不佩服希尔展现人物命运独具匠心的手法。他将在《黄河》中一个英国外籍教师身份所接触和理解的中国文化习俗精心地融合到小说创作中，令小说具有浓厚的中国文化色彩，如中国人对家和孝道的重视（大山归乡）、中国父母对子女事业婚姻的态度（桃子婚嫁）、推让礼节等。难能可贵的是西方作者希尔在小说中躲到叙事背后，以其独到的理解和别致的安排掌控小说中国人物的命运和情感，宛如魔术大师控制手中形式各异的木偶，栩栩如生地将当代经济改革大潮中的中国人命运娓娓道来。然而细心的读者不难发现，虽然希尔本着修正西方华裔作家笔下所传递的“苦难”中国的初衷，向西方介绍当代的异质中国，他笔下的中国虽然具有浓厚的中国文化色彩，但仍然沿袭了“苦难”中国的话语传统。与张戎的《鸿：中国三代女人的故事》相似，小说通过老朱、大山、小龙三代典型人物昭示的创伤命运，编织了一幅“精神荒原”中国图卷。这一部分将分析希尔如何以文化异装叙事形式阐释当代中国城镇的“创伤”中国人。

“创伤”是一个心理学术语，现在被广泛应用于文化研究中。弗洛伊德在《超越快乐原则》中分析了战争导致的创伤症候。第一次世界大战

① Justin Hill, “Old Zhu and the Teahouse,” http://www.justinhillauthor.com/Old_Zhu.htm.

② Ibid.

期间，前线士兵目睹并亲身经历了战争的惨烈。死亡、屠杀、伤残的场景不断地回返到这些战争受害者的记忆中，像梦魇一样困扰着他们。他认为，人受到灾难性打击后，大脑皮层保护神经组织无法承受刺激，将其压抑到自我的无意识部分。灾难性事件造成的创伤症候通常滞后，它以难以控制的幻觉形式重复出现这种方式进入前意识或自我之中。① 在《摩西与一神教》中，弗氏进一步举证创伤与历史事实、政治事件密不可分的关系。凯西·卡露丝在《无名的体验：创伤、叙事与历史》中指出创伤具有重复特征："是对一个或几个重要事件的反应，时间上通常滞后，表现为重复、幻想、梦幻或事件促成的思想和行为等形式。"② 在《饮梦茶馆》中，希尔以西方人对中国历史文化事件的理解和价值预设，建构了当代在市场经济下被创伤历史萦绕如梦魇般的生活画卷。希尔笔下的中国仿佛工业化时代的西方社会的再版。伴随现代性，人们变得异化、空虚、无助，生活在历史与现实的断裂处。

首先，重蹈华裔作家旧辙，小说塑造了毛泽东时代的典型创伤人物老朱。老朱出生在1924年，他的一生见证着20世纪中国历史上的重大事件。老朱很小就扛枪打仗，先后参加抗击日寇的战争和打倒国民党的解放战争。他与新中国一起成长，满腔热情地将火箭二厂视为家园般投身建设。但是到了90年代，随着工厂的改制，公有制经济向非公有制经济过渡时，老朱曾经理解的社会主义过去与现实社会变化反差巨大，他骤然间感到茫然与不解。小说中，老朱在厂区家属楼前清扫落叶和在七号楼后种植蔬菜成为刻画老朱人物的母题意象，影射了以老朱和李书记为代表的建设新中国那代人对当代社会经济体制改革的不解和孤独无助。落叶象征着老朱和李书记那代人在新时代面前的命运，仿若秋冬的落叶衰败而老化，即将落入历史的尘埃。小说以李书记与正在清扫落叶的老朱对话和李书记戏剧性的上吊自杀开始，以病入膏肓的老朱床榻前叮嘱老伴要替他清扫落叶和老朱悄然离世结尾。与清扫落叶相对的是老朱在楼后种植，这个母题意象一方面影射他以种植蔬菜逃避变化的现实世界，以陶渊明式遁世情怀为自己寻找心灵出路；另一方面影射着他内心对与现代化的抵抗，不像每

---

① Sigmund Freud, *Beyond the Pleasure Principle*, trans. & ed. James Strachey, New York: W. W. Norton & Company, 1961, Inc, pp. 11 – 13.

② Cathy Caruth, *Unclaimed Experience*: *Trauma*, *Narrative*, *and History*, Baltimore: the Johns Hopkins UP, 1996, p. 4.

天的破坏和拆毁，老朱要像当年创建工厂一样开创绿色的充满生机的世界。种上种子，看着他们成长，“这是年轻人永远不会懂的事，他们所做的就是拆除建筑，建旅馆和游泳池”（261）。

对老朱而言，过去岁月虽然与梦想、希望、建设紧连，但是这种记忆不无苦涩和挣扎。老朱与邵阳第二火箭厂一样见证着中国历史，尤其是“文化大革命”给人带来的创伤，犹如幽灵般萦绕着现在生活，伴随着毁坏，让人看不到未来。老朱无论怎样试图忘掉过去，过去总是涌现。1949年毛主席建立新中国的记忆，与李书记一起满腔热情建设工厂、改造旧社会妓女的记忆，与李书记一起被关押在牛棚挨批斗的记忆，深深印刻在记忆的长河中无法逝去。他试图忘记家谱、忘记清明节的意义。面临国有企业改制，李书记无法理解和接受邵阳火箭二厂倒闭的事实，失望与绝望之下自缢而亡。他的上吊自杀和李书记妻子秋云的无声出走，敲响了老朱的心理警钟，加重了老朱的创伤心理。他不顾妻子埋怨，执意将李书记的骨灰盒放在屋子的壁橱里，仿佛珍藏过去的记忆，“……发生了什么？……我们大家到底发生了什么?”（32）老朱绕着工厂厂区散步。他走到工厂新街，一组农民工在拆毁施工。“老朱记起1978年修建新区……看着农民在拆毁新区，就像看到自己的过去重现。他对过去和现在不再抱有信心，对未来更加茫然不知。”（32）“过去就是这些：如寒风刺骨，如山脉重重，事件连连：像秋云剃发为尼，像李书记上吊自杀。”（183）老朱无法理解为之奋斗一生的社会主义工厂的变化，就像难以理解“文化大革命”时公社饭店的奢侈豪华一样，“人们每天为日常生活疲于奔命：到市场买菜、到朋友家打牌、观雪、到自留地考虑为下一年种植的蔬菜；但是这一切那么不真实”（29）。老朱仿佛置身于一个无法接受的日新月异的变化世界。而他感叹：“过去感觉比现在更加当下此在，比未来更加真实。这令他担心。花白头发，苍白的面庞，他感到死亡的畏惧。”（112）他将儿子大山从深圳召回，在亲情中体味温暖，度过余生，发出感叹：“生命就是一条奔流不息的河流，不要干涸。”（49）在小说结尾处的冬天，在临终的床榻前，他才向儿子大山讲述了自己的苦涩人生：

> 我出生在东口一个小镇，是家里三个孩子中最小的。母亲在我五岁时就过世了。我从没见过父亲……他吸食鸦片，即使他在家，也仿佛身在别处。一年比一年糟。那些悲惨的岁月，悲惨的岁月……就是

解放前的日子。我们改变了那一切。无论我们做错了什么，中国是好地方……（322）

萧瑟冷秋中百年女尸出土，把老朱试图忘却的记忆重新唤回。垂暮的老朱想起了祖宗。女尸掩埋处可能就是老朱家族坟场所在地。“所有发生的不幸正是因为祖先对他的诅咒。”（320）怀着不解和无奈，老朱在冬天死去。

其次，希尔在《饮梦茶馆》中弥补了在《黄河》中无法细致地刻画市场经济的中国的遗憾，塑造了商人知识分子大山的形象。大山不仅是知识分子，而且是下海淘到一桶金的商人，是社会主义市场经济中成功的商人。大山遵从父亲意愿从深圳回到邵阳，填补了老朱内心的空寂，但是两代人之间价值观在许多方面明显不同。最明显的两代人之间的冲突体现在大山带父母到镇上最豪华的酒店消费一幕。老朱夫妇如同刘姥姥进了大观园一般，进了一个陌生的现代化消费世界。在这家“‘文化大革命’公社酒店”里，服务员是农民装扮，墙上是毛泽东画像和毛主席诗词，播放的是《东方红歌曲》。这些似曾相识的历史记忆与现代消费形成了鲜明的戏仿和嘲弄。受现代消费观念洗染的大山为让母亲享受菜品，将酒店老板请来，询问菜品味道，夸张地点最昂贵的菜。面对琳琅满目的酒菜，六神无主的老朱感到世界变化得不再熟识，在这金钱万能价值观下为有钱的儿子的能力而感到骄傲，感叹道：“孝乃文明之源。”（58）在老朱看来，儿子是“资产阶级分子”或者“资本家”，比反革命还不幸。对此，大山给出的理由是“致富光荣”（58）。作者在此有意突出社会主义市场经济下两代人的差距。

大山是典型的创伤知识分子原型。他的创伤来自“文化大革命”和1989 年的天安门事件，这明显承继了西方以张戎为代表的华裔小说传统。大山的回乡伴随着很多不堪回首的往事记忆，回家令他感到寒冷。如小说所描绘：“大山在报复似的寒风中战栗，他回家了。”（42）“回家让他感到胃里冰冷。他努力埋葬过去，让它在苔藓冷层下腐烂，但是在安静的时候，记忆碎片重返脑海。在枯燥湿润的日子里，他仍能听到鬼魂在歌唱。”（40）这种记忆碎片就是“文化大革命”带给他心灵的创伤。

与老朱体验的“文化大革命”苦痛不同，大山在孩童时代深刻地体验到心中父母缺失的痛苦。红小兵将他父母先后带走，家中被搜查和打砸后凌乱不堪，这对大山幼小心灵产生可怕的影响：“他跑到邻居家，第二天回到他自己的家，发现房门紧锁，门上贴着红色封条……他踮起脚尖，透过窗户向里看，只见零碎的家具、散乱的衣服，散落一地。他走在街上哭啊哭。……在那漫长的五年中，父母没有任何音讯。大山了解心中母亲只是母亲形状的空洞，父亲只是父亲形状的空洞，空洞那么巨大无比，足以吞噬整个世界。”（90—91）

空洞事实上就是缺失，亲情的缺失，而这种缺失影响是灾难性的，让成长中的大山苦不堪言，失望、孤独、失落等塞满了大山的心灵。

如果说“文化大革命”带给希尔笔下大山一代人的是亲情的缺失，那么1989年天安门事件则带给大山的是爱情的缺失。众所周知，1989年是世界历史上政治局势变动比较大的一年。在东欧许多社会主义国家，民众受到资本主义自由化思想的影响，纷纷举行示威游行，要求民主改革。这一年作为东西对抗标识的柏林墙倒塌，一个接一个的华沙条约组织成员国的政府开始摇摆并垮台，这些国家包括波兰、匈牙利、捷克斯洛伐克、保加利亚和东德。在中国，随着改革开放西方思想的涌入，80年代末社会上掀起一股资产阶级自由化思潮，宣传资产阶级的民主和自由。小说中的大山和刘蓓就是这个浪潮中的弄潮儿。大山当时在大学任教，刘蓓则刚刚走上教师岗位。怀着年轻人的梦想和救国家于危难之中的愿望，两个人加入示威游行队伍之中，大山为此受到通缉而逃到深圳。与华裔小说的“苦难”中国相似，希尔戏剧性地安排大山与女友刘蓓的命运受到天安门事件冲击的扭转性改变。大山出走经济特区创业，刘蓓失业而沦落风尘。这不难看出希尔秉承的欧洲媒体宣传对天安门事件的夸饰。

信奉毛泽东思想的老朱一代人难以接受经济体制改革和社会现代化，从而逃避现实，他们沉溺于过去的记忆和传统历史，在内心形成“秘穴”，难以愈合。那么，年轻一代的大山则经历了经济大潮洗礼，试图重拾传统文化，重写家谱，以唤回历史记忆，努力从过去的梦魇走出来。回到邵阳的大山穿梭于老镇中蜿蜒的小巷和混乱的房屋，收集传统文化宝物。“房间里堆积的器件，有的可以追溯到旧中国，甚至1949年以前。这些珍稀宝物和普通物品度过了饥饿贫穷时期和红卫兵破坏年代。”（84）大山如获至宝般捧回明朝陶瓷壶罐、清朝画卷《慈祥老者》。如果“文化大革命”洗劫下红卫兵的“打、砸、抢”破坏了传统文化，打碎了大山一代人的美好童年时光的话，老镇寻宝则暗示了大山恢复和沿袭中国传统文化的努力。

大山走出历史创伤还体现在他谱写家谱。家谱对于一个族群来说，是一部记录自己家族的活历史，一个个的家谱历史就是整个中国历史的重要部分。家谱在“文化大革命”中被认为是“四旧”之一，老朱在“文革”中像许多人一样烧掉家谱。老朱与大山两代人在寻根问祖上意见分歧，在他看来家谱毫无意义，“都是些无聊的信息——不会对任何人有帮助”(95)。而大山认为“……重要的是知道人从哪里来”(95)。大山奋笔疾书，重写朱家家谱，甚至邵阳史谱，他从母亲、父亲那里得来的祖祖辈辈的只言片语中重组记忆的缺失，写道：“上天创造每个人，大地都为他提供了一块墓地。我的祖先可以追溯到久远以前。我是他们中的一个，会延续他们走过的路。我唯一知道的是我的父亲。他是共产党的官员，我妈妈也是。到我这就断了。我有个孩子，是女儿，名字叫小花。她妈妈和我已经离婚，将没有儿子继续香火。”(76)大山把自己写的家谱邮给深圳的女儿，希望她跟自己一样记住历史和传统，在祖祖辈辈的轨迹上走出自己人生的精彩。

不仅重写家谱以愈合过去的伤痛，大山还试图以古老文化形式抚平现代伤痛，寻求心灵宁静。他到谐贞寺朝拜，享受远离尘世的喧嚣和独处的安静。庙堂中老妇吟唱《莲花经》，与灯红酒绿的繁杂现世形成对照。“……他闭上眼睛，努力想象没有过去和未来；他能听到的是两个老妇吟唱、打断、改正对方，然后敲打木鱼和翻页的声音。”(110)他甚至试图从传统节日中寻求精神寄托。可是清明节没人祭奠了，起码城市里的人不祭奠，受教育的人也不祭奠。“大山摇了摇头：即使他想祭奠，他也不能，因为他不知道如何做。”(111)小说中塑造的大山可以说是一个相对生动的人物。大山始终没能与刘蓓见面，而只是领回与刘蓓的爱情结晶小龙。这影射着刘蓓不仅是大山不堪回首往事的创伤，而且那个被历史抛入尘世的刘蓓将成为尘烟。大山通过在传统文化中寻根，书写家谱找回自己的身份。

另外，小说中还塑造了小龙和桃子“文化大革命”后出生的新生代，承受着父辈带给他们的创伤——爱的缺失。桃子生于1978年“文化大革命”结束后，成长于邓小平和江泽民两代领导人引领中国建设现代化时期。没能考上大学的她成为闺中待嫁女，但却生活在父辈的过去和现在所经受的苦痛中。桃子同情母亲，感到生活在无爱家庭的无助。在母亲范太太断断续续的讲述中品味父母婚姻的不幸，在父母每日的争吵中艰难度日。桃子成为母亲倾吐的对象，承担着母亲记忆的苦痛。“她给我讲述，她记得她所努力想要忘记的。”（126）阳台拂袖、唱腔不绝于耳的范太太的苦痛来自“文化大革命”带给她的不幸婚姻。在那个红色岁月中，与一个臭老九家庭出身的年轻人恋爱被红卫兵发现后，范太太被迫违心地承认是受奸污，结束了真挚的爱情，在“他爱我……他是爱我的”（328）喃喃自语中懊悔一生。范太太终日生活在悔恨中，每日从京剧唱词和表演中排解时代带给自己生活和婚姻的不幸。她希望女儿婚姻能不踏自己后尘。“你难道看不到这里发生的一切？——国家在倒退，工厂倒闭了，腐败，农民杀人、偷窃！你得远离这些，嫁给一个强壮、正直的人，而不是什么破工人。不要嫁像你父亲那样的赌棍，要嫁一个成功人士。”（157）为桃子物色一个成功人士成了她余生的心愿。

生活在父辈时代酿成的别扭婚姻中的桃子不仅背负着父辈的痛苦记忆，还面临着自己的情感真空与对未来的迷惘。桃子想逃离现实，正如桃子的汉语谐音，她试图“逃”离家和现实。“她跑着，边跑边抽泣着，为了她母亲和父亲流着泪水，更多的是为自己……过去就在她身后，等待将她囚禁，就像已经将她父母囚禁一样。”（104）生活在冷漠的家庭，孤独无依的桃子，寻求被爱、被呵护。开音像店的农民小伙子孙安喜欢她，在声声的“我爱你”中得到心灵慰藉。“她感到乏味，想要跟人说说话，而唯一能想到的人就是孙安。”（131）桃子曾经天真地希望成为农民，“我妈妈是地主阶级，爷爷是反革命，这让生活非常困难。还是非常小的时候，我就知道我们跟人家不一样，那些日子，我只想成为一个农民”（126）。孙安的农民身份和暗淡的未来注定两人这段恋情最后以悲剧收尾。在范太太警察哥哥的操纵下，孙安离开邵阳回到家乡，留下无止的伤痛。

希尔笔下的桃子是一位幼稚，不懂真正爱情为何物，更不用说勇于追求爱情的迷惘女性。这不免呼应了希尔在《黄河》认为中国当代女性不成熟、不懂性的论调。《饮梦茶馆》塑造的桃子一方面是不知情为何物的天真女性，而另一方面是中国文化中的顺从女。在母亲范太太的影响下，一方面渴望被爱，另一方面渴望找一个经济成功的男人做丈夫。于是，桃子在寻爱与排遣寂寞中徘徊失贞。而面对感情的伤痛，桃子仿效母亲，穿上京剧戏服，找寻精神寄托。

虽然小说对小龙的着墨不多，但却饶有意味。与桃子不同的是小龙出生在 1989 年之后，承受着父辈留给他的单亲之痛。小龙是大山和刘蓓爱情的结晶，从小跟母亲、姥姥一起生活的他从来不知父亲的长相。在刘蓓的姨妈眼中是个可怜的孩子，“杂种……一个没有父亲的孩子如何在这个世上混？不正常”（151）。她嘲笑刘蓓的妈妈：“你是个婊子，你的女儿是个婊子，你的外孙是个杂种。婊子、杂种、婊子。你无济于事……老天憎恨你们！”（152）刘蓓母亲是旧社会遗留的妓女，在新中国成立后经过老朱和李书记等改造，重新嫁人开始新生活。大山在结束深圳短暂的一段婚姻后，希望回乡找回年轻时的爱人，实现当年的愿望。

小龙在找回父亲大山后，却失去了母亲。在小说中，刘蓓到上海重新开始生活。“大山带着小龙走在身边，穿过大街，小龙一个手臂高高抬起抓着父亲的手。他的母亲总是说父亲会回来，他的父亲会带他放风筝。小龙努力回忆母亲的样子，他还记得她的味道和将他抱在怀中的感觉。当他的姥姥将妈妈的照片给他看时，他感觉好像不是同一个人。那不是他的妈妈。”（333）大山告诉小龙妈妈已经死去，带着不谙世事的小龙重走刘蓓曾经工作的地方“饮梦茶馆”，暗示着将小龙对妈妈的记忆创伤抚平。

小说的结尾，在经历了命运诸多变化后，大山和小龙坐在灯下，看到对面的楼台上桃子身着戏服，唱着京剧。《饮梦茶馆》中的女人秋云、老朱妻子、范太太、刘蓓和桃子等几代女人，有着不同程度的伤痛。老朱的妻子和秋云曾与她们的丈夫一同经历中国历史的起伏沧桑。正如秋云回忆的那样，“她和李书记曾努力工作建设新中国……国家现代化的梦想激励着他们，仿佛把他们嫁给了国家”（279）。与老朱和大山一样，她们在不同程度上承受“文化大革命”和 1989 年天安门事件遗留的苦痛。

三　市场经济下的中国“创伤”传统文化

希尔在《饮梦茶馆》中不仅完成了在《黄河》中难以实现的愿望——从山西运城师范学院的大学圈扩展到改制中的邵阳第二太空火箭厂——书写社会主义市场经济中的当代中国，而且淋漓尽致地将他的中国习俗知识插上想象的翅膀，不仅为《饮梦茶馆》增添吸引读者的异域情调，同时还突出创伤“市场”经济中国的主题。在《黄河》中，希尔受到山西运城师范学院的热情款待，使他开始了解中国民习俗文化，其中有一段话这样写道：“吴主任建议我们到农村看看，说他会告诉学生让他们带我们去。他提出许多类似承诺，但是似乎都没有付诸行动。幸运的是他还没有安排一个葬礼。”① 但很显然，在《黄河》中的文化空白得以在《饮梦茶馆》中充分展开。穿上文化异装的希尔用李书记的死亡与葬礼凸显老一代人对社会主义体制改革的不解，用工厂挖掘出的女尸揭示不同时代女性悲剧命运的连续性。一个出现在小说开头，另一个在小说结尾处，可以说是希尔的神来之笔。两者都与死亡相关，以死亡景象烘托出创伤市场经济中国他者的主题思想。

首先，在小说开头作者用大量笔墨渲染了李书记之死和死后的葬礼仪式。工厂倒闭令七十八岁的李书记感觉受到被抛弃般难以接受。“他们不能关闭工厂，他自言自语，至少不是这个工厂。”（5）李书记将自身性命系于工厂存亡，足可以见证他对工厂的热爱，但更重要的应该是工厂倒闭对李书记这代人意味着信念改变。李书记一代人见证了工厂建立和总理周恩来工厂发表鼓舞人心的讲话。三十年来，他们与工厂一起经历了中国历史变迁，如 1949 年以后对妓女改造、大跃进、“文化大革命”等。虽然几经起伏跌宕，但是他们内心始终坚守着发展社会主义这块净土。工厂倒闭令李书记想到了经济体制改革和对外开放所带来的工人下岗和官员腐败之风。这是“一个他们不再认识或理解的世界”（29）。作者为了突出戏剧性悲剧效果，设置了李书记在自家阳台悬挂大字报的情节，抒发李书记的不满，如“领导沉醉于腐败”、“神仙羡慕官员生活”等。老朱认为李书记一定是因不堪工厂倒闭而疯了，“他毕生献身祖国的建设事业，他是我们的一盏明灯……他一生都是模范党员”（8—9）。然而狂泄怨气之后，李书记在自家上吊结束生命。生命的最后一笔不啻对他一生的嘲笑和讽刺。

如果说李书记的自杀是一场讽刺剧，葬礼则更像是融声音和色彩为一道的极具夸张的闹剧，以狂欢化的祭奠和送葬进行。李书记祭奠灵棚的塑料颜色极具代表意义，呈现红、蓝、白三种颜色。“红色代表共产党，蓝色代表天，白色代表死亡、冬天的白雪和未涂写的纸。”（16）李书记的遗体身穿蓝色中山装，红布覆盖。整个葬礼上缭绕着香的味道，有红色的蜡烛、祭坛的供餐、黄色和白色花圈。外面雨声伴随着亲戚朋友唱卡拉

① Justin Hill, *The Bend of Yellow River*, p. 107.

OK 的声音，人们打麻将陪伴秋云和鼓舞秋云的说话声，以及录音机传来的部队歌曲声音。古老仪式和现代变奏融会一处，展现出在改革开放的经济大潮冲击下传统与现实混杂交织的画面。这一切似乎成为讥讽李书记自杀的咏叹调，烘托出中国市场经济中金钱至上的人性扭曲。

希尔采用戏仿手法渲染体现古老文化的葬礼仪式受到当代市场经济的冲击。首先表现在搭建灵棚的市场化。寒冷的雨水中，一架卡车驶来，五六个农民工下车开始动手用竹子、塑料布固定住后，询问老朱丧事是否需要隆重，“她有钱吗？”然后那人发出“这个糟糕城镇中每个人都失业”（17）的感慨，为庄严而悲伤的丧事仪式披上了金钱外衣。其次，表现在哭丧老妪的无情。守灵期间出现一小班哭丧的老妪，指手画脚、喋喋不休地谈论丧礼费用，惊叫“葬礼上点红蜡烛不吉利”（18），情急之下范太太塞给她们五元钱让她们离开，但是这些老妪仍然哭嚎，拒绝离开，直到最后狼吞虎咽地吃完残羹剩饭后才得意地离开。小说将葬礼的悲情性降低，突出了葬礼中的冷漠人性。最后，灵棚里每晚出现的疲惫乐队更为戏剧化，将沉闷的丧事与现代爱情歌曲、老人乐队与摩登女子歌手混杂一道，上演了商业化葬礼的变曲。为了赚钱，乐队“三个老人扛着扩音器和沉重的喇叭……她们后面跟着一个年轻女孩，穿着白色 T 恤上衣，蓝色牛仔裤……”（20）黑夜中，摩登歌手一曲连一曲地唱着港台流行歌曲和令人心碎的爱情歌曲，“女子动情地边唱边哭，黑黝黝的泪水从眼圈顺着脸颊流下，仿佛在唱着自己生命的悲伤，也可能是李书记之死触动了她的心灵”（21）。而最具戏剧性的是他们的演出是金钱驱使，这不能不令人怀疑金钱背后的人性。

李书记出殡一幕更呈现出传统仪式在当代的市场性混乱。出殡当天清晨，一切都出了差错，为混乱定下基调，“接乡下亲戚的卡车出现故障，他们坐拖拉机晚到了半个小时；一群受邀官员睡过了头；铜管乐队找不到了鼓手；一组重要上了年纪的亲戚拒绝乘坐出租车，执意走去。嘈杂而又混乱。秋云在寒风中颤抖，而吵闹的手机声和短信声响彻城镇”（22—23）。希尔描写了凌乱的出殡仪仗队，走在前面一个人举着旗帜，“上面列着李书记一生的事迹”（23）。接着是“五十位男性亲属扛着颜色各异的花圈，还有铜管乐队脚步错乱地边走边弹奏”（23）。人群看到身着白色孝服、被香灰弄脏脸庞的秋云，发出兴奋的唏嘘声，大家似乎对费用更加着迷，猜测由十六个人抬着的棺材的质量和价格。出殡仪仗队还有一群亲戚和朋友，“有的老朽而虚弱”。仪仗队中，“传统乐队在吹笛子、敲锣打鼓，三个和尚念叨《金刚经》，最后跟着一群孩子跑着、闹着，兴奋地尖叫”（23）。

出殡队伍造成交通阻塞，围观的人群好奇地询问死者的信息，愤怒的车辆司机猛按喇叭，大声叫嚷，而交通警察却躲起抽烟休息。希尔的描写并没有停止，一直延续到城镇的第四火葬场，与其他出殡队伍交汇一处。“乐队比着吹奏；悲痛的家属混杂在慌乱人群中；旗帜花圈交杂混成一片。”（24）火葬场的工作人员更是冷漠无情。这一切都成为希尔笔下经济社会中的中国丧事仪式。

其次，小说以李书记的死亡和葬礼开始，以女尸出土和老朱死亡结束。老朱成为两个事件的穿线人。老朱抱着李书记的骨灰盒回家，直到他染病而死，整部小说萦绕的是死亡。这不难看出希尔作为欧洲文化主体注视下的“创伤”中国城镇文化，把处在现代化改革过程的中国东方化的倾向。李书记面对现代化过程中火箭厂的倒闭，无法承受体制转型时期的现实上吊身亡，希尔把他塑造成坚信毛主席时代信条的历史代言人。同时火箭厂的建设和改造的历史和传统似乎成了现实的余毒。这隐喻在女尸出土呈现的不祥之兆中。“小区老人关上家门和窗户，以免鬼魂带来厄运；年轻人更加关注怪味。无论什么怪味，每个人穿上鞋子，赶忙去看。”（315—316）

希尔以女尸出土影射历史文化传统受到现代工业化的侵扰。中国一向以历史悠久的出土文物而闻名，比如陕西的兵马俑，记载的是文化上一段历史。希尔在将人物命运展露一番后，巧妙地设计了象征邵阳历史文化的女尸出土这一段插曲。工厂被推倒重建，在现代化的推土机轰鸣挖掘声中，发现一具神秘的女尸，“老朱妻子凑近看到白色长着杂草的东西……她看到死亡女子的脸”，发出“哦，天啊”（315）的惊呼。女尸出土带给人们震惊，有人认为这是一种不祥的征兆，因为死者的灵魂都不能得到安宁。希尔借助老朱妻子和大山的视角描述女尸：“……女尸的弱小身体……看起来像矮个女子。她头发在向上盘起，身着丝绸长袍，皮肤干瘪，长指甲黑黑的，头发在坟墓中长了许多，下巴上还长出了胡须，下颌开着，牙齿黑色。双脚裹足，没有男人的巴掌大，绝对的‘三寸金莲’。”（316）有人猜测是1950年接受改造而死于吸食鸦片的妓女，有人猜测是失踪的音像店男孩，有人猜测死于新中国成立前，等等。人们对女尸身份众说不一。但是，我们不难发现小说中对女尸的描述承载着西方人对中国女性的想象传统——裹足、鸦片、性和神秘。三寸金莲、丝绸长袍、头上盘髻、长长指甲、妓女身世的女尸重复着欧洲人视野中的中国古代女子的他者“原型”。而她在现代工厂倒闭和推土机的隆隆声中出现，体现着传统对现代的永不逝去的萦绕，创伤记忆的永在。

小说细致地描写老朱见证女尸的处理过程，将历史与现在凝结一处，暗示着生命的往复循环。老朱整个上午待在墓边看公共设施，办公室人员如何带走女尸，颇为戏剧性的是，女尸无论怎样都无法装进车子，后备箱和后座都装不下女尸，最后只能放在副驾驶的位置。在将女尸从棺材中抬出时，“一个黑色指甲抓住了一个女孩的手，令所有人不寒而栗，因为女孩声称老妇人的手移动了。每个人吓得倒退了一步，可能她曾受到诅咒!”（317）这个黑色指甲的老妇人指的是女尸，女尸仿佛复活般抓住女孩。这一幕可谓别具匠心。女尸出土发生在刘蓓刚刚离开邵阳时。女尸生前疑为妓女。离开与返回、现代与过去，仿佛一个轮回，再现了中国风尘女子的命运。正如小说题目“饮梦茶馆”名为古老茶馆，实为现代妓院一样，昭示着希尔眼中的东方化中国女子。

女尸出土唤起老朱死前对工厂和家族命运的历史记忆。老朱在看到女尸那一刻便有种似曾相识的感觉：“这个死女人面容看起来有些熟悉。他不可能认识，但他仍然感到内心一种认识感难以拭去。即使闭上双眼，他仍能看到尸体的脸。”（318）如果说儿子大山难以开启老朱的历史记忆，女尸的出现则将老朱的过去记忆唤回。工厂当年始建的地点是坟场，老朱想起自己祖宗的坟墓，可能就在工厂下面。“可能女尸就是朱家一个女子……”（320）老朱感觉自己的一生恍然如梦，他将一切厄运归为祖先对他的诅咒，“那些年牛棚是一个惩罚，老朱病入膏肓，睡梦中是李书记和女尸，清醒时他开始向大山讲自己的一生。1967 年冬天牛棚中有一人吊死，因为鬼生气。甚至朱家只有一个儿子也是个诅咒：命运只让他延续朱家血脉，不会终止，仅此而已”（320）。如果说李书记之死的场面壮烈而富有抗争意义的话，那么老朱之死则安静而富有宿命的含义。这是希尔妙笔神功之处，烘托命运多舛、难以接受时代转型的一代人的思想灵魂。

希尔笔下描述的中国 90 年代正处于市场导向的经济改革时期。在市场经济社会中，沿海与内陆、城市与农村的差距逐渐显露，计划经济下的公有制企业在向市场经济下的私人财产转化。伴随社会主义市场经济长足发展的不仅是人们生活水平的提高和精神面貌的改变，还有大量工人下岗、腐败现象、娼妓的出现等。小说中通过三个人物李书记、大山和刘蓓揭示中国社会的官场腐败。李书记以大字报和上吊自杀的方式揭露经济改革出现的官场腐败，但这只是冰山一角。知识分子的大山和刘蓓则本着民主和反腐的豪情壮志参加天安门事件，大山出狱后前往深圳。七年后归来，在邵阳的同学胖潘已经成为部队干部。在小说中，胖潘开卡拉 OK，嫖妓，细致地刻画了市场经济中利用职权谋取私利的干部形象。这正是希尔在《黄河》中没能做到的。

事实上这些社会现象在西方国家也比较普遍。而纵观中国历史，贪污腐化、以权谋私这类事情在两千多年封建时期的旧中国也是普遍现象。时年七十六岁的费孝通认为，一切腐败都应反对，但是想把几千年的积垢在几天内打扫干净，是不现实的。他说：“海外有些偏见者借此大做文章攻击中国，是意料中的事，无足轻重。对于当前的腐败现象，我们既不可掉以轻心，也大可不必杞人忧天。改革与开放给中国带来的显著成果是有目共睹的主流，何况纠正不正之风的组织措施和思想教育已在全面进行。”①希尔书写的当代中国是创伤历史萦绕下的市场中国，是带有明显的西方意识形态影响下的中国知识话语。

希尔描绘的市场经济的中国带有现代性以降沉淀的民族文化心理和政治历史缘由。资本主义国家早在 18 世纪就开始采取自由主义市场经济形式。西方资本主义经济学鼻祖亚当·斯密主张“无形的手”调控经济，实行自由贸易。而随着席卷资本主义国家的 1929—1933 年的经济大萧条，主张政府干预和管束的凯恩斯主义上台，主张充分就业和刺激有效需求，西方进入福利国家。但是持续了近半个世纪后，1973—1975 年资本主义世界发生的“滞胀”危机宣告了凯恩斯主义的破产。资本主义发展开始转入里根—撒切尔时代。市场的自由调控作用重新取得地位，鼓励竞争，即“市场经济”带动“市场社会”。撒切尔夫人出任首相后高举新自由主义的大旗，主张减少国家对经济的干预，推行了一套以私有化为核心的改革方案，极力要在英国社会形成一个高度私有化、市场化的自由经济体系。不仅如此，撒切尔夫人还是彻底的反对共产主义的首相，在撒切尔夫

① 依旭：《虎威驱邪　吉星高照——谈谈中国向腐败现象作斗争》，《中国建设》1986 年第 5 期。

人的主导下，英美两个资本主义大国结成了被称为“英美特殊关系”的对抗共产主义的大国联盟。

希尔在90年代是踏着西方反对共产主义、实行新自由主义的时代步伐来到中国，当时的中国正如火如荼地实行经济体制改革，面临公有制向非公有制转化，计划经济向市场经济转化的时期，改革变动时期。西方文化身份令他难以在中国历史文化发展的大背景下理解中国市场经济和中国人生活的改变，五年的外教生活令希尔接触到处于市场经济改革转型中的城镇民生，但饶有意味的是他笔下再现的当代中国是受西方自由主义市场经济影响的“他者”，是与其“似乎相同但不完全”的拷贝。希尔认为中国实施的经济改革，建立起社会主义市场经济，是换汤不换药的资本主义。他的城镇中国话语受制于而且透露着西方世界对改革开放后中国发展的理解——资本主义的翻版和流产。

即使中国读者在阅读《饮梦茶馆》时，也不得不佩服希尔展现人物命运独具匠心的细腻手法。他将在《黄河》中一个英籍教师身份所体味的将中国文化和习俗精心地融合到小说创作中，令小说具有浓厚的中国文化色彩，如中国人对家和孝道的重视（大山归乡）、中国父母对子女事业婚姻的态度（桃子婚嫁）、推让礼节和京剧等。而且小说中希尔所揭露的官员腐败现象也是不容忽视的。虽然希尔本着修正西方华裔作家笔下所传递“苦难”中国的初衷，向西方介绍当代真实的异质中国，但是他笔下的中国仍然沿袭了东方主义的话语传统。“书写中国而不受东方主义累赘影响简直是不可能的……但总体来说，我在努力超越东方主义。”[①] 因此，我们在阅读《饮梦茶馆》时一定要清楚其背后的西方主流社会意识形态影响，同时反观自身，不断警醒。

---

① 希尔语，摘自张喜华博士论文《超越东方主义：希尔中国题材作品的跨文化研究》，第124页。

结　语

走向跨文化转化的"旅行"空间

本书立足跨文化视角，采用西方学界对旅行文学阐释的批评方法剖析了20世纪英国旅行文学中的中国构建。20世纪70年代末，西方的文学研究范式发生转变，"实证的阅读方法让位于阐释研究，殖民精英主义让位于后殖民多元主义"①。如果说20世纪20年代第一次世界大战摧毁了启蒙现代性以降西方世界所秉持的基督教文化价值观，那么在1968年法国五月风暴之后席卷西方世界的反文化运动则将文化思潮推向后现代主义，对启蒙现代性所持的知识、理性等价值观进行了一次巨大洗劫和颠覆。现代主义思潮中艾略特、乔伊斯等一些英美精英分子虽然意识到个人受到社会的异化和疏离，但仍对美学和道德一类稳定价值观持有乌托邦式的憧憬和期待。但到了后现代时期，稳定的结构或者宏大叙事受到质疑，人们重新审视知识或者知识的叙事。沿着尼采、海德格尔、马克思和弗洛伊德等现代主义者的脚步，福柯、德里达、哈贝马斯、波德里亚反诘实证主义、理性主义、人文主义的文化思想体系。大写的文化（Culture）由"分隔独立、自满自足、绵长连续的实体"②，变成断裂、不连续、差异、去中心的复数小写文化（cultures）。克利福德认为在后现代或后殖民时期，应该重新审视文化这个概念。因为文化"不再具有整体观上的审美含义，如重视价值、等级和历史连续性，（人们）重新认识差异，文化更加具有深远而混杂的底蕴"③。他认为打开理解文化的意义之门可以借助两个拓展概念："一个是书写，另一个是拼贴画，前者重视互相作用、开

---

① Mary Louise Pratt, "Arts of the Contact Zone," *Ways of Reading*, ed. David Bartholomae and Anthony Petrosky, 5th ed., 1999, p. 2.

② Ibid., p. 7.

③ James Clifford, *Routes: Travel and Translation in the Late Twentieth Century*, London: Harvard University Press, 1997, p. 3.

放和过程，而后者指文化具有异质性，是历史政治的并置而不仅仅局限于美感。”①

旅行书写为我们打开一扇通往理解文化意义之门，书写对象是异族文化。通过研究英国旅行书写对中国的构建，可以观照英国和中国两种文化，英国旅行文学中折射着英国文化对中国“他者”文化的构想以及利用。立足于中国文化的本土知识视野，笔者采取对位阅读的方法审视不同历史时期旅行文本的中国构建，这种方法在某种程度上呼应了普拉特所倡导“接触空间”的文本阅读策略，弥补了英国发声和英国书写这种以西方为主的单向模式，是对英国旅行文本进行跨越地点、语境和知识边界的阐释旅行。本书在理论架构上以萨义德为起点，借鉴了萨义德在《东方学》开创的殖民话语分析方法，但是无论在研究层面上还是在方法论上都补充和拓展了《东方学》的不足。第一，在《东方学》中，萨义德探讨的西方国家是以英、法、美国家为对象的西方，而东方也仅局限于近东的埃及和印度，远东的中国却未加或鲜有提及。众所周知，中国在 19 世纪下半叶开始便在大英帝国和以大英帝国为首的西方国家的坚船利炮下被入侵、占领和瓜分，进入半殖民地半封建社会，也步入被殖民时期。即使 20 世纪中叶乃至今日的全球化时代，经历民族独立、全国解放和现代化建设，西方国家对中国的文化殖民也从来没有停止。第二，萨义德在《东方学》揭示了西方对东方书写中的文化霸权，挑战和反诘西方主流文化的殖民意识同时，无形中巩固了东西方二元对立模式，即坚实稳固的西方主体/单质同一的东方他者。第一点说明萨义德将东西方概念过于全面化，抹杀了不同国家、不同文化和不同历史时期之间的差异性，在研究层面上未将中国等作为东方被殖民的研究对象。而第二点是在方法论上萨义德则将东方主义本质化，忽视了主、客体文化和个体之间相互依存、力量抗衡的关系，忽视了西方主体/旅行家的阶级、种族、性别、宗教、文化等因素影响下书写异域文化的东方主义异质性。萨义德之后的后殖民理论家在殖民话语的多元异质性上进行拓展，如普拉特提出的接触空间论、丽萨·罗提出的异位空间论和霍米·巴巴提出殖民主义话语的模棱两可论。

基于此，本书分析了 20 世纪三个英国旅行作家和文人在不同时期旅

① James Clifford, *Routes: Travel and Translation in the Late Twentieth Century*, London: Harvard University Press, 1997, p. 3.

行书写中所构建的异质中国，分别为“原始”中国、“古典”中国和“当代”中国，并结合作家的种族和性向、阶级和审美、经济等方面剖析影响构建中国的因素。超越西方/东方，英国/中国，中心/边缘，主体/客体，自我/他者这种东方主义本质主义倾向，笔者深入不同旅行书写的再现机制，剖析了三种形式的再现模式，即毛姆旅行叙事策略上的将他者他者化、阿克顿旅行叙事策略上的将自我他者化和希尔旅行叙事策略上的将他者自我化。也就是说主体性并不是在异域他者的映衬下稳固形成而恒久不变，而是依存异域他者的存在并在与之不断排斥和认同中动态地形成，是一个形成过程，其中交织着对抗和抵制。

毛姆自嘲自己的旅行是“自我流放”，事实上他的悲剧性童年经历、冷漠个性、同性恋性向决定了他视自己为西方主流文化的“他者”，中国旅行是他逃避责任、寻求浪漫和美、寻找创作源泉之旅。但是毛姆总是在认同并试图而且成功地进入英国主流文化，将之视为标尺，因此中国的流散欧洲人，更不用说中国人，在他看来是西方主流文化的“他者”，在“原始”之地“他者”中国，“他者”的他者性才能够展现。在他的旅行叙事中，中国和中国人退而成为“原始”背景，映衬着在形色各异的“怪异”在华欧洲人。犹如一个自然主义者或者民族志家，毛姆以一双“帝国的眼睛”注视和审视中国文化、中国人和在华欧洲人，将他们以文学审美形式他者化。这是他全景场视视域下的“原始”病态中国，蕴含并折射着毛姆的个人欲望和维多利亚时期的文化焦虑。

阿克顿称自己为一个“唯美者”，以一种文化普适情怀希冀用中国文化拯救现代西方文明的危机。欧洲名门贵族出身陶冶了他独特的艺术审美品味，世界各地旅行和欧风美雨的文化浇灌滋养了他宽阔包容的胸怀。中国之旅于阿克顿而言是慰藉荒芜精神世界的文化审美之旅，中国的诗书典籍、古朴清雅的帝都北京，以及京剧、宗教等文化艺术成为吸引这个文人雅士的“他者”。在他的旅行叙事中，他和他笔下的在华欧洲人借鉴和利用中国的物质和精神文化，为己所用，在他将中国“他者”自我化叙事策略下，中国呈现为“古典”的博物馆样式，体现了“一战”后西方文人雅士在东方文化中寻求救助的愿望。

希尔是以文化支援者身份被派驻到中国内陆腹地居住的英国旅行作家，刚刚大学毕业就踏上异域中国。带着西方对中国的神秘感和丑化，他致力于书写当代中国文化，扭转西方自明恩溥以来传递的“冥顽难测”

的中国人形象，满足西方自1989年以来对中国知识界在经济改革中命运的好奇。他根据自己两年在山西运城和三年在湖南邵阳的外教生活体验，参与到全球化时期多元文化下的中国构建。在他笔下，西方人和西方声音逐渐从叙事中退场，俨然中国作家在书写中国文化。在新殖民主义时期，希尔以文化异装叙事再现的“当代”经济中国是带有西方主流意识形态——里根—撒切尔保守自由主义影响的中国构建，采用是将中国“他者”自我化的策略。

本书将三位作家的中国叙事放置在中、西方现代性视野下，考量了影响他们构建中国的社会文化和民族心理。需要指出的是这三位作家的中国叙事并不是相互独立，互不瓜葛地自成一体，而是相互之间有着一定的互文性和承继性，比如都有对中国儒家传统文化、中国京剧，对中国孝道，对中国女性、婚姻态度、中国习俗等的关注。但有趣的是这些中国因素的呈现因为中英两种文化的历史语境和发展轨迹不同、作家个人情感和所受思潮影响不同，而在文本中有一定历史性差别，这也更能鲜活地折射中、英两种现代性的发展脉络。这也是采取文化研究方法切入旅行文学的意义。

回到本书理论立论的起点萨义德。20世纪80年代以来，文学研究在后殖民理论家萨义德引领下，从新批评的文本解读范式转到社会政治的文化范式，从文本自给自足解读转到广阔的文化解读，文学被视为作为文本的文化，在书写着文化，与文化的接近将文学与人类学学科联系一处。而在人类学领域，兴起一股重视语言的隐喻功能和修辞向度的潮流，也就是我们所说的民族志书写的文学转向。文学的文化转向和民族志的文学转向都令我们关注“书写文化”的机制上，令我们想到文化知识的转化或可转化性上。霍米·巴巴在《文化的定位》中阐释转换的模式，认为转换形成两种文化碰撞接触的视野和空间，在“第三空间”文学文本发生文化的商榷。

80年代开始，文化研究不再是地域性行为，而具有了“旅行”性质，即文化的旅行。旅行在后殖民或后学领域与理论方法联系在一起。对此特点，还是萨义德首开先河。在《理论的旅行》一文中他以马克思主义在不同历史时期和不同国别的旅行为例，阐述了批评理论的旅行。“一战”后匈牙利的卢卡奇根据匈牙利政治历史阐释了马克思主义，之后被传播到法国巴黎受到吕西安·戈德曼的修正改变，之后又在英国的雷蒙·威廉姆斯处受到进一步修正阐释，这是一个马克思主义理论产生、接受、传递和抵抗的散播过程。在萨义德看来，特定的社会和历史情景的换置令理论思想随之演变。尽管萨义德在这里做的是线性的、以欧洲为中心的梳理马克思主义在地理、历史、文化上的换置和变化，但重视理论的社会历史语境这一方法从此受到重视，“旅行”也随之成为批评理论的关键术语。

克利福德拓展了萨义德对旅行和理论的跨疆界维度。在《旅行和理论的注释》一文中他将理论推到西方历史文化的大范畴，指出理论与旅行之间的隐喻关系。理论一直是西方话语空间的实践活动，人们用西方文化价值为标准，进行衡量和比较后，确定人类历史、文化、心理等各方面的理论。他指出在后殖民时期全球接触的世界，“家园”般稳固的西方文化价值已经消解，从前位于种族、性别和文化上知识边缘的差异开始挑战理论的权威性和普适性，使之去中心化。因此，在克利福德看来理论与旅行相似，具有流动的变位性质，理论和旅行一样具有日常性（非稳固）、世俗性（非经典）、历史特定性（非恒常）①，这也使理论有了更为宽广的、世界性的比较视野和更大的跨文化和跨历史的图景。因此他将理论比作旅行一样具有历史维度的跨疆界的不确定性。

进而在《文化的旅行》一文中，克利福德建议以“旅行”的维度重新思考文化，应视文化为“居住和旅行的集合点”②，为被建构的和有争议的历史形成。在全球化的时代，不能再将文化看作一个有根基的实体，并按照一种文化关系衡量其他边缘文化，就像从前民族志家到“本土”地区作田野式暂时居住，作参与式观察一样。原因在于中心/边缘，家园/国外等的区别渐已消失，就连“共同体”也已经失去由安德森所提及的“想象的共同体”含义，“每个中心或者家园可能是其他人的边缘或散居地”③。他认为要以“旅行的关系”（relations of travel）看待文化，采用多种再现手法比较地、不带有目的论偏见地进行文化研究。既要考虑阶级、性别、宗族、历史文化的定位，还要有性别、阶级、种族、文化的变位旅行。因此，他将“旅行”作为一个文化比较的术语，因为旅行具有历史蕴含，与阶级、种族、性别的历史性变动相关。他提出比较文化的研究方

① James Clifford, "Notes on Travel and Theory," *Inscriptions*, Vol. 5th, 1985, p. 7.

② James Clifford, *Routes: Travel and Translation in the Late Twentieth Century*, p. 31.

③ James Clifford, "Notes on Travel and Theory," *Inscriptions*, Vol. 5th, 1985, p. 2.

法，即停留中的旅行（traveling-in-dwelling）或旅行中的停留（dwelling-in-traveling）。旅行是个转化术语，具有理论性，是个策略性的变动的比较词汇，不可避免地与阶级、种族、性别相关，具有一定文学性定位。这种转化会令人了解我们所知不同的民族、文化和历史，能够足以令我们认识从前所缺乏的。①

加布里·施瓦布（Gabriele Schwab）在《理论的旅行和文学的旅行：东西方的文学和文化接触》中借用萨义德的《理论的旅行》中“旅行”这一概念的深层内涵，指出文学的旅行在心理学意义上能够帮助读者移情和进行情感宣泄。作为一个“二战”后的德国人，她通过阅读赛珍珠的小说《牡丹》，宣泄自己的情感，转移了作为施暴者民族一员对犹太人的罪恶感。她以自己的阅读经历从读者的视角，解读文学在跨文化接受上对创伤式文化经验的处置。她认为旅行地“阅读文学，指从原初语境换置、重置到一个新的、完全不同的文化空间，这会产生受之影响的歧义，但这种情景换置并不意味着难以理解文本，而我们要需要知道的是对意义的理解不同了。文学和理论在文化接触影响下改变……这通常发生在文学跨越的、日益全球化的世界，有着特定的出版和发行机制的平常世界的文学阅读上”②。文学具有这一更深层的功效，所产生的“文化和心理影响会揭开一个连续不断的过程，改变着文化的疆界和主体的疆界，也会编织文化和生活的脉络。这就是为什么我们要在全球化、多元合成、多渠道的世界将文学视为有价值的文化对象并加以保存的原因”③。

如果说萨义德以“旅行”方法考察了批评理论随历史文化的位移而发生利用上的变化，克利福德建议以“旅行”的方法进行比较文化研究，那么施瓦布则以旅行的方法将文学研究提到伦理和价值内涵上，为文学的跨文化研究提供了更为宽阔而开放的空间。本书集中对20世纪的英国旅行文学进行了跨文化的对位解读，此刻，新的问题在我的脑海中闪现：文学如何在跨文化意义上旅行？文学的跨文化旅行在何种程度上起到抚慰人类文化上的创伤和个人心理创伤的作用？这触及文学和文化研究的边界，也为我们文学研究者提出了新的问题式思考。

---

① James Clifford, *Routes: Travel and Translation in the Late Twentieth Century*, pp. 20－39.

② Gabriele Schwad, “Traveling Literature, Traveling Theory: Literature and Cultural Contact between East and West”, *Studies in the Humanities*, June 2002, p. 8.

③ Ibid., pp. 12－13.

参考文献

一　外文文献

（一）原始文献

Acton, Harold. *Peonies and Poenies*, Oxford: Oxford University Press, 1941.

—. *Memoirs of An Aesthete*. London: Methuen & CO. LTD., 1948.

Hill, Justin. *A Bend in the Yellow River*. London: Phoenix House, 1997.

—. *Drink and Dream Teahouse*. London: Phoenix House, 2001.

Maugham, William Somerset. *On a Chinese Screen*. Oxford: Oxford University Press, 1922.

—. *The Painted Veil*. London: Heinemann, 1925.

（二）旅行文学文献

Andras, Carmen. "The Poetics and Politics of Travel: an Overview." *Philologica Jassyensia*. No. 2. 2002.

Andrews, Malcolm. *The Search for the Picturesque: Landscape Aesthetics and Tourism in Britain, 1760－1800*. Stanford: Stanford University Press, 1989.

Apana, A. B. *The Other Universe of Man: Travel, Autobiography and D. H. Lawrence*. London: Sangam Books Limited, 1999.

Bassnet, Susan. "The Empire, Travel Writing, and British Studies." *Travel Writing and the Empire*. ed. Sachidananda Mohanty. New Delhi: Katha, 2003.

Behdad, Ali. *Belated Travelers: Orientalism in the Age of Colonial Dissolution*. Durham: Duke University Press, 1994.

Bird, Jon et al. *Travelers' Tales: Narratives of Home and Displacement*, London: Routledge, 1994.

Blanton, Casey. *Travel Writing: the Self and the World.* New York: Twayne Publishers, 1997.

Blunt, Alison. *Travel, Gender and Imperialism: Mary Kingsley and West Africa.* New York: Guilford Press, 1995.

Bracewell, Wendy & Alex Drace-Francis. *Under Eastern Eyes: A Comparative Introduction to Eastern European Travel Writing on Europe.* Budapest: Central European University Press, 2008.

Burton, Richard. *The Lake Regions of Central Africa: From Zanzibar to Lake Tanganyika.* The Narrative Press, 2001.

Butor, Michel. "Travel and Writing." *Mosaic.* Vol. 8. No. 1. 1974.

Buzard, James. *The Beaten Track: European Tourism, Literature, and the Ways to Culture, 1800 – 1918.* Oxford: Claredon Press, 1993.

Campbell, Mary B. *The Witness and the Other World: Exotic European Travel Writing, 400 – 1600.* Ithaca: Cornell University Press, 1988.

Carr, Helen. "Modernism and Travel." *The Cambridge Companion to Travel Writing.* ed. Peter Hulme and Tim Youngs. Cambridge, UK: Cambridge University Press, 2002.

Castinllo, Susan and David Seed. ed. *American Travel and Empire*, Liverpool: Liverpool University Press, 2009.

Chan, May Carolin. *Truths stranger than fiction British travel writing on China, 1880 – 1916 (Timothy Richard, Archibald Little, Isabella L. Bird, Rudyard Kipling)*. Ann Arbor, Mich.: UMI, 2005.

Clarke, J. J. *Oriental Enlightenment: The Encounter between Asian and Western Thought.* London and New York: Routledge, 1997.

Clark, Steve. ed. *Travel Writing & Empire: Postcolonial Theory in Transit.* London, New York: Zed Books, 1999.

Clifford, James and George E. Marcus. *Writing Culture: The Poetics and Politics Ethonography.* Berkeley: University of California Press, 1986.

Clifford, James & James Vivek Dhareshwar. *Traveling Theories, Traveling Theorists.* Santa Cruz: California, 1989.

Clifford, James. *Routes: Travel and Translation in the Late Twentieth Century.* New York: Harvard University Press, 1997.

—. "Traveling Cultures." *Cultural Studies*. ed. Lawrence Grossberg et al. New York: Routledge, 1992.

—. "Notes on Travel and Theory." *Inscriptions* 5. 1985.

Cronin, Michael. *Across the Lines: Travel, Language, Translation*. Cork University Press, 2000.

Darwin, Charles. *Voyage of the Beagle*. Harmondsworth: Penguin, 1989.

de Certeau, Michel. "Travel Narratives of the French to Brazil: Sixteenth to Eighteenth Centuries." *Representations*. Vol. 33. Winter 1991.

Duncan, James and Derek Gregory. eds. *Writes of Passage: Reading Travel Writing*. London: Routledge, 1999.

Elsner, Jas & Joan-Pau Rubies. eds. *Voyage and Visions: Toward a Cultural History of Travel*. London: Peaktion Books Ltd., 1999.

Fawley, M. *A Wider Range: Travel Writing by Women in Victorian England*. Oxford: Oxford University Press, 1994.

Fermor, Patrick Leigh. *A Time of Gifts: On Foot to Constantinople, From the Hook of Holland to the Middle Danube*. Harmondsworth: Penguin, 1977.

Forsdick, Charles. "French Representations of Niagara: From Hennepin to Butor." *American Travel and Empire*. ed. Susan Castillo and David Seed. Liverpool: Liverpool University Press, 2009.

Fussell, Paul. *Abroad: British Literary Traveling Between the Wars*. NY: Oxford University Press, 1980.

Gilbert, Helen & Anna Johnston. ed. *In Transit: Travel, Text, Empire*. New York: Peter Lang Publishing, 2002.

Gilroy, Amanda. ed. *Romantic Geographies: Discourses of Travel 1775 – 1844*. Manchester and New York: Manchester UP, 2001.

Gregory, Derek. *Geographical Imaginations*. Massachusetts: Blackwell, 1994.

Grivel, Charles. "Travel Writing." *Materialities of Communication*. ed. Hans Ulrich Gumbrechet and K. Ludwig Pfeiffer. Stanford, CA: Stanford University Press, 1988.

Hall, C. Michael and Hazel Tucker. eds. *Tourism and Postcolonialism: Contested Discourses, Identities and Representations*. London: Routledge Taylor & Francis Group, 2004.

Holland, Patrick & Graham Huggard. *Tourists with Typewriters*. Ann Arbor: The University of Michigan Press, 1998.

Hollander, Paul. *Political Pilgrims: Travels of Western Intellectuals to the Soviet Union, China and Cuba, 1928 - 1978*. Oxford: University Press of America, 1981.

Hooper, Glen and Tim Young. *Perspectives on Travel Writing*. Ashgate Publishing, 2004.

Hulme, Peter & Tim Youngs. eds. *The Cambridge Companion to Travel Writing*. Cambridge University Press, 2002.

Kaplan, Caren. *Questions of Travel: Postmodern Discourse*. Durham: Duke University Press, 1996.

Kinglake, Alexander. *Eothen: Traces of Travel Brought Home from the East*. Northeastern University Press, 1997.

Korte, Barbara. *English Travel Writing from Pilgrimages to Postcolonial Explorations*. trans. Catherine Matthias. Houndmills: Macmillan Press Limited, 2000.

Kowalewski, Michael. ed. *Temperamental Journeys: Essays on the Modern Literature of Travel*. University of Georgia Press, 1992.

Lawrence, David Herbert. *Twilight in Italy*. Harmondsworth: Penguin, 1960.

Lawrence, Karen. *Penelope Voyages: Women and Travel in the British Literary Tradition*. Ithaca: Cornell Univesity Press, 1994.

Links, J. G. *Travellers in Europe: Private Records of the Great and the Forgotten*. London: Bodleyhead, 1990.

Lisle, Debbe. *The Global Politics of Contemporary Travel Writing*. Cambridge: Cambridge University Press, 2006.

Livingstone, David. *Missionary Travels and Researches in South Africa*. London: Murray, 1857.

MacCannell, Dean. *The Tourist: A New Theory of the Leisure Class*. New York: Schocken Books, 1976.

Marcus, George E. *Anthropology as Culture Critique: An Experimental Moment in the Human Sciences*. 2nd ed. Chicago: University of Chicago Press, 1999.

Melman, Billie. *Women's Orients: English Women and the Middle East,*

1718 – 1918. London: Macmillan, 1992.

Mills, Sara. *Discourses of Difference: An Analysis of Women's Travel Writing and Colonialism*. London: Routledge, 1991.

Miller, David and Peter Reill. *Visions of Empire: Voyages, Botany and Representations of Nature*. Cambridge: Cambridge University Press, 1996.

Ousby, Ian. *The Englishman's England: Travel, Taste and the Rise of Tourism*. Cambridge: Cambridge University Press, 1990.

Polo, Marco. *The Travels of Marco Polo*. Trans. William Marsden. Beijing: Foreign Languages Teaching and Research Publishing Press, 1998.

Porter, Dennis. *Haunted Journeys: Desire and Transgression in European Travel Writing*. Princeton: Princeton University Press, 1991.

Pratt, Mary Louis. *Imperial Eyes: Travel Writing and Transculturation*. London: Routledge, 1992.

—. "Arts of the Contact Zone." *Ways of Reading*. ed. David Bartholomae and Anthony Petroksky. New York: Bedford/St. Martin's, 1999.

Robertson, Susan L. ed. *Defining Travel, Diverse Visions*. UP of Missi-ssipi, 2001.

Rojek, Chris & John Urry. ed. *Touring Cultures: Transformations of Travel and Theory*. New York: Routledge, 1997.

Rubies, Joan-Pau. "Travel Writing as a Genre: Facts, Fictions and the Invention of a Scientific Discourse in Early Modern Europe." *Travel Writing*, ed. Tim Youngs and Charles Forsdick. Vol. 2. London and New York: Routlege, 2012.

Schweizer, Bernard. *Radicals on the Road: The Politics of English Travel Writing in the 1930s*. Charlottesville: University of Virginia Press, 2001.

Spurr, David. *The Rhetoric of Empire: Colonial Discourse in Journalism, Travel Writing, and Imperial Administration*. Durham: Duke University Press, 1993.

Stafford, Barbara. *Voyage into Substance: Art, Science, Nature and the Illustrated Travel Account 1760 – 1840*. Cambridge, Mass.: MIT Press, 1971.

Sterne, Lawrence. "The Prodigal Son." *The Works of Laurence Stern*. London: Routledge, 2010.

Suranyi, Anna. *The Genius of the English Nation: Travel Writing and National Identity in Early Modern England*. Newark: University of Delaware Press, 2008.

Thompson, Carl. *The Suffering Traveller and the Romantic Imagination*. Oxford: Claredon Press, 2007.

Turner, Katherine. *British Travel Writers in Europe 1750 – 1800: Authorship, Gender, and National Identity*. Ashgate Publishing, 2002.

Wykes, Alan. *Abroad: A Miscellany of English Travel Writing, 1700 – 1914*. London, Macdonald, 1973.

Youngs. Tim and Charles Forsdick. ed. *Travel Writing*. London and New York: Routledge, 2012.

（三）后殖民理论文献

Ahmad, Aijaz. "Orientalism and After: Ambivalence and Metropolitan Location in the Work of Edward Said." *In Theory: Classes, Nations, Literatures*. London & New York: Verso, 1994.

—. "The Politics of Literary Postcoloniality." *Race and Class*. Vol. 36. No. 3. 1995.

Ashcroft, Bill, Gareth Griffins and Helen Tiffin. eds. *The Empire Writes Back: Theory and Practice in Post-Colonial Literature*. London: Routledge, 1989.

— . eds. *Post-Colonial Studies: The Key Concepts*. London and New York: Routledge, 2000.

— . "Discussion with Bhikhu Parekh." *Maxism Today*. June 1989.

— . *Location of Culture*. London and New York: Routledge, 1994.

Brantlinger, Patrick. *Rule of Darkness: British Literature and Imperialism, 1830 – 1914*. Cornell University Press, 1990.

Childs, Peter and Patrick Williams. *An Introduction to Post-Colonial Theory*. London: Prentice Hall, 1997.

Elliot, G. "Ideology." M. Payne, ed. *A Dictionary of Cultural and Critical Theory*. Oxford and Cambridge. MA: Blackwell, 1996.

Fanon, Frantz. *Black Skin, White Masks*. London: Pluto, 1991.

— . *The Wretched of the Earth*. trans. Constance Farrington. Harmondsworht: Penguin, 1967.

—. *Toward the African Revolution. Political Essays*. trans. Haakon Chevalier. Harmondsworth: Penguin, 1970.

Gandhi, Leela. *Postcolonial Theory: A Critical Introduction*. New York: Columbia UP, 1998.

Gilroy, Paul. *After Empire: Melancholia or Convivial Culture*? London: Routledge, 2004.

Huggan, Graham. *Interdisciplinary Studies: Literature and the Future of Postcolonial Studies*. Liverpool: Liverpool University Press, 2008.

Jan Mohamed, Abdul. *Manichean Aesthetics: The Politics of Literature in Colonial Africa*. Amherst: The University of Massachusetts Press, 1983.

Kennedy, Valerie. *Edward Said: A Critical Introduction*. London: Polity Press, 2000.

Lewis, Reina. *Rethinking Orientalism*. I. B. Tauris & Co Ltd, 2004.

Loomba, Ania. *Colonialism/Postcolonialism*. London: Routledge, 1998.

Lowe, Lisa. *Critical Terrains: French and British Orientalisms*. Ithaca and London: Cornell University Press, 1991.

Lunsford, Andea A. and Lahoucine Ouzgane. ed. *Crossing Borderlands: Composition and Postcolonial Studies*. Pittsburgh: University of Pittsburgh Press, 2004.

Miller, Christopher. *Blank Darkness: Africanist Discourse in French*. University of Chicago Press, 1986.

Mohanty, Sachidananda. ed. *Travel Writing and the Empire*. New Delhi: Katha, 2003.

Moore-Gilbert, Bart. *Postcolonial Theory: Contexts, Practices, Politics*. London: Verso, 1997.

Rutherford, Jonathan. "The Third Space. Interview with Homi Bhabha." *Identity: Community, Culture, Difference*. ed. Jonathan Rutherford. London: Lawrence and Wishart, 1990.

Said, Edward. *Orientalism*. New York: Vintage, 1979.

—. *Culture and Imperialism*. New York: Random House, 1993.

—. "Representing the Colonized: Anthropology's Interlocutors." *Critical Inquiry*. Vol. 15. No. 2. Winter, 1989.

—. "Secular Interpretation: The Geographical Element, and the Medthodology of Imperialsim." *After Colonialism*. G. Prakash. ed. Princeton, NY: Princeton University Press, 1995.

—. *The World, the Text and the Critic*. Cambridge, Mass.: Harvard University Press, 1983.

Spivak, Gayatri Chakravorty. *In Other Worlds: Essays in Cultural Politics*. New York: Methuen, 1987.

—. "Can the Subaltern Speak? Speculations on Widow Sacrifice." *Marxism and the Interpretation of Culture*. ed. Cary Nelson and Lawrence Grossberg. London: Macmillan, 1988.

—. *The Post-Colonial Critic: Essayes, Strategies, Dialogues*. ed. Sarah Harasym. New York: Routledge, 1990.

Tiffin, C. and A. Lawon. eds. *De-Scribing Empire: Post-colonialism and Textuality*. London: Routledge, 1994.

Williams, Patrick and Laura Chrisman. eds. *Colonial Discourse and Postcolonial Theory: A Reader*. Hemel Hempstead: Harvester Wheatsheaf, 1993.

Young, Robert J. C. *White Mythologies: Writing History and the West*. London: Routledge, 2004.

—. *Colonial Desire: Hybridity in Theory, Culture and Race*. London and New York: Routledge, 1995.

（四）中国形象文献

Abel-Résusat, Jean-Pierre. *Lettre sur l'etat et le progress de la Litterature Chinoise en Europe*. Paris: Dondey Dupre, 1822a.

Allinson, Robert E. ed. *Understanding the Chinese Mind*. New York: Oxford University Press, 1989.

Blue, Gregory. "Gobineau on China: Race Theory, the 'Yellow Peril,' and the Critique of Modernity." from Http://muse.jhu.edu.

Bonavia, David. *The Chinese*. Harmondsworth, Middlesex: Penguin Books Ltd., 1980.

Campbell, Colin. ed. *A Passage to China*. Paul Hallberg and Christian Koninckx: Royal Society of Arts and Sciences in Goteborg, 1996.

Ch'en, Jerome. *China and the West*. Bloomington and London: Indiana University Press, 1979.

Ching, Julia. *Chinese Ethics and Kant: Philosophy East and West*. Vol. 28. No. 2. 1978.

Cohen, Paul A. *Discovering History in China American Historical Writing on the Recent Past*. Columbia University Press, 1984.

Cohen, Hugguette. "Diderot and the Image of China in Eighteenth-Century France." *Studies on Voltaire and the Eighteenth Century*. Oxford: Voltaire Foundation, 1976.

Colquhuon, Archibald. *China in Transformation*. London: Harper, 1898.

Cordier, Henri. *Historie Generale de la Chine*. Vol. 1. Paris: Paul Guethner, 1920.

Daniels, Anthony. "W. Somerset Maugham: The Pleasures of a Master." *New Criterion*. Vol. 18. Issue 6. Feb 2000.

de Condorcet, Marquis. *Sketch for a Historical Picture of the Progress of the Human Mind*. London: Weidenfeld and Nicolson, 1955.

De Groot, Jan Jacob Maria. *Sectarianism and Religious Persecution in China*. Vol. 1. Shannon: Irish University Press, 1973.

Defoe, Daniel. *Farther Adventures of Robinson Crusoe*. Tydale House Publishers, 1999.

Duyvandak, Jan Julius Lodwijk. "Chinese Influence on European Thought." *Eastern and Western World*. ed. S. Hefsha. W. van Houve: The Hague and Bandung, 1953.

Fairbank, John King. *The United States and China*. Massachusetts and London: Harvard University Press, 1983.

Felipe, Fernandez-Armesto. ed. *Columbus on Himself*. London: The Folio Society, 1992.

Freedman, Maurice. *The Study of Chinese Society: Essays by Maurice Freedman*. Stanford, CA: Stanford University Press, 1979.

Girardot, Norman J. "The Course of Sinological Discourse: James Legge (1815 – 1997) and the Nineteenth-Century Invention of Taoism." *Contacts be-*

tween Cultures. ed. Bernard Hung Kay Luk. New York: Edwin Mellen Press, 1992.

Granet, Marcel. *La Pensee Chinois.* Paris: La Renaissance du Livre, 1934.

Guy, Basil. *The French Image of China before and after Voltaire.* Geneva: Institut Musée Voltaire, 1963.

Hegel, Georg Wilhelm Friedrich. *Lectures on the Philosophy of World History.* trans. H. B. Nisbet. Cambridge: Cambridge University, 1975.

Huntington, Samuel. "The Change to Change." *Comparative Politics.* Vol. 3. No. 2. April 1971.

Issacs, Harold R. *Images of Asia: American Views of China and India.* New York: Harper and Row, 1972.

Jespersen, T. Christopher. *American Images of China.* Stanford, California: Stanford University Press, 1996.

Jones, David Maitin. *The Image of China in Western Soual and Political Thought.* New York: Palgrowe, 2001.

Jones, William. "On the Chinese." *The Works.* Vol. 1. London: C. G. and J. Robinson, 1799.

Kim, Y. K. "Hegel's Criticism of Chinese Philosophy." *Philosophy East and West.* Vol. 28. 1978.

Koss, Nicholas. *The Best and Fairest Land: Images of China in Medieval Europe.* Taipei: Bookman Books, 1999.

Kristeva, Julia. "La Femme ce n'est jamias ca: les Chinoises a 'contre courant'." *Tel Quel* 59. Automne 1974.

Laffitte, Pierre, John Carey Hall. *A General View of Chinese Civilization and of the Relations of the West with China.* BiblioLife, 2009.

Latourette, Kenneth Scott. *The Chinese: Their History and Culture.* Vol. 2. New York: Macmillan, 1941.

Legge, James. *The Religions of China: Confusionism and Daoism Described and Compared with Christianity.* London: Hodder and Stoughton, 1880.

Legge, James R. *The Ch'un Ts'eu, The Chinese Classics.* Vol. V, London: Trubner, 1872.

Leibniz, Gottfried Wilhelm. *Writings on China.* Introduction and translation by

D. J. Cook and H. Rosemont (eds) . La Salle, Ill. : Open Court, 1994.

Lee, Gregory B. *China Unlimited: Making the Imaginaries of China and Chineseness.* Honululu: University of Hawaiian Press, 2003.

Louie, Andrea. *Chineseness across Borders.* Durham and London: Duke University Press, 2004.

Lovejoy, Arthur O. *The Great Chain of Being: A Study of the History of an Idea.* Harvard University Press, 1936.

Mackerras, Colin. *Western Images of China.* Oxford University Press, 1999.

Marin, Currie. *China in English Literature.* East and West, Ltd. , 1921.

Mandeville, John. *The Travels of Sir John Mandeville.* London: William Collins Sons & Co. Ltd. , 1973.

Meadows, Thomas Taylor. *The Chinese and Their Rebellions, Viewed in Connection with Their National Philosophy, Ethics, Legislation, and Administration to which is Added, An Essay on Civilization and Its Present State in the East and West.* London: Smith, Elder & Co. , 1856.

Morrison, George Ernest. *An Australia in China, Being the Narrative of a Quiet Journey across China to Burma*, London: Horace Cox, 1895.

Munro, Donald. *The Concept of Man in Contemporary China.* Ann Arbour: University of Michigan Press, 1979.

Needham, Joseph. *The Shorter Science and Civilization in China.* abridged C. A. Ronan. Cambridge: Cambridge University Press, 1978.

— . *Science and Civilization.* Vol. 1. Cambridge: Cambridge University Press, 1969.

Palmer, Martin. *The Elements of Daoism.* Shaftesbury: Element, 1991.

Peyrefitte, Alain. *The Collision of Two Civilizations: The British Expedition to China 1792 – 1794.* London: Harvill, 1993.

Pinot, Virgile. *La Chine et la Formation de l'Esprit Philosophique en France 1640 – 1740*, Paris: Paul Geuthner, 1932.

Qian, Zhong-shu. "China in the English Literature of the Seventeenth and Eighteenth Century." *The Vision of China in the English Literature of the Seventeenth and Eighteenth Centuries.* ed. Adrian Hsia. Hong Kong: Chinese University Press, 1998.

Terence Ranger, Terence. "The Invention of Tradition in Colonial Africa." *The Invention of Tradition*. ed. E. Hobsbaum and T. Ranger. Cambridge: Cambridge University Press, 1983.

Rohmer, Sax. *The Mystery of Doctor Fu-Manchu*. London: Tom Stacey, 1972.

Ross, Edward Alsworth. *The Changing Chinese: The Conflict of Oriental and Western Cultures in China*. London: T. Fisher Unwin, 1911.

See, Carolin. "The Once and Future China." *Washington Post*. November 2, 2001.

Shi, Anbin. *A Comparative Approach to Redefining Chineseness in the Era of Globalization*. New York: The Edwin Mellen Press, 2003.

Smith, Arthur. *Chinese Characteristics*. London: Fleming H. Revell, 1894.

Soothill, William. trans. *The Analects of Confucius*. New York: Paragon, 1910.

Spence, Jonathan. *The Search for Modern China*. Hutchinson, 1990.

—. *The Chan's Great Continent: China in Western Minds*. New York and London: W. W. Norton & Company, Inc., 1998.

Stanfield, John. *From Manchu to Mao*. London Epworth Press, 1980.

Tay, William. *China and the West: Comparative Literature Studies*. Chinese University Press, 1980.

von Humboldt, Wilhelm. *Lettre à M. Able Rémusat sur la natures des formes grammaticales en general et sur le genie de la Chinoise en particulier*. Paris: Dondey Dupre, 1827.

Wang, Gangwu. *The Chineseness of China*. Hong Kong: Oxford University Press, 1991.

Weber, Max. *Religion of China: Confucianism and Taoism*. Glencoe: The Free Press, 1951.

Yeh, Wen-hsin. ed. *Cross-Cultural Readings of Chineseness*. The Regents of University of California, 2000.

Yuan, Tung - li. *China in West Literature*. New Haven Conn.: Far East Publications, 1958.

Yule, Henry and Henri Cordier. *Cathay and the Way Thither, Being a Collection of Medieval Notices of China*. Vol. I. London: The Hakluyt Society, 1913 - 1916.

Zhang, Long-xi. *Mighty Opposites: From Dichotomies to Differences in the Comparative Study of China*. Stanford: Stanford University Press, 1998.

—. "The 'Tao' and the 'Logos': Notes on Derrida's Critique of Logocentrism." *Critical Inquiry*. Vol. 11, No. 3. Mar. 1985.

Zhang Longxi. "The Myth of the Other: China in the Eyes of the West." *Critical Inquiry*. 15. 1988.

（五）其他批评文献

Acton, Harold and Ch'en Shi-Xiang. trans. *Modern Chinese Poetry*. London: Duckworth, 1936.

Adorno, Theodor. *Minima Moralia: Reflections from a Damaged Life*. trans. E. F. N. Jephcott. London: NLB, 1974.

Aldrich, Robert. The *Seduction of the Mediterranean: Writing, Art and Homosexual Fantasy*. London: Routledge, 1993.

Almond, Philip C. "The Mediaeval West and Buddhism." *The Eastern Buddhist*. Vol. 19. No. 2. 1986.

Alston, Leonard. *The White Man's Work in Africa and Asia: A Discussion of the Main Difficulties of the Colour Question*. London: Longmans, Greece, and Cp., 1907.

Althusser, Louis. *Lenin and Philosophy and Other Essays*. trans. B. Brewster. New York: Monthly Review Press, 2001.

Anderson, Benedict. *Imagined Communities: Reflections on the Origin and Spread of Nationalism*. London: Verso, 1983.

Armstrong, Tim. *Modernism: A Cultural History*. London: Polity, 2005.

Arnold, Thomas. *The Effects of Distant Colonisation on the Parent State*. A prize essay recited in the Theatre at Oxford. June 1815.

BarFoot, C. C. & Theo D'haen. *ed. Oriental Prospects: Western Literature and the Lure of the East*. Amsterdan: Rodopi B. V., 1998.

Barrell, John. "Death on the Nile: Fantasy and the Literature of Tourism, 1850 – 1860." *Essays in Criticism*. Vol. 41. 1991.

Baucom, Ian. "Globalit, Inc.: or, The Cultural Logic of Global Literary

Studies." *PMLA*. Vol. 116. 2001.

Benedict, Ruth. *Race and Racism*. London: Routledge, 1942.

Bernal, Martin. *Black Athena: The Afroasiatic Roots of Classical Civilization*. Vol. 1. London: Vintage, 1987.

Betjeman, John. *Summoned by Bells*. London: William Clowes and Sons, 1960.

Blaut, James M. *The Colonizer's Model of the World: Geographical Diffusionism and Eurocentric History*. New York: The Gilford Press, 1993.

Bourget, Paul. *Essais de Psychologie Contemporaine*. Paris: Lemerre, 1893.

Budick, Sanford and Wolfgang Iser. ed. *The Translatability of Cultures: Figurations of the Space Between*. Stanford: Stanford University Press, 1996.

Burgess, Anthony. "Introduction." *Maugham's Malaysian Stories*. Hong Kong: Heinemann Asia, 1969.

Caldecott, Alfred. *English Colonization and Empire*. London: John Murray, 1901.

Calinescu, Matei. *Five Faces of Modernity: Modernism, Avant-Garde, Decadence, Kitsch, Postmodernism*. Durham: Duke University Press, 1987.

Cannon, Garland. *Oriental Jones*. London: Asia Publishing House, 1964.

Caruth, Cathey. *Unclaimed Experience: Trauma, Narrative, and History*. Baltimore: The Johns Hopkins University Press, 1996.

Chaney, Edward and Neil Ritchie. *Oxford, China and Italy: Writings in Honour of Sir Harold Acton*. London: Thames & Hudson, 1984.

Cheah, Pheng. "Grounds of Comparison." *Diacritics*. Vol. 29. No. 4. Winter, 1999.

Cixous, Helen. *Three Steps on the Ladder of Writing*. trans. Sarah Cornell and Susan Sellers. New York, Columbia UP, 1993.

Clifford, Nicholas R. *A Truthful Impression of the Country: British and American Travel Writing in China, 1880 – 1949*. University of Michigan Press, 2001.

Cobb, Richard. *A Sense of Place*, London: Duckworth, 1975.

Cocker, Mark. *Loneliness and Time: The Story of British Travel Writing*. New York: Pantheon Press, 1992.

Comte, August. *System of Positive Polity.* Paris: Carilian-Goeury and Vor Dalmont, 1851 -1854.

Costa, Hauer. *An Appointment with Somerset Maugham.* TAMU Press, 2000.

Curtin, Phillip. ed. *Imperialism.* London: Macmillan, 1971.

Curtis, Anthony & John Whitehead. ed. *Somerset Maugham: A Critical Heritage.* London: Routledge, 1987.

Curtis, Anthony. *The Pattern of Maugham: A Critical Portrait.* London: Hamiilton, 1974.

Daniels, Anthony. "W. Somerset Maugham: The Pleasures of a Master." *New Criterion.* Vol. 18. Issue 6. Feb 2000.

de Gobineau, Arthur. *Amadis.* ed. Edwin Biddiss, Paris: Plon, 1971.

de Gobineau, Arthur. *Oeuvres.* ed by J. Gaulmier et al. Vol I, Paris: Gallimard, 1983 -1987.

de Gobineau, Arthur. *Selected Political Writings.* ed. by M. Biddiss, London: J. Cape, 1970.

de Montesquieu, Charles Secondat. *The Spirit of the Laws*, New York: Hafner, 1949.

Derrida, Jacques. "Structure, Sign and Play in the Discourse of the Human Sciences." *Contexts for Criticism*, *Mountain View.* ed. D. Keesev. CA: Mayfield, 1994.

Dirks, Nicholas B. "Edward Said and Anthropology." *The Journal of Palestine Studies.* Vol. 33. No. 3. Spring 2004.

Elkins, Caroline. "The Re-assertion of the British Empire inSoutheast Asia." *Journal of Interdisciplinary History.* Vol. 39. No. 3. Winter, 2009.

Ellis, Havelock. *Studies in the Psychology of Sex.* Vol. 3. New York: Random House, 1936.

Eribon, Didier. *Foucault.* London: Faber and Faber, 1993.

Fabian, Johannes. *Time and the Other: How Anthropology Makes Its Object.* Columbia University Press, 1983.

Fehr, Michael. "Constructing History with the Museum: A Proposal for an East Art Museum." www. 123people. com/s/michael + fehr.

Foucault, Michel. *Discipline and Punish: The Birth of the Prison.* New York:

Vintage, 1995.

—. *The Order of Things: An Archaeology of the Human Sciences*. New York: Vintage, 1994.

—. *Power/Knowledge: Selected Interviews and Other Writings, 1972 – 1977*. New York: Vintage, 1980.

—. "Of Other Spaces." *Diacritics*. Vol. 16. No. 1. 1986.

—. "The Order of Discourse." *Untying the Text: A Post-Structuralist Reader*. ed. R. Young. London: Routledge Kegan & Paul, 1981.

Forster, E. M. *Goldsworthy Lowes Dickinson*. New York: Harcourt, Brace and Company, 1934.

Fox, Richard G. & Barbara J. King. *Anthropology beyond Culture*. Oxford: Berg Richard, 2002.

Freedgood, Elaine. *Victorian Writing about Risk: Imagining a Safe England in a Dangerous World*. Cambridge, New York: Cambridge University Press, 2000.

Freud, Sigmund. *Beyond the Pleasure Principle*. trans. & ed. James Strachey, New York: W. W. Norton & Company, Inc., 1961.

Galton, Francis. *Inquiries into the Human Faculty and its Development*. London: Macmillan, 1883.

Galton, Francis. *Memories of my life*. London: Methuen, 1908.

Giddens, Antony. *The Consequences of Modernity*. Stanford, CA.: Stanford University Press, 1990.

Glendening, John. *The Evolutionary Imagination in Late-Victorian Novels: An Entangled Bank*. Hampshire: Ashgate, 2007.

Goldsmith, Oliver. "The Citizen of the World." *The Collected Works of Oliver Goldsmith*. Vol. 2. Oxford: Claredon Press, 1966.

Grabes, Herbert. "Cultivating a Common Literary Heritage: British Histories of English Literature since World War II." *MLQ*. June 2003.

Green, Martin. *Children of the Sun: A Narrative of "Decadence" in England after 1918*. Edinburgh: Axios Press, 2008.

Gumbel, Andrew. "Shadow of the Last Aesthete." *The Independent*. April 14, 1996.

Hall, Stuart. "The West and the Rest: Discourse and Power." *Formations of Modernity*. ed. Stuart Hall and Bram Gieben. Cambridge: The Open University, 1992.

Halloran, Jane O'. " 'At the Far Edge of their Firelight' : Primitivism and Progress in the Colonial Fiction of W. Somerset Maugham." *SPAN* 26. April 1988.

Hastings, Selina. *The Secret Lives of Somerset Maugham: A Biography*. New York: Random House, 2009.

Hobsbawm, Eric. *The Culture of Time and Space, 1880 – 1914*. Cambridge, Mass. : Harvard University Press.

Heald, Suzette & Ariand Deluz. ed. *Anthropology and Psychoanalysis: An Encounter through Culture*. London: Routledge, 1994.

Hobson, John Atkinson. *Imperialism: A Study*. London: George Allen and Unwin, 1902.

Holden, Philip. *Orienting Masculinity, Orienting Nation: W. Somerset Maugham's Exotic Fiction*. London: Greenwood Press, 1996.

Huntington, Samuel. *The Clash of Civilizations and he Remaking of the World Order*. New York: Simon and Schuster, 1996.

Hynes, Samuel. *The Auden Generation: Literature and Politics in England in the 1930*. London: Bodley Head, 1976.

Iser, Wolfgang. *Prospecting: From Reader Response to Literary Anthropology*. Baltimore: The Johns Hopkins University Press, 1989.

—. *The Fictive and the Imaginary*. The Johns Hopkins University Press, 1993.

Jardine, Nicholas, James A. Secord and Emma C. Spary. *Cultures of Natural History*. Cambridge: Cambridge University Press, 1996.

Jonas, Klaus W. *The World of Somerset Maugham: An Anthology*. New York: British Book Center, 1959.

Kahn, Madeleine. *Narrative Transvestism: Rhetoric and Gender in the Eighteenth-Century English Novel*. Ithaca and London: Cornell University Press, 1991.

Kley, Dale K. Van. *The Jansenists and the Expulsion of the Jesuits from*

France, 1757 – 1765. New Haven, CT: Yale University Press, 1975

Koestler, Arther. *The Lotus and the Robot*. London: Hutchinson, 1960.

Kohl, Stephen. "Travel Literature and the Art of Self-Invention." *Anglistentag 1989: Proceedings*. ed. Rudiger Ahrens. Tubingen: Niemeyer, 1990.

Krieger, Murray. "The 'Imaginary' and Its Enemies." http://muse.jhu.edu.

Lach, David. *Asia in the Making of Europe*. Chicago: University of Chicago Press, 1977.

Lach, Donald Frederick. "The Sinophilism of Christian Wolff." *Journal of the History of Ideas*. Vol. 14. No. 4. 1953.

Lane, Richard J. *Jean Baudrillard*. London and New York: Routledge, 2000.

Lancaster, Marie-Jacqueline. *Brian Howard: Portrait of a Failure*. San Francisco: Green Candy Press, 2007.

Lawrence, D. H. "Four Contemporary Books." *Vogue*. July 20, 1928.

Lewis, Herbert S. "The Mispresentation of Anthropology and Its Consequences." *American Anthropologies*. Vol. 100. No. 3. September, 1998.

Livingston, Robert Eric. "Glocal Knowledges: Agency and Place in Literary Studies." *PMLA*. Vol. 116. No. 1. 2001.

Lloyd, David. *Nationalism and Minor Literature: James Clarence Mangan and the Emergence of Irish Cultural Nationalism*. University of California Press, 1987.

Loomba, Ania. *Colonialism/Postcolonialism*. London and New York: Routledge, 1998.

Loss, Archie K. V. *Somerset Maugham*. New York: Ungar, 1987.

Low, Setha M. & Denise Lawrence-zuniga. ed. *The Anthology of Space and Place: Locating Culture*. Blackwell Publishing Ltd, 2003.

Mac Farquhar, Roderick. *The Origins of the Cultural Revolution*. London: Oxford University Press, 1974 – 1997.

MacNeice, Louis. *The Strings Are False*. London: Faber and Faber, 1965.

Marchand, Leslie A. "The Exoticism of Somerset Maugham." *The Maugham Enigma*. ed. Klaus W. Jona. London: Owen, 1954.

Marcus, George E. "'That Damn Book': Ten Years after Writing Culture."

Ethnografica. Vol. II . No. 1. 1998.

Marx, Karl and Engels, "Manifesto of the Communist Party." *Political Writings: The Revolutions of 1848*. ed. David Fernbach. Vol. 1. Harmondsworth: Penguin, 1973.

Maugham, Ted. *Maugham*. New York: Simon & Schuster, 1978.

Maugham Somerset. *A Writer's Notebook*, New York: Vintage, 2001.

—. *Cakes and Ale and Twelve Stories*. New York: Doubleday, 1967.

—. *Gentleman in the Parlour: A Record of a Journey from Rangoon to Haiphong*. Paragon House Publishers, 1989.

—. *Up at the Villa*. New York: Vintage, 2000.

—. *Mr. Maugham Himself: A Collection of Writings by W. Somerset Maugham*. Garden City. New York: Doubleday & Company, Inc. 1954.

—. *The Travel Books of W. Somerset Maugham*. London: William Heinemann LTD, 1995.

McClelland, Charles E. *State, Society, and University in Germany, 1700 – 1914*. Cambridge, UK: Cambridge University Press, 1980.

McLeod, Bruce. *The Geography of Empire in English Literature, 1580 – 1745*. Cambridge: Cambridge University Press, 2009.

Metcalf, Thomas. *Ideologies of the Raj*. Cambridge: Cambridge University Press, 1995.

Meyers, Jeffrey. *Somerset Maugham: A Life*. New York: Alfred A. Knopt, 2004.

Mohamed, Mahathir and Shintaro Ishihara. *The voice of Asia*. Tokyo: Kodansha International, 1995.

Morris, Jan. *The Spectacle of Empire: Style, Effect and the Pax Britannica*. Faber and Faber, 1982.

Mortimer, Raymond. "Re-reading Mr. Maugham." Rev. of *Altogether* by W. Somerste Maugham. *New Statesman and Nation* Vol. 8. No. 183. August 25, 1934.

Mungelllo, David. *Curious Land: Jesuit Accommodation and the Origins of Sinology*. Hawaii: The University of Hawaii Press, 1985.

—. *Leibniz and Confucianism: The Search for Accord*. Honolulu: University of Press of Hawaii, 1977.

—. "Malebrache and Chinese Philosophy." *Journal of the History of Ideas*. Vol. 41. No. 4. 2003.

Myrdal, Gunnar. *Asian Drama: An Inquiry into the Poverty of Nation*. London: Penguin, 1972.

Needham, Joseph. *Science and Civilization*. Vol. 1. Cambridge: Cambridge University Press, 1996a.

O' Halloran, Jane. " 'At the Far Edge of their Firelight': Primitivism and Progress in the Colonial Fiction of W. Somerset Maugham." *SPAN*. Vol. 26. April 1988.

O'Leary, Brendon. *The Asiatic Mode of Production: Oriental Despotism, Historical Materialism, and Indian History*. Oxford, UK: Blackwell, 1989.

Pearson, Charles. in Benjamin Kidd, *Principles of Western Civilization*, London: Macmillan, 1902.

Pemble, John. *The Mediterranean Passion: Victorians and Edwardians in the South*. Oxford: Oxford University Press, 1987.

Pye, Lucien. *Asian Power and Politics: The Cultural Dimensions of Authority*. Cambridge, Mass: The Belknap Press of Harvard University, 1985.

Pye, Lucien and Mary Pye. *Asian Power and Politics: The Cultural Dimension*. Cambridge, Mass: The Belkna Press of Harvard University, 1985.

Quartly, Jules. "Why China Has the Write Stuff," *China Daily*, March 18th, 2009.

Radhakrishnan, S. *Eastern Religions and Western Thought*. Oxford: Oxford University Press, 1939.

Ramana, M. V. *Maugham and the East*. New Delhi: Minerva Press, 2001.

Renan, Ernest. "M. De Sacy et L'École Liberale." *Oeuvres Completes*. ed. H. Psichari. Vol. 2. Paris: Calmann-Levy, 1859.

Ringmar, Erik. *The Mechanics of Modernity in Europe and East Asia: The Institutional Origins of Social Change and Stagnation*. New York: Routledge, 2005.

Rogal, Samuel J. ed. *A William Somerset Maugham Encyclopedia*. Heinemann Educational Books, 1997.

Rosemont, D. de. *The Meaning of Europe*. London: Sidgwick & Jackson, 1963.

Rostow, Walter Whitman. *The Stages of Economic Growth: A Non-Communist Manifesto*. Cambridge: Cambridge University Press, 1971.

Rothstein, Eric. "Broaching a Cultural Logic of Modernity." *Modern Language Quarterly*. Vol. 61. No. 2. June 2000.

Rowbotham, Arnold Horrex. *Missionary and Mandarin: The Jesuits at the Court of China*. New York: Russell and Russell, 1942.

Rubel, Paula G. & Abraham Rosman. ed. *Translating Cultures: Perspectives on Translation and Anthropology*. Oxford: Berg, 2003.

Scott, R. H. "Foreward." *The Siege of the Peking Legation, A Diary Lancelot Giles*. ed. L. R. Marchant. Nedlands: University of Western Australia Press, 1970.

Schlegel, Freidrich. *Philosophy of Life and Philosophy of Language in a Course of Lectures*. London: H. Bhohn, 1847.

Schurmann, Orville and Franz Schell. eds. *Imperial China: The Eighteenth and Nineteenth Centuries*. London: Penguin, 1967.

Schwab, Gabriele. "Haunting Legacies: Trauma in Children of Perpetrators." *Postcolonial Studies: Culture, Politics, Economy*. Vol. 7. No. 2. July 2004.

—. "Traveling Literature, Traveling Theory: Literature and Cultural Contact between East and West." *Studies in the Humanities*. June 2002.

—. "Writing against Memory and Forgetting." *Literature and Medicine*. Vol. 25. No. 1. Spring 2006.

Seaman, L. C. B. *Victorian England: Aspects of English and Imperial History 1837 – 1901*. London and New York: Routledge, 1973.

Seshagirl, Urmila. "Modernity's (Yellow) Perils: Dr. Fu-Manchu and English Race Paranoia." Http: // muse. jhu. edu.

Sherman, Marshall. *All that is Solid Melts into Air: The Experience of Modernity*. New York: Penguin Books, 1998.

Shelley, Percy Bysshe. eds. Thomas Hutchinson and G. M. Matthews. *Shelley: Poetical Works*. London: Oxford UP, 1970.

Sitwell, Osbert. *Escape with Me!* London: Macmillan & Co. Press, 1939.

Smith, Adam. *Wealth of Nations.* Vol. 2. New York: Modern Library, 2000.

Smith, Stephanie. "Paperback Reader: *The Drink and Dream Teahouse.*" *Mew Statesman.* March 18th 2002.

Sollers, Philippe. "Sur La Contradctioin." *Tel Quel.* Vol. 45. 1971.

—. "Quelques These-La Chine sans Confucius, Mao contr Confusius." *Tel Quel.* Vol. 59. Autumn 1974.

Spence, Herbert. "The Comparative Psychology of Man." *Essays Scientific, Political and Speculative.* Vol. 3. London: Williams and Norgate, 1968.

Spencer, Jonathan. "Anthropology as a Kind of Writing." *Man.* Vol. 24. No. 1. March, 1989.

Spielvogel, Jackson Joseph. *Western Civilization.* 6th ed. Belmont: Thomson Wadsworth, 2009.

Stoller, Robert J. *Sex and Gender.* New York: Jason Areonson, 1968.

Stoner, Debra Kay. "Ironic Designs in the Exotic Short Fiction of W. Somerset Maugham." Diss.. Ball State University, 1989.

Subraman. "The Mythical Quest: Literary Responses to the South Seas." *Literary Half-Yearly.* Vol. 18. No. 1. Jan 1977.

Taylor, D. J. *Bright Young People: The Lost Generation of London's Jazz Age.* Farrar, Straus and Giroux, 2010.

Toynbee, Arnold Joseph. *A Study of History.* Vol. 2. London: Oxford University Press, 1946 – 1957.

Venuti, Lawrence. "Translation as Cultural Politics: Regimes of Domestication in English." *Textual Practice.* Vol. 7. No. 2. 1993.

Vidal, Gore. "Maugham's Half and Half." Rev. of *Willie* by Robert Calder. *New York Review of Books.* Vol. 37. No. 1. Feb. 1990.

Wallerstein, Immanuel. *The Capitalist Economy.* Cambridge: Cambridge University Press, 1979.

Waugh, Evelyn. *A Little Learning.* 1st ed. London: Chapman & Hall, 1964.

—. "The Books You Read." *Graphic.* CXXVII. October 1930.

—. *When the Going Was Good.* London: Duckworth, 1946.

West, Michael. *Bilingualism.* Calcutta: Bureau of Education, India, 1926.

Whitehead, John. *Maugham: A Reappraisal*, London: Vision, 1987.

White, Haiden. *Tropics of Discourse: Essays in Cultural Criticism.* Baltimore and London: Johns Hopkins University Press, 1987.

Wiener, Martin J. *English Culture and the Decline of the Industrial Spirit 1850 – 1980.* Cambridge: Cambridge University Press, 2004.

Wilkins, John. *An Essay Towards a Real Character and Philosophical Language.* London: Scholar Press, 1968.

Williams, Raymond. *Culture and Society: 1780 – 1950.* New York: Columbia University Press, 1983.

Zabel, Morton Dauwen. "A Cool Hand." *Nation.* CLII. May 1941.

二 中文参考文献

（一）中文参考书籍

费正清：《剑桥中国晚清史》，中国社会科学出版社 1993 年版。

雷蒙·道森：《中国变色龙——对于欧洲中国文明观的分析》，常绍民、明毅译，中华书局 2006 年版。

范存忠：《中国文化在启蒙时期的英国》，上海外语教育出版社 1991 年版。

葛兰言：《古代中国的节庆与歌谣》，赵丙祥、张明宏译，广西师范大学出版社 2005 年版。

葛桂录：《雾外的远音——英国作家与中国文化》，宁夏人民出版社 2002 年版。

葛桂录：《中英文学关系编年史》，上海三联书店 2004 年版。

何兆武：《中西文化交流史论》，中国青年出版社 2001 年版。

A. C. 哈登：《人类学史》，廖泗友译，山东人民出版社 1988 年版。

利玛窦、金尼阁：《利玛窦中国札记》，何高济等译，中华书局 1983 年版。

林语堂：《中国人》，郝志东、沈益洪译，学林出版社 1994 年版。

罗素：《中国问题》，秦悦译，学林出版社 1996 年版。

麦高温：《中国人生活的明与暗》，朱涛、倪静泽，时事出版社 1998 年版。

孟华：《比较文学形象学》，北京大学出版社 2001 年版。

姜智芹：《傅满洲与陈查理——美国大众文化中的中国形象》，南京大学出版社 2007 年版。

姜智芹：《文学想象与文化利用》，中国社会科学出版社 2005 年版。

乔舒亚·库珀·雷默：《中国形象：外国学者眼里的中国》，沈晓雷译，社会科学文献出版社 2006 年版。

陶东风：《文化研究：西方与中国》，北京师范大学出版社 2002 年版。

陶家俊：《思想认同的焦虑——旅行后殖民理论的对话与超越精神》，中国社会科学出版社 2008 年版。

卫茂平、马佳欣、邓霞：《异域的召唤——德国作家与中国文化》，宁夏人民出版社 2002 年版。

杨周翰著，刘洪涛选编：《忧郁的解剖》，天津人民出版社 1998 年版。

乐黛云、张辉主编：《文化传递与文学形象》，北京大学出版社 1999 年版。

张西平：《欧洲早期汉学史：中西文化交流与西方汉学的兴起》，中华书局 2009 年版。

张西平：《欧美汉学研究的历史与现状》，大象出版社 2006 年版。

张西平：《他乡有夫子：汉学研究导论》（上、下），外语教学与研究出版社 2005 年版。

张西平：《中国与欧洲早期宗教与哲学交流史》，东方出版社 2001 年版。

赵毅衡：《对岸的诱惑——中西文化交流人物》，知识出版社 2003 年版。

周宁：《天朝遥远——西方的中国形象研究》（上、下），北京大学出版社 2006 年版。

周宁：《孔教乌托邦》，学苑出版社 2004 年版。

周宁：《世界之中国》，南京大学出版社 2007 年版。

萧乾：《往事三瞥》，江苏文艺出版社 2010 年版。

王宁：《全球化与文化——西方与中国》，北京大学出版社 2002 年版。

王宁：《中国文化对欧洲的影响》，河北人民出版社 1999 年版。

王岳川：《发现东方》，北京图书馆出版社 2003 年版。

（二）中文参考文章

陈友冰：《二十世纪中期以前英国作家笔下的中国形象及特征分析》《华文文学》2008 年第 2 期。

陈子善：《朱自清读书笔记：英雄须代表文明》，《文汇报》2008 年 4 月 9 日。

高国涛：《国内毛姆研究 30 年综述——基于 1980—2008 年研究论文的统计与分析》，《保定师范学院学报》2010 年第 5 期。

葛桂录：《〈中国画屏〉上的景象——论毛姆眼里的中国形象》，《盐城师范学院学报》2007 年第 1 期。

葛桂录：《论哈罗德·阿克顿小说里的中国题材》，《外国文学研究》2006 年第 4 期。

姜智芹：《非我与他者：英国文人视野中的中国形象》，《东岳论丛》2005 年第 5 期。

林语堂：《迷人的北平》，选自姜德明编《北京乎》，生活·读书·新知三联书店 1992 年版。

陶家俊：《身份认同导论》，《外国文学》2004 年第 2 期。

陶家俊：《文化转化与文化认同——兼论中国文化现代性的认知重构》，《解放军外国语学院学报》2009 年第 5 期。

王宁：《“东方主义”的反思》，《外国文学》1996 年第 5 期。

依旭：《虎威驱邪 吉星高照——谈谈中国向腐败现象作斗争》，《中国建设》1986 年第 5 期。

荣新芳，http：//www. literature. org. cn/Article. aspx？id =54228。

希尔，http：//www. bibliofemme. com/interviews/hill. shtm。

张喜华：《黄河中的东方主义》，《外国文学研究》2008 年第 1 期。

周宁：《西方的中国形象史：问题与领域》，《东南学术》2005 年第 1 期。

周宪：《现代性的张力——现代主义的一种解读》，《文学评论》1999 年第 1 期。

后　记

写到此，我长舒了一口气。放眼窗外碧蓝如洗的天空，遥看风中波涌起伏的树浪，聆听树上的虫鸣鸟叫，此刻，我的心海激起涟漪。这本专著凝聚了我博士毕业两年以来的心血和智慧。2011 年博士论文画上句号时的感觉还历历在目，而今两个四季悄然而逝，这期间我探索在思想领域，犹如一个孤独的旅行者，咬牙坚持走过每道沟沟坎坎，终于迎来这本书的终结。如果说博士毕业意味着刚刚走上学术道路，那么之后这两年我深深地体会到行走在这条路上的举步维艰和峰回路转，摸爬在“枯灯长卷”、“长困故纸堆”里面的境界。蓦然回首，这本专著见证了我这个行者默默前行的串串脚印。

专著在博士论文的基础上丰实厚重了很多。首先，我走的是文学的文化研究路数，因此我认识到有必要了解英国的文化思潮，这样可以准确地把握作家作品所受的文化思潮的影响。而英国的岛国文化在很大程度又与欧洲的文化思潮互为借鉴，尤其在中英文化接触的层面上很大程度更受欧洲各国的影响。因此在专著撰写的过程中，我感到有必要从更大的历史视角厘清西方历史上在政治、经济、文化各个层面发展过程中对中国的构想和利用。这是一个挑战我知识储备的领域，但在艰辛地补课的同时，也为下面章节的主体撰写打下了坚实的基础。其次，我在理论层面上力求更扎实稳健。我提取的西方批评理论主要是后殖民，萨义德只是起点，那么萨义德之后的一些批评理论有哪些超越萨义德之处，有哪些可以借鉴到本书的理论框架和指引我的旅行文学批评，这是一个难题。我还借鉴了人类学民族志的革新方法，这对我也是一个知识盲点。但通过攻克这两个学术堡垒我对西学的精髓有了领悟。最后，专著主要围绕英国旅行文学的“中国建构”这个问题展开，我深知要将理论观照与文本分析有机密切地结合在一起，化理论于无形无影之中又无时不在指引文本解读，才为最佳境界。但作为一直从事英语文学教学和研究的教师，我深知自己中文语言功底的匮乏，更不要说要将凝练的西方思想与文本分析融会贯通地清楚表述出来。专著中有许多表述的不足和错误，希望同行专家给予指正和批评。也许，遗憾总会有，带着这种遗憾，我更知自己未来前进的方向，将之化作努力的动力。

这本专著受惠于很多培养和鼓励我的恩师前辈。我的每一步前进都有授业恩师陶家俊先生的鼓励和扶持。先生治学严谨，博学东西，精通古今，是我学术生涯的引路人。难忘博士期间先生悉心的专业培养，每周一本书的精读如过关斩将，训练学术思维，拓展了批评视野；难忘先生为我的博士论文来把关和修改；难忘先生气宇轩昂、荡气回肠地用英语为我们上课、讨论问题，先生的办公室中回响着先生浑厚的声音，还有在时空中穿梭流动的思想之光。另外，感谢我的博士后合作导师张西平教授。张先生是国内著名学者，才高八斗，德高望重，性情豁达。有幸先生来参加我的博士论文开题和答辩，更有幸能在毕业后申请到与先生继续问学的机会。参加先生的《比较文学方法》博士课程讨论，使我受益匪浅，弥补了我在海外汉学领域和比较文学领域的知识匮乏。另外，这部书稿的理论建树还受惠于美国加州大学伯克利分校的阿卜杜·简·穆罕默德教授（Abdul Jan Mohammed）。我在博士期间申请到美国访学，师从美国著名后殖民理论家穆罕默德教授，其间著名旅行文学研究专家普拉特教授（Mary Louise Pratt）到伯克利作讲座，余暇耐心地解答我在旅行文学研究上的困惑和疑难。似乎感谢的话总是说不完，我博士论文的评审专家赵一凡教授、宁一中教授、王丽亚教授、王逢振教授都曾经对我论文中的困惑在不同程度上指引解难。还记得赵一凡老师曾在答辩上说我的选题是“小丫扛大旗”，现在回想起来深知其中的挑战和艰辛。记得王丽亚老师曾说“论文就是解谜”，她的这句话激励着我每每遇到结点时，能耐心勇敢地解谜。记得宁一中教授指出我语言上表述的绝对性，王逢振老师对我论文缺点的把脉……我在书稿中试图弥补博士论文的欠缺，真心希望我的这部书稿能为各位前辈交上一份满意答卷。感谢我的单位沈阳师范大学外国语学院的支持和理解。

感谢我的亲人。年迈父母的平安健康，得以让我集中精力求学问道，五年中我很少回家探望尽孝，但是父母从没有一声抱怨和斥责。感谢丈夫和儿子，没有丈夫担起家庭重任和在事业上的支持，就没有我的学业追求。我在心中始终遗憾没能好好陪伴儿子一路成长，转眼儿子已经步入青春期，个子瘦高，听话懂事。借此专著鸣谢所有关心我、鼓励我、理解我的老师、同学、同事、家人……

最后，以余秋雨先生的一本书名寄语未来，与同行共勉：“行者无疆”。

黄丽娟

2013 年 7 月 27 日于沈师专家公寓